プリント形式のリアル過去問で本番の臨場感！

愛知県

愛知淑徳中学校

2025年春受験用

解答集

本書は，実物をなるべくそのままに，プリント形式で年度ごとに収録しています。
問題用紙を教科別に分けて使うことができるので，本番さながらの演習ができます。

■　収録内容

・解答集(この冊子です)

書籍ＩＤ番号，この問題集の使い方，最新年度実物データ，リアル過去問の活用，
解答例と解説，ご使用にあたってのお願い・ご注意，お問い合わせ

・2024(令和６)年度 ～ 2020(令和２)年度　学力検査問題

○は収録あり　年度	'24	'23	'22	'21	'20	
■ 問題収録	○	○	○	○	○	
■ 解答用紙	○	○	○	○	○	
■ 配点						

全教科に解説
があります

☆問題文等の非掲載はありません

教英出版

■　書籍ＩＤ番号

入試に役立つダウンロード付録や学校情報などを随時更新して掲載しています。
教英出版ウェブサイトの「ご購入者様のページ」画面で，書籍ＩＤ番号を入力してご利用ください。

書籍ＩＤ番号　102421

（有効期限：2025年9月30日まで）

【入試に役立つダウンロード付録】
「要点のまとめ(国語／算数)」
「課題作文演習」ほか

■　この問題集の使い方

年度ごとにプリント形式で収録しています。針を外して教科ごとに分けて使用します。①片側，②中央のどちらかでとじてありますので，下図を参考に，問題用紙と解答用紙に分けて準備をしましょう（解答用紙がない場合もあります）。

針を外すときは，けがをしないように十分注意してください。また，針を外すと紛失しやすくなりますので気をつけましょう。

① 片側でとじてあるもの　　② 中央でとじてあるもの

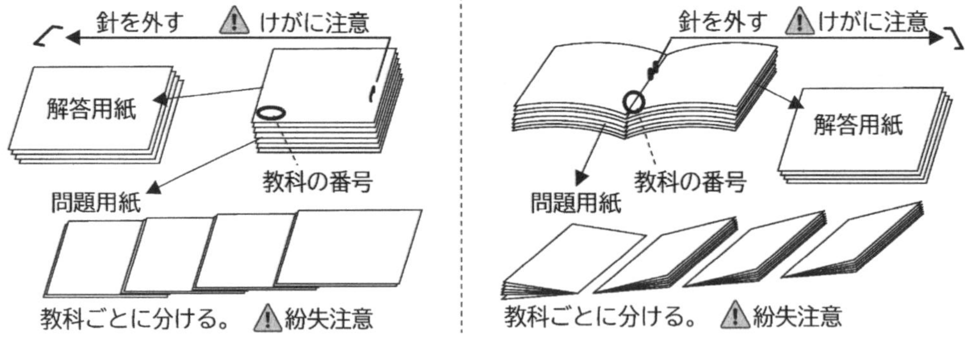

※教科数が上図と異なる場合があります。
解答用紙がない場合や，問題と一体になっている場合があります。
教科の番号は，教科ごとに分けるときの参考にしてください。

■　最新年度　実物データ

実物をなるべくそのままに編集していますが，収録の都合上，実際の試験問題とは異なる場合があります。実物のサイズ，様式は右表で確認してください。

問題用紙	Ａ４冊子(二つ折り)
解答用紙	国・算：Ｂ４片面プリント 理・社：Ａ４片面プリント

リアル過去問の活用

～リアル過去問なら入試本番で力を発揮することができる～

本番を体験しよう！

問題用紙の形式（縦向き / 横向き），問題の配置や余白など，実物に近い紙面構成なので本番の臨場感が味わえます。まずはパラパラとめくって眺めてみてください。「これが志望校の入試問題なんだ！」と思えば入試に向けて気持ちが高まることでしょう。

入試を知ろう！

同じ教科の過去数年分の問題紙面を並べて，見比べてみましょう。

① 問題の量

毎年同じ大問数か，年によって違うのか，また全体の問題量はどのくらいか知っておきましょう。どのくらいのスピードで解けば時間内に終わるのか，大問ひとつにかけられる時間を計算してみましょう。

② 出題分野

よく出題されている分野とそうでない分野を見つけましょう。同じような問題が過去にも出題されていることに気がつくはずです。

③ 出題順序

得意な分野が毎年同じ大問番号で出題されていると分かれば，本番で取りこぼさないように先回りして解答することができるでしょう。

④ 解答方法

記述式か選択式か（マークシートか），見ておきましょう。記述式なら，単位まで書く必要があるかどうか，文字数はどのくらいかなど，細かいところまでチェックしておきましょう。計算過程を書く必要があるかどうかも重要です。

⑤ 問題の難易度

必ず正解したい基本問題，条件や指示の読み間違いといったケアレスミスに気をつけたい問題，後回しにしたほうがいい問題などをチェックしておきましょう。

問題を解こう！

志望校の入試傾向をつかんだら，問題を何度も解いていきましょう。ほかにも問題文の独特な言いまわしや，その学校独自の答え方を発見できることもあるでしょう。オリンピックや環境問題など，話題になった出来事を毎年出題する学校だと分かれば，日頃のニュースの見かたも変わってきます。

こうして志望校の入試傾向を知り対策を立てることこそが，過去問を解く最大の理由なのです。

実力を知ろう！

過去問を解くにあたって，得点はそれほど重要ではありません。大切なのは，志望校の過去問演習を通して，苦手な教科，苦手な分野を知ることです。苦手な教科，分野が分かったら，教科書や参考書に戻って重点的に学習する時間をつくりましょう。今の自分の実力を知れば，入試本番までの勉強の道すじが見えてきます。

試験に慣れよう！

入試では時間配分も重要です。本番で時間が足りなくなってあわてないように，リアル過去問で実戦演習をして，時間配分や出題パターンに慣れておきましょう。教科ごとに気持ちを切り替える練習もしておきましょう。

心を整えよう！

入試は誰でも緊張するものです。入試前日になったら，演習をやり尽くしたリアル過去問の表紙を眺めてみましょう。問題の内容を見る必要はもうありません。どんな形式だったかな？受験番号や氏名はどこに書くのかな？…ほんの少し見ておくだけでも，志望校の入試に向けて心の準備が整うことでしょう。

そして入試本番では，見慣れた問題紙面が緊張した心を落ち着かせてくれるはずです。

※まれに入試形式を変更する学校もありますが，条件はほかの受験生も同じです。心を整えてあせらずに問題に取りかかりましょう。

2024 解答例 令和6年度　愛知淑徳中学校

《国　語》

一　問一．客観的で揺るぎないものである　問二．イ　問三．エ　問四．ア　問五．観察から仮 － 確かめる。　問六．かっきてき　問七．ア　問八．ア　問九．C　問十．ウ　問十一．エ　問十二．イ

二　問一．A．紗衣ちゃん　B．可奈子ちゃん　C．小栗くん　問二．ウ　問三．(1)ちぐはぐ(に)　(2)しりとりになっている　問四．エ　問五．(1)イ　(2)ウ　問六．(1)エ　(2)(白い)カーテン　問七．イ　問八．ア　問九．(1)紗衣ちゃんたちにいじめられているのに、何をされてもそこから離れず、グループになじんでいるふりをしている点。　(2)可奈子ちゃんが紗衣ちゃんたちからいじめられていることに気づいているのに、それを見て見ぬふりをしている点。

三　(1)[記号／漢字] ①[ウ／周]　②[ア／激]　③[ウ／練]　(2)[記号／漢字] ①[ウ／道断]　②[イ／三文]

《算　数》

1　(1)$\frac{5}{9}$　(2)4　(3)$\frac{4}{15}$

2　(1)④　(2)b，a，c　(3)240　(4)8　(5)150　(6)75　(7)$10\frac{2}{11}$　(8)62.56

3　イ

4　①，③，⑤

5　(1)100.48　(2)①，⑤

6　(1)3.6　(2)3.75

7　(1)ウ　(2)300　(3)5.6　(4)13分30秒後

8　C．5，D．2，E．6，F．3／C．5，D．6，E．3，F．2

9　(1)4455　(2)17

(3)数字の合計…3080　110の倍数になることの説明…右の図で，同じ数は，同じタイミングで裏返る。また，同じ数で同じ記号の位置にある数の和はすべて110である。これが続いていくので，はじまりから何秒後であっても，その合計は常に110の倍数である。／9×9のマスには，11と99，23と87のように，足して110になる数の組み合わせがあり，それらが同時に裏返るから。などから1つ

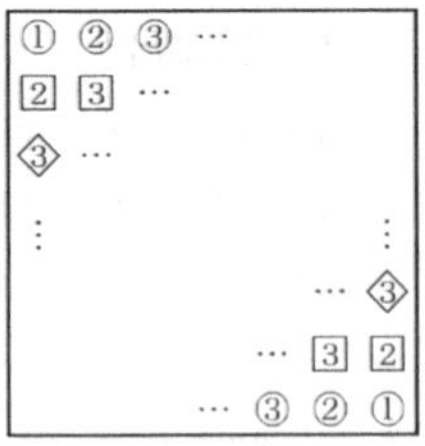

《理　科》

1　問1．③，⑥，⑨　問2．②，④，⑤，⑨　問3．②，⑤，⑧

2　問1．①　問2．E，F，J

3　問1．①　問2．ア　問3．子葉　問4．(1)②　(2)③

4　問1．ウ，エ　問2．①　問3．④　問4．虫などにくっついて運ばれるため

5　問1．④　問2．①　問3．2時間後

6　問1．B　問2．ふたご／おうし　問3．おとめ

7　問1．(1)○　(2)○　(3)○　(4)×　問2．メタン／14　問3．0.8　問4．①

《社　会》

Ⅰ　問1．A．グテーレス　B．ニューヨーク　問2．エ　問3．イ　問4．⑴岐阜　⑵諏訪湖　⑶ア
問5．ウ　問6．EU　問7．奈良…エ　和歌山…オ　問8．⑴西九州　⑵イ
問9．(温暖化の例文)氷河が融解し，海面が上昇すると，海抜の低い土地は浸水し暮らせなくなってしまうため。

Ⅱ　問1．ウ　問2．青森　問3．⑴エ　⑵ウ　問4．ウ　問5．エ　問6．エ　問7．⑴イ　⑵エ
問8．イ　問9．今川　問10．急がば回れ　問11．ア　問12．⑴ア　⑵イ　問13．⑴ア　⑵イ
問14．ウ

Ⅲ　(a)2021　問1．ウ　問2．イ　問3．エ　問4．⑴公明党　⑵ウ　問5．エ　問6．イ

《2024　国語　解説》

一　**問二**　「お墨付《すみつ》きを与《あた》える」とは、保証する、信用を与えるという意味。「太鼓判《たいこばん》を押《お》す」も似たような意味だが、太鼓判を与えるとは言わないので、イが適する。

問三　筆者は『水からの伝言』について、「これは典型的な疑似《ぎじ》科学です」「『水からの伝言』は、表向きは『実験』の体裁《ていさい》を取っていますが、さまざまな点で科学的とは言えません」と述べている。よって、エが適する。

問四　かぎかっこを付けることで、本来の意味とは異なるということを表せる。次の段落に、水に「聴覚《ちょうかく》まであるとは初耳です」とある。また、ここより前や後に「その主張や実証方法に私は当初から違和感《いわかん》を覚えた」「『水は言葉を理解する』という仮説を認めるために、かなり無理のある設定（水には目や耳に代わる感覚器がある）を受け入れなければなりません」とある。よって、アが適する。

問七　直後の３段落の内容から考える。ここでは、科学のプロセスでは「再現性」が大切であることや、実験手法が公開されていなければ、第三者が追試して反証することができず、科学的な議論ができないことを説明している。よって、実験手法が公開されていないため、第三者がそれを再現できないことにふれているアが適する。

問八　少し後に、「くり返し検証され確からしさを増した科学の法則は、往々にして単純明快です」とある。よって、この内容をふくむアが適する。

問九　マッハ２で飛行する物体について、Ｃさんのように、その物体を「地球上に存在しない物体」と簡単に結論づけたり、それをもとに、「当然宇宙からきたものであり宇宙人の乗り物である」と主張したりするのは、科学的ではない。

問十　次の段落に、「『水は言葉を理解する』という、実証されていない仮説が、科学的な事実のように先生から生徒に伝えられれば、誤解《ごかい》される恐《おそ》れがあります」とある。よって、ウが適する。

問十一　「カガク力」について、――⑤の前で、筆者は、「カガク力が少々身についた私からすれば、これは典型的な疑似科学です」と述べている。筆者は、「水からの伝言」について、かなり無理のある仮定を受け入れなければならないことや、反証可能性がないことを理由に、疑似科学だと結論付けた。このことをもとに、悪徳業者にだまされないための「カガク力」について考える。悪徳業者にお金をだましとられないためには、科学の考え方に基づいて、業者が言うことを疑ったり、正しくないのではないかと反論したりすることが必要である。よって、エが適する。

問十二　筆者は『水からの伝言』について、「これは典型的な疑似科学です」と述べている。そして、――⑨の前までで、この写真集を具体例として、疑似科学の特徴《とくちょう》を説明している。――⑨の後では、学校の道徳の授業や高額な浄水器《じょうすいき》を売りつける悪徳業者の話をして、疑似科学を信じることの悪影響《えいきょう》を説明している。よって、イが適する。

二　**問一**　委員会のグループに「私」と可南子《かなこ》ちゃんと小栗《おぐり》君が入っていることと、紗衣《さえ》ちゃんと可南子ちゃんが同じ教室にいることから、４人の関係が読み取れる。

問二　直前の３行の「小栗くんのアカウント名が～私はラッキーだと思った」より、「私」と小栗くんはこれまで接点がなく、アカウント名やアイコンの写真を知るだけでもうれしいほどに、小栗くんのことを気にしていることが読み取れる。そんな小栗くんが「グループのタイムラインでななく、私個人にメッセージを送って」きたので、「私」は驚《おどろ》くとともに、急に距離《きょり》が縮まったように感じて喜んでいる。

問四　２～３行後に「だからといって、むきだしの真実を事細かに教えることもしなかった」とある。──③の「その文章」、つまり「美人だし～クラスのリーダーみたいな存在だよ」という文章は、「私」が紗衣ちゃんについて本当に思っていることではない。──③は、本当に思っているわけではない言葉でも、スマートフォンに打てるということ。よって、エが適する。

問五⑴　問四の解説にあるように、「私」は、紗衣ちゃんのことを、本当は「クラスのリーダーみたいな存在だ」と思っていない。よって、イが適する。　**⑵**　後の方にある「可南子ちゃんは、紗衣ちゃんのグループに目を付けられた」「可南子ちゃんは～(紗衣ちゃんのグループに)何をされても笑っていたし、何を言われても～そのやりとりを冗談《じょうだん》の範疇《はんちゅう》に引きずり込《こ》もうとしていた」より、可南子ちゃんは、紗衣ちゃんのグループにいじめられていることが読み取れる。このことをふまえて「友達がすごく多くて、クラスのリーダーみたいな存在だよ」という言葉が意味するところを考えると、ウが適する。

問六⑴　この日、「私」の上履《うわば》きは渡《わた》り廊下《ろうか》の屋根の上に投げ上げられていた。私は、周囲の音が聞こえないようにイヤフォンで音楽を聴くことで、この日あった嫌《いや》なこと、つまり上履きのことを意識しないようにしていた。しかし、「ビニール越《ご》しに弾《はじ》ける雨粒《あまつぶ》の全てが見えてしまう」ので、どうしても自分の上履きのことが頭から離《はな》れないでいる。よって、エが適する。　**⑵**　⑴の解説にあるように、イヤフォンは、周りの情報が入ってこないようにするためのものである。白いカーテンもまた、視界を覆《おお》い、周りの情報が入ってこないようにするためのものである。

問八　十メートルというのは、だいたい一般的《いっぱんてき》な教室の幅にあたる長さである。よって、アが適する。

問九⑴　［⑦］の前後にある、「可南子ちゃんは、紗衣ちゃんのグループに目を付けられた」「可南子ちゃんは～(紗衣ちゃんのグループに)何をされても笑っていたし、何を言われても～そのやりとりを冗談の範疇に引きずり込もうとしていた」より考える。可南子ちゃんは、紗衣ちゃんのグループにいじめられているのに、そこから離れようとせず、まるでグループになじんでいるかのようにふるまっている。　**⑵**　⑴の解説と、最後から２段落目の、「可南子ちゃんは、私を許していないのかもしれない～カーテンの中ですべてを聞き取り、感じ取りながら何もしてこなかった私のことを」より考える。

《2024　算数　解説》

1　⑴　与式$=(\frac{4}{5}+\frac{4}{5}\times\frac{1}{3}\times\frac{1}{3})\times\frac{5}{8}=\frac{4}{5}\times(1+\frac{1}{9})\times\frac{5}{8}=\frac{4}{5}\times\frac{10}{9}\times\frac{5}{8}=\mathbf{\frac{5}{9}}$

⑵　(　)の中を先に計算すると，2024×(2025－2023)＝2024×２＝4048となる。

よって，与式より，4048÷□＝1012　　□＝4048÷1012＝**4**

⑶　右図で，②$=1-(\frac{1}{3}+\frac{1}{15})=\frac{3}{5}$，③$=1-(\frac{3}{5}+\frac{1}{6})=\frac{7}{30}$，④$=1-(\frac{1}{3}+\frac{1}{6})=\frac{1}{2}$だから，①$=1-(\frac{7}{30}+\frac{1}{2})=\mathbf{\frac{4}{15}}$である。

③	②	$\frac{1}{6}$
①	$\frac{1}{3}$	
④	$\frac{1}{15}$	

2　⑴　ａグラムあたりｂ円の品物１グラムの値段はｂ÷ａ(円)だから，100グラムの値段は④のｂ÷ａ×100(円)である。

⑵　**【解き方】３つの式をすべて，１つの分数との積の形に直す。**

$b\div1.2=b\div\frac{6}{5}=b\times\frac{5}{6}$，$c\times0.1\div\frac{1}{7}=c\times\frac{1}{10}\times7=c\times\frac{7}{10}$であり，$\frac{4}{5}$，$\frac{5}{6}$，$\frac{7}{10}$の分母を30で通分すると，$\frac{4}{5}=\frac{24}{30}$，$\frac{5}{6}=\frac{25}{30}$，$\frac{7}{10}=\frac{21}{30}$となるから，小さい順に，$\frac{7}{10}$，$\frac{4}{5}$，$\frac{5}{6}$となる。３つの式を計算すると同じ値《あたい》になるので，かける数が大きいほど，もとの数は小さくなるから，小さい順に**ｂ，ａ，ｃ**となる。

⑶　42㎝は，最初の長さの$\frac{4}{5}-\frac{5}{8}=\frac{7}{40}$にあたる。よって，最初の長さは$42\div\frac{7}{40}=$**240**(㎝)である。

(4)　**【解き方】白のコインを置く枚数について場合を分けて考える。白のコインを０枚置くのは黒のコインを５枚置くのと同じだから，白のコインを０枚または５枚置くような置き方の数は等しい。同様に，１枚または４枚，２枚または３枚の置き方の数もそれぞれ等しい。**

白のコインが０枚または５枚の置き方は，それぞれ１通りある。白のコインが１枚または４枚の置き方は，回転するとすべて同じ置き方になるから，それぞれ１通りある。白のコイン２枚の置き方は，回転して同じ置き方になるものをふくめると，右図の２通りがあるから，白のコイン３枚の置き方も２通りある。以上より，コインの置き方は全部で

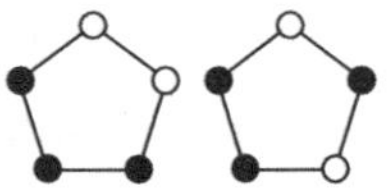

$(1+1+2)\times2=$**8**(通り)ある。

(5)　**【解き方】徒歩通学の男子と自転車通学の女子の人数が等しいから，自転車通学の男子は徒歩通学の男子よりも60人多いことになる。和差算を利用して，徒歩通学の男子の人数を求める。**

自転車通学の男子の人数を60人減らすと，徒歩通学の男子と自転車通学の男子の人数は同じになり，合計は$300-60=240$(人)となる。よって，徒歩通学の男子の人数は$240\div2=120$(人)だから，徒歩通学の女子の人数は$270-120=$**150**(人)である。

(6)　**【解き方】おうぎ形の半径が等しいことを利用して，二等辺三角形が作図できないか考える。**

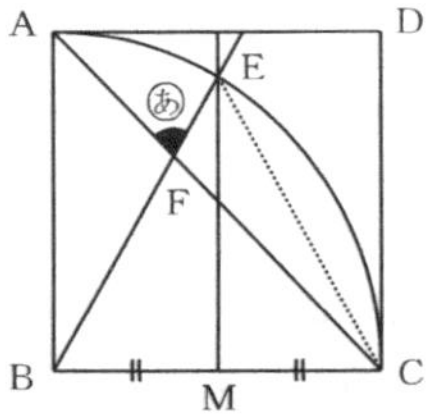

右図のように補助線(点線部分)を引く。おうぎ形の半径の長さは等しいから，三角形ＢＣＥはＢＣ＝ＢＥの二等辺三角形である。また，図の対称性よりＢＥ＝ＣＥだから，三角形ＢＣＥは正三角形となるので，角ＡＢＥ＝90°－60°＝30°

ＡＣは正方形の対角線だから，角ＣＡＢ＝45°

三角形ＡＢＦにおいて，三角形の１つの外角は，これととなり合わない２つの内角の和に等しいから，角㋐＝30°＋45°＝**75°**である。

(7)　**【解き方】右のように作図する。合同な直角三角形を組み合わせているので，ＤＢ＝ＡＣ－ＢＣ＝７－４＝３(㎝)である。三角形ＦＤＢと三角形ＦＢＣで，底辺をそれぞれＤＢ，ＢＣとしたときの高さが等しいから，面積比はＤＢ：ＢＣ＝３：４となる。**

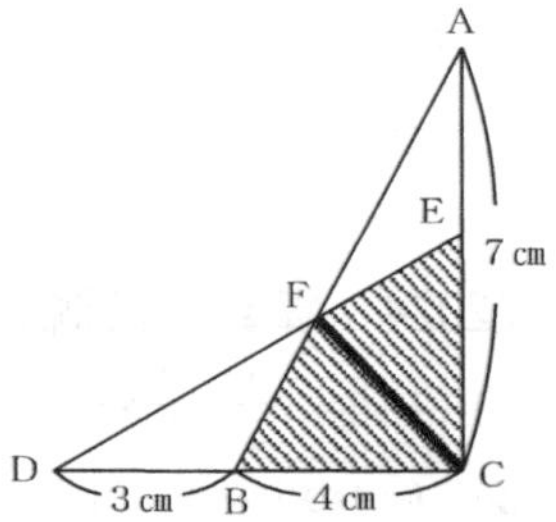

三角形ＦＣＥと三角形ＦＥＡの面積比も同様に３：４であり，

三角形ＦＢＣと三角形ＦＣＥは図の対称性より合同だから，斜線《しゃせん》部分の面積は

(三角形ＥＤＣの面積)$\times\dfrac{4+4}{3+4+4}=(4\times7\div2)\times\dfrac{8}{11}=\dfrac{112}{11}=$**$10\dfrac{2}{11}$**(㎠)である。

(8)　**【解き方】円が通った部分は右図の色つき部分のようになる。**

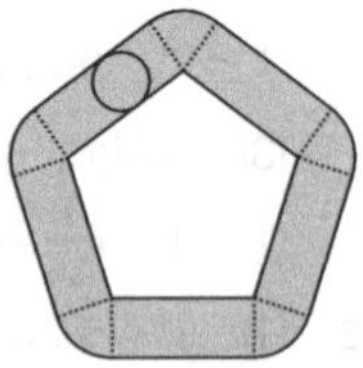

円が通った部分は５つの合同な長方形と５つの合同なおうぎ形に分けられる。長方形の縦の長さは$1\times2=2$(㎝)，横の長さは５㎝だから，長方形の面積の和は$2\times5\times5=50$(㎠)である。おうぎ形の半径は２㎝であり，５つのおうぎ形をつなげると１つの円になるので，面積の和は$2\times2\times3.14=12.56$(㎠)である。よって，円が通った部分の面積は$50+12.56=$**62.56**(㎠)

3　紙を折ったときの手順とは逆に，紙を開いていくと右図のようになる。紙を完全に開いたとき，正方形の対角線を３等分した点が，切り取ってできた正方形の２つの頂点とちょうど重なるから，正しいものは**イ**である。

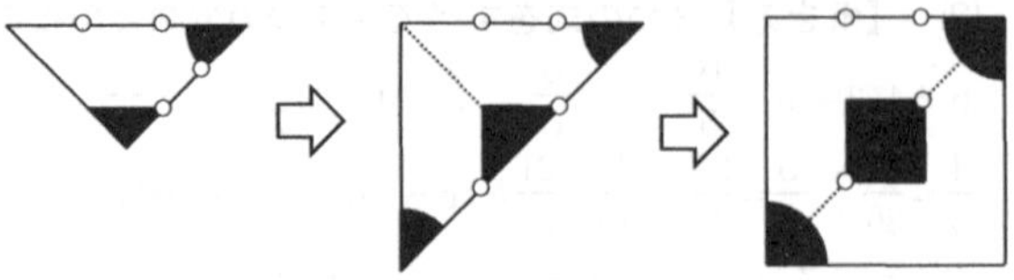

4　①算数と理科がどちらも５点のところに打点されているので，正しい。

②算数が１点，理科が３点の人がいるので，正しくない。

③算数より理科が高得点だった人は，算数が１点の２人と算数が２点の１人で，合計３人いるから，正しい。

④理科が 10 点の人が１人いるので，正しくない。

⑤10 人の中央値は，10÷２＝５より，大きさ順に５番目と６番目の平均である。算数の得点の中央値は（６＋７）÷２＝6.5（点），理科の得点の中央値は（６＋６）÷２＝６（点）だから，算数の方が大きいので，正しい。

⑥算数の得点の平均値は，（１＋１＋２＋５＋６＋７＋７＋８＋８＋10）÷10＝5.5（点）だから，中央値の方が高いので，正しくない。

以上より，正しいものは**①，③，⑤**である。

5　(1)　**【解き方】円柱の側面は展開図において長方形になり，縦の長さが円柱の高さ，横の長さが底面の円周の長さと等しい。**

円柱［ア］の体積は４×４×3.14×１＝16×3.14（㎤）である。円柱［ウ］の底面積は１×１×3.14＝3.14（㎠）だから，高さは 16×3.14÷3.14＝16（cm），底面の円周の長さは１×２×3.14＝２×3.14（cm）である。

よって，円柱［ウ］の側面積は 16×２×3.14＝32×3.14＝**100.48**（㎠）である。

(2)　（底面の円周の長さ）＝（底面の半径）×２×3.14 となり，底面の半径に一定の数をかけて求められるから，底面の円周の長さは底面の半径に比例している。

円柱［ア］の側面積は４×２×3.14×１＝８×3.14（㎠）である。

円柱［イ］は高さが（16×3.14）÷（２×２×3.14）＝４（cm）だから，側面積は２×２×3.14×４＝16×3.14（㎠）である。

よって，右表のようにまとめられるから，底面の半径が２倍，４倍，…になると，側面積は$\frac{1}{2}$倍，$\frac{1}{4}$倍，…になっているので，反比例している。

	円柱［ア］	円柱［イ］	円柱［ウ］
底面の半径（cm）	4	2	1
側面積（㎠）	8×3.14	16×3.14	32×3.14

以上より，正しいものは**①，⑤**である。

6　(1)　**【解き方】花子さんが実際に移動している時間を求める。**

花子さんは出発してからＢ地点に着くまで，11 時 30 分－９時＝２時間 30 分かかった。花子さんが休けいした時間は，１回目が 20 分間，２回目は 30 分間だから，実際に移動していた時間は２時間 30 分－20 分－30 分＝１時間 40 分，つまり $1\frac{40}{60}$時間＝$\frac{5}{3}$時間なので，花子さんの速さは，$6\div\frac{5}{3}$＝3.6 より，時速 **3.6** km である。

(2)　**【解き方】花子さんが１回目の休けいを終えた 10 時 10 分から，２人はたがいに近づいていくと考える。同じ時間に花子さんと太郎さんが進む道のりの比は，速さの比と等しく，$1:\frac{5}{3}=3:5$であることを利用する。**

花子さんは 10 時 10 分までに 50 分＝$\frac{50}{60}$時間＝$\frac{5}{6}$時間だけ進んだので，花子さんはＡ地点から $3.6\times\frac{5}{6}$＝３（km）のところにいる。太郎さんの速さは，$3.6\times\frac{5}{3}$＝６より，時速６km である。よって，出発して 10 時 10 分－10 時＝10 分後＝$\frac{10}{60}$時間後＝$\frac{1}{6}$時間後，Ａ地点から $6-6\times\frac{1}{6}$＝５（km）のところにいる。

したがって，10 時 10 分に２人の間の道のりは５－３＝２（km）となり，ここから出会うまでに花子さんと太郎さんが進んだ道のりの比は３：５だから，花子さんは $2\times\frac{3}{3+5}$＝0.75（km）進んだ。

よって，２人が出会うのは，Ａ地点から３＋0.75＝**3.75**（km）のところである。

7　(1)　正面から見ると左下，真上から見ると左上が欠けていることに注意する。

(2)　**【解き方】正面，真上から見た図を参考にして長さを書きこむと，右図のようになる。**

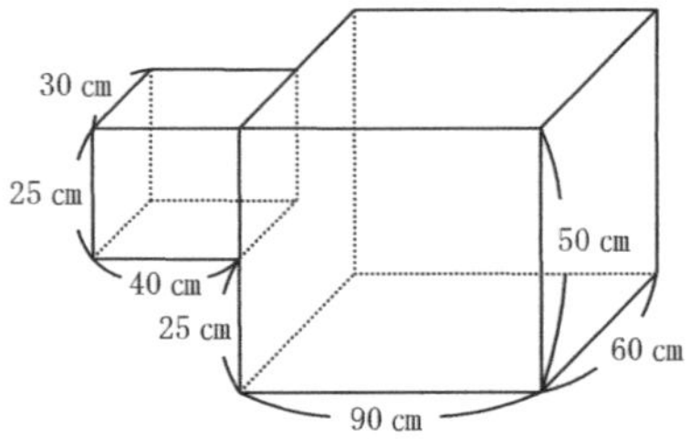

水そうの高さ０㎝～25 ㎝の部分の底面積は，60×90＝5400(㎠)だから，高さ 25 ㎝までの容積は，5400×25＝135000(㎤)→135Ｌ

水そうの高さ 25 ㎝～50 ㎝の部分の水がたまる部分の底面積は，5400＋30×40＝6600(㎠)だから，高さ 25 ㎝～50 ㎝の容積は，6600×25＝165000(㎤)→165Ｌ　　よって，水そうの容積は 135＋165＝**300**(Ｌ)である。

(3)　**【解き方】(2)より，底面積が 6600 ㎠の部分に高さ 30－25＝５(㎝)分の水が入っている。**

30 分間で入れた水の体積は，$135+\frac{6600\times 5}{1000}$＝168(Ｌ)である。よって，水そうに入る水は 168÷30＝5.6 より，毎分 **5.6**Ｌである。

(4)　**【解き方】水面が底から 14 ㎝の高さのとき，水が入っている部分の底面積は，(2)より 5400 ㎠である。**

入れた水の体積は 5400×14＝75600(㎤)→75.6Ｌだから，水面が底から 14 ㎝の高さになるのは，水を入れ始めて 75.6÷5.6＝13.5(分後)，つまり **13 分 30 秒後**である。

8　**【解き方】Ａ＝１，Ｂ＝７だから，$\frac{1}{D}+\frac{7}{E}=\frac{C}{F}$である。いずれの文字にも１桁の整数が入るので，ＤとＥをできるだけ小さい数にして通分し，具体的に数を探していく。Ｃ，Ｄ，Ｅ，Ｆにあてはまる数はそれぞれ２，３，４，５，６，８，９であり，同じ整数にはならないことに気を付ける。**

通分してできる分母のうち，最も小さい数は６だから，ＤとＥが２，３，６のいずれかとなる場合を考える。

(Ｄ，Ｅ)＝(２，３)のとき，$\frac{1}{2}+\frac{7}{3}=\frac{17}{6}$，(Ｄ，Ｅ)＝(３，２)のとき，$\frac{1}{3}+\frac{7}{2}=\frac{23}{6}$，(Ｄ，Ｅ)＝(２，６)のとき，$\frac{1}{2}+\frac{7}{6}=\frac{10}{6}=\frac{5}{3}$，(Ｄ，Ｅ)＝(６，２)のとき，$\frac{1}{6}+\frac{7}{2}=\frac{22}{6}=\frac{11}{3}$，(Ｄ，Ｅ)＝(３，６)のとき，$\frac{1}{3}+\frac{7}{6}=\frac{9}{6}=\frac{3}{2}$，(Ｄ，Ｅ)＝(６，３)のとき，$\frac{1}{6}+\frac{7}{3}=\frac{15}{6}=\frac{5}{2}$となる。

よって，(Ｃ，Ｄ，Ｅ，Ｆ)＝(**５，２，６，３**)，(**５，６，３，２**)のとき条件に合う。

9　(1)　**【解き方】11 から 19 までの整数と 91 から 99 までの整数の和は，(11＋99)＋(12＋98)＋(13＋97)＋(14＋96)＋(15＋95)＋(16＋94)＋(17＋93)＋(18＋92)＋(19＋91)＝110×９＝990 となる。他の整数についても同様に考える。**

21 から 29 までの整数と 81 から 89 までの整数の和，31 から 39 までの整数と 71 から 79 までの整数の和，41 から 49 までの整数と 61 から 69 までの整数の和についても同様に 990 となる。

51 から 59 までの和は，(51＋59)＋(52＋58)＋(53＋57)＋(54＋56)＋55＝110×４＋55＝495 となるから，求める和は，990×４＋495＝**4455** である。

(2)　**【解き方】同時に裏返るコインは右図の○で囲ったコインであり，１秒ごとに矢印の方向に規則的に裏返っていく。**

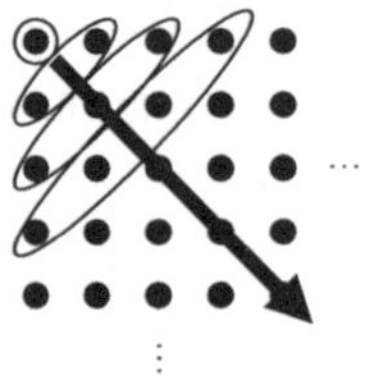

はじまりから９秒後に，19，28，…，91 のコインが裏返り，さらに９－１＝８(秒後)にすべてのコインが裏返るから，すべて裏返るのははじまりから９＋８＝**17**(秒後)である。

(3)　**【解き方】(1)の解説をふまえる。１秒後のマスの数の合計は 11＋99＝110，２秒後のマスの数の合計は 110＋(12＋98)＋(21＋89)＝110＋110×２，…となっていく。１からｎまでの連続する整数の和は，$\frac{(1+n)\times n}{2}$で求められることを利用する。**

７秒後のマスの数の合計は，110＋110×２＋…＋110×７＝110×(１＋２＋…＋７)＝110×$\frac{(1+7)\times 7}{2}$＝**3080**

また，表の対称性より，はじまりから８秒後までは，裏返っているコインが置かれているマスの数との和が 110 になるような整数は，必ず裏返っているコインが置かれている。このことを解答例のように説明すればよい。

《2024　理科　解説》

1 **問１**　③と⑥と⑨は２つの豆電球が直列につながっていて，②と⑤と⑧は２つの豆電球が並列につながっている。

問２　豆電球に流れる電流の大きさが等しいとき，豆電球の明るさは同じになる。①の回路を基準とし，①の豆電球に流れる電流の大きさを１として考える。②のように豆電球を並列につなぐと，②のそれぞれの豆電球に流れる電流の大きさは①の豆電球に等しく１となる。③のように豆電球を直列につなぐと，③のそれぞれの豆電球に流れる電流の大きさは①の豆電球の半分の 0.5 となる。これより，それぞれの豆電球に流れる電流の大きさは，④と⑤，⑦と⑧でそれぞれ等しく，⑥は④の半分，⑨は⑦の半分とわかる。また，④のように電池を並列につなぐと，豆電球に流れる電流の大きさは変わらないから，④の豆電球に流れる電流の大きさは１となる。⑦のように電池を直列につなぐと，豆電球に流れる電流の大きさは２倍になるから，⑦の豆電球に流れる電流の大きさは２となる。よって，それぞれの豆電球に流れる電流の大きさは，④と⑤が１，⑦と⑧が２，⑥が１の半分の 0.5，⑨が２の半分の１となる。

問３　２つの豆電球が並列につながれている回路では，１つの豆電球をソケットから外しても，もう一方の豆電球がついたままであり，ついている豆電球の明るさは変化しない。なお，２つの豆電球が直列につながれている回路で，１つの豆電球をソケットから外すと，もう一方の豆電球に電流が流れなくなって消える。

2 **問１**　実験で使用したかっ車は，力の向きを変えるだけだから，実験⑴と⑵ではばねの向きが変わっただけである。したがって，ＢののびはＡと同じ２cmである。また，実験⑴や⑵では，おもりがばねを引く力と，天井《てんじょう》や壁《かべ》がばねを引く力は等しくなっている。実験⑶の片方のおもりがばねを引く力の大きさは，実験⑴の天井や実験⑵の壁がばねを引く力の大きさと等しいから，ＣののびはＡやＢと同じ２cmである。

問２　実験⑸～⑺のように，直列につながれたばねには，そのばねより下につるされたすべてのおもりの重さがかかる。Ｄにはおもりが２個つるされているから，Ｄののびは２cmより長くなる。ＥとＦにはそれぞれおもり１個分の力がかかるから，ＥとＦののびは２cmである。ＧとＨにはそれぞれおもり２個分の力がかかるから，ＧとＨののびは２cmより長くなる。Ｉにはおもり２個分，Ｊにはおもり１個分の力がかかるから，Ｉののびは２cmより長くなり，Ｊののびは２cmである。

3 **問１**　メダカのオスはせびれに切れこみがあり，しりびれの後ろが長い。また，メスはせびれに切れこみがなく，しりびれの後ろが短い。

問２　アは体になる部分であり，イやウは成長に必要な養分がふくまれる。

問４　⑴①×…動かせるものを見るときは，ルーペを目に近づけたまま，見るものを動かして，はっきり見えるところを探す。　⑵④×…そう眼実体けんび鏡で観察すると，実物と同じ向きに見える。観察したときに上下左右が逆に見えるのは接眼レンズが１つのけんび鏡などである。

4 **問１**　アはめしべ，イはおしべ，ウは花びら，エはがくである。アブラナは花粉をこん虫に運んでもらうため，花は目立つつくりとなっているが，イネは花粉を風に運んでもらうため，花を目立たせる必要がない。

問２　①×…モンシロチョウは，うすい黄色の卵を１つぶずつ産みつける。

問３　④○…トウモロコシのくきの先にある穂《ほ》のようなものがおばな，トウモロコシの実のようなものがめばなの集まり（トウモロコシのひげはめしべ）である。

5 **問２**　①○…冬の大三角は，◉で示した星（ベテルギウス）とおおいぬ座のシリウスとこいぬ座のプロキオンがつくる三角形である。　②×…夏の大三角は，こと座のベガとわし座のアルタイルとはくちょう座のデネブがつくる三角形である。　③×…◉で示した星（ベテルギウス）は赤みがかった色をしている。　④×…★で示した星（リゲル）

は青白い色をしている。

問3　北の空の星は，北極星を中心に約1日(約24時間)で反時計回りに1周(360度)動いて見える。A_1はA$_2$よりも30度反時計回りに動いた位置にあるから，約$24\times\frac{30}{360}=2$(時間後)に観測したものである。

6　問1　太陽とおとめ座が同じ方向に見えるのは，地球がBにあるときである。

問2　オリオン座は太陽をはさんでさそり座の反対側のふたご座とおうし座の間にあるように見える。

問3　地球がBにあったときの3か月後に地球はCにある。問題文より，地球がAにあるとき，明け方の南の空にうお座が見えるから，地球がCにあるとき，明け方の南の空に見える星座はおとめ座とわかる。

7　問1　(1)○…反応に関わる物質の質量の総和は，反応の前後で変化しない。　(2)○…X(酸素)が十分にあるとき，生じるY(二酸化炭素)や水の重さは，燃やしたメタンやプロパンの重さに比例する。　(3)○…1gのプロパンを完全に燃やしたときに生じるYの重さは$13.2\times\frac{1}{4.4}=3.0$(g)，1gのメタンを完全に燃やしたときに生じるYの重さは$4.4\times\frac{1}{1.6}=2.75$(g)である。　(4)×…加えるXの重さを6.4gとすると，メタンは1.6g，プロパンは$4.4\times\frac{6.4}{16.0}=1.76$(g)燃える。

問2　メタン 1.6gとX6.4gがちょうど反応するから，メタン 16gとX64gがちょうど反応する。よって，メタンが30−16=14(g)残る。

問3　メタン1.6gを燃やすとY4.4gが発生するから，水素が$8\times\frac{4.4}{44}=0.8$(g)必要である。

問4　①○…植物が光合成を行うことで，Y(二酸化炭素)を空気中から回収できる。

《2024　社会　解説》

Ⅰ　問1　A=グテーレス　B=ニューヨーク　　グテーレス事務総長はポルトガル出身である。国際連合の本部は，アメリカ合衆国のニューヨークにある。

問2　エ　　世界の温室効果ガスの約8割を排出しているといわれるG20に対して，新たな排出削減目標が必要だとするコメントを出す中で使われた言葉である。

問3　イ　　2023年7月，1日の世界平均気温が観測史上過去最高となり，17℃を超える日が続いた。

問4(1)　岐阜　　観測地点の「美濃」「金山」「多治見」から考える。　(2)　諏訪湖　　天竜川は，諏訪湖を水源とする唯一の河川である。　(3)　ア　　イは福島県・宮城県を流れる。ウは岩手県・宮城県を流れる。エは秋田県を流れる。

問5　ウ　　Rがあるのは群馬県であり，日光東照宮は栃木県にある。

問6　EU　　2020年にイギリスがEUを離脱したことで，加盟国は27か国になった。

問7　奈良県=エ　和歌山県=オ　　奈良県は内陸県だから，海岸線の長さが0のエを選ぶ。和歌山県のみかんの生産量は日本一だから，みかんの生産量が最も多いオを選ぶ。アは愛知県，イは静岡県，ウは三重県，カは高知県。

問8(2)　イ　　沖縄県・宮崎県・大分県・愛媛県・高知県・徳島県・香川県・島根県・鳥取県・奈良県・和歌山県・三重県・福井県・山梨県・千葉県・茨城県の16県。なお，福井県については北陸新幹線の金沢−敦賀間が2024年3月に開業する。

問9　寒冷化と温暖化のどちらを選んでもよい。適応が難しいと考えられる点を自分の言葉で書こう。

Ⅱ　問1　ウ　　「取り引きされた商品(横浜港)」の輸出の棒グラフから判断できる。ア．誤り。「横浜港での国別取引高」の棒グラフを見ると，アメリカよりイギリスとの取引高の方が多い。イ．誤り。「取り引きされた港」を見ると，横浜港が最も多く取り引きされた港とわかる。エ．誤り。「取り引きされた港(横浜港)」を見ると，輸入額が輸出額を上回っていたのは1867年だけで，残りは輸出額が輸入額を上回っている。

問２　青森　　青森県にある三内丸山遺跡は，北海道・北東北の縄文遺跡群として世界文化遺産に登録された。

問３⑴　エ　　1895年に結んだ下関条約（日清戦争の講和条約）によって，台湾は日本領となった。

⑵　ウ　　ア．誤り。日露戦争では賠償金を得ることはできなかった。イ．誤り。製糸業は生糸を生産する産業であり，綿糸を製造するのは紡績業である。エ．誤り。陸奥宗光が成功したのは，領事裁判権の撤廃である。

問４　ウ　　ａ．誤り。日本はドイツ・イタリアと軍事同盟を結んだ。ｄ．誤り。戦争が激しくなると，空襲から逃れるために都市部の小学生は地方に疎開した。

問５　エ　　上杉謙信は新潟県，毛利元就は山口県，伊達政宗は宮城県あたりを拠点とした。

問６　エ　　ａ．誤り。くりから峠の戦いに勝利して京都に入ったのは，源頼朝ではなく源義仲である。ｃ．誤り。源氏による将軍が３代で途絶えたあとは，藤原氏や皇族が将軍に就いていた。

問７⑴　イ　　ア．誤り。中大兄皇子は飛鳥時代の天智天皇であり，律令は制定していない。ウ．誤り。藤原道長は平安時代の貴族である。エ．誤り。大仏造立は聖武天皇によって進められた。桓武天皇は平安京に都を移した天皇である。　⑵　エ　　ｂ（飛鳥時代）→ｃ（平安時代）→ａ（鎌倉時代）

問８　イ　　アは野尻湖遺跡，ウは亀ヶ岡石器時代遺跡，エは岩宿遺跡。

問９　今川氏　　今川義元が織田信長に敗れた戦いが桶狭間の戦いである。

問10　急がば回れ　　ヒントの内容と文字数（７文字）から考える。

問11　ア　　イは行基，ウは鑑真，エは道元。

問12⑴　ア　　朱雀大路の北に内裏があったから，天皇の住まい（御所）は東に移っている。イ．誤り。京都駅は左京に位置する。平安宮から見た方向で右京・左京と呼ぶ。ウ．誤り。東海道新幹線は平安京の内部を通っている。エ．誤り。点線Ｙが表す道路は三条通である。一条通は御所あたりを通る。　⑵　イ　　ａ．正しい。ｂ．誤り。応仁の乱は第８代将軍足利義政のあとつぎ問題が原因の１つであったことから，応仁の乱の前に将軍になっていたことがわかる。

問13⑴　ア　　日本で最大・最長の大仙古墳は大阪府堺市にある。イ．誤り。埴輪は古墳の墳丘上に並べられた。ウ．誤り。仏教伝来は５世紀ではなく６世紀である。エ．誤り。古墳は大王だけでなく地方の豪族も造っていた。

⑵　イ　　ア．誤り。フランシスコ＝ザビエルは，鉄砲伝来より後の1549年に鹿児島県の坊津に上陸した。ウ．誤り。杉田玄白と前野良沢が『解体新書』を著すために翻訳した『ターヘル・アナトミア』は，キリスト教を布教しないオランダからもたらされた。エ．明治政府によるキリスト教の解禁は，板垣退助が民撰議院設立建白書を提出するより前に行われた。また，板垣退助らは自由民権運動の中で，国会開設・地租軽減・不平等条約の改正・言論と集会の自由の保障などが求めたが，信教の自由は要求しなかった。

問14　ウ　　ア～エを古い順に並べると，エ→ア→イ→ウとなる。

Ⅲ　問１　ウ　　メルケル首相は2005年から2021年までドイツの首相を務めた。ドイツはショルツ首相が出席した。

問２　イ　　五千円札は津田梅子が描かれている。

問３　エ　　ア．誤り。経済的な理由などで弁護人を依頼できない場合，国選弁護人をつけることができる。イ．誤り。刑事裁判でも傍聴できる。ウ．誤り。2023年１月から裁判員の対象年齢も18歳以上に引き下げられた。

問４⑵　ウ　　憲法改正の発議は，衆議院と参議院の両方で総議員の３分の２以上が賛成しなければできない。

問６　イ　　ア．誤り。日本国憲法では天皇は日本国および日本国民統合の象徴と規定されている。ウ．誤り。現在の皇室典範では女性は天皇になれない。次の天皇は秋篠宮皇嗣殿下である。エ．誤り。天皇の国事行為にあるのは，最高裁判所長官の任命である。

2023 解答例 令和５年度　愛知淑徳中学校

《国　語》

一　問一．イ　問二．ア　問三．ネズミが食～れるだろう　問四．ウ　問五．⑴エ　⑵オ　問六．エ
問七．A．自分の位置や役割　B．自分と周りとの関係　問八．ゆるゆるやわやわ　問九．イ
問十．自転車　問十一．ウ　問十二．ア

二　問一．ウ　問二．イ　問三．主人に負けてしまった　問四．運が良かった　問五．エ　問六．ア
問七．脚が悪くても仕事で人に負けたくないという気持ちが、どんな仕事も嫌がらずに引き受ける態度につながった　問八．ウ　問九．イ　問十．①イ　②ウ　③ア

三　①土俵　②誤植　③朗読　④ようさん　⑤とうじ

《算　数》

1　⑴$\frac{1}{5}$　⑵$\frac{7}{20}$

2　⑴８　⑵44　⑶②，③　⑷84　⑸380　⑹水　⑺８　⑻⑤

3　⑴864　⑵30

4　②，④

5　⑴65　⑵1300

6　56

7　⑴114．4　⑵268．48

8　⑴$\frac{7}{12}$　⑵25

9　⑴［Aの目／Bの目］［２／６］［６／２］［６／６］　⑵右図

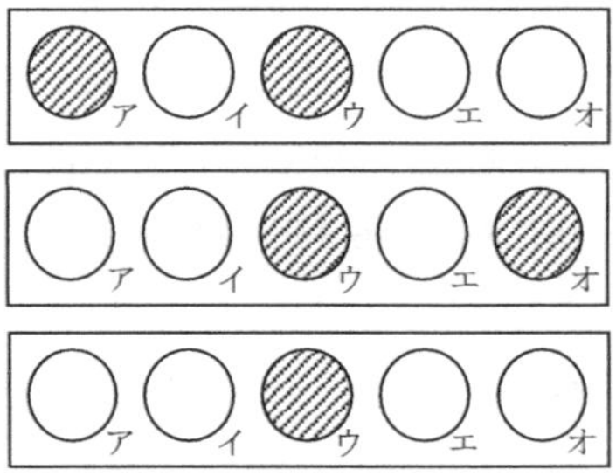

10　Aさんが…３　Bさんが…２　Cさんが…１

理由…Aさんだけがうそをついているとすると，Aさんは１位か２位となるがBさんが１位になるので，Aさんは２位となる。このときCさんは３位となるが，Cさんの「私はAさんより早かった」とつじつまが合わなくなる。

Cさんだけがうそをついているとすると，CさんはAさんより遅いことになるがAさんが３位となり，つじつまが合わない。

Bさんだけがうそをついているとすると，Bさんは２位か３位になるが，Aさんが３位，Bさんが２位，Cさんが１位とするとつじつまが合う。

以上から，Bさんだけがうそをついていて，Aさんが３位，Bさんが２位，Cさんが１位となる。

《理　科》

1　問1．①　問2．①　問3．1.1　問4．⑤

2　問1．①　問2．②　問3．食物連さ

3　問1．食道／胃／小腸／大腸　問2．小腸／大腸

問3．じん臓／ぼうこう　問4．右図

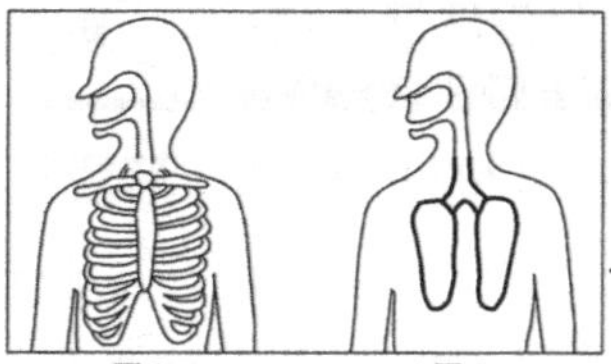

図1　図2

3 問4の図

4　問1．操作…4／電子てんびんに薬包紙ものせる。　問2．②

問3．(ア)③　(イ)①

5　問1．3.2　問2．③，⑤，⑥

6　問1．しゅうきょく　問2．①　問3．イ　問4．右図

問5．①→②→④→③

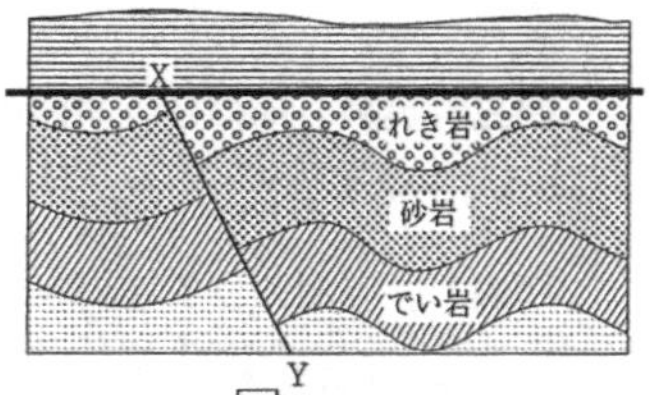

6 問4の図

7　問1．①，④　問2．積乱雲

《社　会》

Ⅰ　a．ユーラシア　b．濃尾　問1．ア　問2．エ　問3．カ　問4．ウ　問5．(1)イ　(2)エ

問6．※学校当局により問題削除　問7．C．岐阜　D．静岡　問8．エ　問9．エ　問10．ア

問11．イ　問12．エ　問13．ウ

Ⅱ　問1．(1)エ　(2)ウ　問2．エ　問3．ア　問4．(1)北条政子　(2)ウ　問5．カ　問6．(1)イ　(2)ウ

問7．(1)富岡製糸場　(2)生糸　問8．(1)ウ　(2)治安維持法　問9．イ　問10．ア　問11．エ

Ⅲ　問1．エ　問2．イ　問3．エ　問4．イ　問5．(賛成の例文)成人年齢が18歳に引き下げられたので，大人と同じように責任を負うべきだから。　(反対の例文)更生した後も就職などで差別を受けるおそれが高まるから。　問6．イ　問7．(1)安倍晋三　(2)ウ

《2023 国語 解説》

一 **問一** 2段落目に、シェーンハイマーが「当時の生命の考え方に革命をもたらした」とある。当時は、「生命とは、ミクロな部品が寄り集まった機械仕《じ》掛《か》けなのだ」という考え方が主流だったが、シェーンハイマーは実験の結果、「生命とは常にダイナミックに流れているもので、機械と見なすことはできない」と主張した。当時の「生きている」ということに対する考え方(＝生命観)に、今までとは異なる考え方を示したので、イが適する。

問三 実験の前には、当時の機械論的生命観に基づき、「ネズミが食べたエサは体内ですぐに燃焼されるだろう」(──④の9行前)と考えていた。

問四 3行前の「もともとネズミの体を構成していた粒子《りゅうし》がエサの粒子に置き換《か》わって、体の外へ出て行った」ことを、「爪《つめ》や髪《かみ》の毛は～伸《の》びていくから理解できるだろう」と言っている。爪や髪は、古い部分が切られて無くなり、新しく生えてくるので、(体外から取り入れている)食べ物の粒子と入れ替《か》わっていることが実感できるということ。7～8行後に「身体をつくっている～粒子は、食べ物の粒子と、常に～入れ替わっているのだ」とある。

問五 この後に続く、「川がある、と～言うが、川の実体があるわけではない～インクを流して初めて水の流れ(＝川)が目に見えるようになる。生命も同じことだ。彼《かれ》は粒子に印をつけて、ネズミの体には絶えず元素が流れていることを確かめた」より、「川」が「ネズミの体」、「インク」が「粒子につけた印」。常に粒子が入れ替わっている「ネズミの体」を、常に水が流れている「川」にたとえている。

問六 問一の解説を参照。当時の機械論的生命観に対し、「生命とは常にダイナミックに流れているもの」と主張した。

問七 直前の段落に書かれている、細胞《さいぼう》は「自分の位置や役割」をあらかじめ知っているわけではなく、「何が必要なのかは上下左右前後の細胞とのコミュニケーションによって知らされる」ということを指して、「こうした考え方」とし、この考え方は「人間の集団や社会の仕組みにも拡張できるものかもしれない」と言っている。人間も、「一所懸命《けんめい》自分探し」をしても、その答えは自分自身の中にはなく、「答えは、自分と周りとの関係性の中にだけ存在している」のである。

問八 「秩序《ちつじょ》あるものは必ず崩《くず》れる方向にしか時間は流れない」という「エントロピー増大の法則」があるために、生命は、あえて頑丈《がんじょう》で「がっしり」とした作りにはせず、自分自身を常に入れ替えられる「ゆるゆるやわやわ」な体をしている。問九の解説も参照。

問九 「宇宙の大原則」としての「エントロピー増大の法則」があるために、「生命は、自分自身を入れ替え新しくし続けることによって、ばらばらに崩《くず》れる方向に向かう力を排除《はいじょ》し、エントロピーを増大させようとする追手からなんとか逃《に》げている」(最後の段落)のである。

問十一 ──⑥の前の3段落に着目する。「体をつくっている～粒子は～ものすごい速度で入れ替わっている」ので、「今の私たちは半年前の私たちとは同一ではなく、違《ちが》う粒子に置き換わっている」。しかし、「不思議なのは～私は私という生物としての同一性は失われはしないことだ。これが実は、生命現象の最も大事な性質である」と述べている。よって、ウが適する。

問十二 イ．現在ではシェーンハイマーの主張が正しかったことが明らかになっているので、「筆者の主張が独りよがりの押《お》し付けにならないように」が適さない。　ウ．「日本にその種の知識があまり普及《ふきゅう》していないことをほのめかしている」ということが読みとれない。　エ.「はじめに主張を提示して～という形式」が適さない。最初に根拠《こんきょ》(シェーンハイマーの実験)を示し、それをふまえて主張を述べている。

二　**問一**　この電報が来た後の主人の言葉「ほんとに危篤《きとく》なら」から、だれかが危篤であること、そして次にとどいた電報が「ハハシンダ」であることから、母が危篤であることを知らせる内容であることが考えられる。

問二　すぐ後に「主人の疑いは大勢の使用人との関係で身についた警戒《けいかい》から出たものだった」とある。これまでに使用人たちに嘘《うそ》をつかれたことがあり、主人は幾代あての電報の内容が嘘ではないかと疑っていることが読み取れる。少し後の、「この多忙《たぼう》な時期に、使用人を失いたくないという本心」も重要になる。よって、イが適する。

問三　「次の電報を待つんだね」と言われて、母が危篤であるのにすぐに帰らずに「はい」と「答えるしかなかった」ことについて、翌日《よくじつ》、旅館を出た後の幾代の気持ちを説明した部分に「昨日の電報のとき、主人に負けてしまった自分の弱さ」と表現している。

問四　「見つけもの」の意味を問う問題。「運が良いこと・幸運」という意味で、なまって「めっけもの」ということが多い。

問五　「母親の見幕《けんまく》を恥《は》ずかしくなって」とは、男の子にはやし立てられたときの母親の、「いきなり大声にわめいて小石を投げた」という興奮した様子を恥ずかしく思ったということである。よって、エが適する。

問六　「終日」は、朝から晩まで、一日中という意味。現代では「しゅうじつ」と読み、古い言葉で「ひねもす」と読むこともある。

問七　「負けん気」とは、負けたくない気持ちのこと。ここでは、直前に「旅館の台所で～身体の引け目を見せなかった」とあるように、脚《あし》が悪くても仕事で人に負けたくないという気持ちを指す。仕事で人に負けないためには何でも嫌《いや》がらずに取り組むことが必要で、それが素直な態度につながったということである。

問八　母が危篤であるという知らせを受けたときに、家に帰れると思った理由は、直前に「そんなふうだったから」とあるように、主人が働き者の幾代に「優しい言葉をかける意味で、田舎《いなか》のおっかさんに東京見物をさせておやりといい、泊《と》まるのはうちで泊めてやるよ、といった」と、母を気づかう様子を見せていたからである。よって、ウが適する。

問九　――⑨の「勝ち気にふるまう意識の操作を、母親に対してだけは感ぜずにすんだ」という内容と同じなのが、前の部分の「幾代が自分の身体の引け目を感ぜずにすむのは母親の前だけであった」である。また、「その罪は母親もいっしょに被《こうむ》るものだった」とあるのは、脚が悪いのは母親のせいだという考えであり、それもあって幾代は母親の前では取り繕《つくろ》う必要がなかったということである。よって、イが適する。

問十①　生徒２の次の言葉に「誰一人見向きもしない出しっぱなしの水道を止めずにはいられない、つまりきっと一人で涙《なみだ》を流し続けているような人を放っておいたりしない」とある。つまり、誰も水道の栓を閉めない状況は、誰もが涙を流し続ける人(＝幾代)を放っておいている状況と似ている。よって、イが適する。　**②③**　②の後に「だけど」とあることから、②と③は逆の内容となると考えられる。③の後に、「きっと同じようにいつか誰かが、幾代の流れる涙を止めてくれるはず」「私も幾代をひとりぼっちにしたくないな」と続いていることから、③はアが適する。すると、②はその逆の内容であり、直前に「母親を亡くして」とあることから、ウが適する。

《2023　算数　解説》

1　**(1)**　与式$=\frac{21}{8}\times(\frac{35}{10}-\frac{11}{10})\times\frac{1}{9}-\frac{5}{14}\times\frac{3}{5}\times\frac{7}{3}=\frac{21}{8}\times\frac{24}{10}\times\frac{1}{9}-\frac{1}{2}=\frac{7}{10}-\frac{5}{10}=\frac{2}{10}=\mathbf{\frac{1}{5}}$

(2)　与式より，$(\square-\frac{1}{4})\times 5=20\div 40$　　$\square-\frac{1}{4}=\frac{1}{2}\div 5$　　$\square=\frac{1}{10}+\frac{1}{4}=\frac{2}{20}+\frac{5}{20}=\mathbf{\frac{7}{20}}$

2　(1)　**【解き方】容器Aに分けた食塩水の濃度《のうど》は 20％から変化しない。**

容器Aに入っている食塩の量は 200×0.2＝40(g)だから，求める食塩水の濃度は$\frac{40}{200+300}$×100＝**8**(％)

(2)　**【解き方】すべての石段の数からけい子さんまたはかおるさんがふんだ石段の数を引いて求める。けい子さんは2の倍数の石段を，かおるさんは3の倍数の石段をふんで階段を登っていった。**

1から 132 までの整数のうち，2の倍数は 132÷2＝66(個)，3の倍数は 132÷3＝44(個)ある。また，2の倍数でも3の倍数でもある数は2と3の最小公倍数6の倍数だから，132÷6＝22(個)ある。2人のどちらかまたは両方がふんだ石段の数は，66＋44−22＝88(段)だから，どちらもがふまなかった石段は 132−88＝**44**(段)ある。

(3)　右図で線でつないだ面どうしが，組み立てたときに向かい合う面である。適するものは**②，③**である。

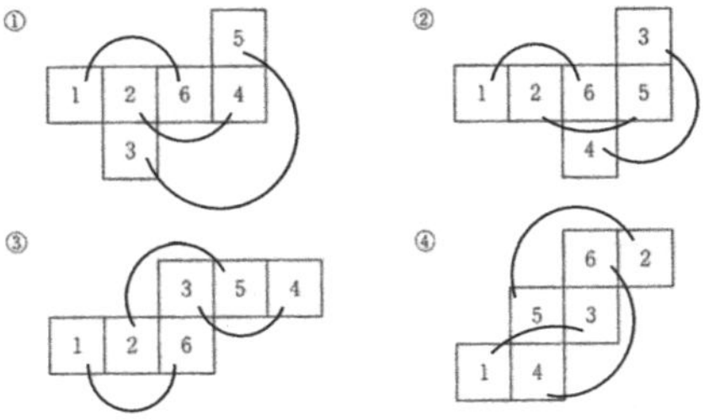

(4)　**【解き方】正n角形の1つの内角の大きさは$\frac{180°\times(n-2)}{n}$で表される。**

正五角形の1つの内角の大きさは$\frac{180°\times3}{5}$＝108°，正六角形の1つの内角の大きさは$\frac{180°\times4}{6}$＝120°である。右図の直線DCは正六角形の1つの内角の二等分線になっているから，

角CDA＝120°÷2＝60°

また，角DAB＝角ABC＝108°だから，四角形の内角の和より，

角ア＝360°−108°×2−60°＝**84°**

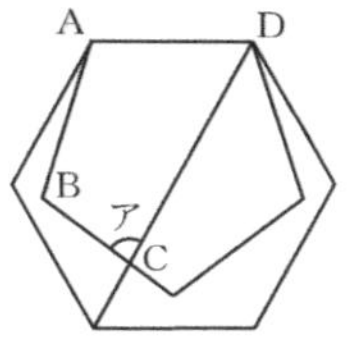

(5)　8ガロン＝(3.8×8)L＝30.4Lだから，8ガロンのガソリンでは 20×30.4＝608(km)走ることができる。これをマイルに直すと，608÷1.6＝**380**(マイル)となる。

(6)　**【解き方】2週目，3週目，4週目の日曜日の日付は1週目の日曜日の日付にそれぞれ7，14，21を足した日付である。**

1週目の日曜日の日付は，{62−(7＋14＋21)}÷4＝5(日)である。よって，4回目の日曜日の日付は5＋21＝26(日)であり，1月 29 日は日曜日の 29−26＝3(日後)だから，**水**曜日である。

(7)　**【解き方】つるかめ算を利用する。28 台すべてが自動車だと仮定し，三輪車と自転車の台数が同じことから，自動車2台を三輪車と自転車1台ずつにおきかえたときの車輪の数の変化を考えればよい。**

28 台すべてが自動車だとしたときの車輪の合計は4×28＝112(個)である。自動車2台を三輪車と自転車1台ずつにおきかえると，車輪の数は4×2−(3＋2)＝3(個)少なくなる。実際の車輪の数は 88 個であり，112−88＝24(個)多いから，三輪車と自転車の台数は 24÷3＝**8**(台)ずつである。

(8)　**【解き方】正方形の1つの内角の大きさは 90°である。角の二等分線どうしが 90°に交わるとき，右の図1で●＋○＝90°だから，隣《とな》り合う角の大きさの和は(●＋○)×2＝180°となる。**

隣り合う角の大きさの和がつねに 180°になる図形は，②平行四辺形，③ひし形，④正方形，⑤長方形である。ただし，③ひし形と④正方形は4本の角の二等分線が1点で交わるため，正方形ができない。

②平行四辺形と⑤長方形については極端《きょくたん》な図をかいて正方形ができるかを確認してみる。②平行四辺形は図2，⑤長方形は図3のような例があるから，適切なものは**⑤**長方形である。

図1

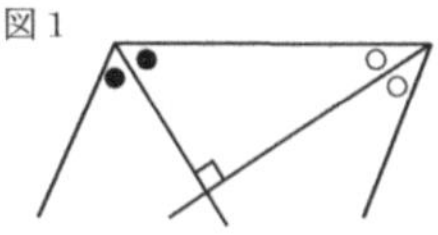

図2

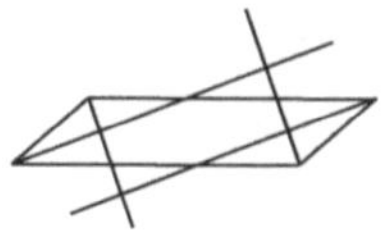

図3

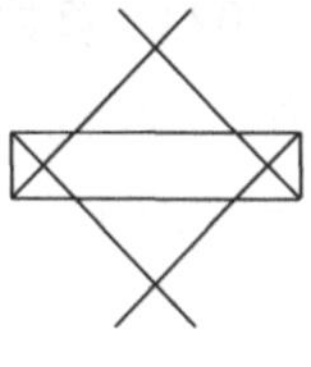

3　(1)　**【解き方】斜線《しゃせん》部の台形は，上底が 27 cm，下底が 72－27＝45(cm)，高さが 24 cmである。**

求める面積は，(27＋45)×24÷２＝**864**(cm²)

(2)　**【解き方】線対称な図形であることから，右図のように長さがわかる。台形ＡＣＤＥの面積から台形ＢＣＤＥの面積を引いて，三角形ＡＢＥの面積を求める。**

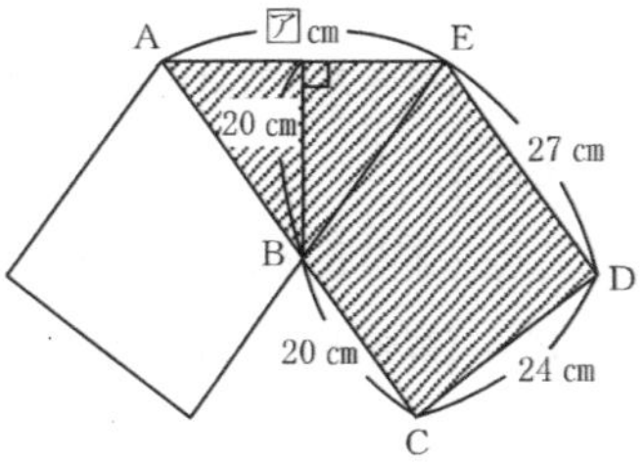

台形ＢＣＤＥの面積は，(27＋20)×24÷２＝564(cm²)

三角形ＡＢＥの面積は，864－564＝300(cm²)　　よって，$\boxed{\text{ア}}$＝300×２÷20＝**30**

4　①得点の最小値は１点だから，正しくない。

②４点の生徒は１人であり，下位から３＋１＋２＋１＝７(番目)だから，上位から 30－７＋１＝24(番目)である。よって，正しい。

③30÷２＝15 より，30 人の得点の中央値は大きさ順に 15 番目と 16 番目の得点の平均である。15 番目の得点は６点，16 番目の得点は７点だから，中央値は 6.5 点となるので，正しくない。

④30 人の得点の平均値は，

(１×３＋２×１＋３×２＋４×１＋５×５＋６×３＋７×６＋８×４＋９×２＋10×３)÷30＝６(点)だから，正しい。

⑤最頻値は最も登場した回数が多い値のことだから，７点である。よって，正しくない。

以上より，正しいものは**②**，**④**である。

5　(1)　**【解き方】グラフの傾《かたむ》き方が変わったところで何が起きたのかを考える。**

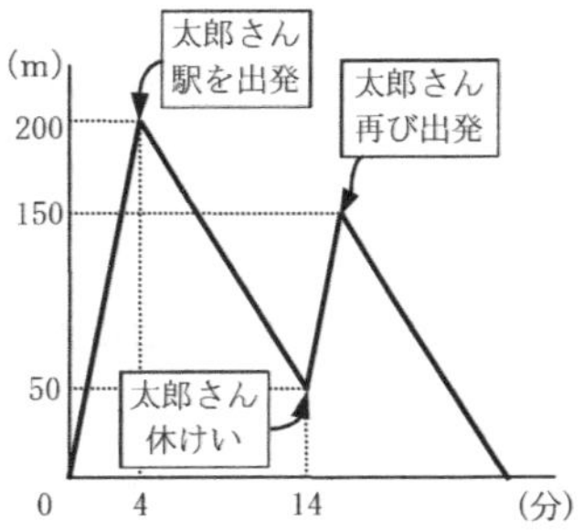

グラフから右図のことが読み取れて，太郎さんの方が花子さんより速いとわかる。花子さんは４分で 200m進むので，速さは 200÷４＝50 より，分速 50mである。また，太郎さんは花子さんが出発して４分後に駅を出発し，さらに 14－４＝10(分後)に２人が歩いた道のりの差が 50mとなったので，10 分で２人が歩いた道のりの差は 200－50＝150(m)ちぢまった。よって，２人の速さの差は 150÷10＝15 より，分速 15mだから，太郎さんの歩く速さは 50＋15＝65 より，分速 **65**mである。

(2)　**【解き方】花子さんが歩いた時間の合計を求める。**

太郎さんは２人が歩いた道のりの差が 50mになってから 150mになるまで休けいしている。よって，休けい時間は (150－50)÷50＝２(分)である。太郎さんが再び出発してから 150m先にいる花子さんに追いつくまでにかかる時間は，150÷15＝10(分)だから，花子さんが図書館に着くまでに歩いた時間の合計は，14＋２＋10＝26(分)である。したがって，駅から図書館までの道のりは 50×26＝**1300**(m)である。

6　**【解き方】図１で角ＦＤＡ′を求め，図２の図形に戻《もど》って考える。**

図１

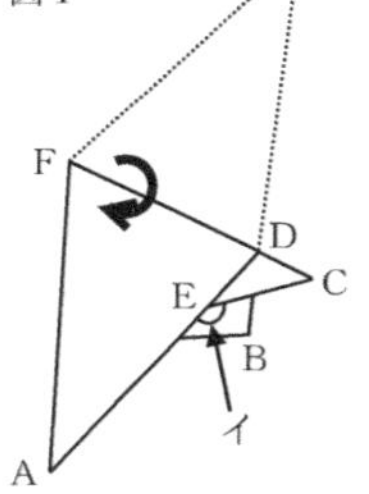

図２

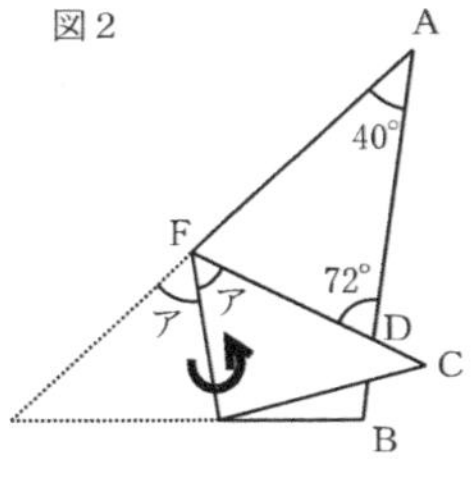

図１で，角イ＝148° より，角ＤＥＣ＝180° －148° ＝32°

角ＥＣＤはもともと二等辺三角形ＡＢＣの角Ｃだから，角Ａと等しく 40° である。三角形の１つの外角は，これととなり合わない２つの内角の和に等しいから，

角ＦＤＡ′＝角ＦＤＡ＝40°＋32°＝72°

ここで，三角形ＦＡＤを折り返す前の図２に戻って考えると，角ＤＡＦ＝40°であり，三角形の１つの外角は，これととなり合わない２つの内角の和に等しいから，角ア×２＝40°＋72°＝112°より，角ア＝112°÷２＝**56°**

7　⑴　**【解き方】立体の底面積は対角線の長さが６cm，８cmのひし形の面積から，半径２cmの円の面積を引いた値《あたい》である。**

この立体の底面積は，６×８÷２－２×２×3.14＝11.44(cm²)だから，体積は，11.44×10＝**114.4**(cm³)

⑵　**【解き方】立体の側面積は，(底面の周りの長さ)×(立体の高さ)で求められる。**

この立体の底面積の和は，11.44×２＝22.88(cm²)

底面の周りの長さは，(20－２×４)＋２×２×3.14＝24.56(cm)だから，側面積は24.56×10＝245.6(cm²)

よって，求める表面積は，22.88＋245.6＝**268.48**(cm²)

8　⑴　**【解き方】ＡとＢは３と４以外はすべて同じ数がかけられているから約分できる。**

$$\frac{B}{A}=\frac{1\times2\times(3+4)\times\cdots\times30}{1\times2\times3\times4\times\cdots\times30}=\frac{3+4}{3\times4}=\mathbf{\frac{7}{12}}$$

⑵　**【解き方】⑴より，「×」を「＋」にかえた部分の両どなりの数をxとyとすると，$\frac{C}{A}=\frac{x+y}{x\times y}$となる。**

$x\times y=156$で，156を素因数分解すると156＝<u>２×２×３×13</u>となる。156は連続する２数の積だから，下線部の式を連続する２数の積になるように変形すると，(２×２×３)×13＝12×13となる。

よって，求める分子は12＋13＝**25**であり，$\frac{25}{156}$は約分できないから条件に合う。

9　⑴　**【解き方】サイコロＡとＢの出た目によって，どの電球を光らせるのかを整理して考える。**

サイコロＡとサイコロＢの出た目によって，光らせる電球は右表のようになる。

	1	2	3	4	5	6
サイコロA		ア	イ	ア，イ	ウ	ア，ウ
サイコロB		オ	エ	エ，オ	ウ	ウ，オ

電球ア，ウ，オが光っているとき，サイコロＡは２か６，サイコロＢは２か６が出る必要がある。ただし，どちらも２が出るとウの電球は光らせないので適さない。よってすべての目の出方は(Ａ，Ｂ)＝**(２，６)(６，２)(６，６)**となる。

⑵　**【解き方】サイコロＡとＢのどちらによっても光らせる可能性がある電球はウのみだから，ウを光らせる目の出方を考える。**

ウと同時に光らせる可能性がある電球はアとオだから，ウを光らせて，アとオを光らせる場合と光らせない場合を考えればよい。

ウのみ光らせる場合，(Ａ，Ｂ)＝(１，５)(５，１)(５，５)が考えられる。

ア，ウを光らせる場合，(Ａ，Ｂ)＝(２，５)(６，１)(６，５)が考えられる。

ウ，オを光らせる場合，(Ａ，Ｂ)＝(１，６)(５，２)(５，６)が考えられる。

10　Ａさん，Ｂさん，Ｃさんそれぞれがうそをついているとした場合の３人の順位を具体的に考え，つじつまが合うかどうかを調べる。

《2023　理科　解説》

1　**問１**　コイルに流れる電流の向きと，電磁石のＮ極の向きの関係は図ｉのように右手を使って調べることができる。図５では，電磁石の左側がＮ極，右側がＳ極となるので，方位磁針１は右側がＳ極(左側がＮ極)，方位磁針２は左側がＮ極(右側がＳ極)の①が正答である。

図ｉ

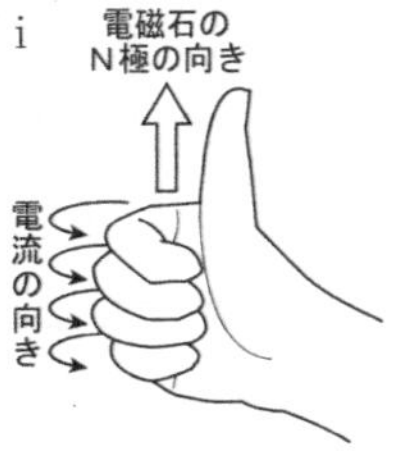

問２　結果の表は，電磁石の強さと鉄くぎＢの重さの合計の値である。くぎＢの重さによってばねばかりの値が0.1大きくなると考え，結果の表のそれぞれの値から，0.1を引いた表ｉを作る。この表から，電磁石の強さを示す値はコイルの巻き数と電池の数にそれぞれ比例することがわかる(②，③は正しい)。

表ｉ

		コイルの巻き数		
		100回巻	200回巻	400回巻
電池の数	１個	0.2	0.4	0.8
	２個	0.4	0.8	1.6
	３個	0.6	1.2	2.4
	４個	0.8	1.6	3.2

①×…表ｉより，電池２個，200回巻コイルの電磁石の強さは0.8，電池１個，100回巻コイルの電磁石の強さは0.2だから，４倍である。　④○…〔電池の数×コイルの巻き数〕が同じ，電池４個と100回巻コイルを使用したもの，電池２個と200回巻コイルを使用したもの，電池１個と400回巻コイルを使用したものの電磁石の強さはすべて0.8で同じになっている。

問３　表ｉより，電池２個では，コイルの巻き数が100回増えると電磁石の強さが0.4増えることがわかるので，コイルの巻き数が50回増えると電磁石の強さは0.2増えると考えられる。よって，電池２個，250回巻のコイルでは，電磁石の強さは$0.2\times\frac{250}{50}=1$となり，くぎＢの重さを加えると，ばねばかりが示す値は$1+0.1=1.1$となる。

問４　アルミニウムは鉄とはちがって磁石にならないので，アルミニウムと鉄くぎＢは，ほとんど引き合いもせず，反発し合いもしない。

2　**問１**　②×…ミジンコがメダカを食べるのではなく，メダカがミジンコを食べる。　③×…アマガエルがシマヘビを食べるのではなく，シマヘビがアマガエルを食べる。　④×…バッタは草を食べる。バッタはダンゴムシを食べない。

問２　①×…サンマもオキアミを追いかけて移動するだけなので，サンマの数は変わらない。　②○…オキアミの数が減るので，サンマの数も減る。　③×…オキアミの数が増えるので，サンマの数も増える。　④×…サンマが食べられることが減るので，サンマの数が増える。

3　**問１**　口からとり入れた食物は食道→胃→小腸→大腸の順に通る間に消化，吸収され，こう門から便として排出《はいしゅつ》される。

問２　養分や水分は主に小腸で吸収され，残りの水分は大腸で吸収される。

問３　血液の中の不要なものはじん臓でこし取られ，ぼうこうにためられてから排出される。

問４　呼吸に関わる臓器は肺である。肺は左右に２つある。

4　**問２**　②○…食塩が水にとける前ととけた後で，重さの合計は変わらない。

問３(ア)　③○…操作２でふたをのせるのを忘れると，操作４(とけた後)の方が操作２(とける前)よりも重くなる。

(イ)　①○…操作４(とけた後)の方が操作２(とける前)よりも，こぼした食塩水の分だけ軽くなる。

5　**問１**　20℃の水20ｇに食塩は$34\times\frac{20}{100}=6.8$(ｇ)までとけるので，10ｇの食塩のうち$10-6.8=3.2$(ｇ)がとけ残る。

問２　③，⑤，⑥○…ある温度において，とけ残りが出るときの水よう液の濃《こ》さは加えた食塩の量によらず一定で，とけ残りが出るときの濃さが最も濃い。

6　**問１**　しゅうきょくは地層の両側から押《お》す力がはたらいたときにできることがある。なお，Ｘ－Ｙのように力がはたらいて地層がずれたものを断層という。

《2023　社会　解説》

Ⅰ　**問１**　海洋と陸地の面積の比は７：３である。イ．面積は大きい順に，ユーラシア大陸＞アフリカ大陸＞北アメリカ大陸＞南アメリカ大陸＞南極大陸＞オーストラリア大陸である。ウ．太平洋・大西洋・インド洋の３つを三大洋と呼び，太平洋＞大西洋＞インド洋の順に広い。エ．北半球に陸地の３分の２が集まっている。

問２　ア．2022年のサミットはドイツで開催された。主要国首脳会議はＧ７サミットとも呼ばれ，Ｇ７は，アメリカ・カナダ・イギリス・フランス・ドイツ・イタリア・日本の７か国であり，それぞれの国が順番に開催国となるので，中国で開催されることはない。イ．サウジアラビアではなく，アフガニスタンについての記述。ウ．北朝鮮ではなく，韓国についての記述。

問３　X＝いは北方領土，Y＝おは尖閣諸島である。あは樺太南部，うは竹島，えは対馬。

問４　日本の国土面積は世界で61番目に大きいから，日本の国土面積より広い国は60しかない。

問５　アは岩手県，ウは秋田県，オは鹿児島県，カは長崎県についての説明。

問７　Ｃ県…海面漁業漁獲量が０のＡ県とＣ県とＧ県は，海に面していない内陸県であり，山梨県，長野県，岐阜県のいずれかである。この３県の面積を比べると，Ａ県＞Ｃ県＞Ｇ県になっているので，Ａ県は長野県，Ｃ県は岐阜県，Ｇ県は山梨県と判断する。Ｄ県…海面漁業漁獲量が最も多く，製造品出荷額等はＥ県に次いで２番目に多い。日本有数の漁港である焼津港を有しており，東海工業地域に属し，スズキやヤマハがあり，自動車生産などが盛んな静岡県であると判断する。Ｂ県は新潟県，Ｅ県は愛知県，Ｆ県は富山県，Ｈ県は福井県，Ｉ県は石川県である。

問８　愛知県のキャベツの生産量は，毎年群馬県と１位を争っていることは覚えておきたい。大都市に向けて周辺の地域で新鮮な野菜や花を生産・出荷する農業を近郊農業という。

問９　有田焼は佐賀県が産地である。

問10　イ．木曽川は名古屋市内を流れていないので，熱田の港をつなぐ重要なルートであったとは考えられない。ウ．航空貨物取扱量が日本最大であるのは，千葉県にある成田国際空港である。エ．政令指定都市で，横浜市に次ぐ第２位の人口を有しているのは，大阪市である。

問11　アは1945年以降，ウの日露戦争開戦は1904年，エは1950年代後半～1970年代前半。

問12　Ｂ(平安時代後期)→Ｃ(室町時代または戦国時代)→Ａ(江戸時代)

Ⅱ　**問１**(1)　図Ｂより，弓矢が使用されていることが読み取れる。　(2)　江戸時代に福岡県の志賀島で発見された，「漢委奴国王」と刻まれた金印であり，１世紀に後漢の皇帝から奴国の王に授けられたものと考えられている。アは縄文時代の縄文土器，イは古墳時代の(武人)埴輪，エは奈良時代の正倉院宝物の瑠璃杯。

問２　ア．大仙(仁徳陵)古墳は現在の大阪府にある。イ．古墳時代中期の５世紀頃には，多くの巨大な前方後円墳が造られた。ウ．棺は一般に後円部に置かれた。

問３　平安貴族の暮らしがわかる大和絵である。イは江戸時代の歌舞伎，ウは江戸時代の参勤交代，エは安土桃山時代の長篠の戦いの様子。

問４(1)　源頼朝の妻である北条政子が，承久の乱の際に御家人に発した言葉と言われている。　(2)　Ｂ(鎌倉時代初頭　1185年)→Ａ(元寇　文永の役1274年)→Ｃ(永仁の徳政令　1297年)　永仁の徳政令は，元寇の後，恩賞が与えられなかったことや，分割相続が続いて領地が細分化していたことから，困窮した御家人を助けるために出された。

問６(1)　東日本だけでなく，西日本(中国地方・四国地方)でも見られる。　(2)　アは歌川広重，イは近松門左衛門，エは伊能忠敬についての記述。

問７　生糸は，蚕のつくるまゆの糸を何本も集めて１本の糸にしたものである。富岡製糸場に集められた工女の多くは，地方の有力者の娘たちであり，彼女たちは富岡製糸場で技術を学んだ後，地元に戻り，地元につくられた製糸工場で指導者として働いた。

問8(1)　アは喧嘩両成敗を定めた分国法(『今川仮名目録』)，イは武家諸法度，エは日本国憲法の前文である。

問９　「君死たまうことなかれ」の歌は，与謝野晶子が日露戦争へ出征する弟の身を案じてよんだものである。

問10　奈良県はⅰ)～ⅲ)，神奈川県はⅰ)，千葉県はⅱ)を備えていない。

問11　B (2023年)→C (2025年)→A (2027年目標)

Ⅲ　**問１**　世界では原子力発電を拡大させている国も見られるが，日本では，2011年の東日本大震災による福島第一原子力発電所の事故を受け，全国の原子力発電所は一旦稼働を停止している。その後，厳しい審査基準に合格した原子力発電所だけは稼働しているが，稼働を停止した原子力発電による電力を補うために，近年の日本では火力発電の割合が急激に増えている。

問２　ア・ウ．飲酒・喫煙・競馬の馬券購入などは以前と変わらず，20歳以上のままである。エ．普通自動車の運転免許は以前より18歳から取得できる。

問３　ア．『富士山－信仰の対象と芸術の源泉－』は世界文化遺産である。イ．愛知県に世界遺産はない。
ウ．佐渡島を世界遺産に推薦しているが，まだ登録されていない(2023年５月)。

問４　ア．民間企業が経営を行っている空港もあり，2023年現在，日本航空の経営は民間企業が行っている。
ウ．国土交通省ではなく，環境省の仕事である。エ．法務局は法務省の管轄である。

問６　ア．以前より与党であった自民党が改選125議席の過半数となる63議席を獲得しており，政権交代は起こっておらず，岸田首相が続投した。ウ．参議院議員の被選挙権は満30歳以上である。エ．参議院議員の任期は６年なので，2028年までである。

問７(1)　安倍元首相の国葬儀は国会の承認を経ず，内閣の一存で閣議決定し，2022年９月27日に行われた。

(2)　ア．安倍元首相は日本国憲法改正を目指していたが，日本国憲法は制定以来，改正されたことはない。
イ．抗原検査キットではなく，布製マスクが配られた。そのマスクは「アベノマスク」と呼ばれた。エ．衆議院の議員定数は2014年に５名減らされ，475人となった。

2022 解答例 令和4年度　愛知淑徳中学校

《国　語》

一　問一．ウ　問二．B．エ　C．ア　問三．イ　問四．イ　問五．ウ　問六．ア　問七．いなか
問八．エ　問九．ア　問十．ウ　問十一．ウ　問十二．相手を尊重して、ことばをだいじに使うこと。
問十三．イ

二　問一．ア　問二．ははと子の不和反感　問三．イ　問四．やりかけ　問五．ウ　問六．玉子がははの針さしを小さくしようとしてほどきかけたが、毛や針が出てきて気味が悪くなって途中でやめた　問七．ウ
問八．ア　問九．イ　問十．ウ　問十一．イ

三　問一．①遠路　②博学　③散策　④いただき　問二．はらをくくっ

《算　数》

1　(1)70　(2)156

2　(1)90　(2)4　(3)22.5　(4)9　(5)730　(6)2000　(7)168　(8)256　(9)9，36，0　(10)39　(11)25.12

3　A．1　B．9　C．8　D．5

4　(1)104　(2)21

5　1.71

6　135

7　(1)8　(2)30

8　(1)2　(2)26

9　(1)179.44　(2)268.56

10　36　説明…平行四辺形ＥＦＧＨの面積は $10\times15-2\times(\frac{1}{2}\times6\times9+\frac{1}{2}\times4\times6)=72$(cm²)
ここで平行四辺形ＥＦＧＨを，点Ｉを通り，それぞれ線分ＦＧ，ＥＦに平行な線分で区切ると，４つの平行四辺形に分割できる。それぞれの平行四辺形において，斜線部分は，その平行四辺形の面積の$\frac{1}{2}$であることが分かる。
したがって，△ＥＦＩと△ＨＩＧの面積の和は，$72\times\frac{1}{2}=36$(cm²)

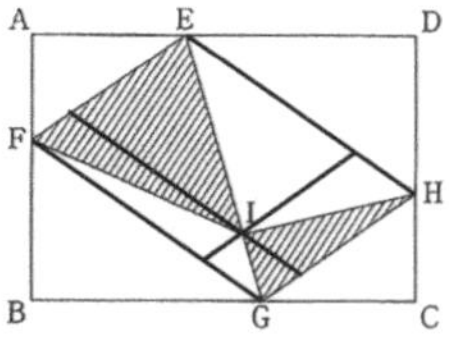

《理　科》

1　問１．イ，エ　問２．②　問３．①　問４．①，②　問５．種子中の養分が少ないので，発芽後すぐに光合成ができる点。　問６．①

2　問１．番号…④　記号…Ｂ　問２．番号…①　記号…Ｃ　問３．水素　問４．①　問５．(1)3.75　(2)③

3　問１．70　問２．300

4　問１．500　問２．800　問３．40　問４．32

5　問１．④　問２．75　問３．12　問４．③

6　問１．⑤　問２．記号…Ｂ　番号…④　問３．②

《社　会》

Ⅰ　問1．ウ　問2．スペイン　問3．イ　問4．カルデラ

問5．ⅰ．エ　ⅱ．右図　問6．ア　問7．ウ　問8．イ

問9．日高　問10．ア　問11．市町村名…名古屋市／名古屋は人口200万人以上の大都市です。日本のほぼ中央に位置していて，交通の便利な都市です。名古屋城があり，織田信長の出身地でもあります。製造業が盛んで，ひつまぶしなど「なごやめし」も人気があります。

Ⅱ　問1．高松塚　問2．ⅰ．イ　ⅱ．疫病の広がり

問3．ⅰ．ウ→ア→イ→エ　ⅱ．ウ　問4．南蛮貿易　問5．ⅰ．天草四郎　ⅱ．エ　ⅲ．解体新書

問6．ウ→イ→エ→ア　問7．ウ　問8．ア　問9．ウ　問10．イ

Ⅲ　問1．イ　問2．ア　問3．イ，ウ　問4．エ　問5．イ　問6．ノーマライゼーション

問7．東京オリンピックの開会式　問8．ⅰ．高齢者の年金受給額を減らす。　ⅱ．ウ　問9．5，3

愛知淑徳中学校

←解答例は前のページにありますので，そちらをご覧ください。

《2022　国語　解説》

一　**問一**　「私より二十ばかり年上の先生」が「つぶやいた」ということを、敬意をもって表現している。よって、尊敬の意味。これと同じなのはウ。アは受け身(他からの動作・作用を受ける)、イは自発(自然に起こる)の意味。エは、「あらわれる(現れる)」という動詞の一部分であり、「れ」が何らかの意味を付け加えているわけではない。

問三　「津《つ》々《つ》浦《うら》々《うら》」は、全国いたるところ、という意味。ことばのはやりすたりを知ることができたのは、東京についてだけだったということ。よって、イが適する。

問四　直後に「この人たちが、おじぎをしないのは、私にたいしてだけでなく、社長さんや重役さんにたいしてもだったらしい。なぜなら、日本は、民主主義になったのだから」と理由が書かれている。自由と平等を尊重する時代になって、儀礼的《ぎれいてき》におじぎをする必要はないと考えているのだろう、ということ。よって、イが適する。

問五　「かしこまりました」「承知いたしました」というのが自然に口から出る返事であり、そういうものだと思っている。だから、敬意のない「わかりました」といういいかたはできないということ。よって、ウが適する。

問六　「わかりました」という返事に「びっくりさは感じる」ものの、「わるいとは断じない(決めない)」と言っている。その理由を、――④に続けて「わるいか、いいか、まだ答えがでない～わけのわかったことばだし～しんぼうづよくこれにみがきをかければ、いい返事になるかもしれないではないか」と述べている。この内容に、アが適する。

問七　本文１～２行目に「東北のいなかに暮らしていて～東京に出てきたが」とある。

問八　直前の「病気見まい」と合わないのは、手紙の最後の行の「お元気で」である。よって、エが当てはまる。

問九　この手紙に対して、筆者は「おどろきあきれてそれを読んだ」とあり、「新時代の学生は、先生にこういうたよりを書くのかと、私の神経は『キーキー』鳴りつづけ、この手紙をおどろきもしないでうけとっている先生を、私はけいべつした」とある。そして、時間をおいてもなお「前とおなじようにばからしかった」と感じている。これらの内容から、アのようなことが読み取れる。

問十　本題のシュトウに関することではなく、直後の「『イエス』のいみを先生にいう時～『ああ』ということばを使っていた～ほかのことばがあるはずだ～先生にたいして私がもっている気もちとつりあっていなかった」ということが気になっていたのである。よって、ウが適する。

問十一　「それじゃ、いいです」という返事に対して、――⑨の１～３行後に「私は笑いだしてしまった。腹をたてていたら、きりがないからである～ほんとうは、笑ってすましていてはいけないのだろう」とある。つまり、失礼で腹が立つようないいかただったのである。それをあえて「許してくれた」と言っているので、ウの「嫌味《いやみ》」が適する。

問十二　直前に「使ってはすて、使ってはすてでは、いいことばも残らないだろうし」とあることをふまえて考える。「いいことば」の例として挙げられた「ビッテ」について、「なんていいことばだろうと思った～相手を尊重しないところには生まれなかったろうし、戦後～すててこなかった」と述べていること、その後で「ことばはだいじにしなくてはいけない、ことばは、みがけば光るものだ」ということばを紹介《しょうかい》していることに着目する。そのようなことばについての良いあり方、つまり、相手を尊重し、ことばをだいじに使うことが必要だということ。

問十三　イの「時代にあわせてわたしたちのことばも変わっていかないといけない」ということは、本文で述べていない。

二　**問一**　「潜《ひそ》めた」は、ふだんの言動には表れないが、心の中にひそかに持ち続けていたということ。「執念《しゅうねん》ぶかさ」は、しつこく思いこんで忘れなかった、根に持っていたということ。ここから、アのようなことが読み取れる。

問二　——②のある一文は「だから」で始まるので、直前に理由が述べられている。亡き「ははの世帯道具」がなまなましく思い出させるのは、二人の間に「堆積《たいせき》していた」感情である。つまり、「古い傷」とは、「ははと子の不和反感」である。「不和」は仲が悪いこと。「反感」は不愉快《ふゆかい》に思って反発する気持ち。

問三　直前に「なまじいに(中途半端《ちゅうとはんぱ》に)古傷をまさぐられる(指先や手でいじられる)ような苦々しさは濃《こ》く、死の哀感《あいかん》(悲しみをさそう、もの悲しい感じ)はかえって薄《うす》く」とある。「古傷」は、問二で読み取ったように、「ははと子の不和反感」を意味する。「古傷をまさぐられるような苦々しさ」を強く感じるから、つまり、「はは」との間にあったいやな感情を思い出すから、「いやなしごとだった」のである。よって、イが適する。

問四　——⑦の６行後に「やりかけの洗濯《せんたく》」とある。

問五　直後に「見ると、いやなものだった。毛ともいえず針ともいえないものだった。無尽《むじん》に絡《から》みあった毛のかたまりから、毬《いが》のように針が突《つ》き出ていた」とあるから、それが何であるかは見当がついたはず。しかし、以降に「ぞわぞわ～を娘《むすめ》の手前かくすつもりで～こらえると」「私はだまっていた」とあるから、ここでも同様に、「はは」の話題にふれたくない気持ちなのだとうかがえる。よって、ウが適する。

問六　——③の次行から始まる「赤い針さし」の話である。——⑥の直後の「赤いきれ」は、「赤い針さし」に使われていた布。娘(玉子《たまこ》)が「これをね、も少し小さくこしらえ直そうとおもってほどいたんだけど」と言っているとおり、「はは」の「赤い針さし」を小さく作りかえようとしていたのである。しかし、中身(「無尽に絡みあった毛のかたまりから、毬のように針が突き出ていた」もの)が「あんまり気味がわるくって」手に負えなくなり、筆者を呼んだのである。

問七　「はは」の使っていた針を、毒がついているもののように思っているのである。「毒針」にはふれたくない、つまり、「はは」との不和を思い出したくないが、「たびたびちくっとした」とあるように、どうしてもいやなことを思い出してしまうのである。よって、ウが適する。

問九　「はは」との不和を思い出し不快な気持ちになっていたが、「赤い針さし」から出てきた「はは」の髪《かみ》が動いたように感じられ、「若かったはは」の姿を思い出して、筆者の気持ちが変わったのである。「ははは～機嫌《きげん》のいい時にする、おどけた笑顔《えがお》でこちらを見ている。『よかったわあたし、もうままははじゃないもの。』そう云《い》った」と感じていることから、イのような気持ちが読み取れる。

問十　——⑩の直後に「燃えさかる火には威厳《いげん》がある(近寄りがたいほどおごそかである)～威厳のもとに人知れず委《ゆだ》ねて、無に送りかえしたかった」とあることに、ウの「自分の意志をこえた力に任せて」が適する。「そしてそうした」あとで、「ははは『ままはは』という縛《しば》られから～はっきり脱《ぬ》け出て行ったにちがいない。私もとうに、『ままっ子』から解き放されていたはずだった」と思っているのも参照。

問十一　「それがははの抜《ぬ》け毛ではないかと気づいた」(——⑦の10行後)以降、特に「それが動いたようだった」(——⑧の９行後)と感じて以降、問九で読み取ったような気持ちが生じたのである。この内容に、イが適する。

三　**問二**　「たかをくくる」は、たいしたことはないと見くびること。「後で結果をくやむまい」という気持ちなので、「腹《はら》をくくる」(覚悟《かくご》を決める)が合う。

《2022　算数　解説》

1　(1)　与式$=3\times24-(\frac{3}{6}+\frac{2}{6})\times\frac{12}{5}=72-\frac{5}{6}\times\frac{12}{5}=72-2=70$

⑵　与式より，12×(□÷３−45)＝78＋６　　□÷３−45＝84÷12　　□÷３＝７＋45　　□＝52×３＝156

2　⑴　**【解き方】この本のページ数を，15と４の最小公倍数である$\textcircled{60}$として考える。**

１日目に読んだ後の残りのページ数は$\textcircled{60}\times(1-\frac{7}{15})=$㉜だから，２日目に読んだ後の残りのページ数は，㉜$\times(1-\frac{3}{4})=$⑧である。よって，⑧が12ページにあたるから，この本は全部で$12\times\frac{\textcircled{60}}{\textcircled{8}}=90$(ページ)である。

⑵　**【解き方】含《ふく》まれる食塩の量に注目する。**

２%，５%，７%の食塩水200ｇに含まれる食塩の量はそれぞれ，$200\times\frac{2}{100}=4$(ｇ)，$200\times\frac{5}{100}=10$(ｇ)，$200\times\frac{7}{100}=14$(ｇ)である。食塩水を混ぜ合わせてから100ｇの水を加えると，食塩水の量は200×３＋100＝700(ｇ)，含まれる食塩の量は４＋10＋14＝28(ｇ)となるので，求める濃度は，$\frac{28}{700}\times100=4$(%)

⑶　**【解き方】(静水での速さ)＝{(下りの速さ)＋(上りの速さ)}÷２，(川の流れの速さ)＝{(下りの速さ)−(上りの速さ)}÷２で求められることを利用する。**

上りの速さと下りの速さの比は，同じ距離《きょり》を進むのにかかる時間の比の逆比に等しいので，１：３である。

よって，上りの速さを①，下りの速さを③とすると，静水での速さは(③＋①)÷２＝②，川の流れの速さは(③−①)÷２＝①である。②が時速45㎞にあたるので，川の流れの速さは，時速(45÷２)㎞＝時速22.5㎞

⑷　**【解き方】一の位の数だけを考えればいいので，７を何回かかけあわせていくとき，計算結果の一の位だけに７をかけることをくり返し，一の位の数の変化を調べる。**

一の位の数は，7→７×７＝49→９×７＝63→３×７＝21→１×７＝7→…，と変化するので，７，９，３，１という４つの数が繰《く》り返される。2022個かけると，2022÷４＝505余り２より，一の位の数は７，９，３，１が505回繰り返されてから７，９と変化するので，一の位の数は９になる。

⑸　１㎡＝１ｍ×１ｍなので，縮尺が1000分の１の地図上では，１㎡は$\frac{1}{1000}$ｍ×$\frac{1}{1000}$ｍ＝0.1㎝×0.1㎝＝0.01㎠となる。よって，73000㎡の池の地図上の面積は，73000×0.01＝730(㎠)

⑹　おこづかい$\frac{1}{3}\times8=2\frac{2}{3}$(回)分と，$\frac{1}{2}\times6=3$(回)分を入れたときの貯金箱の金額の差が6500−6000＝500(円)なので，おこづかい１回分は，$500\div(3-2\frac{2}{3})=1500$(円)だとわかる。よって，貯金箱にはじめに入っていたお金は，6500−1500×３＝2000(円)

⑺　**【解き方】三角形ＣＢＦと三角形ＤＥＦが二等辺三角形であることを利用して，角ア＝360°−角ＣＦＢ−角ＣＦＤ−角ＤＦＥで求める。**

正五角形の１つの内角の大きさは180°×(５−２)÷５＝108°，正三角形の１つの内角の大きさは60°なので，角ＢＣＦ＝108°−60°＝48°である。三角形ＣＢＦはＣＢ＝ＣＦの二等辺三角形だから，角ＣＦＢ＝(180°−48°)÷２＝66°である。同様に，角ＤＦＥ＝66°だから，角ア＝360°−66°−60°−66°＝168°

⑻　**【解き方】立方体を，対角線を含む平面で切断すると，体積が２等分される。**

８×８×８÷２＝256(㎤)

⑼　**【解き方】この２つの時計は，24時間で２分45秒＋４分15秒＝７分＝(７×60)秒＝420秒の差が出る。**

２分48秒＝(２×60＋48)秒＝168秒の差が出るのは，昼12時から$24\times\frac{168}{420}=9.6$(時間後)，つまり，９時間(0.6×60)分後＝９時間36分後の，午後９時36分０秒である。

⑽　半径が４ｍの半円の弧の長さは，４×２×3.14÷２＝12.56(ｍ)

半径が８ｍの半円の弧の長さは，８×２×3.14÷２＝25.12(ｍ)

半径が12ｍの半円の弧の長さは，12×２×3.14÷２＝37.68(ｍ)

12.56÷２＝６余り0.56，25.12÷２＝12余り1.12，37.68÷２＝18余り1.68より，×印は最大で，

（6＋1）＋（12＋1）＋（18＋1）＝39（個）つけることができる。

⑾　**【解き方】正方形の対角線の交わる点は，円の中心である。正方形（ひし形）の面積は（対角線）×（対角線）÷2で求められることを利用して，（半径）×（半径）の値《あたい》を求める。**

正方形の面積は，4×4＝16（㎠）である。（対角線）＝（半径）×2だから，｛（半径）×2｝×｛（半径）×2｝÷2＝16

（半径）×（半径）×2＝16　　（半径）×（半径）＝16÷2＝8

よって，円の面積は，（半径）×（半径）×3.14＝8×3.14＝25.12（㎠）

3　**【解き方】一の位の数の部分の筆算から順に考えていく。**

一の位の数の筆算について，Ｄ＋Ｄ＋Ｄ＝Ｄ×3の一の位の数はＤとなるから，5×3＝15より，Ｄ＝5

また，一の位の数の筆算の繰り上がりは1である。十の位の数の筆算について，Ｃ×3の一の位の数と繰り上がりの1の和が5となるので，Ｃ×3の一の位の数は4となる。8×3＝24より，Ｃ＝8

千の位の筆算について，Ａ×3と繰り上がりの数の和がＤ＝5になるのだから，Ａ＝1

また，百の位の数の筆算の繰り上がりは2で，十の位の数の筆算の繰り上がりは2である。

百の位の数の筆算について，Ｂ×3の一の位の数はＢより2小さい数，十の位の数は2となるので，9×3＝27より，Ｂ＝9　　したがって，Ａ＝1，Ｂ＝9，Ｃ＝8，Ｄ＝5である。

4　**【解き方】等しい商と余りをａとすると，25で割ると商と余りが等しくなる数は，25×ａ＋ａ＝26×ａと表せるので，26の倍数である。**

⑴　100÷26＝3余り22より，求める数は26×4＝104である。

⑵　ａが24以下であることに注意する。条件に合う数は，26×4＝104から26×24＝624まで，24－4＋1＝21（個）ある。

5　**【解き方】右図のように記号をおく。斜線《しゃせん》部分の面積は，半径が3㎝の円の面積の$\frac{1}{4}$から，太線で囲まれた㋐，㋑，㋒の部分の面積をひいて求める。**

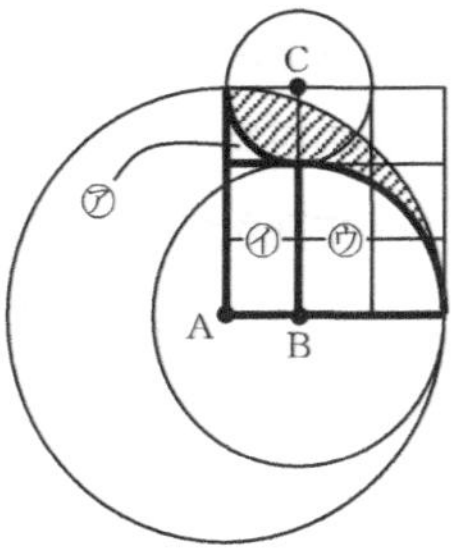

半径が3㎝の円の面積の$\frac{1}{4}$は，$3\times3\times3.14\times\frac{1}{4}=\frac{9}{4}\times3.14$（㎠）

㋐の部分の面積は，1辺が1㎝の正方形の面積から，半径が1㎝の円の面積の$\frac{1}{4}$をひけばよいので，$1\times1-1\times1\times3.14\times\frac{1}{4}=1-0.785=0.215$（㎠）

㋑の部分の面積は，2×1＝2（㎠）

㋒の部分の面積は，半径が2㎝の円の面積の$\frac{1}{4}$だから，$2\times2\times3.14\times\frac{1}{4}=3.14$（㎠）

よって，斜線部分の面積は，$\frac{9}{4}\times3.14-0.215-2-3.14=1.71$（㎠）

6　**【解き方】ＡＢ＝ＣＤ，ＢＤ＝ＣＥ，ＢＥ＝ＡＣより，三角形ＡＢＣと三角形ＢＣＤと三角形ＢＣＥを合わせると，1辺の長さがＢＣと等しい右図の正三角形ＰＱＲができる。**

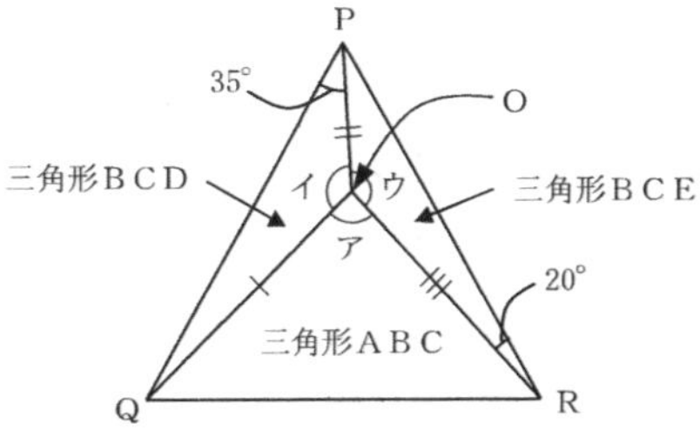

角ＯＰＲ＝60°－35°＝25°

三角形ＯＰＲの内角の和より，角ウ＝180°－20°－25°＝135°

7　⑴　（カ）と（キ）の得点の比は4：1で，和が10点だから，（カ）にあてはまる数は，$10\times\frac{4}{4+1}=8$

⑵　**【解き方】（ウ），（エ），（オ）にあてはまる数字→（ア），（イ）にあてはまる数字，の順で求める。**

⑤の試合のＤの得点をｄ点とすると，Ａの得点はｄ＋3（点）と表せる。⑥の試合のＥの得点は，Ｈの得点である3点より，ｄ＋3（点）多いから，3＋ｄ＋3＝ｄ＋6（点）と表せる。4チームの得点の和は3×8＝24（点）なので，ｄ＋ｄ＋3＋ｄ＋6＋3＝24　　ｄ×3＝24－12　　ｄ＝12÷3＝4

よって，(ウ)＝４＋３＝７，(エ)＝４，(オ)＝３＋７＝10

⑦の試合で，{(ア)と(イ)の和}：{(ア)と(イ)の差}＝７：１だから，和差算より，(ア)：(イ)＝$\frac{7+1}{2}$：$\frac{7-1}{2}$＝４：３となる。(ア)と(イ)の積が 108，４と３の積が 12 だから，108÷12＝９＝３×３より，(ア)と(イ)には４×３＝12 と３×３＝９が入る。

⑦の試合を除くと，Ａの得点は９＋７＝16(点)，Ｅの得点は８＋10＝18(点)である。⑦で負けたチームの３試合全ての得点の合計は９×３＝27(点)より低いので，⑦の試合で９点をとって負けたのはＡだとわかる。

よって，(ア)＝９，(イ)＝12

以上より，優勝したチームはＥであり，３試合の合計得点は，18＋12＝30(点)

8 ⑴ 普通列車と急行列車がＡ駅からＣ駅まで移動するのにかかる時間はそれぞれ，$\frac{12}{30}$×60＝24(分)，$\frac{12}{60}$×60＝12(分)である。よって，急行列車は普通列車がＡ駅を出発してから 14＋12＝26(分後)にＣ駅を通過するので，求める時間は，26－24＝２(分後)

⑵ **【解き方】急行列車がＢ駅を出発するときの普通列車と急行列車の間の距離を考える。そこから，すれ違うときの位置を求める。**

急行列車はＡ駅からＢ駅までを$\frac{30}{60}$×60＝30(分)で移動するから，急行列車がＢ駅を出発するのは，普通列車がＡ駅を出発してから，14＋30＋10＝54(分後)である。普通列車はＡ駅を出発してから 24＋６＝30(分後)にＣ駅を出発する。そのあと 54－30＝24(分)で 30×$\frac{24}{60}$＝12(km)進むから，急行列車がＢ駅を出発するとき，普通列車と急行列車の間の距離は，30－12－12＝６(km)である。ここからすれ違うまでの間，普通列車と急行列車の進む距離の比は，速さの比に等しく，30：60＝１：２なので，急行列車は６×$\frac{2}{1+2}$＝４(km)進む。

よって，急行列車が普通列車とすれ違うのは，Ａ駅から 30－４＝26(km)の地点である。

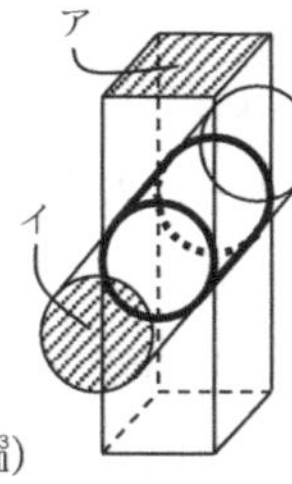

9 ⑴ **【解き方】残った立体の体積は，１辺が６cmの立方体の体積から，底面がアで高さが６cmの四角柱と底面がイで高さが６cmの円柱の体積をひき，右図の太線で囲まれた，底面がイで高さが２cmの円柱の体積を足せばよい。**

イは半径が２÷２＝１(cm)の円なので，面積は，１×１×3.14＝3.14(cm²)

求める体積は，６×６×６－２×２×６－3.14×６＋3.14×２＝216－24－3.14×４＝179.44(cm³)

⑵ **【解き方】立体を前後上下左右から見たときに見える図形の面積と，内側にある面の面積を足せばよい。**

立体を前後上下左右から見たときに見える図形の面積は，１辺が６cmの立方体の表面積から，アの面積とイの面積の２倍をそれぞれひけばよいので，(６×６)×６－(２×２)×２－3.14×２＝208－3.14×２(cm²)

内側にある面の面積は，底面がイで高さが２cmの円柱の側面積２つ分と，底面がアで高さが６cmの四角柱の側面積を足して，イの面積２つ分をひけばよいので，{(２×3.14)×２}×２＋(２×４)×６－3.14×２＝48＋3.14×６(cm²)

よって，求める表面積は，208－3.14×２＋48＋3.14×６＝256＋3.14×４＝268.56(cm²)

10 三角形ＡＥＦと三角形ＣＧＨ，三角形ＢＧＦと三角形ＤＥＨの組がそれぞれ合同であることがポイントである。

解答例のように作図し，平行四辺形ＥＦＧＨの面積→三角形ＥＦＩと三角形ＨＩＧの面積の和，の順で求める。

平行四辺形の面積は対角線によって２等分されることを利用する。

《2022 理科 解説》

1 **問１** ア～カのうち，発芽したのはエだけなので，エと空気の条件だけが異なるイを比べればよい。

問２ 発芽するときには種子にふくまれる養分を，呼吸でとりこんだ酸素によってエネルギーにかえる。

問4　光の条件を変えたことによって，発芽したり，しなかったりしたものを選べばよい。

問5　光合成には光が必要なので，発芽後すぐに光合成ができる状態のときに発芽するしくみになっている。

問6　カボチャは光を当てないときに発芽したので，種子に光が当たらないように土にうめるとよい。

2　**問1**　空気はあたためられると上に移動する。集気びんの上下に空気の通り道があると，空気がろうそくの近くを下から上に流れるので，燃えるために必要な酸素が不足しない。また，酸素は空気中で２番目に多い気体である。なお，空気中でいちばん多い気体はちっ素である。

問2　石灰水を白くにごらせる気体は二酸化炭素で，空気中で４番目に多い気体である。燃やすと二酸化炭素を発生するのは，炭素をふくむ有機物である。スチールウールは鉄で，有機物ではないため，燃やしても二酸化炭素は発生しない。

問3　燃料電池は，水素と酸素がむすびつくときに化学エネルギーを電気エネルギーに変える装置である。水素と酸素がむすびついてできるのは水であり，地球温暖化の原因の一つと言われる二酸化炭素が発生しない。

問4　過酸化水素水と二酸化マンガンを反応させると，酸素が発生する。酸素は水にとけにくい気体なので，①の水上置換《ちかん》法で集める。なお，②は下方置換法で水にとけやすく空気より重い気体，③は上方置換法で水にとけやすく空気より軽い気体を集めるのに適している。

問5(1)　表より，炭酸カルシウムの重さが4.00ｇ以上のとき，発生した気体の体積が変化しないことから，塩酸100mLがすべて反応すると，0.840Ｌの気体が発生するとわかる(このとき炭酸カルシウムの一部は反応せずに残っている)。また，炭酸カルシウム1.00ｇがすべて反応すると，0.224Ｌの気体が発生するから，塩酸100mLとちょうど反応する炭酸カルシウムは，$1.00\times\frac{0.840}{0.224}=3.75$(ｇ)である。　**(2)**　①×…塩酸100mLに炭酸カルシウム1.50ｇを加えると，$0.224\times\frac{1.50}{1.00}=0.336$(Ｌ)の気体が発生する。　②×…炭酸カルシウム6.00ｇを加えると反応せずに残るのは，$6.00-3.75=2.25$(ｇ)である。　③○…塩酸には塩化水素という気体がとけている。濃度《のうど》が２倍の塩酸100mLには，塩化水素が元の塩酸200mLと同じだけとけている。元の塩酸200mLとちょうど反応する炭酸カルシウムは$3.75\times\frac{200}{100}=7.50$(ｇ)だから，炭酸カルシウム5.00ｇがすべて反応する。よって，$0.224\times\frac{5.00}{1.00}=1.12$(Ｌ)の気体が発生する。　④×…濃度が$\frac{1}{2}$倍の塩酸50mLには，塩化水素が元の塩酸25mLと同じだけとけている。元の塩酸25mLとちょうど反応する炭酸カルシウムは$3.75\times\frac{25}{100}=0.9375$(ｇ)だから，元の塩酸25mLがすべて反応すると考えればよい。よって，$0.840\times\frac{25}{100}=0.210$(Ｌ)の気体が発生する。

3　**問1**　てこは，左右にかたむけるはたらき〔おもりの重さ(ｇ)×支点からの距離《きょり》(cm)〕が等しくなったときにつりあう。また，図１より，棒の重心はＡから40cmの位置にあるとわかるから，棒の重さ500ｇはこの位置にかかると考えることができる。したがって，図２において，棒の重さ500ｇは支点から左に10cmの位置(点Ａから40cmの位置)にかかっているから，棒を左にかたむけるはたらきは500×10＝5000となる。これより，支点から右に5000÷250＝20(cm)，つまり，点Ａから50＋20＝70(cm)の位置に250ｇのおもりをつけるとつりあう。

問2　図３のとき，支点は点Ｂとなり，棒の重さ500ｇは支点(点Ｂ)から60cmの位置にかかる。ばねばかりと支点(点Ｂ)の距離は100cmだから，ばねばかりに500×60÷100＝300(ｇ)の力が加わると，棒が持ち上がる。

4　**問1**　Ａが失った熱の量と，Ｂがもらった熱の量は同じだから，Ｂがもらった熱の量を求めればよい。Ｂの水50ｇの温度が10℃上がったから，50×10＝500(cal)である。

問2　80×10＝800(cal)

問3　Ｃの水の温度が800÷40＝20(℃)下がるから，60－20＝40(℃)になる。

問4　40℃の水40ｇと０℃の水10ｇを混ぜると考えればよい。それぞれの水がもつ熱の量は，40℃の水40ｇが40×

40＝1600(cal)で，０℃の水10ｇが０×10＝０(cal)だから，これらの水を混ぜたとき，全体がもつ熱の量は1600calである。全体の水の重さは50ｇだから，1600÷50＝32(℃)になる。

5 問２　雨量は，たまった雨水の量をその雨が降った部分の面積で割ることで求められる。直径20㎝の円(面積10×10×3.14＝314(㎠))に降った雨の量が2355㎤だから，雨量は2355÷314＝7.5(㎝)→75㎜である。

問３　図１の天気図から，Ａ日の名古屋は１日中台風の雲におおわれていたことがわかる。上空が雲におおわれていると気温の変化は小さくなるので，Ａ日は最高気温と最低気温の差が最も小さい10月12日と考えられる。

問４　熱帯低気圧の暖かい空気と，北からの冷たい空気が接すると，温帯低気圧の特ちょうである前線ができる。

6 問１　月は太陽に照らされることで輝く。月の輝いている部分の見え方が変わるのは，月が地球のまわりを公転することで，太陽，月，地球の位置関係が変わるからである。

問２　満月から次の満月までに約29.5日かかり，満月→左半分が光る月(下弦《かげん》の月)→新月→右半分が光る月(上弦の月)→次の満月の順に見え方が変化する。７月２日の月は，７月17日(右半分が光る月)の15日前なので，左半分が光る月(Ｂ)となる。また，左半分が光る月が南中するのは明け方で，月の出は真夜中，月の入りは正午となる。

問３　①×…月食は月が欠けて見える現象である。　③×…月食は満月のときに起こる現象ではあるが，満月のたびに月食が起こるわけではない。　④×…月に太陽の光が直接当たらなくなるが，地球の大気によって屈折した太陽の赤い光が月を照らすため，月は赤っぽく見える。

《2022　社会　解説》

Ⅰ 問１　ウが誤り。欧米での経済発展は爆発的ではない。21 世紀に入って富裕層が爆発的に増えたのは中国。

問２　バルセロナは，地中海に面したスペイン第２の都市である。

問３　イが正しい。東西分裂時のドイツは，東ドイツの首都ベルリンの中に西ベルリンがあり，壁で囲まれていた。ア．ベルリンの平均気温は約 10.1℃と名古屋の約 14.4℃より低い。ウ．モーツァルトの出身地はオーストリアである。エ．ＥＵ本部は，ベルギーのブリュッセルにある。

問４　陥没したくぼ地をカルデラという。日本では，九州の阿蘇山のカルデラが広く知られる。

問５ i　エが正しい。京都市は，岡山市ほど瀬戸内の気候の特性は強くないので，降水量の少ないウとエのうち，ある程度の降水が認められるエを選ぶ。アは太平洋側の気候の尾鷲，イは日本海側の気候の敦賀，ウは瀬戸内の気候の岡山である。　ii　琵琶湖は，滋賀県の面積の$\frac{1}{6}$ほどであり，南部は京都府に近い。

問６　アが誤り。富士山(3776m)は，世界最高峰のエベレスト(8848m)の半分 4424m より低い。

問７　ウが正しい。北部の国東半島がポイント。アは宮城県・岩手県，イは宮崎県，エは神奈川県。

問８　イが誤り。金沢市の周辺には活火山がない。草津は群馬県，下呂は岐阜県，熱海は静岡県。

問９　日高山脈は，「北海道の背骨」と呼ばれ，最高峰は 2000m 級である。東側に十勝平野が広がる。

問10　アが誤り。オーストラリアの人口は約 2500 万人とアメリカ合衆国の人口３億１千万人に遠く及ばない。

問 11　解答例では，歴史の面から織田信長，産業の面から製造業，名所の面から名古屋城，名物の面からひつまぶしを紹介している。３つ以上を，１つの面からだけでなく様々な面から紹介していること。

Ⅱ 問１　高松塚古墳は，奈良県の明日香村にある。

問２ i　イが正しい。鑑真は，何度も航海に失敗したが，聖武天皇の要請を受けて正しい仏教の戒律を伝えるために来日した。アは飛鳥時代，ウは鎌倉時代，エは室町時代。　ii　８世紀前半，日本列島に天然痘と思われる疫病が発生し，致死率は約 40％と高かった。疫病以外にも，大地震による災害や貴族の反乱なども考えられる。

問３ⅰ　ウ(平治の乱・1160 年)→ア(奥州藤原氏の滅亡・1189 年)→イ(承久の乱・1221 年)→エ(元寇・1274 年，1281 年)　ⅱ　ウが正しい。ア．源氏の将軍が三代で滅ぶと，北条氏は執権となった。イ．平氏政権は，宋と貿易を始めた。特に平清盛による日宋貿易が知られている。エ．御成敗式目は，鎌倉幕府の第三代執権の北条泰時によって制定された。

問４　スペイン人やポルトガル人を南蛮人と呼んだことから，スペインやポルトガルとの貿易を南蛮貿易と呼ぶ。

問５ⅰ　天草四郎時貞は，島原・天草一揆の中心人物とされた。　ⅱ　エが誤り。幕府は，琉球王国のまま薩摩藩と交易をさせた。琉球に藩を置いたのは，明治政府による琉球処分のときである。　ⅲ　『解体新書』は，オランダ語で書かれた解剖書「ターヘルアナトミア」を翻訳したものである。

問６　ウ(岩倉使節団・1871 年)→イ(欧化政策・1880 年代)→エ(領事裁判権の撤廃・1894 年)→ア(関税自主権の回復・1911 年)

問７　ウが誤り。地租改正を行う際，政府は農民に負担が軽くなると説いたが，実際には変わらず，不作の年も同じ額の現金を納めなければならなかったので，地租改正反対一揆が起きた。

問８　アの中国の東北部が満州である。

問９　ウが正しい。太平洋戦争において，沖縄にアメリカ軍が上陸し，軍人だけでなく多くの市民が命を落とした。ア．日本が同盟を結んだのはドイツとイタリア。イ．日本が攻撃したハワイの真珠湾はアメリカの軍港。エ．広島に原爆が落とされると，ソ連は日ソ中立条約を破棄し，満州や北方領土に侵攻した。その翌日にアメリカによって２発目の原爆が長崎に投下された。

問 10　イが誤り。３Ｃはカラーテレビ・クーラー・自動車(カー)である。白黒テレビ・電気洗濯機・電気冷蔵庫は三種の神器と呼ばれた。

Ⅲ　問１　イが正しい。内閣総理大臣には，国務大臣の任免・罷免の権利がある。ア．内閣は国会が決定した予算を執行する機関である。ウ．閣議決定は全会一致を原則とする。エ．新型コロナウィルスのワクチン接種方法のお知らせを出しているのは，厚生労働省である。

問２　アが正しい。国連本部はニューヨークにある。イ．写真の人物はマララ・ユスフザイさんであり，ミャンマーで拘束されたノーベル賞受賞者はアウンサン・スー・チーさん。ウ．「長崎原爆犠牲者慰霊平和祈念式典」は，長崎に原爆が投下された８月９日に毎年開かれている。エ．非核三原則は，核兵器を「持たない，つくらない，持ちこませない」である。

問３　(イ)と(ウ)が誤り。(イ)選挙に行くことは国民の権利である。(ウ)日本で初めて男女ともに普通選挙権が認められたのは 1945 年である。1925 年成立の普通選挙法では，満 25 歳以上のすべての男子に選挙権が与えられた。

問４　エが誤り。内閣総理大臣の指名は国会の権限である。天皇は，内閣総理大臣を任命する。

問５　イが正しい。「北海道・北東北の縄文遺跡群」は世界文化遺産に登録された。ユニセフは国連児童基金。

問６　ノーマライゼーションが正しい。ユニバーサルデザインやバリアフリーと区別して覚えておきたい。

問７　2020 東京オリンピック・パラリンピックは，新型コロナウィルスの流行を受けて，１年間延期され，2021 年７月 23 日に開会式を迎えた。

問８ⅰ「年金受給額を減らす」「年金受給年齢を引き上げる」などが考えられる。　ⅱ　ウが正しい。殺人事件は第一審が地方裁判所で開かれ，判決に不服があり控訴されると，高等裁判所で第二審が開かれる。高等裁判所は，札幌，仙台，東京，名古屋，大阪，広島，高松，福岡の８か所にある。

問９　５月３日が正しい。1946 年 11 月３日に日本国憲法が公布され，半年後の 1947 年５月３日に施行された。

2021 解答例 令和３年度　愛知淑徳中学校

《国　語》

一　問一．無二　　問二．②イ　⑤ア　　問三．ウ　　問四．ナンバー１になれるオンリー１の場所　　問五．ウ　　問六．管理する　　問七．（例文）Ａ以外の子ども達に、もっと長いきょりが泳げるようになる練習を行うことができる点。　　問八．イ　　問九．ア　　問十．⑴生き残る　⑵それぞれが「違う」ということ　　問十一．イ

二　問一．かた　　問二．イ　　問三．ａ．桐子　ｂ．さつき　ｃ．梅子　　問四．ア　　問五．イ　　問六．興奮　　問七．自由　　問八．無理して、～をしている　　問九．ウ　　問十．部屋にさつ～しまった。　　問十一．ウ　　問十二．自分はこの家にいなくてもだれもこまらないのだ／自分もなにか役に立つ人だということをたしかめたくなった

三　問一．①喜色　②益虫　③取得　④さしず　　問二．おけない

《算　数》

1　⑴2021　　⑵$\frac{1}{24}$

2　⑴㋐５　㋑259　　⑵①，②，④　　⑶330　　⑷Ａ．８　Ｂ．16　　⑸25　　⑹438　　⑺93　　⑻ア．５　イ．８　　⑼$\frac{1}{2}$　　⑽②，２，47

3　⑴３　　⑵15

4　⑴120　　⑵780

5　⑴18.84　　⑵65.94

6　⑴12.8　　⑵25

7　⑴$2\frac{2}{3}$　　⑵$1\frac{1}{3}$

8　角アが直角になる理由…右の図のように角エ，オ，カ，キを決める。

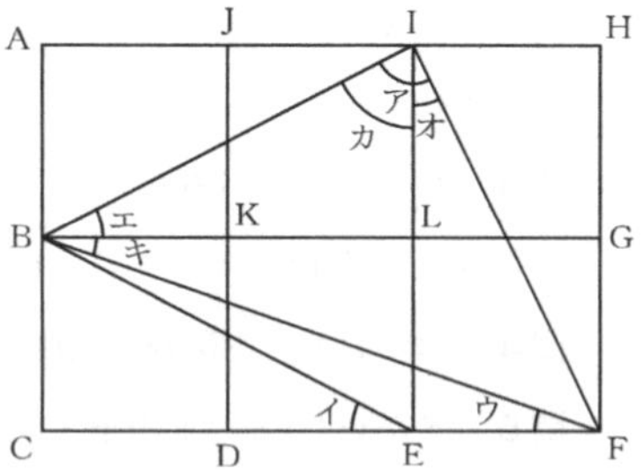

三角形ＢＬＩと三角形ＩＥＦは合同になる。角エと角オが等しく，三角形ＢＬＩが直角三角形なので，角ア＝角オ＋角カ＝角エ＋角カ＝180°－角ＢＬＩ＝90°

よって，角アは直角。

角イと角ウの和…45　その理由…三角形ＢＣＥと三角形ＩＬＢが合同なので角イと角エが等しい。平行線の錯角から角ウと角キが等しい。三角形ＢＬＩと三角形ＩＥＦが合同なので辺ＩＢと辺ＩＦが等しい。角アが直角なので，三角形ＩＢＦは直角二等辺三角形になる。角イ＋角ウ＝角エ＋角キ＝45°

《理　科》

1 問１．右グラフ　問２．22　問３．30　問４．30　問５．60　問６．16

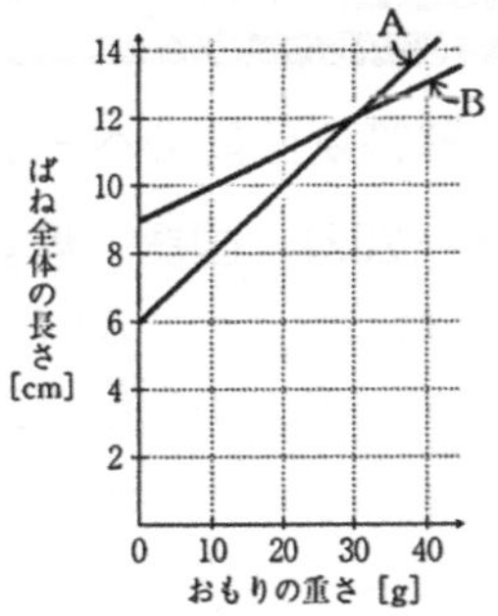

2 問１．⑤　問２．①　問３．④

問４．食べ物が少なくなるため。（下線部は虫でもよい）

3 問１．③　問２．⑥　問３．二酸化炭素

4 問１．③　問２．③

5 問１．ウ　問２．イ　問３．80　問４．①

6 問１．温室　問２．②　問３．２

7 問１．①ｂ　②ａ　問２．①　問３．⑦

《社　会》

Ⅰ 問１．イ　問２．朝鮮　問３．ウ　問４．人口は約１億2500万人で，年々減少しています。労働力が不足していて，外国人労働者の流入がすすんでいます。　問５．イ　問６．八郎潟　問７．エ　問８．ア　問９．イ　問10．中国　問11．ウ　問12．エ

Ⅱ 問１．ウ　問２．ア　問３．イ→ア→ウ　問４．ウ　問５．菅原道真　問６．自分の娘を天皇の后として，さらにその子どもを天皇にすることで，摂政と関白の地位を得て勢力をのばした。　問７．ウ　問８．イ　問９．ア　問10．カ　問11．エ　問12．ウ　問13．御家人は幕府のために戦ったにもかかわらず，恩賞が少なかったから。　問14．ア

Ⅲ 問１．ウ　問２．イ　問３．イ，エ　問４．法律　問５．ア　問６．ア　問７．ア　問８．ウ

2021 解説 令和３年度 ▶ # 愛知淑徳中学校

←解答例は前のページにありますので，そちらをご覧ください。

《2021　国語　解説》

一　問二②　ゾウリムシとヒメゾウリムシをいっしょに飼った場合は「最終的に一種類だけが生き残り、もう一種類のゾウリムシは駆逐《くちく》されて、滅《ほろ》んでしまう」という結果になったので、数が増加していく線と、数が減少していく線のあるグラフを選ぶ。よってイが適する。　**⑤**　ゾウリムシとミドリゾウリムシは、「一つの水槽《すいそう》の中で共存をした」ので、二つの線とも数が減少せず、ゆるやかに増加していくグラフを選ぶ。よってアが適する。

問四　――④の疑問に答えるために、ガウゼの実験の続きを示し、「同じ水槽の中でも、棲《す》んでいる世界が異なれば、競《きそ》い合う必要なく共存することが可能」で、「同じような環境《かんきょう》に暮らす生物どうしは、激しく競争し、ナンバー１しか生きられない。しかし暮らす環境が異なれば、共存することができる」という結論を述べている。この、それぞれの生物の暮らす異なる環境のことを、「ニッチ」と呼び、――⑥の９行前で「ナンバー１になれるオンリー１の場所」と説明している。多くの生物が、このような場所を見つけられるから、共存が可能なのである。

問五　生物学では、他の生物が食べない餌《えさ》、住まない場所や環境が「ニッチ」である。これを参考にすると、消費者は求めているが、他の会社は扱《あつか》っていない商品が「ニッチ」だということになる。よってウが適する。

問六　――⑦に続けて、「平均値」とは「一本の物差しで測っただけの数値」で、「人間が管理するのに都合が良いように、一本の物差しだけを取り出して計測し～割っただけの数値に過ぎない」とある。

問七　平均値から外れているＡを、異常値として切り捨てることで、管理する側にどのような利点があるのかを考える。

問九　「幻《まぼろし》」は、現実には存在しないのに、あるように見えるもの。直前の「平均値が普通《ふつう》なのだとしたら、『普通』というものは存在しない」、――⑧の２～４行前の「学力テストのような～平均値を出すことはできる。しかし、それは～一本の物差しで測っただけの数値だ。生物は、もっとたくさんの物差しを持つ個性的な存在である」、――線⑩の３～４行前の「個性には平均的な個体もなければ、平均以下という言葉もないのだ」を参照。ある一つの要素（例えば体重や身長など）の平均値を出すことはできても、生物はたくさんの要素を持つ存在なので、全ての要素で平均値となる「平均的な個体」、あるいは「普通」の個体は存在しないということ。よってアが適する。

問十(1)　本文前半の「生物の世界の法則では、ナンバー１しか生きられない」「生物は生き残りを懸《か》けて激しく競《きそ》い合い、共存することができない」などから、雑草が「成功」するというのは、「生き残る」ことである。　**(2)**　（中略）の前までの、生物はそれぞれ餌や環境が異なる「ニッチ」で生きているという内容と、「平均値から遠く離《はな》れた異常値が生き残ったり、新たな進化を生む原動力になったりする」などから、雑草（生物）は、他とは異なる体や生態を持つものが生き残るということが言える。このことを端的《たんてき》に言い表しているのが、――⑩の５～６行前の「それぞれが『違う』ということ」である。

問十一　（中略）の直前の「ナンバー１になれるオンリー１を探すという生物の世界の営みは、生きづらい人間の現代社会を生き抜《ぬ》くのに、とても役に立つ考え方であるように思う」より、イが適する。

二　問三　本文はさつきの視点で書かれており、「桐子《きりこ》ねえさん」と呼んでいるから、さつきより桐子の方が年上である。一方、梅子のことは呼び捨てにしているので、年下だと考えられる。「ませた（＝おとなびた）発想をする梅子に感心した」のも、梅子がさつきよりも年下だから。よって、長女が「桐子」、次女が「さつき」、三女が「梅子」となる。

問四　これまでハルばあちゃんは、母に対して「一番気がきかない、ぼんやりむすめだった」「なんにもできない子になってしまって……」などと、「悪口めいたこと」を言っていた。さつきは、そういう風に言われる母がかわいそうだと感じることがあり、母は「これまでずっとがまんしとった」のだと考えている。よってアが適する。イは「陰口《かげぐち》を嫌《きら》うまじめでまっすぐな性格」の部分が本文からは読み取れない内容なので、適さない。

問五　「実家がここやから、家出するとこないから～かわいそうやね」という梅子の発言を、「みょう」と言っているので、イが適する。　ア.「(おかあちゃんの)実家はここやから」と梅子が言っているので、「実家がなく」の部分が適さない。　ウ. ──②は、梅子の感想に対して感じたことで、泣いていることについての感想ではない。エ. さつきは梅子の発言に感心しているので、「的はずれ」とは思っていない。

問六　口からつばがとんだのは、激しい口調だったため。この話し合いのときの桐子の状態を描写《びょうしゃ》した、「いつもものしずかであまり興奮することのない桐子ねえさんがめずらしく」から「興奮」を抜き出す。

問七　桐子が興奮していたのは、母が洋品店を出す友人のことをうらやましがり「自由でいいなあ」「わたしもなにかやってみたい。子どもたちも手をはなれたし」と言っていたのを思い出したから。子どもがいたから自由がなかった、という意味に受け取った桐子は「急に自由がないとか～いわれたって、今さら無責任や」と怒《おこ》っている。

問八　「表面的にはなんの支障もなく」は、表面的には問題がないということだが、言いかえれば、内心では母がいなくてこまっているということでもある。このことを言い表しｓたのが、6～7 行前の「無理して、意地をはって平気なふりをしているけれど」の部分。

問九　アは、7行前の「こんなにもさびしい。本当は、みんなそうなのだ」、イは、4～5行前で「だから、そのこと(＝母がいなくてみんながさびしいと思っていること)をちゃんとつたえなければならないのだ。でもどうやって？」と伝える方法がわからずにいること、エは、1～4行後で「母がかわいそうで～ハルばあちゃんもかわいそうで」と、家出した母も、残された家族もかわいそうだと思っていることにそれぞれ合うので、理由としてふさわしい。残ったウは、本文に書かれていない内容なので、これが答え。

問十　「部屋にさつきしかいなかったのをさいわいに、おいおい声をだして泣いてしまった」からぬき出す。ここから、他の姉妹には泣いているところ(＝弱いところ)は見せたくないという気持ちがうかがえる。

問十一　ウの、桐子は「家の手伝いも率先《そっせん》して行う家族思いの子ども」ということは、本文に書かれていない内容である。また、本文に「桐子ねえさんは熱心に部活～にとりくみ、授業の補習もあり、日々をいそがしくすごしながら『～平気』というふりをしていた」とはあるが、「自分の部活や勉強にだけ没頭《ぼっとう》し、からに閉じこもるようになった」とまでは言えないので、ウは、ふさわしくない。

問十二　──⑤の3～8行後の「これだ！だからおかあちゃんは、ここにいるのがいやになったのだ」「いなくても、こまらないってこと。おかあちゃんは、自分もなにか役に立つ人だということを、たしかめたくなったのだ」からまとめる。

──《2021　算数　解説》──

1　(1)　与式＝(3＋4×11)×(4×11－1)＝(3＋44)×(44－1)＝47×43＝2021

(2)　与式$=\frac{21}{8}\times\frac{1}{9}-(\frac{7}{14}-\frac{4}{14})\times\frac{7}{6}=\frac{7}{24}-\frac{3}{14}\times\frac{7}{6}=\frac{7}{24}-\frac{1}{4}=\frac{7}{24}-\frac{6}{24}=\frac{1}{24}$

2　(1)　1＋3＋5＋7＋9＝25＝5×5より，㋐＝5　　1＋3＋5＋7＋9＋11＝36＝6×6

以上のことから，1～nまでの奇数の和は，(1＋n)÷2の値《あたい》を2回かけた数になる。

よって，(1＋517)÷2＝259より，㋑＝259

(2)　①　$A \div 0.9 = A \div \frac{9}{10} = A \times \frac{10}{9}$，$\frac{10}{9}$は１より大きいから，$A \times \frac{10}{9}$はＡより大きいので正しい。
②　$\frac{5}{6}$は１より小さいから，$\frac{5}{6} \times B$の値はＢより小さいので正しい。　③　$\frac{1}{2} + \frac{1}{8} = \frac{4}{8} + \frac{1}{8} = \frac{5}{8}$となるから，正しくない。　④　$D - 2 \leqq D - E \leqq D$であり，Ｄは５以上だから，Ｄ－Ｅは３以上になるので正しい。

(3)　もも１個の値段とりんご３個の値段が同じだから，もも５個の値段は，３×５＝15(個)のりんごの値段と等しい。つまり，15＋４＝19(個)のりんごの値段が2090円になるから，りんご１個の値段は，2090÷19＝110(円)になる。よって，もも１個の値段は，110×３＝330(円)

(4)　ＢがＡに４本渡すと同じ本数になるから，ＢはＡより４＋４＝８(本)多く持っている。ＡがＢに２本渡すと，Ｂの本数とＡの本数の比は３：１になるから，比の数の差の，３－１＝２は８＋２＋２＝12(本)にあたる。
よって，ＡがＢに２本渡したあとのＡの本数は，12÷２＝６(本)だから，
Ａが持っている棒の本数は，６＋２＝８(本)，Ｂが持っている棒の本数は，８＋８＝16(本)

(5)　右図の色のついた座席に座るとき，最大の人数になる。
よって，最大で，４×４＋３×３＝25(人)座ることができる。

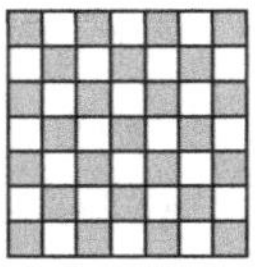

(6)　**【解き方１】食塩を加えても水の量は変わっていないことに注目する。**
10%の食塩水において，水と食塩の重さの比は，(100－10)：10＝９：１
27%の食塩水において，水と食塩の重さの比は，(100－27)：27＝73：27
食塩を加えても水の量は変わっていないから，９と73の最小公倍数である９×73＝657に水の量をそろえると，10%の食塩水の中にふくまれる食塩の重さは，１×73＝73　27%の食塩にふくまれる食塩の重さは，27×９＝243と表せる。243－73＝170が102ｇにあたるから，10%の食塩水の重さは，$102 \times \frac{657+73}{170} = 438$(ｇ)

【解き方２】食塩水の問題は，うでの長さを濃度，おもりの重さを食塩水の量としたてんびん図を使って解くことができる。食塩は濃度が100%の食塩水として表すことができる。
右のてんびん図で，ａ：ｂ＝(27－10)：(100－27)＝17：73である。
おもりの重さの比はこの逆比の73：17だから，10%の食塩水の量は，$102 \times \frac{73}{17} = 438$(ｇ)

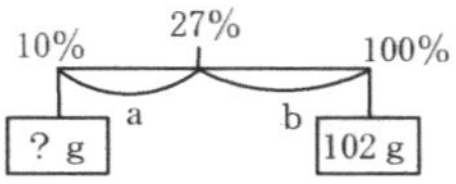

(7)　**【解き方】対頂角は等しいこと，三角形の内角の和はどれも180°であることから，同じ大きさの角を同じ記号で表すと，右図のようになる。**
角ｂ＝●＝48°であり，角ａ＝45°だから，三角形の外角の性質より，
角ア＝ａ＋ｂ＝45°＋48°＝93°

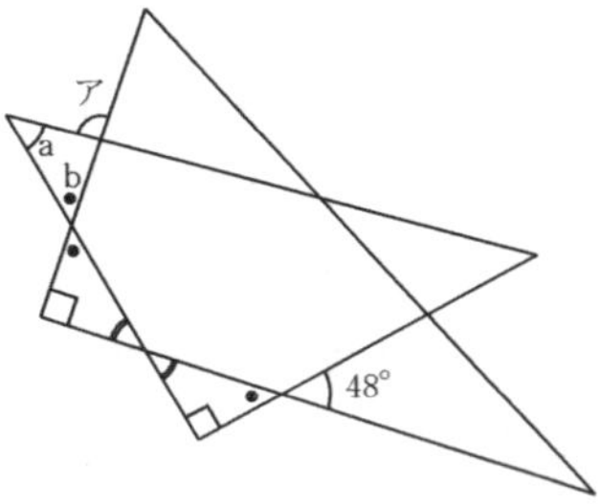

(8)　**【解き方】右図の太線の辺で切り開いているので，４と３の展開図上での位置は右のようになる。**
１の書かれた面の３つの頂点に○，■，●の印をつけて，展開図上での位置を考えると右図のようになる。面アがふれている三角形は，面３，面ウ，面イ，面エ，面１，面２だから，面アと平行な面は面４であり，ア＝９－４＝５　面アと面４の位置関係から，

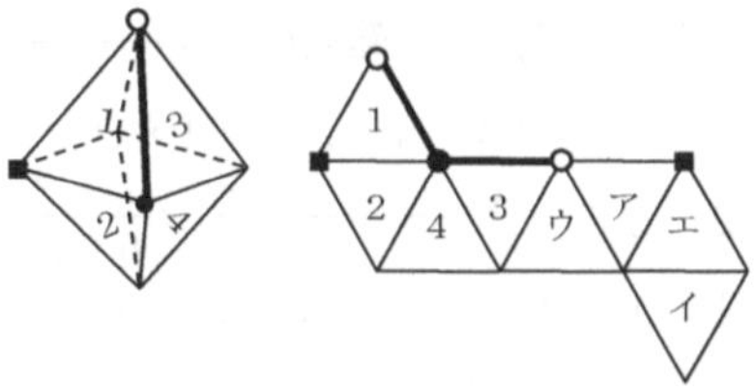

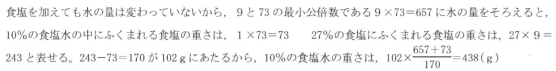

面２と面ウ，面３と面エも平行とわかるので，面イは面１と平行であり，イ＝９－１＝８

⑼　【解き方】台形の面積＝(上底＋下底)×高さ÷２だから，(ＡＥ＋ＤＦ)×４÷２＝７が成り立つ。

(ＡＥ＋ＤＦ)×２＝７より，ＡＥ＋ＤＦ＝７÷２＝$\frac{7}{2}$(cm)

図より，ＣＦ＋ＤＦ＝ＣＤ＝３cmだから，ＡＥはＣＦより$\frac{7}{2}-3=\frac{1}{2}$(cm)長い。

⑽　【解き方】50mを 9.12 秒で走る速さは，１km＝1000mを 9.12×$\frac{1000}{50}$＝182.4(秒)で走る。

記録①は，182.4×42.195＝7696.368(秒)だから，小数第１位を四捨五入して 7696 秒である。

7696÷60＝128 余り 16，128÷60＝２余り８より，記録①は２時間８分 16 秒になるから，

２時間８分 16 秒－２時間５分 29 秒＝２分 47 秒より，記録②の方が２分 47 秒だけ速い。

3　**⑴　【解き方】４種類の具材から２つを選んで２つめのサンドウィッチを作ると，２種類の具材だけが残るから，３つめのサンドウィッチの作り方は１通りになるので，２つ目のサンドウィッチの作り方を考えればよい。**

キュウリを使ったサンドウィッチは，(キュウリ，トマト)(キュウリ，チーズ)(キュウリ，玉子)の３種類できるから，残りの２つのサンドウィッチの作り方も３通りである。

⑵　【解き方】ハムとレタスのサンドウィッチを２つめに作っても３つめに作っても同じ組み合わせになるから，別の組み合わせを考えるために，１つめに使う具材の１つをハムと決め，レタス以外の組み合わせを考える。

１つめにハムを使ったサンドウィッチは，レタス，キュウリ，トマト，チーズ，玉子の５通りが考えられる。

それらを１つめに作るとき，残りの２つのサンドウィッチの組み合わせは３通りずつあるから，３つのサンドウィッチの作り方は，５×３＝15(通り)

4　**⑴　【解き方】姉のようすをグラフから読み取ると，10 分後に 1200mの地点にいることがわかる。**

10 分間で 1200m進んだから，姉の行きの速さは，分速(1200÷10)ｍ＝分速 120m

⑵　【解き方】妹が引き返し始めてから再び家を出発するまでの時間を考え，そこから出会うまでの道のりを求める。

妹は，出発してから８分後に引き返して２倍の速さでもどったから，もどるのにかかった時間は８÷２＝４(分)である。したがって，妹が再び家を出発したのは，はじめから８＋４＋３＝15(分後)のことである。

姉が家に帰り始めた時，妹は家から 120×(18－15)＝360(m)進んでいるので，姉と妹は 1200－360＝840(m)離れている。姉と妹の進む速さは同じだから，同じ時間に進む道のりも等しいので，840mの道のりを反対方向に進むと，840÷２＝420(m)進んだ時に出会う。よって，出会う地点は家から，360＋420＝780(m)

5　**⑴　【解き方】犬が動ける範囲は，右図の色をつけたおうぎ形になる。**

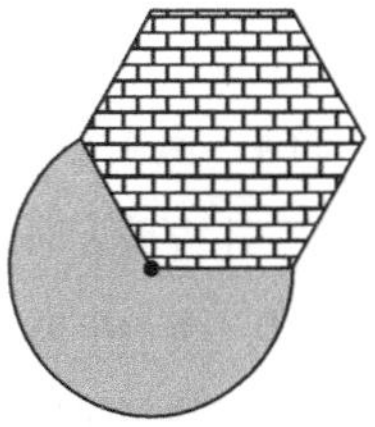

ｎ角形の内角の和は 180°×(ｎ－２)だから，六角形の内角の和は 180°×(６－２)＝720°であり，正六角形の１つの内角の大きさは，720°÷６＝120°になる。したがって，色をつけたおうぎ形は，半径が３ｍで中心角の大きさが 360°－120°＝240°だから，

面積は，$3\times3\times3.14\times\frac{240°}{360°}=6\times3.14=18.84$(㎡)

⑵　【解き方】増えた範囲は，右図の色をつけた部分になる。

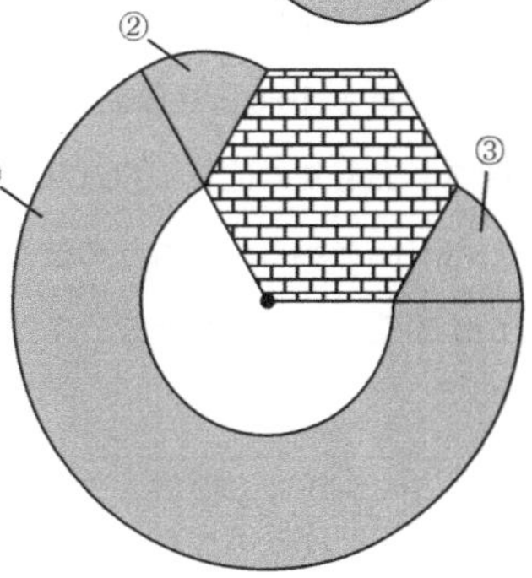

①の面積は，半径が６ｍで中心角の大きさが 240°のおうぎ形の面積から，⑴で求めた面積を引けば求められ，$6\times6\times3.14\times\frac{240°}{360°}-6\times3.14=$

$24\times3.14-6\times3.14=(24-6)\times3.14=18\times3.14$(㎡)

②と③は，半径が３ｍで中心角の大きさが 180°－120°＝60°のおうぎ形だから，②と③の面積の和は，$3\times3\times3.14\times\frac{60°}{360°}\times2=3\times3.14$(㎡)

よって，求める面積は，18×3.14＋３×3.14＝21×3.14＝65.94(㎡)

6　**【解き方】陽性と判定されるのは，病気Ｘにかかっていて正しく陽性と判定される人と，かかっていないのに誤って陽性と判定される人の２種類がある。地域全体を 100 人とすると人数に小数が出るので，地域全体を 1000 人として考える。**

(1)　地域全体を 1000 人とすると，病気Ｘにかかっている人は 1000×0.04＝40(人)で，この人たちのうち正しく陽性と判定されるのは，40×0.80＝32(人)である。また，病気Ｘにかかっていない人は 1000－40＝960(人)で，この人たちのうち誤って陽性と判定されるのは，960×0.10＝96(人)だから，陽性と判定される人は 32＋96＝128(人)になる。これは全体の$\frac{128}{1000}$×100＝12.8(％)

(2)　128 人の中の 32 人だから，$\frac{32}{128}$×100＝25(％)

7　(1)　(底面積)＝２×２÷２＝２(㎠)で，高さが４㎝だから，体積は，２×４÷３＝$\frac{8}{3}$＝２$\frac{2}{3}$(㎤)

(2)　**【解き方】体積と底面積から高さを逆算する。三角形ＡＢＣの面積は，展開図を考えれば求められる。**

この三角すいを辺ＡＤ，辺ＢＤ，辺ＣＤで切り開いて展開図をつくると右図のようになるから，三角形ＡＢＣの面積は，４×４－(４×２÷２)×２－２×２÷２＝６(㎠)である。よって，三角形ＡＢＣを底面として三角すいの体積の公式にあてはめると，６×(高さ)÷３＝$\frac{8}{3}$が成り立つので，求める高さは，$\frac{8}{3}$×３÷６＝$\frac{4}{3}$＝１$\frac{1}{3}$(㎝)

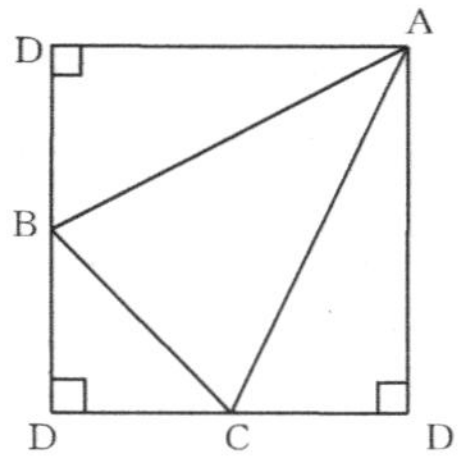

8　**【解き方】角アは三角形ＩＢＦがどんな三角形かを考えればよい。また，角イ＋角ウの値は同じ大きさの角をさがせば求められる。**

《2021　理科　解説》

1　**問１**　何もついていないとき，Ａの長さは６㎝，Ｂの長さは９㎝だから，おもりの重さとＡ，Ｂの長さの関係は表Ⅰのようになる。

表Ⅰ

おもりの重さ〔ｇ〕	0	10	20	30	40
ばねＡの長さ〔㎝〕	0	8	10	12	14
ばねＢの長さ〔㎝〕	0	10	11	12	13

問２　ばねののびはおもりの重さに比例する。Ａは 10ｇのおもりで２㎝のびるので，80ｇのおもりをつけると，２×$\frac{80}{10}$＝16(㎝)のびて，６＋16＝22(㎝)となる。

問３　図３では，ＡとＢにそれぞれ 50ｇの重さがかかるので，Ａが 10 ㎝のびて６＋10＝16(㎝)，Ｂが５㎝のびて９＋５＝14(㎝)となる。したがって，16＋14＝30(㎝)となる。

問４　図４では，ばねの両端にそれぞれ 50ｇのおもりがつるされているので，片方のおもりはばねを固定する天井《てんじょう》や壁《かべ》と同様に考えることができる。したがって，問３(図３)と同じ 30㎝となる。

問５　棒の中央におもりをつるしたので，おもりの重さはＡとＢに半分ずつかかる。棒が水平になったので，ＡとＢの長さが同じになっていることから，表Ⅰより，ＡとＢに 30ｇずつかかっていることがわかる。したがって，おもりの重さは 60ｇである。

問６　おもりの位置からばねまでの距離の比は，それぞれのばねにかかる重さの逆比になる。おもりの位置は㋐から 14 ㎝だから，おもりの位置からばねまでの距離の比はＡ：Ｂ＝14：10＝７：５となる。したがって，ＡとＢにかかる重さはＡ：Ｂ＝５：７になるので，Ａには 120×$\frac{5}{12}$＝50(ｇ)の重さがかかって，全体の長さは 16 ㎝になる。

2 **問1**　⑤×…ホウセンカは種子で冬をこす。

問2　②，③，④×…トマトは春(夏)，ピーマン，オクラは夏が収かくに適した時期である。

問4　ツバメのように夏の時期を日本ですごし，秋になると南に飛び立つ鳥を夏鳥という。

3 **問1**　①×…生物間のつながりは成立しているが，ａには気体の酸素が入り，ａを放出しているＡに入るのは光合成を行う植物である。　②×…カエルは肉食で，イネを食べない。　④×…ミカヅキモはミジンコを食べない。

問2　⑥○…Ｂの生物数が増えると，Ｂに食べられるＡの生物数は減少し，Ｂを食べるＣの生物数は増加する。やがて，増加したＢの生物数が減少し，元のつり合いが保たれる。

問3　ｂはすべての生物が放出し，Ａ(植物)だけが吸収もする気体だから二酸化炭素である。

4 **問1**　③○…固体のロウの体積は 100－60＝40(mL)である。ロウの液体が固体になると体積が小さくなるので，液体のロウの体積は 40mL より少し多い。

問2　③○…ペットボトル内のあたためられた空気が冷えると体積が小さくなるので，風船はペットボトルの中に入ってふくらむ。

5 **問1**　ウ○…食塩が水にとける量は，水の温度によってほとんど変わらない。

問2　イ○…10℃の水 50ｇに 20－５＝15(ｇ)とける，つまり 10℃の水 100ｇに 30ｇとける物質を選ぶ。

問3　60℃の水 100ｇにアは 110ｇとけるので，60℃の水が 100ｇのときにアをとけるだけとかした水よう液 210ｇができる。20℃の水 100ｇには，30ｇとけるので，固体となって出てくる物質は 110－30＝80(ｇ)である。

問4　①○…この水よう液にとけている固体は 125×0.4＝50(ｇ)だから，水の量は 125－50＝75(ｇ)である。水 75ｇに 50ｇとけるということは，水 100ｇに $50\times\frac{100}{75}=66.6\cdots$(ｇ)とけるということである。したがって，グラフより，約 42℃である。

6 **問2**　②×…ちっ素は空気中に約 80%ふくまれている気体であり，温室効果はない。

問3　宇宙から出ていく熱の量と宇宙が受け取る熱の量はつり合っているので，Ａ＝Ｃである。また，地表から出ていく熱の量と地表が受け取る熱の量はつり合っているので，Ｂ＝Ａ＋Ｃである。したがって，ＢはＡの２倍である。

7 **問1**　太陽は午前６時ごろに東の地平線から出て正午に南中し，午後６時ごろに西の地平線にしずむとすると，例えば午前９時に時計の短針を南東にある太陽の方向に向けると，文字ばんの９時から 12 時までは 90 度なので，ちょうど中間の 90÷２＝45(度)時計回りに進んだ方向が南である。

問2　①○…かげは西，北，東の順に動いていく。春分の日には，棒のかげの先端が直線になる。

問3　⑦○…午前６時に太陽は東にあるので，時計の文字ばんの６時の方向を指す短針を東に向けると，３時の方向は北である。したがって，現在地から北へ 20×５＝100(km)進んで島にとう達した。

《2021　社会　解説》

Ｉ **問1**　イが正しい。日清戦争→日露戦争→第一次世界大戦と続く戦争について，清・ロシアに勝利し，第一次世界大戦では，中国にあるドイツ領を攻めたことに対する記述である。

問2　1910 年に韓国併合を行い日本領としたから，朝鮮が正しい。

問3　ウが正しい。(1)北海道・静岡・千葉・山口・長崎はいずれも古くから漁業が発達していた。(2)群馬県桐生市，石川県金沢市，京都府京都市，福井県福井市はいずれも絹織物で知られる。福井県は羽二重，京都府は西陣織，石川県では加賀友禅が広く知られている。

問4　2009 年を境に人口は減少に転じていること，現在の人口が１億 2500 万人であることを≪現代語訳≫と同じ口調で書けばよい。

問5　イが正しい。⑴は有明海，⑵は御岳(桜島)，⑶はカルデラになっていることから阿蘇山と判断する。

問6　「のちに干拓事業が行われて，現在は主に水田」とあることから，秋田県の八郎潟と判断する。

問7　エが正しい。静岡県，三重県，京都府，鹿児島県に多く分布していることから判断する。じゃがいもと小麦であれば北海道，みかんであれば和歌山県や愛媛県に多く分布する。

問8　アの金が正しい。佐渡嶋の佐渡金山，伊豆半島の土肥金山が知られる。

問9　イのユーゴスラビアは，クロアチア，スロベニア，ボスニア・ヘルツェゴビナ，セルビア，モンテネグロ，北マケドニアに分裂した。

問10　2000年以降に急激に発展し，多くの製品を世界に輸出する中国は，世界の工場と呼ばれている。

問11　ウが正しい。日本海側に位置する堺港は，北西季節風の影響を受けて，冬の降水量(降雪量)が多くなる日本海側の気候である。アは太平洋側の気候の高知，イは瀬戸内の気候の岡山，エは内陸性の気候の松本である。

問12　エが誤り。林業は後継者不足に陥り，規模が縮小している。日本の主な輸出品目は機械類である。

Ⅱ　**問1**　ウが正しい。1950年の朝鮮戦争を契機に警察予備隊が創設され，それが保安隊→自衛隊と改称された。万国博覧会は1970年，沖縄返還は1972年，バブル経済崩壊は1991年頃。

問2　アが正しい。シベリア出兵を見越した商人による米の買い占めが，物価上昇のきっかけとなった。

問3　イ(7月26日)→ア(8月6日)→ウ(8月8日)　　広島への原爆投下→ソ連の宣戦布告→長崎への原爆投下の順番を覚えておきたい。

問4　ウが正しい。ア．奈良につくられたのは平城京である。イ．飛鳥時代のできごとである。エ．正倉院は校倉造で知られる。寝殿造は，平安時代の国風文化にみられる建築様式である。

問5　菅原道真は，藤原氏によって大宰府に左遷され，そこで一生を終えた。

問6　摂関政治の説明をしっかりできるようにしておきたい。摂関政治は藤原道長・頼通の頃が最盛期であった。

問7　ウが誤り。日清戦争の講和条約である下関条約では，３億１千万円の賠償金を得ることができた。

問8　土偶は縄文時代の道具だからイが正しい。アは旧石器時代，ウは古墳時代，エは弥生時代。

問9　アが正しい。イ．20歳以上の男子が徴兵された。ウ．士族ではなく農家の次男・三男などが徴兵された。エ．女性は徴兵の対象ではなかった。

問10　カが正しい。A．壇ノ浦の戦い(山口県)→B．応仁の乱(京都府)→C．長篠の戦い(愛知県)

問11　エが正しい。ア．関ヶ原の戦い以後に徳川氏に従った外様大名は江戸から遠い地域に配置された。イ．参勤交代は領主が行い，その妻が江戸から出ることはなかった。ウ．目安箱の設置は，享保の改革で徳川吉宗が行ったことである。

問12　オランダだから，ウを選ぶ。アはドイツ(プロイセン)，イはイタリア，エはイギリス。日本にはじめてキリスト教を伝えたザビエルはスペイン人だが，イタリアローマにあるイエズス会に所属していた。

問13　鎌倉時代の御家人たちは，幕府のために戦う奉公をすることで，新たに地頭に任ぜられるなどの御恩を受けていたが，防衛戦であった元寇では御恩を受けることができなかった。

問14　アの平等院鳳凰堂が正しい。平安時代後期に藤原頼通によって建てられた。イは厳島神社，ウは東大寺大仏殿，エは金閣(鹿苑寺)。

Ⅲ　**問１**　ウが正しい。日ソ共同宣言には調印しているが，平和条約は結ばれていない。ア．国際連合の常任理事国は，アメリカ・イギリス・フランス・ロシア・中国の５か国で改選されることはない。日本は非常任理事国にたびたびなっている。イ．中国は，尖閣諸島に関する領土問題を主張している。竹島は韓国との間の領土問題である。エ．日本国内の米軍基地は，サンフランシスコ平和条約ではなく日米安全保障条約に基づく。

問２　イが誤り。ライフラインとは，電気・ガス・水道などの生活に必要不可欠な整備をいう。

問３　イとエが誤り。裁判は国の仕事である。郵便物の配達は日本郵政が行う。

問４　国会が定めるものを法律，内閣が定めるものを政令，地方公共団体が定めるものを条例という。

問５　アが誤り。選挙において投票することは権利であって義務ではない。

問６　アが新しい人権のプライバシーの権利である。イの団結権，ウの生存権，エの自由権は日本国憲法で保障されている。

問７　アが正しい。内閣のもつ権限を行政権，国会の持つ権限を立法権という。国民は，国会議員を選挙で選び，最高裁判所の裁判官に対する国民審査権をもつ。

問８　ウが正しい。2020 年９月に成立したのは菅義偉内閣で，自民党と公明党の連立内閣である。ア．菅内閣は，前首相の安倍晋三の退任によって成立したので，衆議院議員選挙は行われていない。イ．内閣総理大臣は国会議員の中から選ばれなければならない。エ．スポーツ庁を新設したのは安倍晋三前首相である。

2020 解答例 令和２年度 愛知淑徳中学校

《国　語》

一　問一．A．１　B．２　問二．イ　問三．頭の頂上か ～ 神秘の感じ　問四．ア　問五．ウ　問六．エ　問七．ウ　問八．実はひじょ ～ らないこと　問九．イ　問十．⑴ウ　⑵疑問　問十一．常識では測り知りがたい不可思議な世界があるかもしれないと想像できる力。

二　問一．ア　問二．エ　問三．ずるくきたない　問四．ア　問五．ア　問六．a．石　b．鳥
問七．ウ　問八．いつでも子どもを利用して、もうけようとするあくどさ　問九．ア　問十．イ
問十一．に　問十二．子どもたちの幸せ

三　①耕運機　②英断　③木立　④編　⑤わさい

《算　数》

1　⑴4030　⑵3.14

2　⑴8　⑵27.1　⑶20　⑷40　⑸3　⑹3，20　⑺18　⑻6　⑼28.5　⑽9　⑾80

3　⑴36.28　⑵72.56

4　⑴4.5　⑵13，14，12

5　⑴5，20　⑵1，20

6　⑴D　⑵①11　②83，86

7　⑴9　⑵536.94

8　⑴②，④

⑵同じ大きさで同じ形の台形を図のように合わせると平行四辺形になる。その面積は(上底＋下底)×高さとなる。求める台形の面積はこの平行四辺形の半分なので，(上底＋下底)×高さ÷２

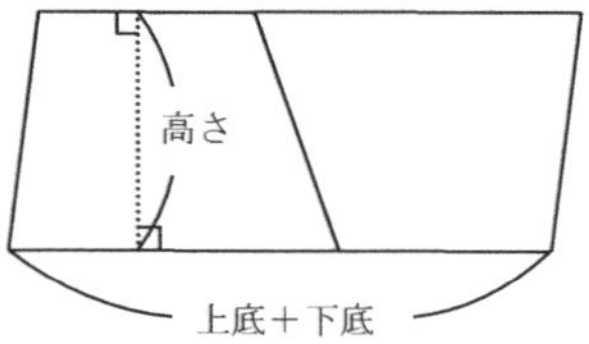

《理　科》

1 問１．②，⑥　問２．空気中の水蒸気が冷やされて水になったから。（下線部は氷でもよい）　問３．④
問４．⑴②　⑵10　問５．⑥

2 問１．⑤　問２．梅雨　問３．①　問４．③　問５．③

3 問１．②　問２．①

4 問１．③　問２．④　問３．２つ以上の条件を変化させてしまうと，どの条件が結果に影響したかわからなくなるため。　問４．②　問５．14　問６．（自分の）脈拍

5 問１．④　問２．③

6 問１．③　問２．④　問３．光合成　問４．56

《社　会》

Ⅰ 問１．サハラ　問２．小豆　問３．イ　問４．ⅰ．エ　ⅱ．ウ　ⅲ．ウ　ⅳ．明石海峡大橋
問５．ⅰ．空海　ⅱ．エ　問６．鹿児島　問７．阪神・淡路大震災

Ⅱ 問１．ウ　問２．ア　問３．ウ　問４．北里柴三郎　問５．ア　問６．ⅰ．不平等条約を改正すること　ⅱ．ア→ウ→イ　問７．ア→エ→ウ→イ　問８．幕府のキリスト教禁止政策の中で，キリシタンが隠れて信仰するために使った。　問９．イ　問10．ウ　問11．エ　問12．ウ　問13．（記号）ウ　（名称）宍道湖

Ⅲ 問１．イ　問２．ⅰ．イ　ⅱ．インターネット投票　問３．エ　問４．エ　問５．ア，ク　問６．エ

2020 解説 ▶ 愛知淑徳中学校

令和２年度

←解答例は前のページにありますので，そちらをご覧ください。

《2020　国語　解説》

一　**問一**　直後で「（どちらが子どもらの教育上有利であるかは）かんたんな問題ではないかもしれない」と述べていて、筆者と「多くの学校の先生の」考えが異なることを表している。文章の最初に「まったくこのごろは化け物どもがあまりにいなくなりすぎた感がある」とあり、最後から２番目の段落で、「ほんとうの科学教育をあたえたものは～中等教科書よりは」（自分たちが経験した）化け物教育だと述べている。つまり、筆者は自分が幼かったころのこどもたちの方が恵《めぐ》まれていると考えていて、「多くの学校の先生」はその逆のことを信じている。

問二　重兵衛《じゅうべえ》さんの化け物の話を聞いた後で、夜ふけに帰る幼いころの筆者たちの「家路には～至《いた》るところにさまざまな化け物の幻影《げんえい》が待ちぶせて動いていた」。つまり、当時の子どもたちの想像の中で、身のまわりには化け物がたくさん存在していたのである。化け物が生きているというのは、実際に化け物が存在するのではなく、化け物の話を聞いた幼い子どもたちがその話を疑わず、化け物の存在を信じていたということ。よって、イが適する。

問三　化け物がいなくなりすぎたことで、「頭の頂上《てっぺん》から～神秘《しんぴ》の感じ」がなくなったと書かれている。

問四　――④の「化け物どもを随意《ずいい》に眼前におどらせた」とは、語りのうまさで、化け物が実際に眼の前にいるかのように思わせたということ。現実味のある老人の語りを聞いた「われわれ」は、家に帰る途中《とちゅう》で化け物の存在を感じている。また、老人は「われわれ」の心臓の鼓動《こどう》を思い通りに操った。このことから、老人の現実味のある化け物話で、「われわれ」が何度も「ゾッと」させられていたことが読み取れる。よって、アが適する。

問五　ここでいう化け物は、化け物の話を聞いた幼いころの筆者たちが生み出した「幻影」であり、想像上のものである。想像上の化け物たちが「のびのびと生活できる」ということは、それだけ筆者たちの想像力や感受性が豊かだったということである。よって、ウが適する。

問六　衆に秀《ひい》でるとは、他より特にすぐれているという意味。「衆」には、数が多い、多くの人という意味がある。

問七　直後にある「三角芝《しば》の足舐《あしねぶ》り」や「T橋のたもとの腕真砂《うでまさご》」は、直前にある、友人Nが創造した妖怪《ようかい》の具体例である。よって、直後に具体例がくることを表すウの「たとえば」が適する。

問十(1)　胚芽《はいが》とは、植物の種子の中にあり、成長して芽になる部分のこと。これを殺すということは、大事な部分をなくすということなので、ウが適する。　**(2)**　化け物教育には、心を「自然の表面の諸相の奥《おく》にかくれたあるものへの省察へ導」くという効果がある。これは、不思議なものや表面からは見えないものを想像させ、考えさせるということである。一方、科学の中等教科書は「実はひじょうに不可思議で、だれにもほんとうにはわからないことをきわめてわかりきった平凡《へいぼん》なことのようにあまりにかんたんに説明して～なんの疑問もないかのようにすっかり安心させてしまう」傾向《けいこう》がある。この「疑問」をいだかせない点が、化け物教育とは対照的であり、科学の進歩を止めてしまうのではないかと筆者は考えている。

問十一　化け物教育は、筆者たちに「神秘的な存在、不可思議な世界への憧憬《どうけい》に似たものを」吹《ふ》きこみ、「常識では測り知りがたい世界がありはしないかと思」わせた。このようなものを想像する力が科学者にとって重要な能力であると筆者が考えていることが、最後の２段落より読み取れる。

二　**問一**　直後に「空襲《くうしゅう》でおもちゃをなくした町の子たちに、けっこうよろこばれたのです」と、理由が説明されている。よって、アが適する。　イ、エ．本文から読み取れない内容がふくまれている。　ウ．子どもたちが浜さんの様子をこっけいだと思っているかどうかは読み取れない。

問二　小さなあかりを点滅《てんめつ》させるホタルを見た人びとは、その美しさに心ひかれて足をとめている。そうした人びとが「わすれていた」ものとは、戦争が終わって間もないころの生活によゆうがない状きょうで失われていた、心の豊かさだと考えられる。よって、エが適する。

問四　浜さんは「わたし」が童話を書いていることを知っていたと思われる。子ども向けの活動をしているのは同じなのに、わざと知らん顔をする「わたし」に対して、子どもを喜ばせたいという思いは同じだと理解してほしかったのだと考えられる。よって、アが適する。

問五　身代とは、財産のこと。「プールは～子どもたちにたいへん評判になりました」とあるので、大きな利益が出そうだと想像できる。よって、アが適する。

問六　交通整理をやることで、先生や父兄の信用を得られる上に、宣伝になるという二つの利益を得ているので、一石二鳥のアイデアだと言える。

問八　浜さんのことを「そうわるい人間ではないとおもうようになって」いた「わたし」が、「どうしてもがまんができない」と感じていたのが「いつでも子どもを利用して、もうけようとするあくどさ」である。「わたし」は「児童のための文学を志していた」ので、子どもを金もうけに利用するのがよけいに許せなかったのである。

問九　イ．「自分の商売の邪魔《じゃま》をする」は、本文からは読み取れない。　ウ．「大げんかして大きらいになった」は、本文からは読み取れない。　エ．全体的に本文からは読み取れない。

問十　直後に「夕焼け雲をうつした水面に、白鳥が三羽しずかにうかんでいるのが、とても美しかったからです」とあるので、イが適する。

問十一　浜さんのむすこのことが語られているのは、［は］の後だけである。よって、［い］～［は］にはあてはまらない。ぬけている一文の「そこ」が指すものが、［に］の直前の段落の「浜さんが子どもあいての商売を、つぎつぎかんがえていたこと」だと考えると、意味がつながる。

問十二　――⑧の前にあるように、「わたし」は児童のための文学を志していた。一方、浜さんは子どもあいての商売をつぎつぎ考え、プールの後もアヒルの輪投げやローラースケート場など、子ども相手の商売の計画を立てていた。浜さんが空襲でむすこを亡くしていたという話を聞いた「わたし」は、浜さんも自分と同じく子どもたちの幸せを願っていたのだと気づいたのである。

《2020　算数　解説》

1　(1)　与式＝31×3×13×5－31×2×13－31×13×3＝31×13×(3×5－2－3)＝31×13×10＝4030

(2)　与式より，60÷12＋□＝20.19－12.05　　5＋□＝8.14　　□＝8.14－5＝3.14

2　(1)　4でも6でも割りきれる数は，4と6の最小公倍数である12の倍数である。99以下の12の倍数は，99÷12＝8余り3より8個あり，200以下の12の倍数は，200÷12＝16余り8より16個ある。

よって，求める個数は，16－8＝8(個)

(2)　縦，横，高さがすべて $1-\frac{10}{100}=\frac{9}{10}$(倍)になったのだから，体積は，$\frac{9}{10}\times\frac{9}{10}\times\frac{9}{10}=\frac{729}{1000}$(倍)になる。

よって，減った分の体積はもとの体積の $1-\frac{729}{1000}=\frac{271}{1000}$(倍)だから，$\frac{271}{1000}\times100=27.1$(%)減った。

(3)　左から順に色を決めるとする。左の区画の色の選び方は5通りあり，まん中の色の決め方は残りの4通りある。右の区画の色は左の区画の色と同じにするのだから，ぬり方は全部で，5×4＝20(通り)

(4)　定価は，$1000\times(1+\frac{3}{10})=1300$(円)，その2割引きは，$1300\times(1-\frac{2}{10})=1040$(円)だから，利益は，1040－1000＝40(円)

⑸　取りつけるときは，ＬＥＤの方が5000－3000＝2000(円)高いが，一ヶ月あたりの電気代は，ＬＥＤの方が1200－410＝790(円)安い。2000÷790＝２余り420より，２ヶ月目ではまだＬＥＤの方が合計金額が420円高いが，３ヶ月目にはＬＥＤの方が得になる。

⑹　反対向きに歩くと２分で出会うのだから，２人の速さの和は，分速(100×3.14÷２)ｍ＝分速(50×3.14)ｍである。同じ向きに歩くと10分でＡさんがＢさんに追いつくのだから，Ａさんの方が速く，２人の速さの差は，分速(100×3.14÷10)ｍ＝分速(10×3.14)ｍである。２人の速さは，和が分速(50×3.14)ｍ，差が分速(10×3.14)ｍだから，Ａさんの速さは，分速{(50＋10)÷２×3.14}ｍ＝分速(30×3.14)ｍである。よって，Ａさんが１周歩くのにかかる時間は，$\frac{100\times 3.14}{30\times 3.14}=3\frac{1}{3}$(分)，つまり，３分($\frac{1}{3}\times 60$)秒＝３分20秒

⑺　四角形ＣＤＥＦの内角の和より，角ＣＦＥ＝360－90－90－99＝81(度)
三角形ＯＥＦはＯＥ＝ＯＦの二等辺三角形だから，角ＥＯＦ＝180－81×２＝18(度)
対頂角は等しいから，角㋐＝角ＥＯＦ＝18度

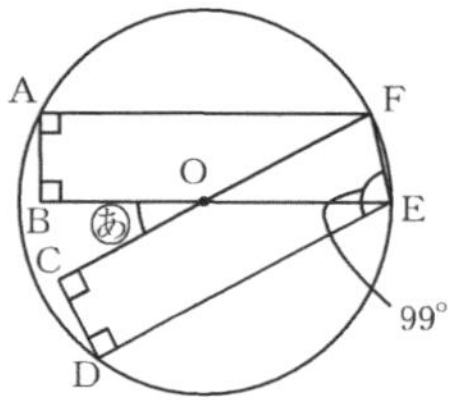

⑻　Ａ＋２＝Ｄ＋２＋４より，Ａ＝Ｄ＋４だから，Ａ＝９，Ｄ＝５に決まる。
よって，１つの円で囲まれた数字の和は９＋２＝11だから，
Ｂ＝11－４－１＝６，Ｃ＝11－３＝８，Ｅ＝11－１－３＝７となり，条件に合う。

⑼　右図においてＯは円の中心であり，ＣＤを右に平行移動するとＯＢと重なるから，
円の半径は10㎝である。また，角ＡＯＢ＝90度である。
おうぎ形ＯＢＡの面積から三角形ＯＢＡの面積を引けばよいので，
$10\times 10\times 3.14\times\frac{1}{4}-10\times 10\div 2=78.5-50=28.5$(㎠)

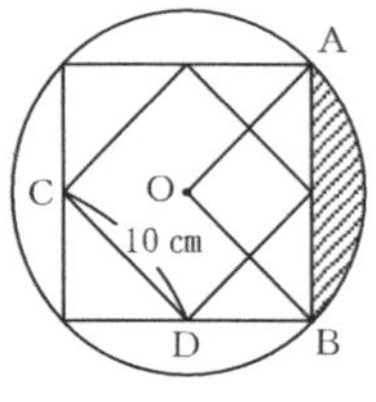

⑽　右図のように点Ｅをおく。立方体から，三角すいＣ－ＡＥＢと合同な４つの四角すいを除くと，立体ＡＢＣＤとなる。立方体の体積は，３×３×３＝27(㎤)
三角すいＣ－ＡＥＢの体積は，(３×３÷２)×３÷３＝4.5(㎤)
よって，立体ＡＢＣＤの体積は，27－4.5×４＝９(㎤)

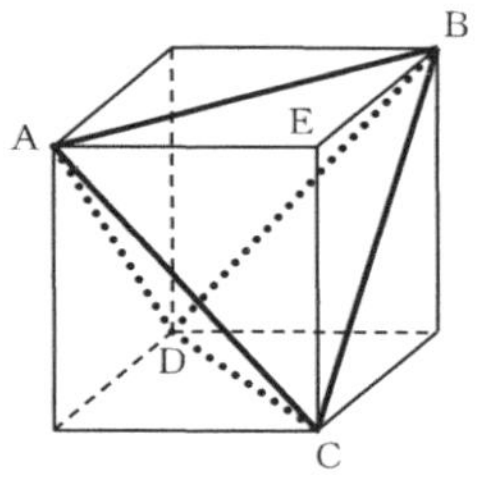

⑾　合格者は1400×$\frac{2}{10}$＝280(人)，不合格者は1400－280＝1120(人)，受験生全体の合計点は，60×1400＝84000(点)である。合格者全員の点数が合格者平均点と等しく，不合格者全員の点数が不合格者平均点と等しいとする。不合格者全員の点数を25点上げると，受験生全員の点数が等しくなり，受験生全体の合格点は，84000＋25×1120＝112000(点)となるから，１人の点数は，112000÷1400＝80(点)となる。これが合格者の平均点である。

3　⑴　円の中心が通ったあとは右図の太線のようになる。太線のうち曲線部分を合わせると，半径１㎝の円ができるから，その長さは，１×２×3.14＝6.28(㎝)
太線のうち直線部分の長さの和は，10×３＝30(㎝)
よって，円の中心が通ったあとの長さは，6.28＋30＝36.28(㎝)

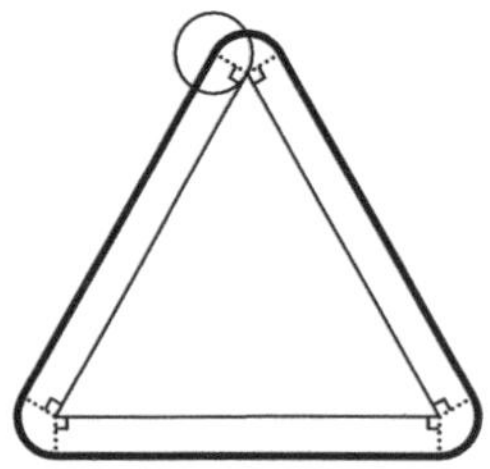

(2)　円が通ったあとは右図の色つき部分のようになる。色つきの３つのおうぎ形を合わせると，半径２cmの円ができるから，その面積は，$2\times2\times3.14=12.56$(cm²)

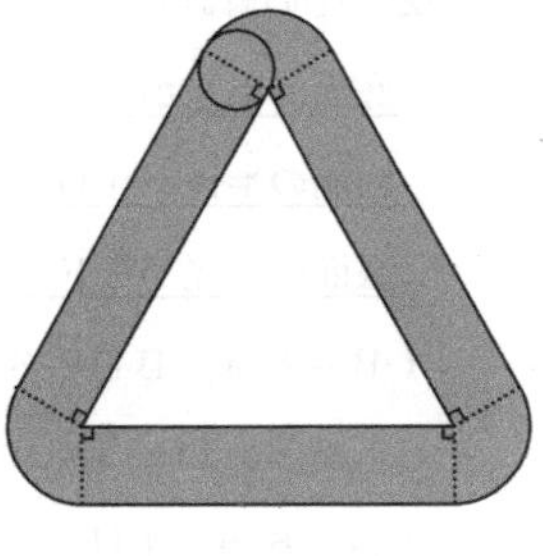

色つきの長方形の面積の和は，$2\times10\times3=60$(cm²)

よって，円が通ったあとの面積は，$12.56+60=72.56$(cm²)

4　(1)　13時５分から13時９分までの４分間で$27-17=10$(cm)水面が上がったのだから，１分間に上がるのは，$10\div4=\frac{5}{2}$(cm)である。よって，13時から13時５分までの５分間で$\frac{5}{2}\times5=\frac{25}{2}$(cm)上がったのだから，はじめの水面の高さは，$17-\frac{25}{2}=\frac{9}{2}=4.5$(cm)

(2)　はじめの状態から水面が$40-\frac{9}{2}=\frac{71}{2}$(cm)上がったときを求める。そこまでにかかる時間は，$\frac{71}{2}\div\frac{5}{2}=\frac{71}{5}=14\frac{1}{5}$(分)，つまり，14分$(\frac{1}{5}\times60)$秒＝14分12秒だから，求める時刻は，13時14分12秒である。

5　１つの部屋のそうじをするのに必要な仕事量を，６と８と12の最小公倍数の㉔とすると，１分あたりの仕事量は，Ａが㉔÷６＝④，Ｂが㉔÷８＝③，Ｃが㉔÷12＝②である。

(1)　２つの部屋のそうじをするのに必要な仕事量は，㉔×２＝㊽だから，㊽÷(④＋③＋②)＝$\frac{16}{3}=5\frac{1}{3}$(分)かかる。$5\frac{1}{3}$分＝５分$(\frac{1}{3}\times60)$秒＝５分20秒

(2)　そうじを始めてから終わるまでの時間は，(1)と同様に$\frac{16}{3}$分である。Ａは$\frac{16}{3}$分で④×$\frac{16}{3}$＝($\frac{64}{3}$)の仕事をするから，ＣがＡの部屋で㉔−($\frac{64}{3}$)＝($\frac{8}{3}$)の仕事をすればよい。よって，求める時間は，($\frac{8}{3}$)÷②＝$\frac{4}{3}=1\frac{1}{3}$(分)，つまり，１分$(\frac{1}{3}\times60)$秒＝１分20秒である。

6　問題の図のように，ボールを①，②，③，…の順の番号で表す。Ａに入るボールを調べると，①→⑨→⑰→㉕→…となり，番号は１から８ずつ増えるとわかる。

(1)　Ａに入るボールの番号のうち，100に近い数を求める。$(100-1)\div8=12$余り３だから，$100-3=97$(個目)，つまり(97)がＡに入る。(100)はその３つあとだから，Ｄに入る。

(2)①　Ａのボールの番号が８増えるごとに，Ｃには２個のボールが入る。$21\div2=10$余り１より，Ａのボールの番号が８増えることが10回あったときに，Ｃには$2\times10=20$(個)のボールが入っている。このときＡに入れたボールは，$1+8\times10=81$より，(81)である。この２つあとの(83)がＣに入り，Ｃに入っているボールは21個となる。このときＡには，$1+10=11$(個)のボールが入っている。

②　ここまでの解説から，Ｃに入っているボールが21個となるのは(83)が入ったときである。その次にＣに入るボールは４つあとの(87)だから，求める個数は，83個以上86個以下である。

7　(1)　この直角二等辺三角形は右図Ⅰのように２つの直角二等辺三角形に分けられるから，重なった部分やその一部に直角二等辺三角形ができる。直角二等辺三角形と正方形が重なりはじめてから図Ⅱの状態になるまでは，重なった部分は直角二等辺三角形である。

図Ⅰ(単位：cm)

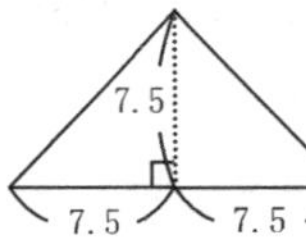

図Ⅱから図Ⅲまでの間は重なった部分は五角形であり，そのあとは図Ⅳのように六角形となる。したがって，図Ⅲが何秒後の図かを求めればよいので，ＧＨの長さを求める。

図Ⅱ(単位：cm)

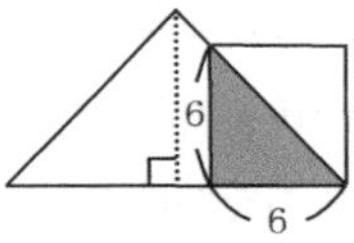

図Ⅲ

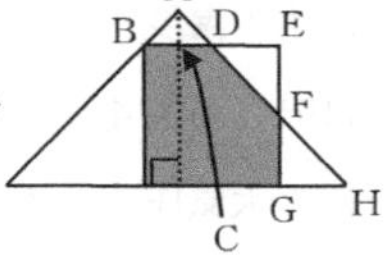

図Ⅳ

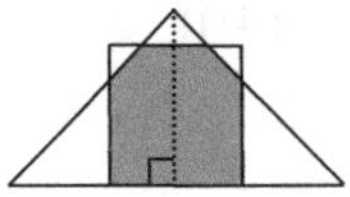

ＡＣ＝$7.5-6=1.5$(cm)だから，

ＢＣ＝ＣＤ＝1.5cmなので，ＤＥ＝$6-1.5\times2=3$(cm)，ＥＦ＝ＤＥ＝３cm，ＧＦ＝$6-3=3$(cm)，ＧＨ＝ＧＦ＝３cmとなる。よって，図Ⅲになるまでに直角二等辺三角形の右端《はし》の頂点は$9+6+3=18$(cm)動いているから，求める時間は，$18\div2=9$(秒後)

⑵　⑴の解説をふまえる。できる立体は右図のような立体であり，

ア底面の半径がＩＢで高さがＢＤの円柱と，

イ底面の半径がＪＤで高さがＪＨの円すいを合わせた立体から，

ウ底面の半径がＧＦで高さがＧＨの円すいを除いた立体である。

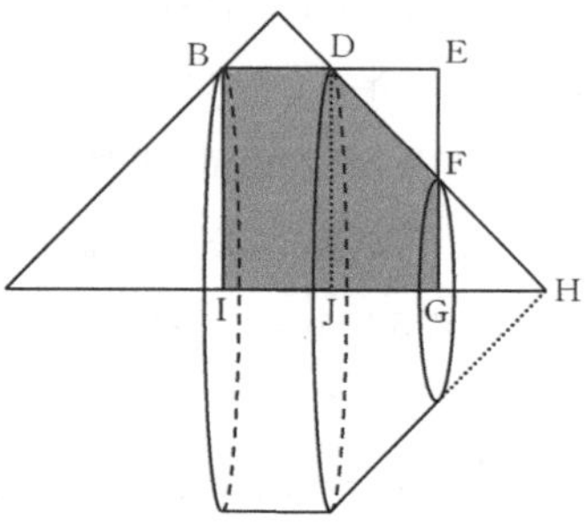

ＩＢ＝６㎝，ＢＤ＝３㎝だから，下線部アの体積は，

６×６×3.14×３＝108×3.14(㎤)

ＪＤ＝６㎝，ＪＨ＝ＤＥ＋ＧＨ＝３＋３＝６(㎝)だから，イの体積は，

６×６×3.14×６÷３＝72×3.14(㎤)

ＧＦ＝ＧＨ＝３㎝だから，ウの体積は，３×３×3.14×３÷３＝９×3.14(㎤)

よって，求める体積は，108×3.14＋72×3.14－９×3.14＝(108＋72－９)×3.14＝171×3.14＝536.94(㎤)

8　⑴　球の半径をａとすると，球の表面積は，ア４×ａ×ａ×(円周率)と表せる。①～⑦を読むと，円柱の底面の半径は，ａ，ａ×２，$\frac{a}{2}$のいずれかだから，それぞれの場合ごとに，高さがいくらであれば円柱の側面積と球の表面積が等しくなるのかを考える。

なお，円柱の側面積は，(底面の周の長さ)×(高さ)＝２×(底面の半径)×(円周率)×(高さ)で求められる。

円柱の底面の半径がａの場合，円柱の側面積は，２×ａ×(円周率)×(高さ)で求められる。下線部アの式と比べると，４×ａと２×(高さ)が等しくなればよいとわかるから，円柱の高さが，$\frac{4\times a}{2}$＝２×ａならばよい。したがって，②があてはまる。

円柱の底面の半径がａ×２の場合，円柱の側面積は，２×(ａ×２)×(円周率)×(高さ)＝４×ａ×(円周率)×(高さ)で求められる。下線部アの式と比べると，ａと(高さ)が等しくなればよいとわかるから，④があてはまる。

円柱の底面の半径が$\frac{a}{2}$の場合，円柱の側面積は，２×$\frac{a}{2}$×(円周率)×(高さ)＝ａ×(円周率)×(高さ)で求められる。下線部アの式と比べると，４×ａと(高さ)が等しくなればよいとわかり，⑥と⑦はともにあてはまらない。

よって，条件に合うのは②と④である。

⑵　解答例以外に以下のような説明でもよい。

台形を図のように２つの三角形に分けて，２つの三角形の面積を合計すると，

上底×高さ÷２＋下底×高さ÷２＝(上底＋下底)×高さ÷２，となる。

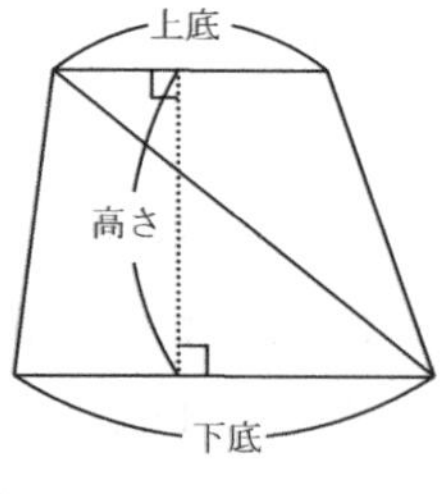

《2020　理科　解説》

1　問１　②，⑥○…二酸化炭素は空気よりも重い無臭の気体である。水に少しとけ，水よう液は酸性である。

問３　④○…固体がとけた水よう液は水を蒸発させると固体が残るが，気体がとけた水よう液は何も残らない。アンモニアは水に非常によくとける刺激臭をもつ気体である。

問４⑴　②○…気体は，水の温度が下がるほどとける量が増える。　⑵　水にとける気体の量は，水の体積と圧力に比例するから，1.716×1.5×４＝10.2…→10ｇである。

問５　⑥○…炭酸飲料は，大気圧よりも高い圧力をかけて二酸化炭素を水にたくさんとかしているので，ふたを開けてボトル内の圧力が大気圧と等しくなると，とけきれなくなった二酸化炭素があわとなって出てくる。

2 **問3**　①○…月は星座をつくる星の明るさと比べると非常に明るいので，月が出ているときは星が見えにくい。よって，月のえいきょうが最も小さく星が見えやすいのは，新月(見えない月)のときである。

問4　南の空に見える星は，東→南→西の順に動き，星の並び方は変わらない。問題文より，東の空では①のように見えているから，３時間後には南の空で③のように見える。

問5　③○…南の空に見える星を同じ場所で同じ時間に観測すると，１年で東から西へ１回転(360°回転)して元の位置にもどるように見える(星の年周運動)。つまり，１か月で 360÷12＝30(°)，１時間で 15° 回転するから，午後９時の１時間前の午後８時に同じ位置に見えるのは，７月７日の半月後の７月 22 日である。

3 **問1**　②○…わく星を太陽に近い順に並べると，水星，金星，地球，火星，木星，土星，天王星，海王星の順である。リュウグウは地球に近いところに位置している小わく星である。

問2　①×…はやぶさ２の任務は小わく星の表面物質を持ち帰ることで，それをもとに太陽系の起源や進化，生命の原材料を調べようとしている。

4 **問1**　③○…ふりこは，最も低い位置で最も速さが速くなる。

問2　④○…平均を求めることで誤差を少なくし，より正確な値を求めることができる。

問4　②○…糸の長さや，おもり全体を含んだ長さではなく，支点からおもりの中心(重心)までの長さである。

問5　ふれはばは１往復する時間には関係せず，50 ㎝のふりこは 1.4 秒，100 ㎝のふりこは 2.0 秒で１往復する。よって，２つのふりこが同時に元の位置に戻るのは，14 と 20 の最小公倍数が 140 であることから，14 秒後である。

問6　ランプが大きくゆれているときと小さくゆれているときで往復する時間は変わらないと感じたガリレオ・ガリレイは，手首の脈拍《みゃくはく》で時間をはかり，「ふりこの１往復する時間はふれはばとは関係ない」という性質を発見したといわれている。

5 **問1**　④○…だ液は，体温に近い温度でよくはたらき，でんぷんを麦芽糖《ばくがとう》という糖に分解するはたらきがある。麦芽糖はでんぷんよりも小さいため(でんぷんは通りぬけられない)セロハンを通りぬけることができる。ベネジクト液は加熱すると麦芽糖に反応して赤かっ色の沈殿《ちんでん》を生じ，ヨウ素液はでんぷんに反応して青むらさき色に変化する。

問2　③×…たんじゅうには，脂肪《しぼう》の消化を助けるはたらきがある。

6 **問1**　③○…発芽しかけたトウゴマの種子は，酸素を吸い二酸化炭素を出す呼吸のみを行っている。二酸化炭素は水酸化カリウム水よう液にすべて吸収されてしまうから，装置Ａの気体の減少量は，呼吸で吸った酸素量である。

問2　④○…装置Ｂでは二酸化炭素が吸収されないので，装置Ａと装置Ｂの気体の減少量の差が，トウゴマが出した二酸化炭素量になる。よって，呼吸商の値は，$\frac{1124-326}{1124}=0.70\cdots\to 0.7$ である。

問3　日なたにまいた豆は，成長して本葉を出すと光合成を行い自ら養分をつくるようになるので，10 日後の子葉以外の部分の重さが，暗室のものよりも重くなる。

問4　10 日間で子葉の重さは 9.0−1.0＝8.0(g)減っている。暗室の豆は本葉が出ても光合成を行えないから，子葉の養分だけを使って子葉以外の部分を 5.0−0.5＝4.5(g)成長させたことになる。よって，使われた子葉の養分のうち，子葉以外の部分の成長に使われた割合は $\frac{4.5}{8.0}\times 100=56.25\to 56\%$ である。

《2020　社会　解説》

Ⅰ　問１　サハラ砂漠は，南北に約 1700 ㎞，面積は約 1000 万㎢とアフリカ大陸のおよそ３分の１を占める。

問２　瀬戸内海で１番大きい島が淡路島(兵庫県)，２番目が小豆島(香川県)である。

問３　イの函館が正しい。秋田県の男鹿半島あたりを北緯 40 度線が通ることを覚えておく。

問４ⅰ　エが高松である。瀬戸内海に面する高松市は，１年を通して温暖で降水量も少ない瀬戸内の気候である。アは冬の寒さが厳しく夏も気温が上がらない北海道の気候の根室，イは１年を通して降水量が少なく夏と冬の気温差が大きい内陸性の気候の松本，ウは冬の降水量(降雪量)が多い日本海側の気候の鳥取の雨温図である。

ⅱ　ウが正しい。2000 年代になって急激に工業化が進んだ中国の自動車生産は第１位である。また，2018 年には，ドイツにかわってインドが第３位に上がっていることも覚えておきたい。　ⅲ　壇ノ浦は山口県のウである。

ⅳ　本州四国連絡橋のうち，淡路島を経由するのが明石海峡大橋 - 大鳴門橋である。これ以外に瀬戸大橋(児島 - 坂出ルート)，しまなみ海道(尾道 - 今治ルート)がある。

問５ⅰ　平安時代のはじめに，空海(弘法大師)が唐から真言宗を伝え，高野山に金剛峯寺を開いた。比叡山延暦寺で天台宗を開いた最澄(伝教大師)とともに覚えておこう。　ⅱ　エが正しい。坂東太郎は利根川，筑紫次郎は筑後川の異名である。この３つの河川を日本三大暴れ川としている。四万十川は高知県を流れる清流である。

問６　鹿児島県は豚の飼育頭数は１位，肉牛の飼育頭数は２位と，畜産が盛んな県である。

問７　兵庫県南部地震による阪神淡路大震災では，6000 人以上の人々が亡くなった。死因の多くが建物倒壊に起因するものであった。

Ⅱ　問１　ウが正しい。百舌鳥・古市古墳群は大阪府，三内丸山遺跡は青森県，吉野ケ里遺跡は佐賀県にある。

問２　アが正しい。イは中大兄皇子(のちの天智天皇)である。ウは「家柄の良し悪しを基準」の部分が「家柄に関係なく能力を基準」であれば正しい。エは「唐招提寺」が「法隆寺」であれば正しい。

問３　ウが正しい。沖縄返還は 1972 年のことであった。

問４　2024 年から，千円札は北里柴三郎，五千円札は津田梅子，一万円札は渋沢栄一がデザインされる。

問５　アが正しい。『富嶽三十六景 - 凱風快晴』である。イは歌川広重の『東海道五十三次』，ウは土佐光則の『捕鯨図屏風』，エは雪舟の『天橋立図』である。

問６ⅰ　安政の五か国条約で結ばれた不平等を解消することが，岩倉使節団の当初の目的であった。領事裁判権の撤廃は 1894 年に，関税自主権の回復は 2011 年に実現した。　ⅱ　ア．(日清戦争)→ウ．(日露戦争)→イ．(第一次世界大戦)

問７　ア→エ→ウ→イが正しい。公武合体派の薩摩藩と尊王攘夷派の長州藩が同盟を結んだことで，倒幕運動が激しくなっていく中で，徳川慶喜は大政奉還を宣言した。その後，鳥羽伏見の戦いで戊辰戦争が始まると，戦いの場は，東へ移っていき，江戸城の無血開城→会津戦争→函館五稜郭の戦いと続いて行った。

問８　キリシタンたちは，禁教令が出され聖像の所持を禁止されると，子安観音などの仏像をマリア像に見立てて信仰の対象とした。

問９　イが正しい。アについて，平安時代の貴族たちは，書院造ではなく寝殿造の家に住んだ。また，茶の湯が流行したのは室町時代から安土桃山時代である。ウについて，天下の台所と呼ばれたのは江戸ではなく大阪である。エについて，伊勢湾台風は昭和時代の 1959 年に起きた。

問10　ウが正しい。アについて，韓国併合は第一次世界大戦(1914～1918年)より前の1910年のことである。イについて，第二次世界大戦は，ドイツ軍のポーランド侵攻から始まった。エについて，原爆を投下されたのは，広島と長崎である。

問11　エが正しい。アについて，足利尊氏と後醍醐天皇は，鎌倉幕府を倒すときには協力関係にあったが，建武の新政で，後醍醐天皇が天皇に権力を集中させた政治を行うと，足利尊氏は後醍醐天皇に反旗をひるがえし挙兵した。後醍醐天皇は，光明天皇に位をゆずったが，奈良の吉野に三種の神器を持って逃れ，南朝の成立を宣言した。その後，足利尊氏は光明天皇から征夷大将軍に任じられた。イについて，明との貿易(勘合貿易)は，足利義満の時代に始まった。ウについて，慈照寺銀閣は足利義政の時代に建設された。

問12　ウの望月の歌(藤原道長)が正しい。アが『万葉集』に収められた防人の歌，イが太平洋戦争時の大政翼賛会が発表した決意の標語，エは江戸時代に松平定信が行った寛政の改革を批判した狂歌である。

問13　ウの宍道湖が正しい。アは琵琶湖，イは霞ケ浦，エは浜名湖である。

Ⅲ　**問1**　イが正しい。参議院議員の定数は242から248に改正され，2019年に半数の124が改選され議員数は245に，2022年に残りの124が改選され議員数は248になる。

問2 i　イが正しい。総務省は，旧自治省・郵政省・総務庁が再編されてできた省庁で，行政・公務員・地方自治・選挙・政治資金・情報通信・郵便などを担当する。　**ii**　投票所に行く手間を省くことが投票率アップにつながると考えれば，インターネット投票と結びつく。

問3　エの消費税導入は1989年である。地球温暖化防止京都会議は1997年，拉致被害者帰国は2002年，裁判員制度の開始は2009年のことである。

問4　エが正しい。アについて，歳入の約60%が租税および印紙収入で，公債金の割合は30%をこえている。イについて，予算の先議権は衆議院にあり，衆議院と参議院が異なる議決をした後に，両院協議会を開いても議決の一致が見られないときは，衆議院の議決が国会の議決となる。ウについて，歳出のうち公共事業関係費は10%以下，社会保障関係費は30%以上を占める。

問5　アの韓国とは竹島を，クのロシアとは北方領土をめぐって領土問題が発生している。

問6　エが誤り。出稼ぎにきた外国人には，国政選挙の選挙権はない。

■ ご使用にあたってのお願い・ご注意

（1）問題文等の非掲載

著作権上の都合により，問題文や図表などの一部を掲載できない場合があります。

誠に申し訳ございませんが，ご了承くださいますようお願いいたします。

（2）過去問における時事性

過去問題集は，学習指導要領の改訂や社会状況の変化，新たな発見などにより，現在とは異なる表記や解説になっている場合があります。過去問の特性上，出題当時のままで出版していますので，あらかじめご了承ください。

（3）配点

学校等から配点が公表されている場合は，記載しています。公表されていない場合は，記載していません。

独自の予想配点は，出題者の意図と異なる場合があり，お客様が学習するうえで誤った判断をしてしまう恐れがあるため記載していません。

（4）無断複製等の禁止

購入された個人のお客様が，ご家庭でご自身またはご家族の学習のためにコピーをすることは可能ですが，それ以外の目的でコピー，スキャン，転載（ブログ，ＳＮＳなどでの公開を含みます）などをすることは法律により禁止されています。学校や学習塾などで，児童生徒のためにコピーをして使用することも法律により禁止されています。

ご不明な点や，違法な疑いのある行為を確認された場合は，弊社までご連絡ください。

（5）けがに注意

この問題集は針を外して使用します。針を外すときは，けがをしないように注意してください。また，表紙カバーや問題用紙の端で手指を傷つけないように十分注意してください。

（6）正誤

制作には万全を期しておりますが，万が一誤りなどがございましたら，弊社までご連絡ください。

なお，誤りが判明した場合は，弊社ウェブサイトの「ご購入者様のページ」に掲載しておりますので，そちらもご確認ください。

■ お問い合わせ

解答例，解説，印刷，製本など，問題集発行におけるすべての責任は弊社にあります。

ご不明な点がございましたら，弊社ウェブサイトの「お問い合わせ」フォームよりご連絡ください。迅速に対応いたしますが，営業日の都合で回答に数日を要する場合があります。

ご入力いただいたメールアドレス宛に自動返信メールをお送りしています。自動返信メールが届かない場合は，「よくある質問」の「メールの問い合わせに対し返信がありません。」の項目をご確認ください。

また弊社営業日（平日）は，午前９時から午後５時まで，電話でのお問い合わせも受け付けています。

2025 春

株式会社教英出版

〒422-8054　静岡県静岡市駿河区南安倍３丁目 12-28

TEL　054-288-2131　　FAX　054-288-2133

URL　https://kyoei-syuppan.net/

MAIL siteform@kyoei-syuppan.net

教英出版

神奈川県

①[県立]
相模原中等教育学校
平塚中等教育学校
②[市立]南高等学校附属中学校
③[市立]横浜サイエンスフロンティア高等学校附属中学校
④[市立]川崎高等学校附属中学校
✿⑤聖光学院中学校
✿⑥浅野中学校
⑦洗足学園中学校
⑧法政大学第二中学校
⑨逗子開成中学校(1次)
⑩逗子開成中学校(2·3次)
⑪神奈川大学附属中学校(第1回)
⑫神奈川大学附属中学校(第2·3回)
⑬栄光学園中学校
⑭フェリス女学院中学校

新潟県

①[県立]
村上中等教育学校
柏崎翔洋中等教育学校
燕中等教育学校
津南中等教育学校
直江津中等教育学校
佐渡中等教育学校
②[市立]高志中等教育学校
③新潟第一中学校
④新潟明訓中学校

石川県

①[県立]金沢錦丘中学校
②星稜中学校

福井県

①[県立]高志中学校

山梨県

①山梨英和中学校
②山梨学院中学校
③駿台甲府中学校

長野県

①[県立]
屋代高等学校附属中学校
諏訪清陵高等学校附属中学校
②[市立]長野中学校

岐阜県

①岐阜東中学校
②鶯谷中学校
③岐阜聖徳学園大学附属中学校

静岡県

①[国立]静岡大学教育学部附属中学校
(静岡·島田·浜松)
②
[県立]清水南高等学校中等部
[県立]浜松西高等学校中等部
[市立]沼津高等学校中等部
③不二聖心女子学院中学校
④日本大学三島中学校
⑤加藤学園暁秀中学校
⑥星陵中学校
⑦東海大学付属静岡翔洋高等学校中等部
⑧静岡サレジオ中学校
⑨静岡英和女学院中学校
⑩静岡雙葉中学校
⑪静岡聖光学院中学校
⑫静岡学園中学校
⑬静岡大成中学校
⑭城南静岡中学校
⑮静岡北中学校
⑯
常葉大学附属常葉中学校
常葉大学附属橘中学校
常葉大学附属菊川中学校
⑰藤枝明誠中学校
⑱浜松開誠館中学校
⑲静岡県西遠女子学園中学校
⑳浜松日体中学校
㉑浜松学芸中学校

愛知県

①[国立]愛知教育大学附属名古屋中学校
②愛知淑徳中学校
③
名古屋経済大学市邨中学校
名古屋経済大学高蔵中学校
④金城学院中学校
⑤椙山女学園中学校
⑥東海中学校
⑦南山中学校男子部
⑧南山中学校女子部
⑨聖霊中学校
⑩滝中学校
⑪名古屋中学校
⑫大成中学校
⑬愛知中学校
⑭星城中学校
⑮名古屋葵大学中学校
(名古屋女子大学中学校)
⑯愛知工業大学名電中学校
⑰海陽中等教育学校(特別給費生)
⑱海陽中等教育学校(I·II)
⑲中部大学春日丘中学校
新刊⑳名古屋国際中学校

三重県

①[国立]三重大学教育学部附属中学校
②暁中学校
③海星中学校
④四日市メリノール学院中学校
⑤高田中学校
⑥セントヨゼフ女子学園中学校
⑦三重中学校
⑧皇學館中学校
⑨鈴鹿中等教育学校
⑩津田学園中学校

滋賀県

①[国立]滋賀大学教育学部附属中学校
②[県立]
河瀬中学校
守山中学校
水口東中学校

京都府

①[国立]京都教育大学附属桃山中学校
②[府立]洛北高等学校附属中学校
③[府立]園部高等学校附属中学校
④[府立]福知山高等学校附属中学校
⑤[府立]南陽高等学校附属中学校
⑥[市立]西京高等学校附属中学校
⑦同志社中学校
⑧洛星中学校
⑨洛南高等学校附属中学校
⑩立命館中学校
⑪同志社国際中学校
⑫同志社女子中学校(前期日程)
⑬同志社女子中学校(後期日程)

大阪府

①[国立]大阪教育大学附属天王寺中学校
②[国立]大阪教育大学附属平野中学校
③[国立]大阪教育大学附属池田中学校

④[府立]富田林中学校
⑤[府立]咲くやこの花中学校
⑥[府立]水都国際中学校
⑦清風中学校
⑧高槻中学校(A日程)
⑨高槻中学校(B日程)
⑩明星中学校
⑪大阪女学院中学校
⑫大谷中学校
⑬四天王寺中学校
⑭帝塚山学院中学校
⑮大阪国際中学校
⑯大阪桐蔭中学校
⑰開明中学校
⑱関西大学第一中学校
⑲近畿大学附属中学校
⑳金蘭千里中学校
㉑金光八尾中学校
㉒清風南海中学校
㉓帝塚山学院泉ヶ丘中学校
㉔同志社香里中学校
㉕初芝立命館中学校
㉖関西大学中等部
㉗大阪星光学院中学校

兵庫県

①[国立]神戸大学附属中等教育学校
②[県立]兵庫県立大学附属中学校
③雲雀丘学園中学校
④関西学院中学部
⑤神戸女学院中学部
⑥甲陽学院中学校
⑦甲南中学校
⑧甲南女子中学校
⑨灘中学校
⑩親和中学校
⑪神戸海星女子学院中学校
⑫滝川中学校
⑬啓明学院中学校
⑭三田学園中学校
⑮淳心学院中学校
⑯仁川学院中学校
⑰六甲学院中学校
⑱須磨学園中学校(第1回入試)
⑲須磨学園中学校(第2回入試)
⑳須磨学園中学校(第3回入試)
㉑白陵中学校
㉒夙川中学校

奈良県

①[国立]奈良女子大学附属中等教育学校
②[国立]奈良教育大学附属中学校
③[県立]
国際中学校
青翔中学校
④[市立]一条高等学校附属中学校
⑤帝塚山中学校
⑥東大寺学園中学校
⑦奈良学園中学校
⑧西大和学園中学校

和歌山県

①[県立]
古佐田丘中学校
向陽中学校
桐蔭中学校
日高高等学校附属中学校
田辺中学校
②智辯学園和歌山中学校
③近畿大学附属和歌山中学校
④開智中学校

岡山県

①[県立]岡山操山中学校
②[県立]倉敷天城中学校
③[県立]岡山大安寺中等教育学校
④[県立]津山中学校
⑤岡山中学校
⑥清心中学校
⑦岡山白陵中学校
⑧金光学園中学校
⑨就実中学校
⑩岡山理科大学附属中学校
⑪山陽学園中学校

広島県

①[国立]広島大学附属中学校
②[国立]広島大学附属福山中学校
③[県立]広島中学校
④[県立]三次中学校
⑤[県立]広島叡智学園中学校
⑥[市立]広島中等教育学校
⑦[市立]福山中学校
⑧広島学院中学校
⑨広島女学院中学校
⑩修道中学校
⑪崇徳中学校
⑫比治山女子中学校
⑬福山暁の星女子中学校
⑭安田女子中学校
⑮広島なぎさ中学校
⑯広島城北中学校
⑰近畿大学附属広島中学校福山校
⑱盈進中学校
⑲如水館中学校
⑳ノートルダム清心中学校
㉑銀河学院中学校
㉒近畿大学附属広島中学校東広島校
㉓AICJ中学校
㉔広島国際学院中学校
㉕広島修道大学ひろしま協創中学校

山口県

①[県立]
下関中等教育学校
高森みどり中学校
②野田学園中学校

徳島県

①[県立]
富岡東中学校
川島中学校
城ノ内中等教育学校
②徳島文理中学校

香川県

①大手前丸亀中学校
②香川誠陵中学校

愛媛県

①[県立]
今治東中等教育学校
松山西中等教育学校
②愛光中学校
③済美平成中等教育学校
④新田青雲中等教育学校

高知県

①[県立]
安芸中学校
高知国際中学校
中村中学校

福岡県

①[国立]福岡教育大学附属中学校（福岡・小倉・久留米）

②[県立]
- 育徳館中学校
- 門司学園中学校
- 宗像中学校
- 嘉穂高等学校附属中学校
- 輝翔館中等教育学校

③西南学院中学校
④上智福岡中学校
⑤福岡女学院中学校
⑥福岡雙葉中学校
⑦照曜館中学校
⑧筑紫女学園中学校
⑨敬愛中学校
⑩久留米大学附設中学校
⑪飯塚日新館中学校
⑫明治学園中学校
⑬小倉日新館中学校
⑭久留米信愛中学校
⑮中村学園女子中学校
⑯福岡大学附属大濠中学校
⑰筑陽学園中学校
⑱九州国際大学付属中学校
⑲博多女子中学校
⑳東福岡自彊館中学校
㉑八女学院中学校

佐賀県

①[県立]
- 香楠中学校
- 致遠館中学校
- 唐津東中学校
- 武雄青陵中学校

②弘学館中学校
③東明館中学校
④佐賀清和中学校
⑤成穎中学校
⑥早稲田佐賀中学校

長崎県

①[県立]
- 長崎東中学校
- 佐世保北中学校
- 諫早高等学校附属中学校

②青雲中学校
③長崎南山中学校
④長崎日本大学中学校
⑤海星中学校

熊本県

①[県立]
- 玉名高等学校附属中学校
- 宇土中学校
- 八代中学校

②真和中学校
③九州学院中学校
④ルーテル学院中学校
⑤熊本信愛女学院中学校
⑥熊本マリスト学園中学校
⑦熊本学園大学付属中学校

大分県

①[県立]大分豊府中学校
②岩田中学校

宮崎県

①[県立]五ヶ瀬中等教育学校

②[県立]
- 宮崎西高等学校附属中学校
- 都城泉ヶ丘高等学校附属中学校

③宮崎日本大学中学校
④日向学院中学校
⑤宮崎第一中学校

鹿児島県

①[県立]楠隼中学校
②[市立]鹿児島玉龍中学校
③鹿児島修学館中学校
④ラ・サール中学校
⑤志學館中等部

沖縄県

①[県立]
- 与勝緑が丘中学校
- 開邦中学校
- 球陽中学校
- 名護高等学校附属桜中学校

もっと過去問シリーズ

北海道

北嶺中学校
7年分（算数・理科・社会）

静岡県

静岡大学教育学部附属中学校
（静岡・島田・浜松）
10年分（算数）

愛知県

愛知淑徳中学校
7年分（算数・理科・社会）
東海中学校
7年分（算数・理科・社会）
南山中学校男子部
7年分（算数・理科・社会）
南山中学校女子部
7年分（算数・理科・社会）
滝中学校
7年分（算数・理科・社会）
名古屋中学校
7年分（算数・理科・社会）

岡山県

岡山白陵中学校
7年分（算数・理科）

広島県

広島大学附属中学校
7年分（算数・理科・社会）
広島大学附属福山中学校
7年分（算数・理科・社会）
広島学院中学校
7年分（算数・理科・社会）
広島女学院中学校
7年分（算数・理科・社会）
修道中学校
7年分（算数・理科・社会）
ノートルダム清心中学校
7年分（算数・理科・社会）

愛媛県

愛光中学校
7年分（算数・理科・社会）

福岡県

福岡教育大学附属中学校
（福岡・小倉・久留米）
7年分（算数・理科・社会）
西南学院中学校
7年分（算数・理科・社会）
久留米大学附設中学校
7年分（算数・理科・社会）
福岡大学附属大濠中学校
7年分（算数・理科・社会）

佐賀県

早稲田佐賀中学校
7年分（算数・理科・社会）

長崎県

青雲中学校
7年分（算数・理科・社会）

鹿児島県

ラ・サール中学校
7年分（算数・理科・社会）

※もっと過去問シリーズは
国語の収録はありません。

教英出版
〒422-8054
静岡県静岡市駿河区南安倍3丁目12−28
TEL 054-288-2131
FAX 054-288-2133
詳しくは教英出版で検索
教英出版 検索
URL https://kyoei-syuppan.net/

令和六年度　中学校入学試験問題　愛知淑徳中学校　☆

国　語

(50分)

注意事項

一、試験開始の合図があるまで、この問題冊子の中を見てはいけません。
　試験開始までの間、この注意事項をよく読んでください。

二、この問題冊子は13ページです。

三、この問題冊子や解答用紙に印刷が悪くて見にくいところや汚《よご》れなどのある場合は、手をあげて監督《かんとく》の先生に知らせてください。

四、答えはすべて別紙の解答用紙に書き、記号で答えられるものは、すべて記号で答えなさい。
　答えを文中からぬき出す場合は、「、」「。」などの記号も一字分に数えなさい。

五、解答用紙の受験番号、氏名を記入する欄《らん》は用紙の最後にあります。最初に記入しなさい。

六、試験終了後は解答用紙のみを提出し、問題冊子はそれぞれ持ち帰ってください。

一、次の文章を読んで、後の問いに答えなさい。

「科学的」と言うとき、私たちはそこに、客観的で揺《ゆ》るぎないものである、というイメージを持ちます。学校でも、理科が好きな人は「答えが一つに決まるから」「理屈《りくつ》で考えられるから」という理由をあげます。しかし、①そうした科学への信頼を利用して人を信じ込《こ》ませようとする人たちもいます。代表的なものが「疑似《ぎじ》科学」です。

「疑似」とは「似ているけど違《ちが》う」という意味で、「ニセ」と言い換《か》えてもいいかもしれません。「科学もどき」と呼んでもいいでしょう。

科学的な手法で証明されたように見えますが、よく検討すると科学的根拠《こんきょ》がないもの、あやしい仮説に科学者が［　②　］を与えてそれらしく見せているものなどがあり、科学に詳《くわ》しくない人にとっては、見分けるのがやっかいです。

二〇年ほど前、③『水からの伝言』というタイトルの写真集がベストセラーになりました。各地の水道水や湖の水を凍《こお》らせ、できた氷の結晶《けっしょう》をカラー写真で紹介《しょうかい》したものです。

日本で初めて雪を人工的に作ることに成功した物理学者の中谷宇吉郎《なかやうきちろう》が「雪は天から送られた手紙」（『雪』、岩波文庫）という言葉を残したように、雪や氷の結晶が見せる表情はどこか神秘的で、眺《なが》めるだけでも心がいやされるものです。

さて、この写真集は「水は言葉を理解する」という仮説に基づいています。その主張や実証方法に私は当初から違和感《いわかん》を覚えたのですが、まずは彼らの手法を紹介します。

透明《とうめい》な瓶《びん》に水をいれ、日本語で「ありがとう」と書いた紙を瓶の内側に向けて張ります。しばらくして瓶の中の水のしずくをガラス板の上に垂らして凍らせます。すると、きれいな結晶ができます。

いっぽう、「ばかやろう」とか「ムカツク」「死ね」といった否定的な言葉を書いた紙を張った瓶の中の水は、結晶にならなかったり、整っていない結晶になったりするといいます。

英語やハングルなどの外国語で試した実験でも、同様の結果が得られたそうです。

言葉ではなく、さまざまな音楽を④「聴《き》かせた」水を凍らせてみる実験も紹介されています。クラシック音楽や仏教のお経《きょう》では、きれいな結晶になり、悲しい歌詞の民謡《みんよう》や、攻撃的《こうげきてき》な歌詞とリズムが特徴《とくちょう》のヘビーメタル音楽は、結晶ができない、という結果が紹介されています。

水が文字を認識し、意味を理解する能力を持っている、ということだけでも天地がひっくり返るような発見ですが、聴覚《ちょうかく》まであるとは初耳です。あとがきには「ひとりよがりの本になるのではなく、みなさんからご意見をいただいて、この研究を科学的、哲学《てつがく》的な意味合いに引き上げていく方向に向かうことを願っています」と著者のコメントがありました。

みなさんはどう受け止めましたか。カガク力が少々身についた私からすれば、これは典型的な疑似科学です。

そう結論付ける理由を説明する前に、⑤科学のお作法について理解しておく必要があります。ここでは、有名な「万有《ばんゆう》引力の発見」を例に説明しましょう。

イギリスの科学者にアイザック・ニュートンがいます。「ニュートンのリンゴ」のエピソードで知っている人も多いでしょう。一六六五年、すべての物体がお互《たが》いに引っ張りあっている、とする「万有引力の法則」を発見しました。いまなおイギリス人が尊敬する有名人ベスト10に入ってくる偉人《いじん》です。

熟したリンゴの実が枝から落ちるのも、うっかり手を滑《すべ》らせたコップが床《ゆか》に落ちるのも、経験的には同じ現象です。ニュートンはこうした観察から「全ての物質には地球の引力が働いている」と考えました。

ニュートンはさらに「引力が存在するならば、地球の周りを回っている月はなぜ落ちてこない?」という謎《なぞ》にも取り組みました。考え続けた結果、「月も地球の引力に支配されている。だから地球から離《はな》れず、周りを回り続けるのだ」という結論に至り、この現象を説明する単純な公式を考え出しました。

距離《きょり》こそ違え、月もリンゴも地球の引力の作用を受け、同じ法則で運動しているというニュートンの発見は⑥画期的なものでした。彼は成果を*1『プリンキピア』という書物にまとめ、世に問います。太陽の周りを回っている惑星《わくせい》の振《ふ》る舞《ま》いにも、この法則はぴたりと当てはまり、その後の科学の発展を支えました。

このように観察から仮説を導き、その仮説を第三者によって検証し、正しさを確かめる。仮説通りにならなければ再考を重ねてより確かなものへと鍛《きた》えていく、それが科学です。

（中略）

さて、「水からの伝言」は、表向きは「実験」の体裁《ていさい》を取っていますが、さまざまな点で科学的とは言えません。

まず、「水が言葉を理解する」という、常識を超《こ》えた仮説に基《もと》づいていることに注意が必要です。突飛《とっぴ》な仮説であればあるほど慎重《しんちょう》な検証が必要ですが、この写真集では、仮説通りになった事例だけが紹介され、「どのように言葉を理解するのか」という、最も知りたいメカニズム*2についてまったく言及《げんきゅう》*3していないことに疑問を感じます。また、⑦も不可能です。

「再現性」*4は、科学のプロセスではとても大切なことです。誰がやっても、どこでやっても、同じ方法なら同じ結果が出ることを意味します。たとえば、「水が言葉を理解する」という仮説に興味を持った人物が、自分の実験室で実験をくり返したとしましょう。「ありがとう」の文字を「見せた」水を一〇〇回凍らせて、きれいな（というのも判断が難しいですが）結晶になった回数が五〇回、そうではない回数が五〇回だった、という結果を得たとしても、実験手法が公開されていなければ、仮説の提唱者は「それは実験のやり方がまずいからだ。私は一〇〇回やって一〇〇回、きれいな結晶をつくれる」と言い逃《のが》れることができます。「誰がやっても、同じ条件ならば同じ結果がでる」という原則が守られていない以上、科学的な議論ができないのです。

この状態を、科学の世界では「反証可能性*5がない」と言います。これも、科学と疑似科学を見分ける大切なポイントです。「誰かが主張する仮説を反証できるとき、それは科学である」。言い換《か》えると、「第三者が*6追試して反証できるだけの材料を提唱者が提示しないとき、その行為《こうい》や成果は科学とは呼べない」ということです。

こうして、長い時間をかけて、本人以外の多くの人が検証し、「ウソではない」と合意された知識の集まりが科学です。「観察する → 仮説を立てる → 結果を予測し、実験をする → 成功、失敗を含《ふく》め結果を公表する → 第三者によって追試され、議論される（検証）」という作業のくり返しによって、科学は精度を高めていきます。

（中略）

⑧「オッカムの剃刀《かみそり》」という言葉があります。一四世紀の哲学者、オッカムが残した言葉で、「ある事柄《ことがら》を説明するためには、必要以上に多くを仮定すべきではない」というものです。言い換えると「たくさんの仮定が必要な理屈は、屁理屈《へりくつ》とみなせる」ということでしょうか。そういえば、くり返し検証され確からしさを増した科学の法則は、往々にして単純明快です。

一方、「水からの伝言」に置き換えて考えてみると、「水は言葉を理解する」という仮説を認めるために、かなり無理のある仮定（水には目や耳に代わる感覚器がある）を受け入れなければなりません。そこがあいまいなので「「ありがとう」ではなく「サンキュー」は分かるのか」「善悪をどう判断するのか」「音楽が分かるのか」など、つっこみどころが満載《まんさい》なのです。

⑨疑似科学の代表としてUFO（未確認飛行物体）が宇宙人の乗り物であるとする説があります。こちらも、先ほど説明した疑似科学の特徴《とくちょう》があてはまりますね。

皮肉なことにこの写真集は、外国語に翻訳《ほんやく》されて人気を呼びました。学校の道徳の授業で⑩もう一つ「心配だな」と思ったことがありました。この仮説が紹介されたと聞いたからです。授業では、「人間の体の七割は水、これは科学的な事実です。この本で実験が示したように、水は言葉を理解します。だから友達に悪口を言うと体の中の水が汚《よご》れます」と教えられたといいます。

「水は言葉を理解する」という、実証されていない仮説が、科学的な事実のように先生から生徒に伝えられれば、誤解される恐《おそ》れがあります。そもそも「友達に悪いことばを投げつけるな」ということを教えるのに、科学を持ち出す必要はないでしょう。

さらにこれを利用したビジネスも広がりました。「お宅の水が汚れているかどうかを判定してあげます」と持ちかけ、悪い結果を示して高額な浄水器《じょうすいき》を売りつける手法です。こういう業者にお金をだましとられないためには、［⑪］＝カガク力が必要です。

「水からの伝言」を批判する記事を書いたら、反響《はんきょう》が来ました。「知り合いが似た商法に巻き込まれて損をした」というものもあれば、「これを疑似科学というなら、水が言葉を理解しないことを証明すべきだ」という反論もありました。

疑似科学を信じる人からの代表的な反論は、「批判するならニセモノであることを証明しろ」というものですが、証明の責任は、提唱する側にあります。本人たちが、万人《ばんにん》を説得できるデータやメカニズムを示さない限り、第三者が検証することは不可能です。「反証できるものが科学である」。このことを知っていれば、これから疑似科学に出会っても、胸を張って「いいえ、私は信じません」と言えるはずです。

（元村《もとむら》有希子《ゆきこ》「カガク力を強くする！」岩波ジュニア新書より）

※設問の都合上、原本にある図は省略した。

＊1　『プリンキピア』……ニュートンが著《あらわ》した物理学書『自然哲学の数学的諸原理』の略称《りゃくしょう》。

＊2　メカニズム……仕組み。

＊3　言及……その事柄《ことがら》にふれること。話題にすること。

＊4　プロセス……物事を進めるうえでの手順やその過程のこと。

＊5　反証……ある主張が正しくないことを証明すること、またその証拠。

＊6　追試……他人が行った実験などをあとからその通りにやって確かめること。

問一　――①とあるが、「科学」を「信頼」するとはどういうことか。それを説明する文章として正しくなるように、空欄《くうらん》に入れる適切な語句を文中から十五字程度でぬき出して答えなさい。

人々が、科学とは【　　　　　　】と考えること。

問二　［②］に入るのに最も適切な語句を次から一つ選びなさい。

ア、太鼓判《たいこばん》　イ、お墨付《すみつ》き　ウ、空手形《からてがた》　エ、引導《いんどう》

問三　――③の写真集について、筆者はどのように考えているか。最も適切なものを次から一つ選びなさい。

ア、雪や氷の結晶《けっしょう》の神秘的な美しさを見事にとらえた写真集であり、科学万能《ばんのう》の世の中に疲れた人々の心をいやしてくれる。

イ、新しい学説を紹介《しょうかい》しているものの、科学的・哲学《てつがく》的な意味合いが今のところ弱いため、今後研究を重ねていく必要がある。

ウ、結晶の作られ方について天地がひっくり返るほどの大発見を紹介しており、世界中の人々の注目を集めるだけの魅力《みりょく》がある。

エ、科学的であるかのような実験を紹介しているが、主張自体は科学的な根拠に乏《とぼ》しく、内容を疑ってかかるべきものである。

問四　――④に「　」（かぎかっこ）が付けられている理由として、最も適切なものを次から一つ選びなさい。

ア、水に音楽を聴《き》かせるという実験の手法や結果だけでなく、水に聴覚《ちょうかく》があるという前提自体に無理があることを示すため。

イ、水に音楽を聴かせるという、これまで誰も考え付かなかった斬新《ざんしん》な発想に基《もと》づく実験への強い感動を表すため。

ウ、水が聴覚《ちょうかく》を持っていたということに加え、音楽を聴き分けることまでできたという新たな事実への驚《おどろ》きを強調するため。

エ、クラシックやお経《きょう》は良く、民謡《みんよう》やヘビーメタルはだめだという実験結果に不満の思いがあることを伝えるため。

問五　——⑤とあるが、ニュートンの「万有引力の発見」における「科学のお作法」をまとめた部分を、本文から三十五字以内でぬき出し、その初めと終わりの五字を答えなさい。

問六　——⑥「画期的」の読みを書きなさい。

問七　本文の内容を踏《ふ》まえ、［⑦］に入るのに最も適切なものを次から一つ選びなさい。

ア、論文の形で実験手法が紹介されていないため、第三者が同じ実験をして再現すること

イ、誰にでもできる簡単な実験手法ではないため、科学の知識のない人が再現実験をすること

ウ、写真集という形で世に出されたものであるため、実験の結果に著者が責任を持つこと

エ、仮説の提唱者が実験に必要な材料を提示していないため、再現性について議論すること

問八　——⑧とあるが、筆者はどのようなことを伝えるために「オッカムの剃刀《かみそり》」という言葉を紹介したと考えられるか。最も適切なものを次から一つ選びなさい。

ア、確かなことを言っている科学の法則は単純明快であり、理解に苦しむような仮定は必要としないということ。

イ、新しい仮説にはたくさんの仮定を必要としており、その仮定を一つずつそぎ落とすことで確かさを増すということ。

ウ、科学の法則には理解が困難なものもたくさんあり、つっこみどころをなくすために単純化が必要であるということ。

エ、正しくない仮説は科学の発展を遅《おく》らせるので、理解するのに無理がある内容ならば受け入れる必要はないということ。

問九　――⑨について、以下はＵＦＯ（未確認飛行物体）についての記事である。

「未確認飛行物体・空飛ぶ円盤《えんばん》（＝フライング・ソーサー）」

一九四七年六月二十四日、午後三時頃《ごろ》。

アメリカ人実業家のケネス・アーノルド氏は、太平洋岸北西部を自家用機で飛行中、ワシントン州にあるレーニア山の上空で、およそ時速二〇〇〇キロ（マッハ２）で飛行する「青白く光る九つの物体」と遭遇《そうぐう》した。それらは円盤（小皿＝ソーサー）が跳《は》ねながら飛んでいくようであった。

円盤の形状をした飛行機などなく、また当時、マッハ1.5以上での飛行が可能な飛行機も開発されていなかった。

この事件をきっかけに、やがて、「空飛ぶ円盤」は宇宙人の乗り物である、という見方が広がった。

右の記事を読んだ四名の人物が、それぞれ考えたことを述べている。発言の内容が「疑似科学」であるものを一つ選び、その発言者の名前を答えなさい。

Aさん

「飛行する九つの物体が、ほんとうに乗り物であったと言えるのかどうか。いん石との見間違《みまちが》いや、単なる自然現象であったかもしれない。その物体を実際に調べることができたらいいんだけど。」

Bさん

「大気中で物体が加速すると、空気との激しい摩擦《まさつ》で熱を帯びて発火する、ということがわかっている。今の時代ならマッハ６以上で飛べる飛行機もあるから、青白く光っていた原因を明らかにすることができるのではないかな。」

Cさん

「当時はマッハ２で飛ぶ飛行機も円盤状の飛行機も開発されていない。地球上に存在しない物体なのだから、当然宇宙からきたものであり宇宙人の乗り物である、と言っていいだろう。」

Dさん

「この記事にある物体が宇宙人の乗り物であると言うためには、地球上の生物とは明らかに異なるものがそれを操縦《そうじゅう》していた、ということをはっきり証明する必要があるね。」

問十 ——⑩とあるが、どのようなことが「心配」であるのか。最も適切なものを次から一つ選びなさい。

ア、友達に悪口を言うことで、子どもたちの体の中の水が汚《よご》れてしまい、健康を害してしまうこと。
イ、生徒に道徳心を身につけさせるために、学校の先生が科学的な知識まで持ち出していること。
ウ、生徒たちが、科学的とは言えない内容を学校の先生から聞くことで、科学的だと信じこんでしまうこと。
エ、教育の現場が、科学をきちんと教えずに、感情的な言葉で生徒に接するようになってしまうこと。

問十一 ⑪ に入るのに最も適切なものを次から一つ選びなさい。

ア、何度も実験し、確信を得る意志
イ、自分で考え、自分を貫《つらぬ》く信念
ウ、反証し、正解を導き出す感性
エ、正しく疑い、反論する知恵《ちえ》

問十二 本文の内容を説明した文章として最も適切なものを次から一つ選びなさい。

ア、日常では聞き慣れない「疑似科学」という言葉の意味について、中谷宇吉郎やアイザック・ニュートンといった歴史上有名な物理学者の実験を例に挙げてわかりやすく説明している。
イ、『水からの伝言』という写真集を疑似科学の具体例として示すことによって、疑似科学のもつ特徴と、それを信じることによる人々への悪影響《あくえいきょう》について読者に理解を促《うなが》している。
ウ、初めに『水からの伝言』を紹介して読者の興味を引き、次にニュートンのリンゴやＵＦＯを例に科学と疑似科学との共通点や相違《そうい》点について述べ、最後に教育問題について論じている。
エ、「観察 → 仮説を立てる → 実験結果の公表 → 第三者による検証」という科学のプロセスを疑うことは、疑似科学を反証し論破するために必要な科学の力であると主張している。

二、次の文章を読んで、後の問いに答えなさい。

委員会を途中《とちゅう》で抜《ぬ》けた日の夜、可奈子《かなこ》ちゃんから連絡《れんらく》が来て、委員会のグループ[*1]に招待された。【入っといて】可奈子ちゃんからのメッセージはそれだけで、私は【可奈子ちゃんだけ委員会に残しちゃってごめんね、ありがとう】と返した。可奈子ちゃんからの返信はなかった。私以外の実行委員のメンバーは、あの委員会の日にその場で連絡先を教え合ったらしい。

黒板の写真の端《はし》のほうには、小栗《おぐり》くんが写っていた。遠近法を使って、黒板に書いてある文字を食べているように見せたかったらしいが、なんだかよくわからないことになってしまっている。委員会のタイムライン[*2]は、その写真に対して【真司《しんじ》、スベってんなー】とか、そういうツッコミを入れられるようなほんの数人で成立していた。だけど、会話に入れなくたって、小栗くんのアカウント[*3]名が「スモールマロン」で、アイコン[*4]の写真が食べかけのモンブランということを知ることができただけで、私はラッキーだと思った。

①だから、油断していた。

【美化係よろしく】

小栗くんが、グループのタイムラインではなく、私個人にメッセージを送ってくるなんて、全く考えていなかった。

黒板の写真をよく見ると、美化係の担当になったのは、私のクラスと小栗くんのクラスの委員計四名だった。どうしてその四人のグループを作るわけでもなく私宛《あて》なんだろう、と思いつつも、【よろしくお願いします】と返すと、【すげー俺《おれ》サボり癖《ぐせ》あるけどごめんね】と返事が来た。【私もだから大丈夫《だいじょうぶ》】と返すと、【ぶひぶひ】という返事とともに、ブタがOKマークを作っているスタンプ[*5]が届いた。こんなふうに、②キャッチボールが成立しているのかどうかよくわからないやりとりが展開されると、ぷつんとどこかで会話が切れてしまうこともなかった。

【早狩《はやかり》さんって紗衣《さえ》と同じクラスだよね】

【うん。そうだよ】

【よっしゃ、ぶっちゃけ、あいつってクラスではどんな感じなの?】

【どんな感じって言われても……私、そんなに話さないから】

【らめぇ～、そんなこと言わないで教えてぇ～】

【でも、ほんとにそうだから。可奈子ちゃんのほうがよく知ってると思う、紗衣ちゃんのこと】

【とりあえず、あいつ、なんかちょっと女王っぽすぎね?】

【私はあんまりわかんないかも……人によってはそう見えるかもしれないけど】

【どっひゃあ～】

やりとりするうちに、小栗くんは、クラスでの紗衣ちゃんのことをよく聞いてくるようになった。それは決して、好きでたまらない彼女《かのじょ》のことをもっと深く知りたい、という文脈ではないような気がした。

美人だし、大人っぽいし、友達がすごく多くて、クラスのリーダーみたいな存在だよ——そう答えてあげるのは簡単だった。③右手のいくつかの指を数センチずつ動かせばその文章を生み出すことができるし、事実、紗衣ちゃんは美人だし大人っぽいし友達がすごく多くてクラスのリーダーみたいな存在だ。だけど私はそうしなかった。だからといって、むきだしの真実を事細かに教えることもしなかった。

私は、④嘘《うそ》もつかなければ、本当のことも言わなかった。そうしていればこのまま、小栗くんと、たまにちぐはぐにも感じられるメッセージのやりとりを続けられるような気がしていた。

　そんな私の狡《ずる》さを洗い出すように、久しぶりに雨が降った日のことだ。下駄《げた》箱に仕舞《しま》っていたはずの私の上履《うわば》きが、なくなっていた。

　私は、大きな大きな掌《てのひら》で、心臓を真上から潰《つぶ》されたような気がした。誰《だれ》にも言わないで、職員室でスリッパを借りた。四時間目の体育が始まる直前、体育館まで続く渡《わた》り廊《ろう》下《か》の屋根の上に上履きが投げ上げられているのを見つけるまで、私はスリッパのまま過ごしていた。

　――可奈子ちゃんかな。

　私は、屋根の上にある上履きのかかとを見上げながら、遠い天の上からまっすぐにそこを目がけて落ちてくる雨粒《あまつぶ》を受け止めながら、とても自然にそう思った。なんとなくそんな気がしたし、それで間違《まちが》いないような気もした。白い絵の具に黒を混ぜたらグレーになる、とか、炒《いた》めた豚肉《ぶたにく》にキムチを混ぜたら豚キムチになる、みたいに、X当たり前のことに当たり前のことが重なって起きた現象のような気がした。そして、今日がちょうどあの委員会から一週間、つまり＊6自分が早退する曜日だということに感謝した。

　教室の中の可奈子ちゃんは、いつもと変わらず、大きな声で笑っていた。それが本当に面白いことなのかはわからなかったけど、誰かの言うことに対して大袈裟《おおげさ》に手を叩《たた》いて笑っていた。

「じゃあ、早退します」

　五時間目が終わったところで私がそう告げると、先生は「お母さんによろしくねー」と手を振《ふ》った。結局その日、可奈子ちゃんは最後まで、私の足元を見なかった。

　ビニール傘《がさ》を差して、⑤両耳にイヤフォンを装着して、通い慣れた道を聴《き》き慣れた音楽で彩《いろど》る。雨の音も聞こえなければ、冷たさも感じない。だけどビニール越《ご》しに弾《はじ》ける雨粒の全てが見えてしまうから、一歩踏《ふ》み出すごとにどうしても、屋根の上で雨ざらしになっていた自分の上履きのことを思い出してしまう。

Y「バカ……」

　可奈子ちゃんに向かってなのか、自分に向かってなのか、とりあえず呟《つぶや》いてみた言葉は、雨と雨の間に落ちてすぐに潰《つぶ》れた。

「ドジ、マヌケ……」

　可奈子ちゃんとは去年、同じクラスで班も一緒《いっしょ》だった。トイレに一緒に行くってほどではないけれど、それなりに仲の良い友達だった。学年が上がってクラスが替《か》わると、少し見た目が派手で、少し声も大きめだった可奈子ちゃんは、紗衣ちゃんたちのグループに⑥目を付けられた。

　紗衣ちゃんのグループと可奈子ちゃんは、十メートルくらい離《はな》れて見ると、とても仲が良さそうに見えた。だけど、十メートルより近くで見ると、つまり［⑦］、会話の中身が聞こえてしまうし、紗衣ちゃんたちが可奈子ちゃんにどんなことをしているのかもわかってしまう。

　私はいつしか、可奈子ちゃんと距離《きょり》を置くようになっていた。

　可奈子ちゃんは、「校内でも目立つ存在である紗衣ちゃんのそばにいる」という事実だけを、私に見せつけようと必死だった。何をされても笑っていたし、何を言われても「やめてよー！」という受け答えでそのやりとりを冗談《じょうだん》の＊7範疇《はんちゅう》に引きずり込《こ》もうとしていた。新しいクラスで気が合う人を見つけられなかった私は、両耳をイヤフォンで塞《ふさ》ぎ、視界を白いカーテンで覆《おお》った。

「死ね、オタンコナス……」

　誰に向けるでもない苛立《いらだ》ちは、ビニール傘を突《つ》き破ってどこかへ飛んで行ってくれるほどの力もない。

可奈子ちゃんは、私を許していないのかもしれない。もともとそれくらい離れていたかのような場所で身を潜《ひそ》めている私のことを、カーテンの中ですべてを聞き取り、感じ取りながら何もしてこなかった私のことを。それどころか、紗衣ちゃんの彼氏と言葉を交わして浮足立《うきあしだ》っている私に、紗衣ちゃんたちが持っている何か尖《とが》ったものの行く先を定めさせようとしているのかもしれない。

紗衣ちゃんの彼氏とのやりとりを、暗記してしまうほど何度も何度も読み返している私に。

（朝井リョウ「十七歳の繭《まゆ》」より）

＊1　グループ……SNS上で、特定のメンバーだけがメッセージをやりとりすることができる場のこと。また、そのメンバーのこと。

＊2　タイムライン……SNS上で、メンバー間でのメッセージのやりとりが表示されている画面のこと。また、やりとりそのもの。

＊3　アカウント名……SNS上で個人を表す呼び名のこと。自分自身で好きな名前を付けることができる。

＊4　アイコン……SNS上で個人を表すマークとなる画像のこと。自分自身で好きな写真やイラストを設定することができる。

＊5　スタンプ……SNS上でメッセージを送る時に、言葉の代わりに使われるイラスト画像のこと。

＊6　自分が早退する曜日……「私」は週に一度学校を早退して、入院中の母親の病院へ通っている。

＊7　範疇《はんちゅう》……同じであると分類・認識される一まとまりのこと。

問一　本文の登場人物の関係を表した次の図のA・B・Cに入る人物名を、それぞれ本文中からぬき出して書きなさい。

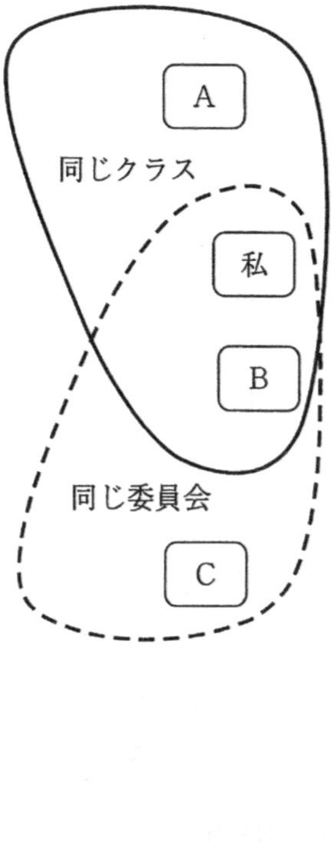

問二　――①とあるが、このときの「私」の心情として、最も適切なものを次から一つ選びなさい。

ア、お互い相手に対して関心を持つことも会話をしたこともなかったため、小栗くんと個人的なやりとりをする必要はないはずだと不審《ふしん》に思っている。

イ、SNSで同じグループに入れた嬉《うれ》しさをかみしめていた時に小栗くんから個人的にメッセージが入り、自分の思いが通じたようだと有頂天《うちょうてん》になっている。

ウ、これまで接点のなかった小栗くんから個人的にメッセージが届いたことに驚《おどろ》きつつも、彼との交流が突然深まったような気がして喜びを感じている。

エ、小栗くんとの個人的なやりとりの始まりに期待を抱《いだ》く一方、彼の本当の目的に気づいてうっかり真実を話してしまわないようにと緊張《きんちょう》している。

問三　――②とあるが、

(1)　「キャッチボールが成立しているのかどうかよくわからない」様子を表す語を、本文中より五字以内でぬき出して答えなさい。

(2)　このような「やりとり」が続いていくのは、小栗くんのメッセージにある特徴《とくちょう》があるからである。「私」の言葉の終わりと小栗くんの言葉の始まりに注目し、小栗くんのメッセージの特徴を答えなさい。

問四　――③とあるが、どういうことか。最も適切なものを次から一つ選びなさい。

ア、指先でリズムをとることで、どんな言葉も編み出していくことができるということ。

イ、ペンを動かし始めさえすれば、嘘《うそ》の言葉を並べ立てることができるということ。

ウ、言葉では表せないことも、身振《みぶ》り手振《てぶ》りがあれば表現することができるということ。

エ、心のこもらない言葉でも、スマートフォン上に打ち出すことができるということ。

問五　――④「嘘もつかなければ、本当のことも言わなかった」とあるが、

(1)「嘘をつくこと」

(2)「本当のことを言うこと」

とは、ここではそれぞれどういうことか。最も適切なものを次から一つずつ選びなさい。

ア、紗衣ちゃんから嫌《いや》がらせをされている、と小栗くんに伝えること。

イ、紗衣ちゃんをクラスのリーダーとして評価している、と小栗くんに伝えること。

ウ、紗衣ちゃんには逆らえないというクラスの空気がある、と小栗くんに伝えること。

エ、紗衣ちゃんに内緒《ないしょ》でやりとりを続けていきたい、と小栗くんに伝えること。

オ、紗衣ちゃんは悪い子だからだまされてはいけない、と小栗くんに伝えること。

カ、紗衣ちゃんのことはよく知らない、と小栗くんに伝えること。

問六　――⑤とあるが、

(1)「私」にとって「イヤフォンを装着」することはどのような意味を持つか。最も適切なものを次から一つ選びなさい。

ア、楽しい音楽を聴《き》くことで、落ち込《こ》んでしまった気持ちを盛り上げようとする。

イ、好きな曲を聴《き》くことで、いろいろなことに疲《つか》れてしまった自分をいやそうとする。

ウ、周囲の音を聞こえなくして、どっちつかずだった自分の意志を固めようとする。

エ、周囲の音が聞こえないことにして、嫌《いや》なことから自分の意識を遠ざけようとする。

(2)「イヤフォン」と同様の役割を果たしているものを、これより後の本文中から五字前後でぬき出して答えなさい。

問七　――⑥とあるが、この場面での「目を付けられた」の意味として最も適切なものを次から一つ選びなさい。

ア、注目された　**イ**、標的にされた

ウ、無視された　**エ**、同類にされた

問八　⑦ に入るのに最もふさわしい語句を次から一つ選びなさい。

ア、同じ教室の中にいると
イ、紗衣ちゃんのグループにいると
ウ、こっそり身を潜《ひそ》めていると
エ、距離《きょり》を置かずにいると

問九　＝＝Xとあるが、「当たり前のことに当たり前のことが重なって」とは、＝＝Yとあるように、「可奈子ちゃん」も「私」も「バカ」な点があり、それが重なったのだと考えられる。

(1) 可奈子ちゃんのバカな点
(2) 「私」のバカな点

を、それぞれ五十字以上七十字以内で答えなさい。

三、次の漢字に関する問いに答えなさい。

(1) 次の――線部のカタカナを漢字に直した場合、他の三つと異なる漢字になるものを一つ選び記号で答え、その漢字を書きなさい。

① ア、シュウ合　イ、シュウ結　ウ、シュウ知　エ、シュウ団
② ア、ゲキ流　イ、ゲキ薬　ウ、ゲキ的　エ、ゲキ場
③ ア、レン中　イ、レン日　ウ、レン習　エ、レン想

(2) 次の意味にあてはまる四字熟語を後から選び記号で答え、□□に入る漢字を書きなさい。

① 言葉では言い表せないほど程度がはなはだしく悪いこと。
② 数が多くても値段がたいへん安いこと。

ア、有名□□
イ、二束□□
ウ、言語□□
エ、空前□□
オ、一挙□□

令和６年度

中学校入学試験問題

算　　数

（50分）

注意事項

1．試験開始の合図があるまで，この問題冊子の中を見てはいけません。
　試験開始までの間，この注意事項をよく読んで下さい。

2．この問題冊子は 14 ページです。

3．この問題冊子や解答用紙に印刷が悪くて見にくいところや汚《よご》れなどのある場合は，手をあげて監督《かんとく》の先生に知らせて下さい。

4．答えはすべて別紙の解答用紙に書き，記号で答えられるものはすべて記号で答えなさい。

5．解答用紙の受験番号，氏名は最初に記入して下さい。

6．試験終了後は解答用紙のみを提出し，問題冊子はそれぞれ持ち帰って下さい。

7．円周率は 3.14 として下さい。

1．　次の問いに答えなさい。

(1)　次の計算をしなさい。

$$\left(\frac{10}{3}\times\frac{6}{25}+\frac{4}{5}\div 3\times\frac{1}{3}\right)\div\frac{8}{5}$$

(2)　次の □ にあてはまる数を答えなさい。

$$(2024\times 2025-2023\times 2024)\div\square=1012$$

(3)　下の表の空《あ》いているところに数を入れ，たて，横，ななめの３つの数の和がどれも１になるようにします。このとき，①にあてはまる数を答えなさい。

		$\frac{1}{6}$
①	$\frac{1}{3}$	
	$\frac{1}{15}$	

２．　次の問いに答えなさい。

(1)　a グラムあたり b 円の品物を 100 グラム買ったときの代金を表す式として，正しいものを次の ①～④ から選び，番号で答えなさい。

①　$a \times b \times 100$

②　$a \div b \times 100$

③　$b \times a \div 100$

④　$b \div a \times 100$

(2)　a，b，c はそれぞれ 0 より大きい数です。次の 3 つの式を計算すると，すべて同じ値になりました。a，b，c を小さい順に左から並べなさい。

$a \times \frac{4}{5}$　　　　$b \div 1.2$　　　　$c \times 0.1 \div \frac{1}{7}$

(3) リボンが1本あります。このリボンを $\frac{4}{5}$ の長さにし，さらにそこから 42 cm を切り取ると，残りの長さは最初の長さの $\frac{5}{8}$ になりました。最初の長さは何 cm か答えなさい。

(4) 図のような正五角形のすべての頂点に黒か白のコインを1枚ずつ置きます。コインの置き方は全部で何通りあるか答えなさい。ただし，回転して同じ置き方になるものは同じものとします。

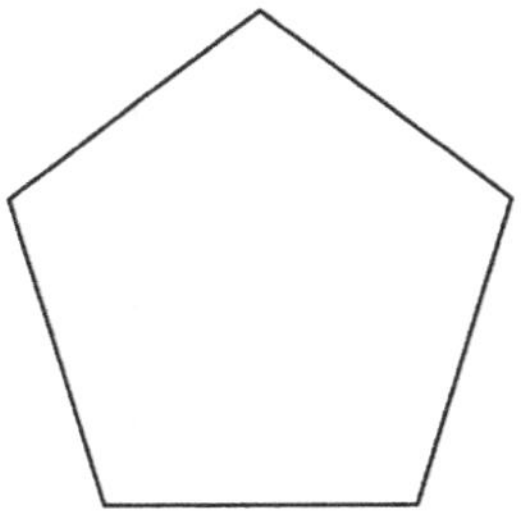

(例)

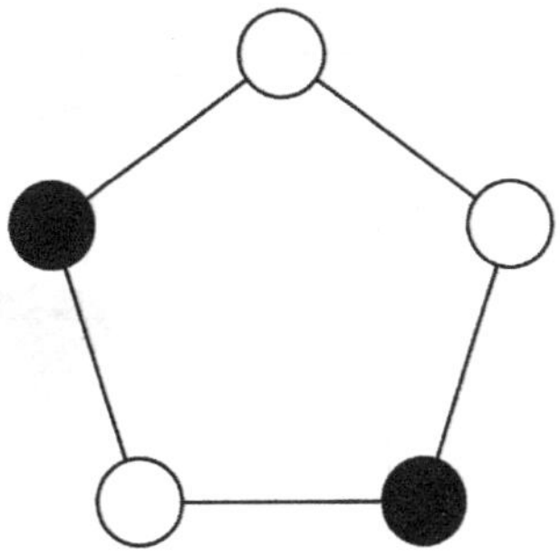

(5) ある中学校では，生徒が徒歩か自転車のどちらかで通学しています。ある年，徒歩通学の男子と自転車通学の女子の人数が等しく，徒歩通学者は男女合わせて 270 人おり，男子は全体で 300 人いました。自転車通学者は男子の方が女子より 60 人多くいました。この年の徒歩通学の女子の人数を答えなさい。

(6) 下の図において，四角形 ABCD は正方形であり，BM＝MC です。角 ㋐ の大きさを答えなさい。

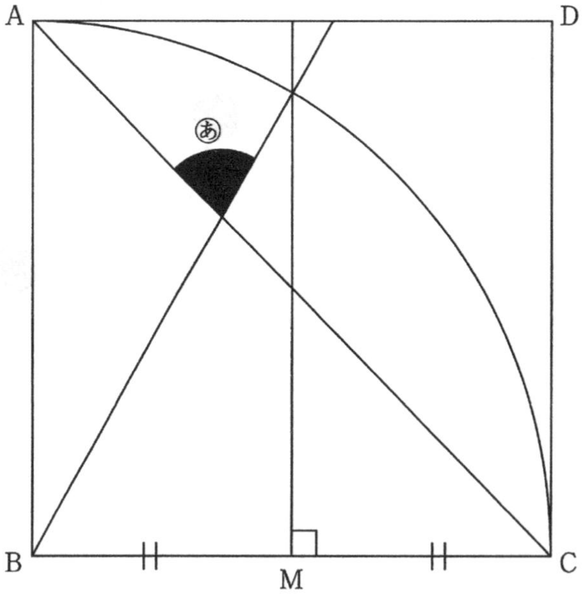

(7) 下の図は合同な直角三角形を２つ重ねた図形です。斜《しゃ》線部分の面積は何 cm^2 か答えなさい。

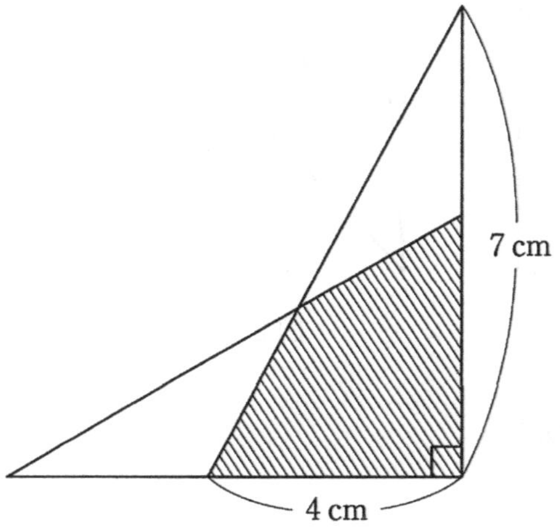

(8) 下図のように半径１cm の円が，１辺の長さが５cm の正五角形の外側を辺に沿って１周します。このとき，円が通った部分の面積は何 cm^2 か答えなさい。

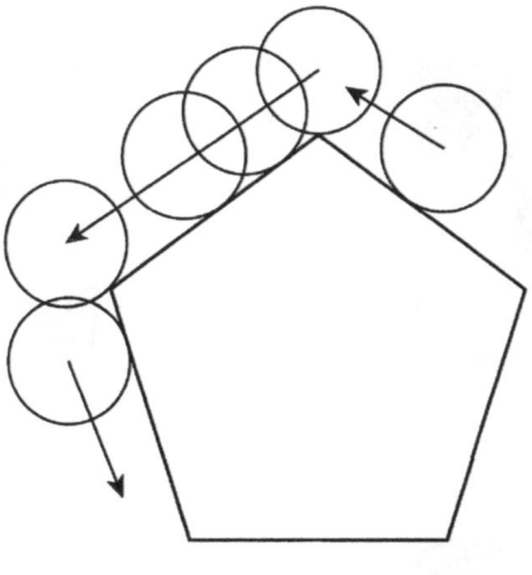

3． 正方形の紙を矢印の向きに２回折って図３を作りました。次に，図４のように三角形とおうぎ形を切り取りました。

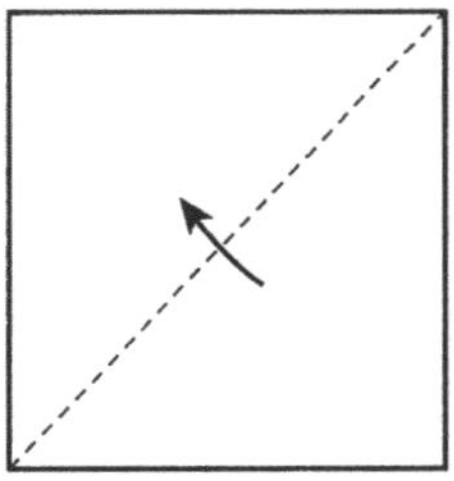

図１

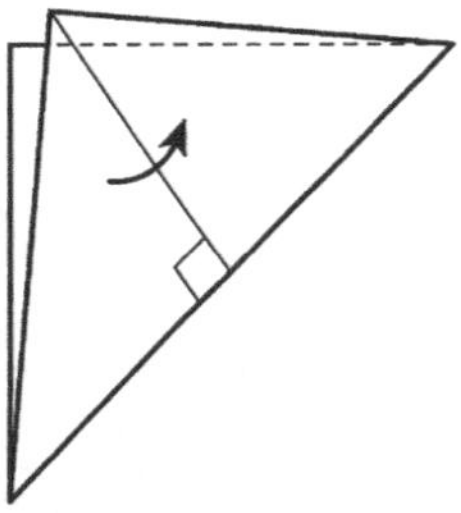

図２

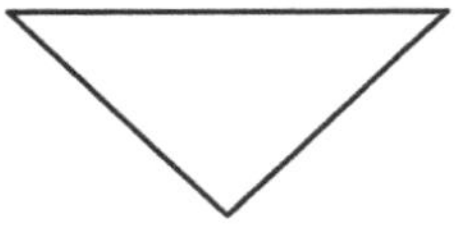

図３

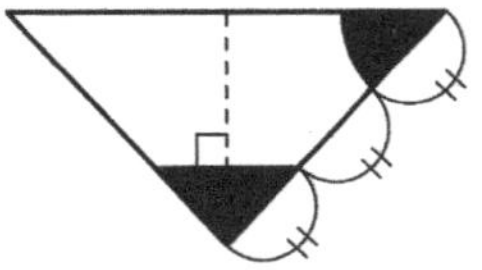

図４

このとき図４を広げると，どのような形になるか，次のア～エから正しいものを選びなさい。なお，図中の○は図１の正方形の１辺を３等分した点と，対角線を３等分した点です。

ア

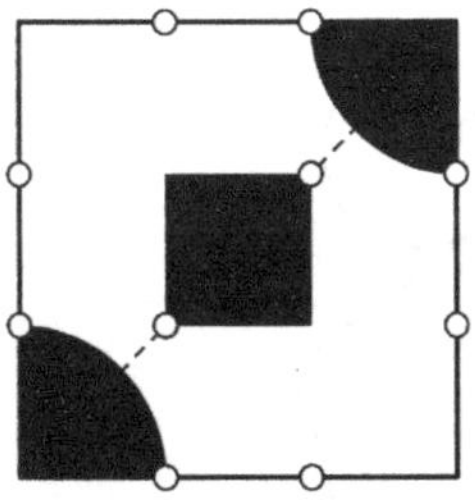

イ

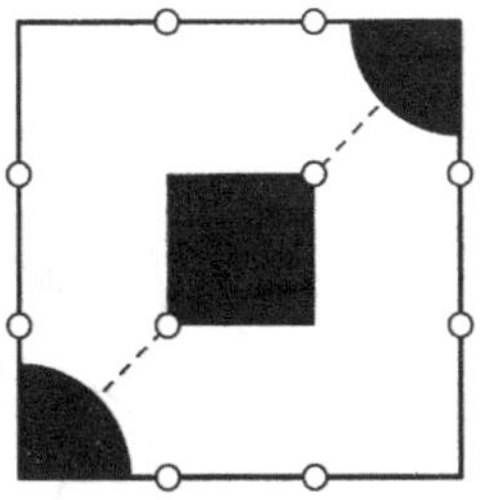

ウ

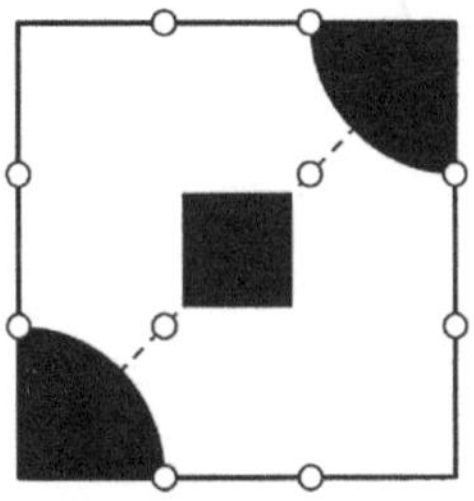

エ

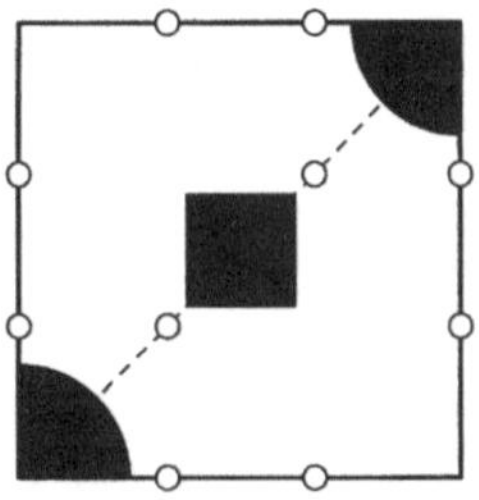

4．下の図は，ある10人を対象とした10点満点の算数と理科のテストの結果を表しており，1つの点は1人の得点を表しています。例えば，Aさんは算数が10点で理科が9点でした。図から読み取れることとして正しいものを次の①～⑥からすべて選び，番号で答えなさい。

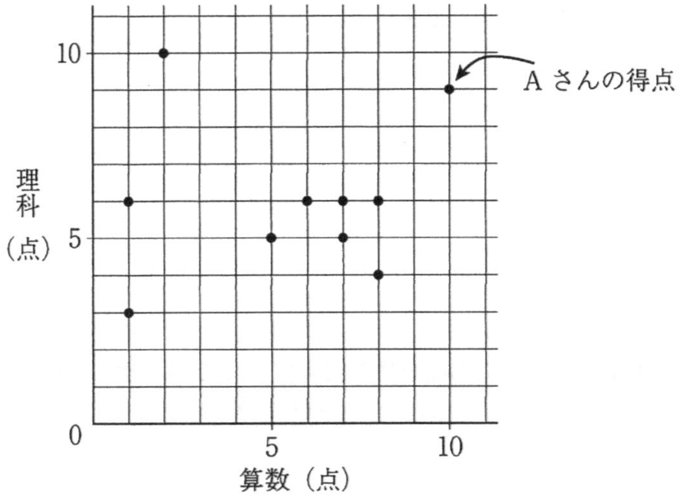

① 算数も理科も5点だった人がいる。
② 全員が算数も理科も5点以上だった。
③ 算数より理科が高得点だった人は3人いる。
④ Aさんより理科が高得点だった人はいない。
⑤ 中央値は，理科より算数の方が大きい。
⑥ 算数は平均値が中央値より大きい。

5．ねんどで底面の半径 4 cm，高さ 1 cm の円柱［ア］を作りました。次に円柱［ア］を，体積を変えずに底面の半径 2 cm の円柱［イ］に作り変えました。そして円柱［イ］を，体積を変えずに底面の半径 1 cm の円柱［ウ］に作り変えました。

(1) 円柱［ウ］の側面積は何 cm^2 か答えなさい。

(2) このように，体積を変えずに円柱を作り変えていくとき，次の ①～③，④～⑥ の中からそれぞれ正しいものを 1 つずつ選び，番号で答えなさい。

① 円柱の底面の円周は，底面の半径に比例している。
② 円柱の底面の円周は，底面の半径に反比例している。
③ 円柱の底面の円周は，底面の半径に比例も反比例もしていない。

④ 円柱の側面積は，底面の半径に比例している。
⑤ 円柱の側面積は，底面の半径に反比例している。
⑥ 円柱の側面積は，底面の半径を変えても，変わらない。

6．　A 地点から B 地点までの道のりは 6 km あります。花子さんは 9 時に A 地点を出発し，途中で 2 度休憩《けい》をとり，11 時 30 分に B 地点に到着しました。太郎さんは 10 時に B 地点を出発し，1 度も休憩することなく A 地点に到着しました。2 人の進む速さは一定で，太郎さんの速さは花子さんの速さの $\frac{5}{3}$ 倍でした。花子さんの A 地点からの道のりと時間の関係をグラフで表すと図 1 のようになりました。

図 1

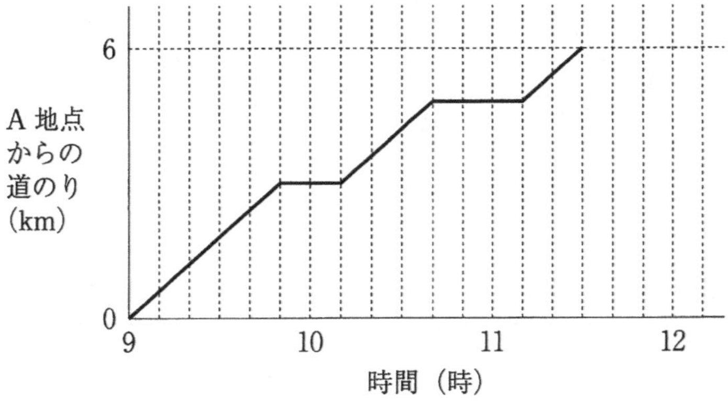

(1)　花子さんの速さは時速何 km か答えなさい。

(2)　2 人が出会う場所の A 地点からの道のりは何 km か求めなさい。

7． 図のような直方体を正面から見た図と，真上から見た図は次のようになります。

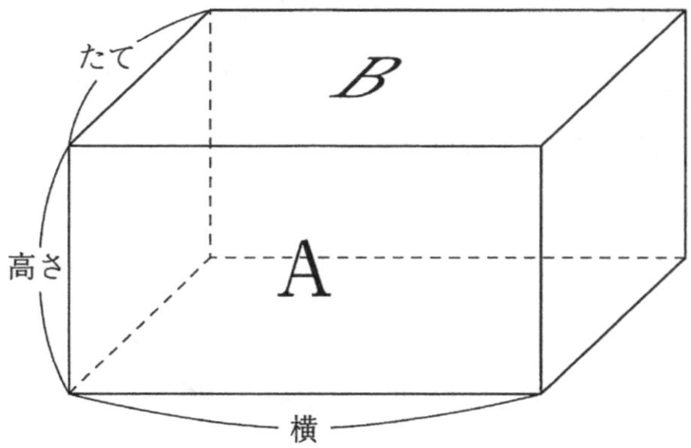

〈正面から見た図〉

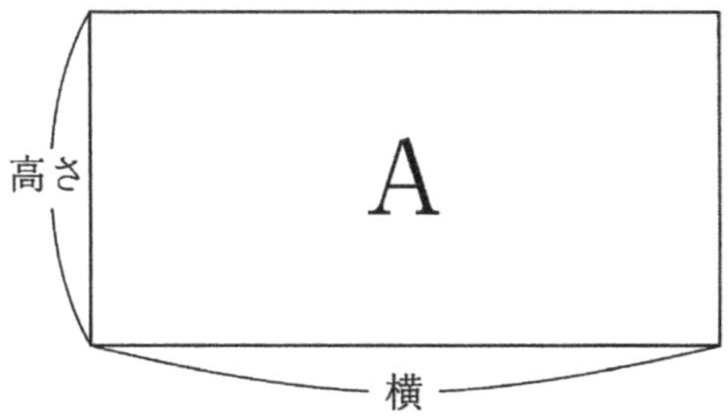

〈真上から見た図〉

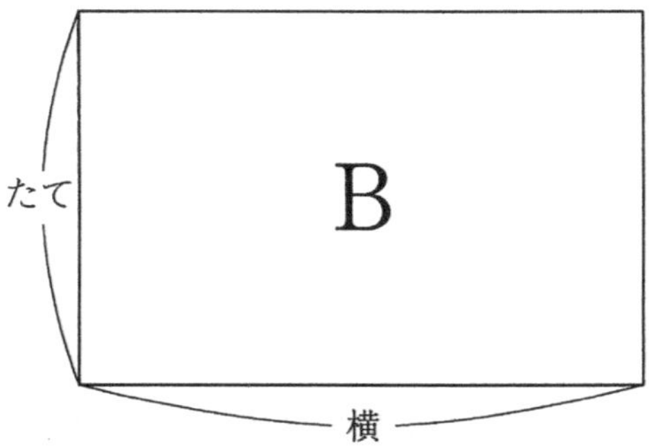

下の図は，ある水そうを正面と真上から見たときの図です。次の問いに答えなさい。

〈正面から見た図〉

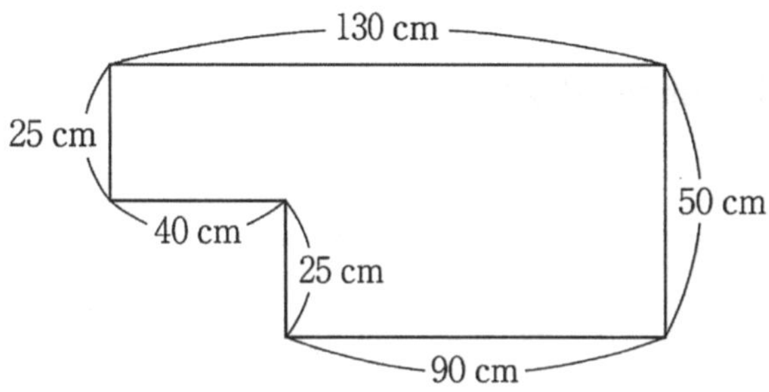

〈真上から見た図〉

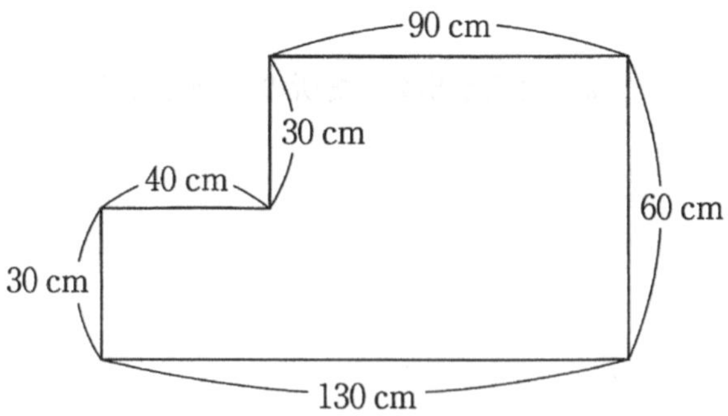

(1) 次のア～エのどれかが，この水そうの見取図です。正しいものを選びなさい。

ア

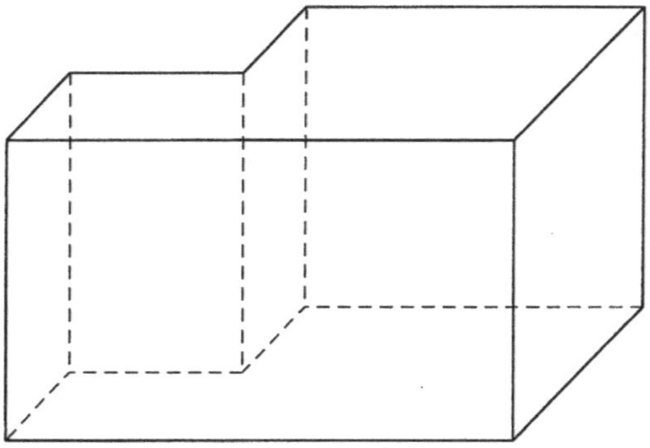

イ

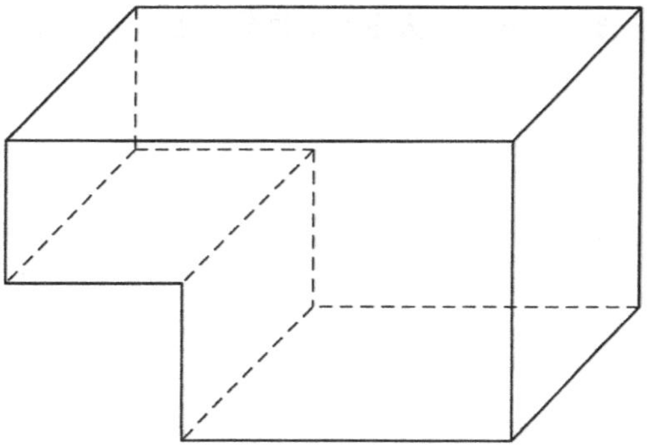

ウ

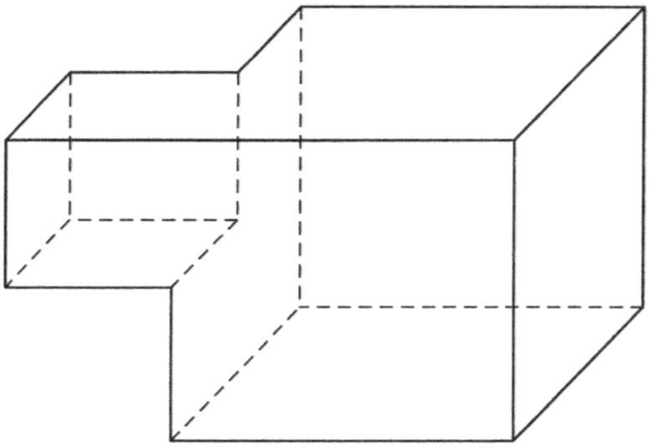

エ

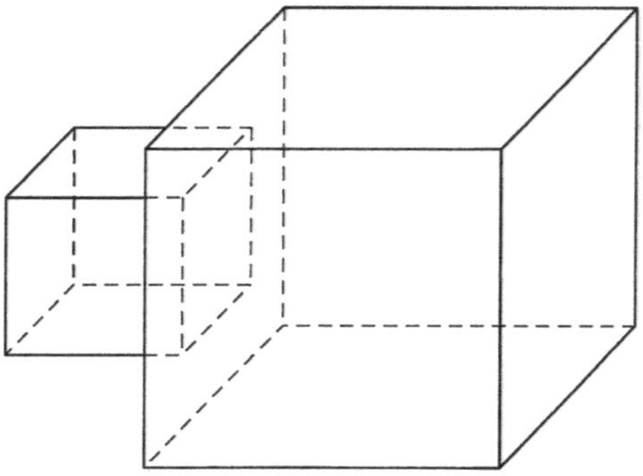

(2) この水そうの容積は何 L か答えなさい。

この水そうに一定の割合で水を入れたところ，水面が底から 30 cm の高さになるまでに 30 分かかりました。

(3) 水そうに入る水は毎分何 L か答えなさい。

(4) 水面が底から 14 cm の高さになるのは，水を入れはじめてから何分何秒後か答えなさい。

8．下の式の A～F には 1 以上 9 以下のいずれかの整数があてはまります。

$$\frac{A}{D}+\frac{B}{E}=\frac{C}{F}$$

A～F にあてはまる整数は，それぞれ異なります。

A に 1，B に 7 があてはまるとき，C～F にあてはまる組み合わせを 2 通り答えなさい。

9．　図のように 9 × 9 のマスに規則的に数が並んでいます。

11	12	13	14	15	16	17	18	19
21	22	23	24	25	26	27	28	29
31	32	33	34	35	36	37	38	39
⋮	⋮	⋮	⋮	⋮	⋮	⋮	⋮	⋮
⋮	⋮	⋮	⋮	⋮	⋮	⋮	⋮	⋮
91	92	93	94	95	96	97	98	99

(1)　9 × 9 のマスに並んでいるすべての数の合計を答えなさい。

(2)　9 × 9 のすべてのマスに 1 枚ずつコインを表を上にして置き，次のルールで裏返していきます。

> ルール①　はじまりから 1 秒後に 11 のマスのコインを裏返す。
> ルール②　1 秒経つごとに，裏返されたコインのたて，横で隣り合っているコインを裏返していく。ただし，すでに裏返されているコインは，再び表に戻さない。
> ルール③　すべてのコインが裏返されるまでルール②を繰り返す。

このとき，はじまりから何秒後に初めてすべてのコインが裏返るか答えなさい。

(3)　(2)において，ルール①を次のように変更して，はじまりからやり直します。

> ルール①　はじまりから 1 秒後に 11 と 99 のマスのコインを裏返す。

このとき，はじまりから 7 秒後に裏返っているコインが置かれているマスの数の合計を答えなさい。また，はじまりから 8 秒後までは，何秒後であっても，その合計が常に 110 の倍数になることを簡単に説明しなさい。

令和６年度

中学校入学試験問題

理　　　科

（※理科と社会２科目60分）

注意事項

１．試験開始の合図があるまで、この問題冊子の中を見てはいけません。
　　試験開始までの間、この注意事項をよく読んで下さい。

２．この問題冊子は10ページです。

３．この問題冊子や解答用紙に印刷が悪くて見にくいところや汚《よご》れなどのある場合は、手をあげて監督《かんとく》の先生に知らせて下さい。

４．答えはすべて別紙の解答用紙に書き、記号で答えられるものはすべて記号で答えなさい。ただし、記号が「②」のようなときは、「２」と書いてもよい。

５．解答用紙の受験番号、氏名は、忘れないように最初に記入して下さい。

６．試験終了後は解答用紙のみを提出し、問題冊子はそれぞれ持ち帰って下さい。

1 豆電球と電池をつないで，図のような①～⑨の回路を作りました。豆電球と電池は，すべて同じものを使用しました。

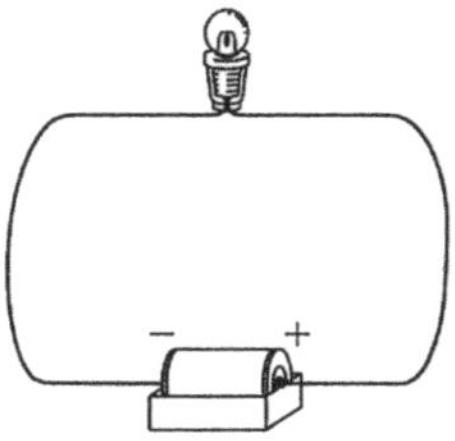

①

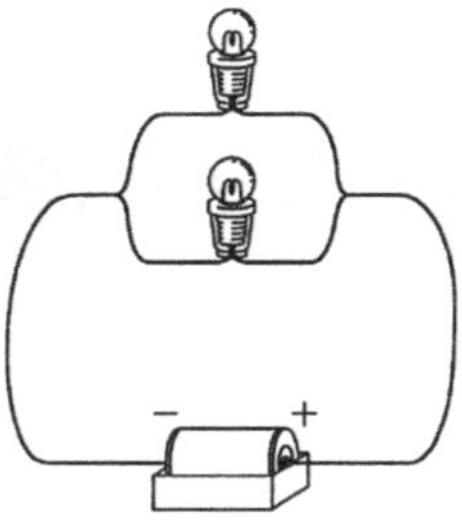

②

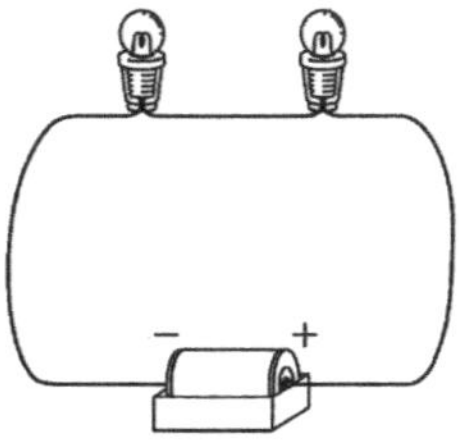

③

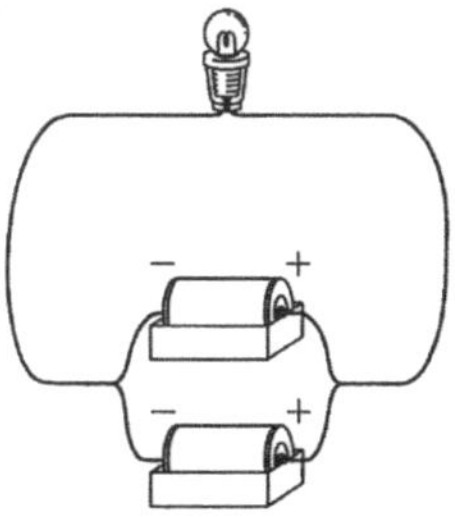

④

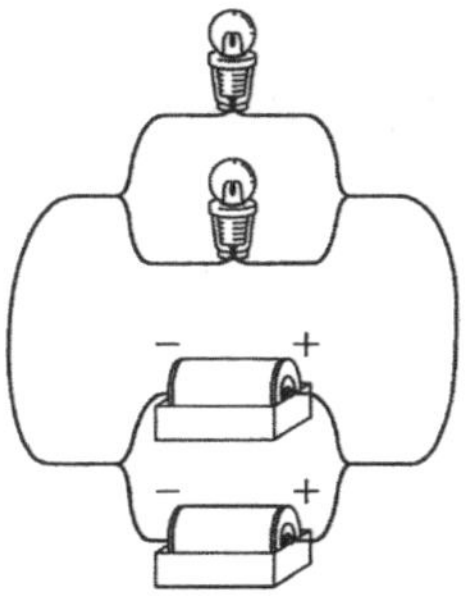

⑤

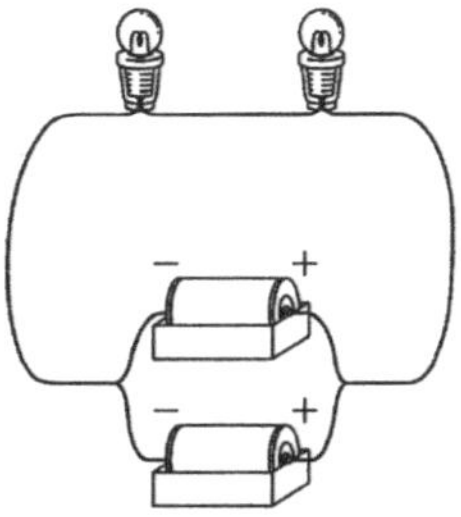

⑥

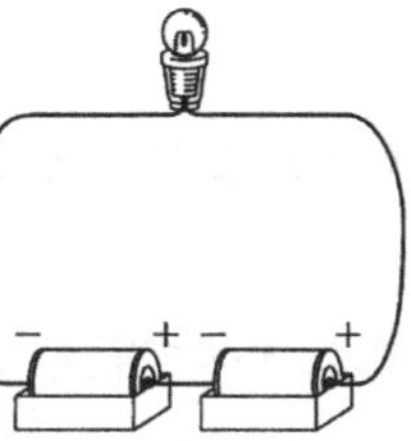

⑦

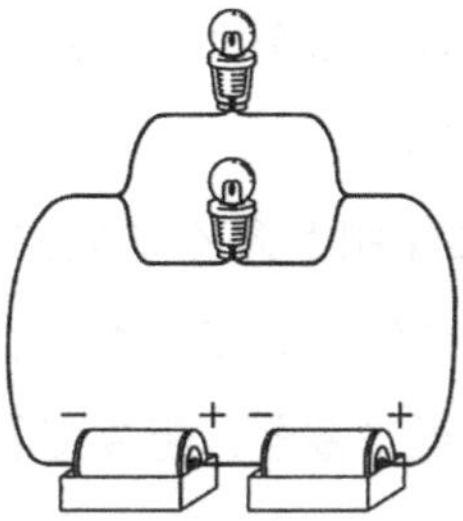

⑧

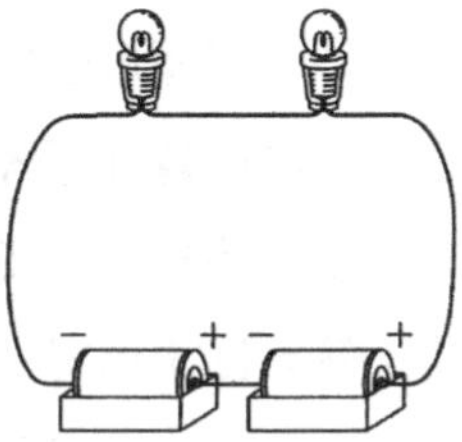

⑨

問1　2つの豆電球が直列につながっている回路を，①～⑨からすべて選びなさい。

問2　豆電球の明るさが，①と同じ明るさの回路を，②～⑨からすべて選びなさい。

問3　豆電球が2つ使われている回路で，1つの豆電球をソケットから外しても，もう一方の豆電球の明るさが変化しない回路を，すべて選びなさい。

2　図のように，いろいろな状態のばねにおもりをつるす実験(1)～(7)をおこないました。

実験に使用したばね（A～J）は，すべて同じものです。実験に使用したおもりは，どれも同じ重さです。ばねBの右端《みぎはし》とばねCの両端《りょうたん》にあるかっ車は，台に固定されていてなめらかに回転するもので，まさつを考える必要はありません。おもりを2個連結してつるす場合と，おもりをかっ車を通してばねにつるす場合は，糸を用いてつるしています。ばねや糸の重さは考える必要はありません。

のび縮みする前のばねの長さを自然長《しぜんちょう》と言います。実験(1)では，ばねは天井に固定されていて，ばねにおもり1個をつるしたところ，ばねAは自然長より2cmのびた状態で静止しました。

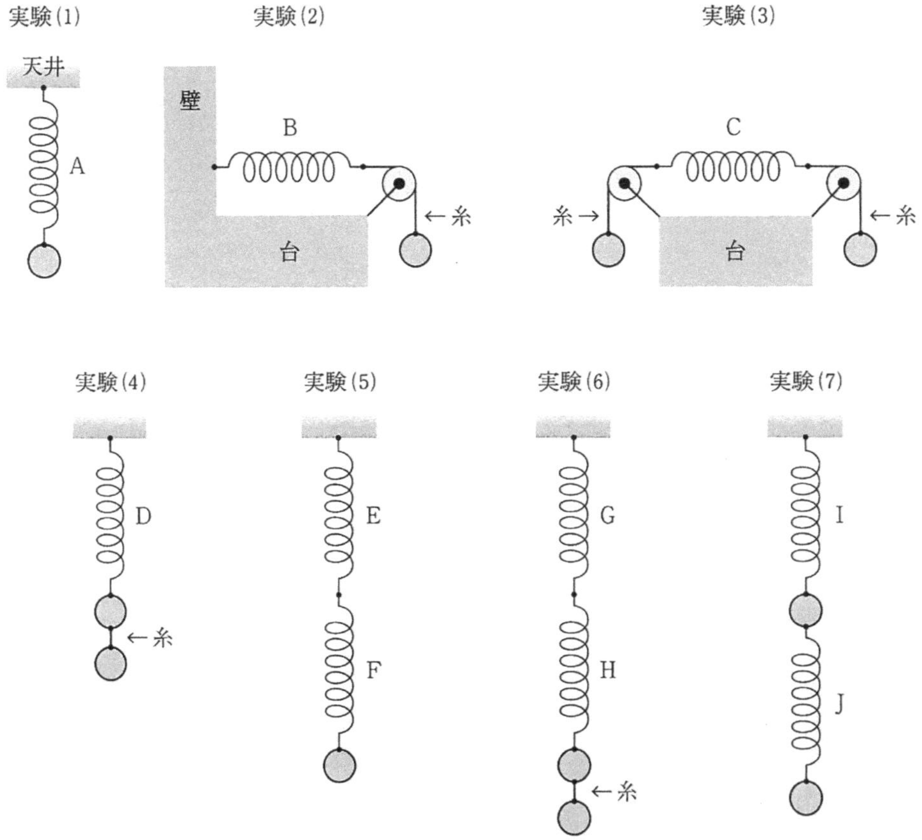

問1　実験(2)のばねB，実験(3)のばねCは，それぞれ自然長より何 cm のびましたか。次の ①～④ から最も適切なものを１つ選びなさい。

	ばねB	ばねC
①	2 cm	2 cm
②	2 cm	4 cm
③	4 cm	2 cm
④	4 cm	4 cm

問2　実験(4)～(7)について，自然長より 2 cm のびたばねを，D～Ｊからすべて選びなさい。

3　メダカのオスとメスをそれぞれ5匹ずつ，水草や小石の入った水そうで飼い，成長するようすを観察しました。しばらくすると，直径1mmほどの卵が水草にからみついているのがみつかりました。時間がたつにつれ，卵の中が変化し，11日ほど過ぎるとふ化しました。ふ化したばかりの子メダカは体がとう明で，腹の部分が大きくふくらんでいました。

問1　メダカのオスとメスは，ひれの形で見分けることができます。オスとメスを見分けるひれの組み合わせとして，次の①～⑥から最も適切なものを1つ選びなさい。

①　せびれ・しりびれ　　②　せびれ・はらびれ　　③　せびれ・おびれ
④　しりびれ・はらびれ　　⑤　しりびれ・おびれ　　⑥　はらびれ・おびれ

問2　図は，メダカの卵をスケッチしたものです。図のア～ウのうち，メダカの目や心臓がつくられていく部分を1つ選びなさい。

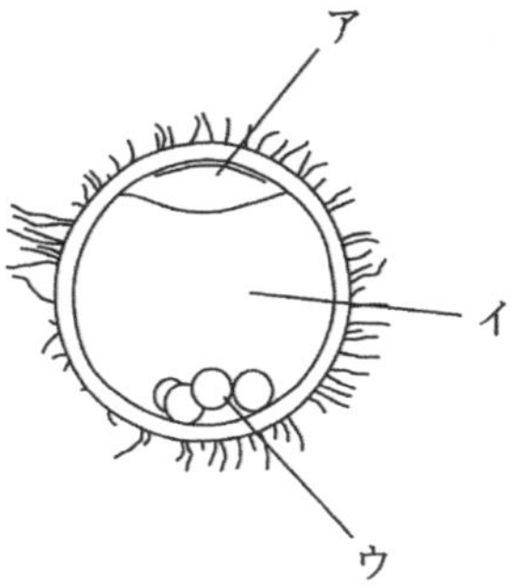

問3　下線部について，ふ化したばかりのメダカは，腹に栄養をたくわえているため，しばらくえさを食べません。インゲンマメの種子も光合成ができるようになるまで，発芽に必要な養分をある部分にたくわえています。発芽に必要な養分をたくわえる部分の名しょうを答えなさい。

問4　メダカの卵をルーペやそう眼実体けんび鏡を用いて観察しました。ルーペとそう眼実体けんび鏡について正しいものをそれぞれ1つずつ選びなさい。

(1)　ルーペ

①　動かせないものを見るときは，ルーペだけを見るものに近づけたり遠ざけたりして，はっきりと見えるところで止める。

②　動かせないものを見るときは，ルーペを目に近づけたまま，見るものに近づいたり遠ざかったりして，はっきりと見えるところで止まる。

(2)　そう眼実体けんび鏡

③　接眼レンズと対物レンズがあり，厚みのあるものを立体的に観察するときに適している。

④　接眼レンズが2つあり，上下左右が逆に見える。

4 学校の花だんでは4月にアブラナの周りをモンシロチョウが飛んでいました。7月になるとツルレイシやヒマワリの花がさいていました。

問1　図1は，アブラナの花のつくりを表したものです。図1のア～エのうち，イネの花にはないものを2つ選びなさい。

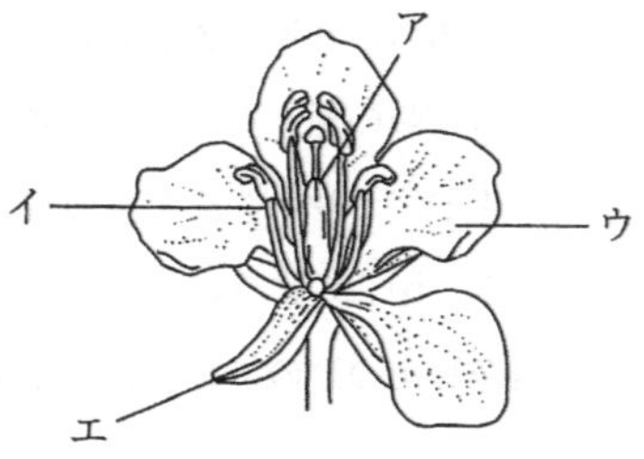

図1

問2　モンシロチョウについて誤っているものを，次の①～④から1つ選びなさい。

① モンシロチョウは，うすい黄色の卵を1カ所に数個まとめて産みつける。

② モンシロチョウの幼虫は，だっ皮を数回おこなったのち，さなぎになり，さなぎの間は何も食べない。

③ モンシロチョウのさなぎは冬にも見ることができる。

④ モンシロチョウのはねは胸の部分にあり，腹にはふしがみられる。

問3　ツルレイシのように雄花《おばな》と雌花《めばな》に分かれている植物を，次の①～④から1つ選びなさい。

①　アサガオ　　②　オクラ　　③　ナス　　④　トウモロコシ

問4　図2は，ヒマワリの花粉のスケッチです。ヒマワリの花粉は，なぜ図2のような形をしているのか説明しなさい。

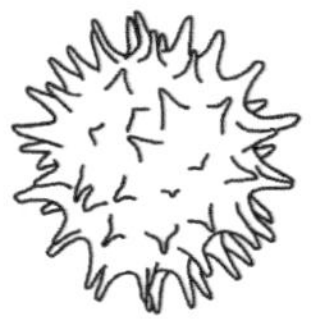

図2

5　名古屋のある場所で星空を観測しました。

問１　図１は，名古屋における春分および秋分の日の太陽の通り道を表しています。オリオン座は，この太陽の通り道に沿って動いているように見えます。オリオン座が東の空のＡの位置にあるとき，図２のように見えました。このオリオン座が真南のＢの位置にきたとき，どのように見えますか。次の ①～④ から最も適切なものを１つ選びなさい。ただし，観測者はＯにいるものとします。

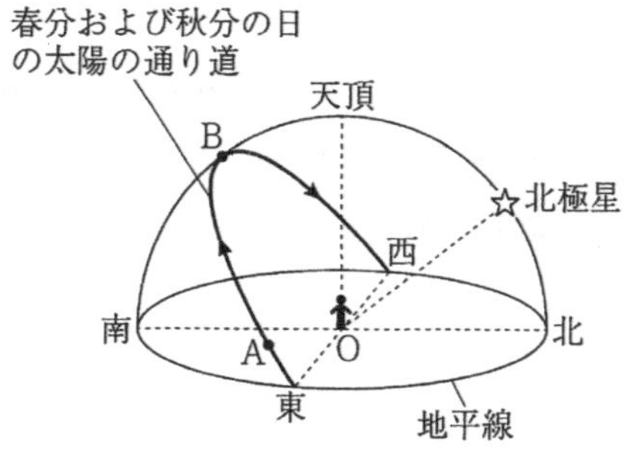

図１

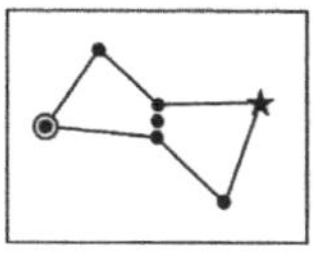

図２

①　②　③　④

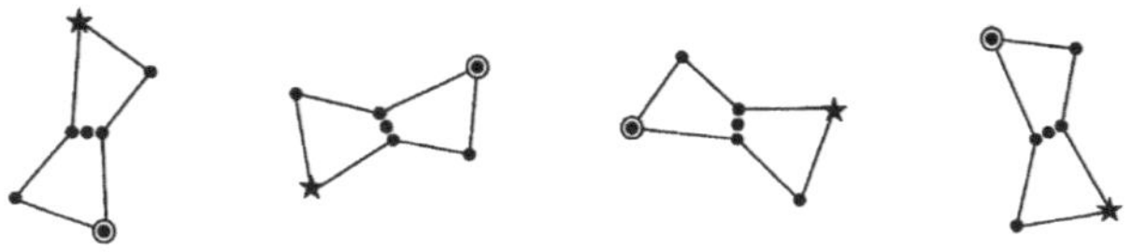

問２　図２で示したオリオン座には，１等星が２つあります。オリオン座の１等星について説明した文として最も適切なものを，次の ①～④ から１つ選びなさい。

① 図２の◉で示した星はベテルギウスとよばれ，冬の大三角を形成する星の１つでもある。

② 図２の◉で示した星はリゲルとよばれ，夏の大三角を形成する星の１つでもある。

③ 図２の★で示した星はベテルギウスとよばれ，青白い色をしている。

④ 図２の★で示した星はリゲルとよばれ，赤みがかった色をしている。

問３　図３は，北の空を表しています。図３のA_1とA_2は，同じ日に同じ星を数時間観測した結果で，A_1とA_2のつくる角度は30°でした。A_1はA_2よりも約何時間前または約何時間後に観測したものですか。

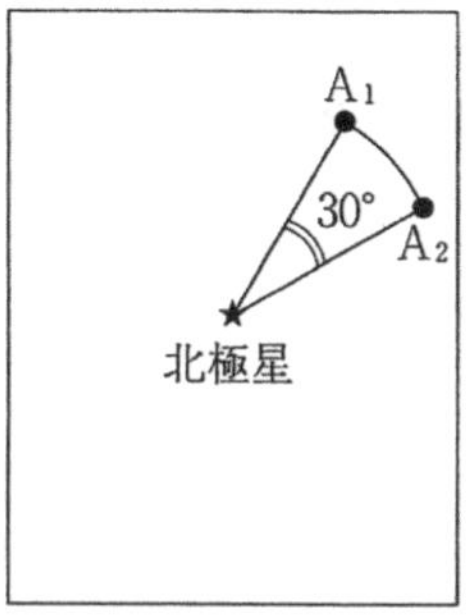

図３

6　図は，地球の公転と，太陽および12の星座の位置関係を模式的に表したものです。地球は自転しながら太陽のまわりをA，B，C，Dの順に1年かけて公転しています。そのため，毎日同じ場所で同じ時刻に星座を観察すると，星座が少しずつ動いているように見えます。例えば，地球がAの位置にあるとき，真夜中の南の空に，いて座が見えます。その1ヶ月後，同じ場所で真夜中の南の空にやぎ座が見えます。また，地球がAの位置にあるとき，明け方の南の空にうお座が見えます。なお，12の星座は太陽や地球から非常に遠くにあります。

問1　秋分の日に太陽はおとめ座の方向に見えます。このときの地球は，A～Dのどの位置にありますか。記号で答えなさい。

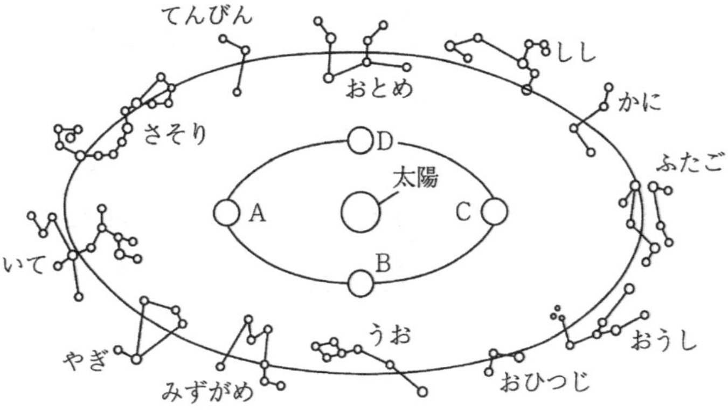

問2　オリオン座には次のような神話があります。「オリオンはとても体が大きく，力持ちで，ギリシャ神話で一番の狩人《かりゅうど》でした。そんなオリオンは，そのうち力を自まんするようになりました。見かねた女神ヘーラは，オリオンをこらしめるために，彼の足元に大きなサソリを放ちました。さすがのオリオンもサソリの毒には勝てず，命を落としてしまったのです。今でもサソリが苦手なオリオンは，サソリが東から夜空に上がってくると，そそくさと西にしずんでいきます。」このことから，オリオン座は，図の12の星座のどの辺りにあるように見えますか。『○○座と□□座の間』のように答えなさい。

問3　地球が図のBの位置にあるとき，真夜中の南の空にうお座が見えました。地球が図のBの位置にあったときから3ヶ月後，同じ場所で明け方の南の空にはどの星座が見えますか。図の星座の中から選びなさい。

7 家庭で使われる燃料ガスには主にメタンやプロパンがあります。メタンやプロパンに気体Ｘを加えて火をつけると，燃えて気体Ｙと水が生じます。メタンやプロパンの重さを変えて完全に燃やすと，必要な気体Ｘと生じる気体Ｙと水の重さは，次の表１，表２のようになりました。

表１

メタン	気体Ｘ	気体Ｙ	水
1.6 g	6.4 g	4.4 g	3.6 g
3.2 g	12.8 g	8.8 g	7.2 g

表２

プロパン	気体Ｘ	気体Ｙ	水
4.4 g	16.0 g	13.2 g	7.2 g
13.2 g	48.0 g	39.6 g	21.6 g

問１　表１，表２からいえることとして正しいものには「○」を，誤りをふくむものには「×」を記しなさい。

(1) 燃えたメタンやプロパンの重さと気体Ｘの重さの合計は，生じた気体Ｙと水の重さの合計に等しくなる。

(2) メタンやプロパンの重さを２，３，・・・倍にすると，生じる気体Ｙの重さも２，３，・・・倍になる。

(3) １gのプロパンを完全に燃やしたときに生じる気体Ｙの重さは，１gのメタンを完全に燃やしたときに生じる気体Ｙの重さよりも大きい。

(4) メタンやプロパンに同じ重さの気体Ｘを加えてそれぞれを燃やしたとき，より多くの量を燃やすことができるのはメタンである。

問２　メタン30gに気体Ｘ64gを加えて完全に燃やすと，どちらかの気体が残ります。どちらが何g残ると考えられますか。

問３　メタンを燃やして生じる気体Ｙには温室効果があり，環境《かんきょう》問題の１つになっています。そこで，生じた気体Ｙを水素と反応させることで再びメタンを作り出す「メタネーション」という技術が，近年話題となっています。気体Ｙ44gと水素８gが反応するとメタン16gが生じるとします。メタン1.6gを燃やして生じる気体Ｙをすべてメタンにもどすには，何gの水素が必要ですか。

問4　気体Yを空気中から回収する取り組みとして適切なものを，次の①～④から1つ選びなさい。

①　植林をする。

②　発電方法を火力発電から太陽光発電に変更《こう》する。

③　レジ袋《ぶくろ》を使用せず，マイバッグを持参する。

④　使用済みのペットボトルを回収し，資源化する。

令和６年度

中学校入学試験問題

社　　　会

（※社会と理科２科目60分）

注意事項

1．試験開始の合図があるまで、この問題冊子の中を見てはいけません。
　試験開始までの間、この注意事項をよく読んで下さい。
2．この問題冊子は 16 ページです。
3．この問題冊子や解答用紙に印刷が悪くて見にくいところや汚《よご》れなどがある場合は、手をあげて監督《かんとく》の先生に知らせて下さい。
4．答えはすべて別紙の解答用紙に書き、記号で答えられるものはすべて記号で答えなさい。漢字の指定のあるものはかならず漢字で書きなさい。
5．解答用紙の受験番号、氏名は最初に記入して下さい。
6．試験終了後は解答用紙のみを提出し、問題冊子はそれぞれ持ち帰って下さい。

Ⅰ．次の文章を読み、以下の問いに答えなさい。

2023年の夏は、①気温や海面の水温が記録的に高くなりました。その影響《えいきょう》もあってか世界各地で大規模な山火事も発生しました。８月にはハワイのマウイ島で山火事が起こり、歴史あるラハイナの町にも燃え移り、多くの犠牲《ぎせい》者を出しただけでなく、②歴史的な建造物の多くも焼けてしまいました。

世界的な高温を受けて、７月27日、国連の【　Ａ　】事務総長は【　Ｂ　】にある国連本部で記者会見を開き、「地球温暖化の時代は終わった。地球【　Ｃ　】化の時代が到来《とうらい》した。」と発言しました。また、③ヨーロッパ連合の気象情報機関「コペルニクス気候変動サービス」も、2023年７月の世界の平均気温は【　Ｄ　】.95度で、それまでで最も高かった2019年７月の【Ｄ】.63度を上回り、記録のある1940年以降で最も暑い月だったと発表しました。

日本でも、2023年は各地で高温を記録したほか、梅雨前線や台風による大雨の被害《ひがい》も相次ぎました。６月１日から３日にかけては梅雨前線と台風２号の影響で、西日本から東日本の太平洋側を中心に大雨となり、④高知県、和歌山県、奈良県、三重県、愛知県、静岡県では線状降水帯が発生しました。また、夏休みシーズンに日本をおそった台風６号や７号は暴風や大雨の被害をもたらしました。その上、⑤新幹線や航空機など交通機関の運休や欠航も相次ぎ、観光客や台風から離れた場所で暮らす人々へも大きな影響を与えました。

【Ａ】事務総長は、７月27日の記者会見で「適応だ。異常気象はニューノーマルになりつつある。すべての国は、その結果生じる灼熱《しゃくねつ》や、致命的《ちめいてき》な洪水《こうずい》、嵐《あらし》、干ばつ、猛火《もうか》に対応し、これらから国民を守らなければならない。」とも述べています。さらに、日本では地震《じしん》や津波、火山活動などによる災害も多く発生しています。日本で暮らす私たちにとって、自然災害に対する「適応」とはどのようなことが必要か、一人一人が当事者意識をもって考えていかなければなりません。

問１　空欄《くうらん》【　Ａ　】に適する人名、空欄【　Ｂ　】に適する都市名をそれぞれ答えなさい。

問２　空欄【　Ｃ　】に入る語として正しいものを、次のア～エから一つ選びなさい。

ア．熱帯　　イ．常夏《とこなつ》　　ウ．炎上《えんじょう》　　エ．沸騰《ふっとう》

問３　空欄【　Ｄ　】に入る数字として正しいものを、次のア～エから一つ選びなさい。

ア．11　　イ．16　　ウ．21　　エ．26

問4　下線部①に関して、次の表1は、各地における観測史上一位の最高気温の上位10地点を示したものです。以下の問いに答えなさい。

表1

順位	都道府県	観測地点	℃	観測年月日
1	静岡県	浜松	41.1	2020年8月17日
1	埼玉県	熊谷	41.1	2018年7月23日
3	【X】県	美濃	41.0	2018年8月8日
3	【X】県	金山	41.0	2018年8月6日
3	高知県	江川崎	41.0	2013年8月12日
6	静岡県	天竜(a)	40.9	2020年8月16日
6	【X】県	多治見	40.9	2007年8月16日
8	新潟県	中条	40.8	2018年8月23日
8	東京都	青梅	40.8	2018年7月23日
8	山形県	山形(b)	40.8	1933年7月25日

気象庁ホームページより作成。

(1)　表1中の空欄【X】に当てはまる県名を漢字で答えなさい。

(2)　下線部(a)に関連して、天竜川の水源である長野県中部に位置する湖の名称《めいしょう》を漢字で答えなさい。

(3)　下線部(b)に関連して、山形盆地を流れる河川として正しいものを、次のア～エから一つ選びなさい。

ア．最上川　　イ．阿武隈川　　ウ．北上川　　エ．雄物川問５　下線部②に関連して、次の図１に示したＰ～Ｓに位置する歴史的な建造物の名称として誤っているものを、次のア～エから一つ選びなさい。

図１

ア．Ｐ：八幡製鉄所　　イ．Ｑ：姫路城　　ウ．Ｒ：日光東照宮　　エ．Ｓ：中尊寺金色堂

問６　下線部③の略称《りゃくしょう》をアルファベットで答えなさい。

問7　次の表2中のア～カは、下線部④の6県のうちのいずれかの各種統計を示したものです。奈良県と和歌山県に当てはまるものを、ア～カからそれぞれ一つずつ選びなさい。

表2

	人口 (2021年、単位：万人)	みかんの生産量 (2021年、単位：t)	海岸線の長さ (2016年、単位：km)	政令指定都市の数
ア	751.7	24100	66.9	1
イ	360.8	99700	51.8	2
ウ	175.6	18500	114.0	0
エ	131.5	－	0	0
オ	91.4	147800	65.1	0
カ	68.4	5800	71.7	0

『データでみる県勢』『海岸統計　平成28年度版』より作成。
表中の「－」は数値非公表。

問8　下線部⑤について、以下の問いに答えなさい。

(1)　2022年9月23日に開業した、武雄温泉駅と長崎駅を結ぶ新幹線の正式名称を漢字で答えなさい。

(2)　2024年1月1日現在、新幹線が発着する駅がない都道府県の数として正しいものを、次のア～エから一つ選びなさい。

ア．11　　イ．16　　ウ．21　　エ．26

問9　今後も地球温暖化が進行すると予想している専門家がいる一方で、地球寒冷化の時代が到来するのではないかと指摘《してき》している専門家もいます。地球で暮らす人々《ひとびと》にとって、温暖化と寒冷化ではどちらに対する適応が難しいと考えますか。温暖化と寒冷化のいずれかを選び、あなたの意見を20字以上50字以内で記述しなさい。

Ⅱ. とし子さんは夏休みの自由研究で東海道新幹線についてまとめ、発表することにしました。以下の問いに答えなさい。

東海道新幹線について

【東海道新幹線関係年表】

1872年　新橋-横浜（A）間で鉄道開通
1889年　東海道線(東京-神戸間)全通
1891年　日本最初の民営鉄道会社が上野-[redacted]B[redacted]間で鉄道全通
1906年　C 政府が民営鉄道17社を買収
D 1939年　鉄道省を中心とした弾丸《だんがん》列車計画
1958年　東海道新幹線の建設計画が決定
1959年　新幹線建設工事の始まり
1964年　東海道新幹線の開業
1987年　国鉄の民営化(JRへ)
2003年　東海道新幹線品川駅が開業

【東海道新幹線 車両のうつりかわり】

※	0系	登場年　1964年 ⓐ
※	100系	登場年　1986年 ⓘ
※	300系	登場年　1992年 ⓤ
※	700系	登場年　1997年 高速化に成功させた前の型にさらに改良を加え、「快適性」が高められた。先頭部の形が「カモノハシ」に似ていると話題になった。
※	N700系	登場年　2007年 ⓔ
※	N700A	登場年　2012年 安全性や快適性、環境性のさらなる向上を目指して開発された。また、デッキやトイレの照明にはLEDを採用。調光機能を持たせ照明電力を減らした。
※	N700S	登場年　2020年 コロナの流行で、行きたい場所に行くことが難しかったが、JR東海と「将来に想いをはせる人々」の想いを大切に、"最高の新幹線"としてデビューした。

【新幹線の停車駅と車窓・観光地】

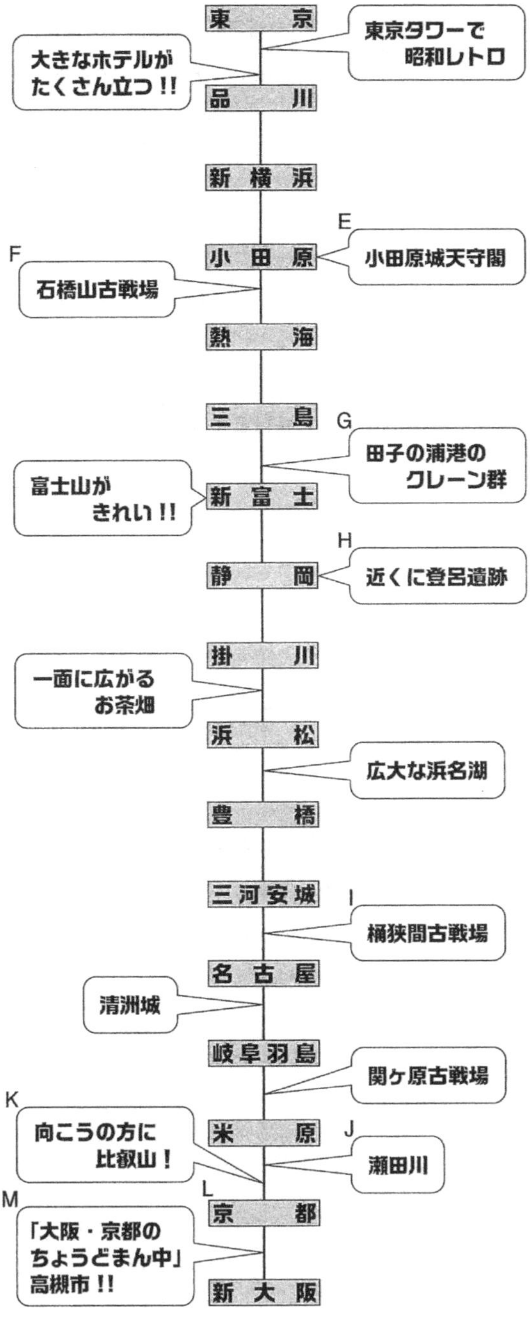

【参考】
須田寛・福原俊一(2014)『東海道新幹線50年の軌跡』JTBパブリッシング
今尾恵介(2014)『東海道新幹線開業50周年記念 世界最速「車窓案内」』新潮社
須田寛(2010)『東海道新幹線Ⅱ 改訂新版』JTBパブリッシング
一坂太郎(2007)『東海道新幹線歴史散歩』中公新書
日本車輌製造株式会社HP　https://www.n-sharyo.co.jp/index.html
東海旅客鉄道株式会社(JR東海)HP　https://jr-central.co.jp/

※お詫び：著作権上の都合により、写真は掲載しておりません。

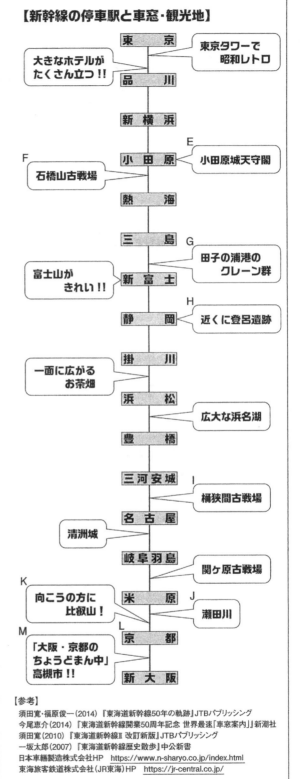

問１　とし子さんは発表の中で、下線部**A**の横浜で開港後に行なわれていた貿易について話すことにしました。とし子さんが話した内容として、正しいものを以下のグラフを参考にして、ア～エから一つ選びなさい。

取り引きされた港

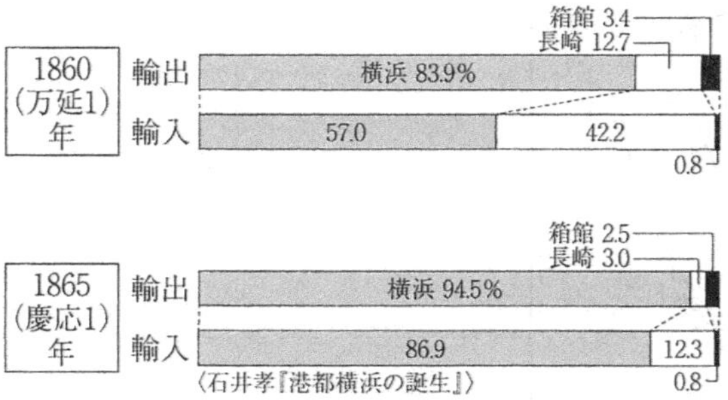

横浜港での国別取引高

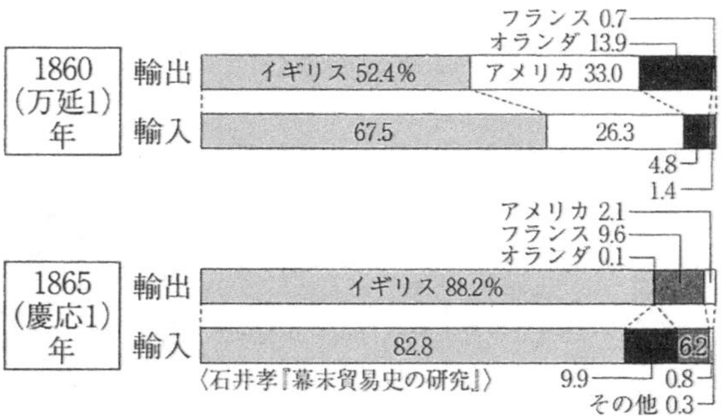

取り引きされた商品（横浜港）

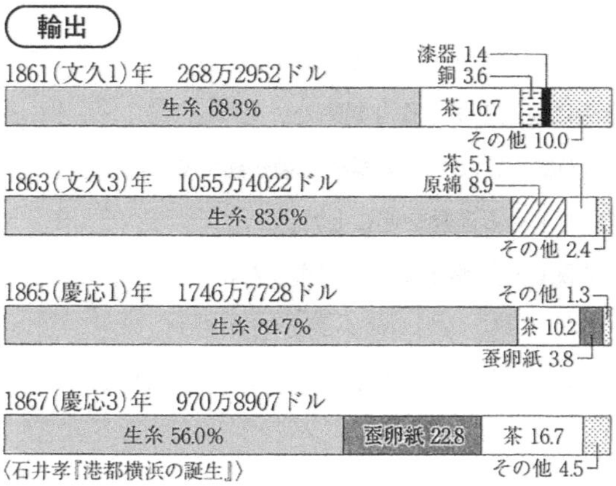

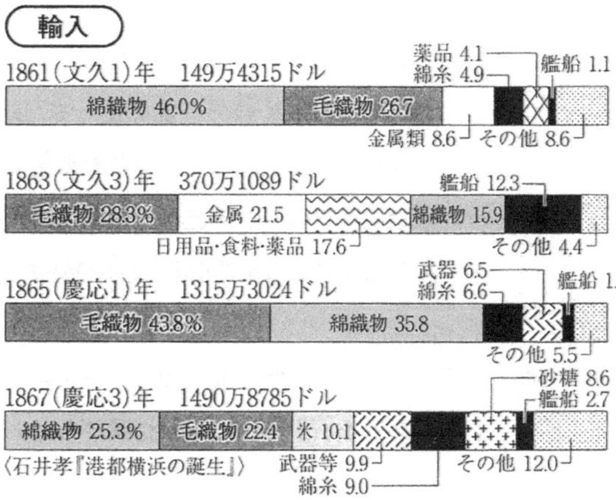

帝国書院『図説日本史通覧』より

ア．横浜港での貿易の相手国はアメリカが中心でした。

イ．横浜港は神戸港に次いで、２番目に多く取り引きされた港でした。

ウ．横浜港から輸出された品物の中心は生糸でした。

エ．江戸時代の横浜港での取り引きは、常に輸入額が輸出額を上まわっていました。

問２　とし子さんは発表のためにまとめた用紙を、雨にぬらしてしまい、**B**の箇所《かしょ》が汚《よご》れてしまいました。発表前に書き直さなければなりません。以下のヒントをもとに**B**の箇所に書かれる都市は何県にあるか漢字で答えなさい。

ヒント：この県では、縄文時代前期から中期の大規模な集落遺跡である三内丸山遺跡が発見された。

問３　とし子さんは、下線部**C**の政策は、「明治政府が軍事上・産業上必要であると考えて行なった。」と説明しました。以下の問いに答えなさい。

⑴　1906年当時、日本が植民地としていた地域の都市として正しいものを、地図中ア〜エから一つ選びなさい。

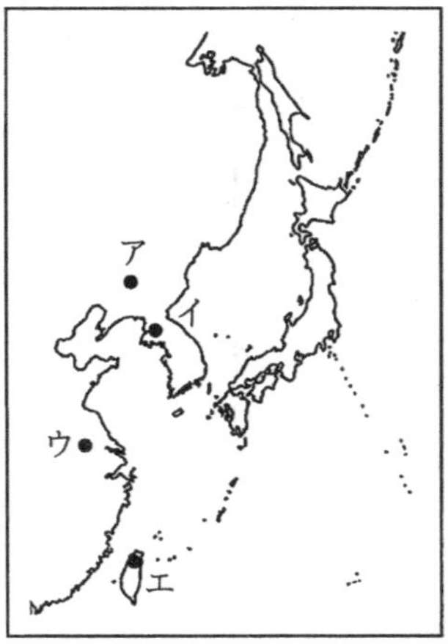

⑵　この頃の日本の産業のようすとして正しいものを、ア〜エから一つ選びなさい。

ア．日露戦争の賠償金《ばいしょうきん》の一部を使って、政府が全国に模範《もはん》工場を作り始めた。

イ．中部地方や関東地方では綿糸を製造する製糸業が盛んになり、大規模工場が建てられた。

ウ．衆議院議員の田中正造が、足尾銅山の操業停止を求める運動を起こした。

エ．陸奥宗光による条約改正交渉《こうしょう》が成功し、日本の関税自主権が完全に回復した。

問４　下線部**D**の1939年の頃《ころ》（1934〜1944年）の日本のようすを述べた文ａ〜ｄについて正しいものの組み合わせを、ア〜エから一つ選びなさい。

ａ．日本はドイツ・イギリスと軍事同盟を結び、東南アジアに軍隊を進めた。

ｂ．日本はミッドウェー海戦以降、敗戦を重ねるようになった。

ｃ．米や野菜、衣類などを国が管理する配給制が始まった。

ｄ．戦争が激しくなると、地方の小学生は都市部の工場で働くために疎開《そかい》した。

ア．ａとｃ　　イ．ａとｄ　　ウ．ｂとｃ　　エ．ｂとｄ

問５　**E**のコメントに関連して、とし子さんは、「小田原は戦国時代に北条氏が拠点《きょてん》を置いた地です。」と発表しましたが、同時期の戦国大名とその拠点（現在の都道府県）の組み合わせとして正しいものを、ア〜エの中から一つ選びなさい。

ア．上杉謙信：福井県　　イ．毛利元就：高知県

ウ．伊達政宗：山口県　　エ．武田信玄：山梨県

問６　Ｆのコメントでとりあげた石橋山は、源頼朝が平家討伐《とうばつ》の兵を挙げた最初の地です。鎌倉幕府の成立に至る過程と成立した幕府の説明文ａ～ｄについて正しいものの組み合わせを、ア～エから一つ選びなさい。

ａ　源頼朝は、くりから峠の戦いで平氏に勝利した後に、京都に入った。

ｂ　源氏は壇ノ浦の戦いで、平氏を滅亡《めつぼう》させた。

ｃ　源氏による将軍が３代で途絶《とだ》えると、北条氏が将軍についた。

ｄ　将軍と御家人は「御恩」と「奉公」の関係で結ばれていた。

ア．ａとｃ　　イ．ａとｄ　　ウ．ｂとｃ　　エ．ｂとｄ

問７　Ｇのコメント内にある田子の浦は、とし子さんが趣味《しゅみ》で行なっている百人一首の中で、山部赤人が「田子の浦に　うち出でてみれば　白妙《しろたえ》の　富士の高嶺《たかね》に　雪は降りつつ」の歌を詠《よ》んでいたことに気が付き、発表の中に入れました。これに関する以下の問いに答えなさい。

(1)　山部赤人は奈良時代初期の歌人である。奈良時代の社会のようすについて述べた文として正しいものを、ア～エから一つ選びなさい。

ア．天皇を中心とした政治を行なうために中大兄皇子が律令を制定した。

イ．一般農民は収穫《しゅうかく》した稲の約３％を税として納めた。

ウ．天皇とのつながりを強くした藤原道長が摂政として大きな力を持った。

エ．桓武天皇が仏教の力を使って国を治めるために、大仏を造ることを決めた。

(2)　以下のａ～ｃの百人一首の札の歌が詠まれた時代の古いものから順に並べたものとして正しいものを、ア～カから一つ選びなさい。

ａ．

人も惜し
人もうらめし
あぢきなく
世を思ふゆゑに
もの思ふ身は
後鳥羽院（後鳥羽上皇）

ｂ．

秋の田の
かりほの庵の
苫をあらみ
わが衣手は
露にぬれつつ
天智天皇

ｃ．

花の色は
うつりにけりな
いたづらに
わが身世にふる
ながめせしまに
小野小町

ア．ａ－ｂ－ｃ　　イ．ａ－ｃ－ｂ　　ウ．ｂ－ａ－ｃ

エ．ｂ－ｃ－ａ　　オ．ｃ－ａ－ｂ　　カ．ｃ－ｂ－ａ

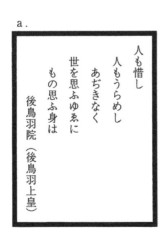

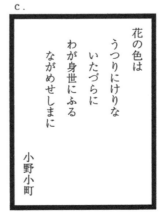

問８　Ｈのコメントにある登呂遺跡について、とし子さんが発表した内容として正しいものを、ア〜エから一つ選びなさい。

ア．ここには1962年から50年以上続けられている発掘《はっくつ》の成果を中心に、約５万年前から現在に至るまでの、周辺の自然環境《かんきょう》が展示されています。発掘された化石をもとにした実物大のナウマンゾウとオオツノジカの復元像や、骨器や石器の資料も豊富に展示されています。

イ．ここは、第二次世界大戦中の軍需《ぐんじゅ》工場建設の際に発見されました。大量の土器・木製品などの出土品とともに、住居跡《あと》・倉庫跡などの居住域と水田域が一体となって確認され、「弥生時代といえば水田稲作」というイメージが定着するきっかけとなりました。

ウ．ここから出土した土器や土偶は、特に形やデザインが美しく、個性的で、江戸時代からとても有名でした。中でもいちばん知られているのは、明治20年に出土した遮光器土偶《しゃこうきどぐう》で、国の重要文化財に指定されています。

エ．切り通しで露出《ろしゅつ》していたここの赤土層から1946年に石器が発見されました。その後も何度となくこの地で調査が行なわれると、赤土の中から次々と石器が見つかりました。土器は一緒に出土することはありませんでした。1.5万年以上前の火山灰の層の時代には、ヒトが住めなかったといわれていましたが、その層から黒曜石《こくようせき》の石槍《いしやり》も発見され、この地にヒトが住んで文化があったことがわかりました。

問９　Ｉのコメントにある古戦場で起こった桶狭間の戦いで織田信長に倒《たお》された一族の名前を漢字で答えなさい。

令和六年度　中学校入学試験問題解答用紙（国語）

一

問一

問二

問三

問四

問五

問六

問七

問八

問九

さん

問十

問十一

問十二

二

問一

A

B

C

問二

問三

(1)

(2)

問四

問五

(1)

(2)

問六

(1)

(2)

問七

問八

問九

(1)

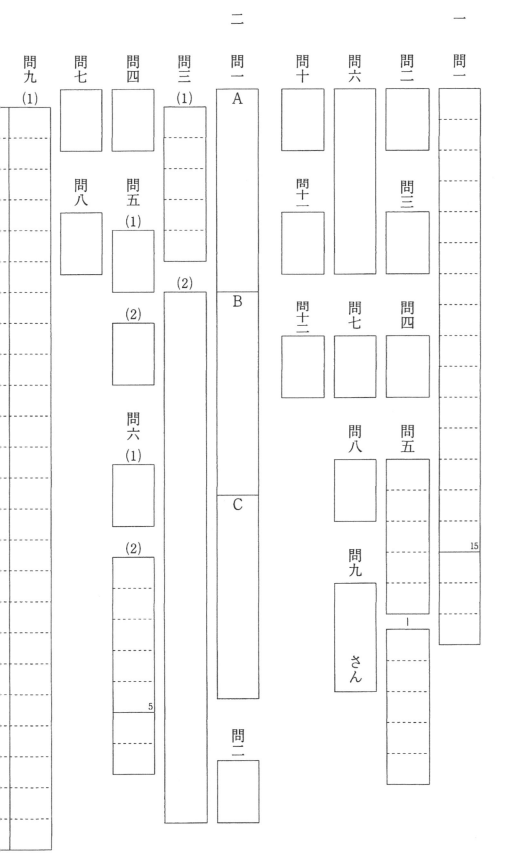

8.

C　　，D　　，E　　，F	C　　，D　　，E　　，F

9.

(1)	(2)　　秒後	(3) 数字の合計
(3) 110 の倍数になることの説明		

問 4

5 問 1 問 2 問 3 約

6 問 1 問 2 座と 座の間 問 3 座

7 問 1 (1) (2) (3) (4) 問 2 が g 残る

問 3 g 問 4

									30
									40
									50

Ⅱ.

問1	問2 県		問3(1)	問3(2)	問4
問5	問6	問7(1)	問7(2)	問8	問9 氏
問10				問11	問12(1)
問12(2)	問13(1)	問13(2)	問14		

Ⅲ.

(a) 年	問1	問2	問3
問4(1)	問4(2)	問5	問6

令和６年度　　　中学校入学試験問題解答用紙（社会）

受験番号 [　　　　] 番　氏名 [　　　　　　　　]

※50点満点
（配点非公表）

I.

<table>
<tr><td colspan="3">問１　A</td><td colspan="3">問１　B</td><td>問２</td></tr>
<tr><td>問３</td><td colspan="3">問４(1)
県</td><td colspan="3">問４(2)</td></tr>
<tr><td>問４(3)</td><td>問５</td><td colspan="3">問６</td><td>問７－奈良</td><td>問７－和歌山</td></tr>
<tr><td colspan="3">問８(1)
新幹線</td><td>問８(2)</td><td colspan="3">問９
温暖化　・　寒冷化</td></tr>
<tr><td colspan="7">問９　　　　　　　　　　　　　　　　　　　　　10</td></tr>
</table>

【解答

令和６年度　　中学校入学試験問題解答用紙（理科）

受験番号 ＿＿＿＿ 番　氏名 ＿＿＿＿

※50点満点
（配点非公表）

1　問１ ＿＿＿＿　問２ ＿＿＿＿　問３ ＿＿＿＿

2　問１ ＿＿＿＿　問２ ＿＿＿＿

3　問１ ＿＿＿＿　問２ ＿＿＿＿　問３ ＿＿＿＿　問４ (1) ＿＿＿＿　(2) ＿＿＿＿

令和６年度　　中学校入学試験問題解答用紙（算数）

受験番号 　　　　番　氏名

※100点満点
（配点非公表）

※には何も記入しないこと

1.

(1)	(2)	(3)	※

2.

(1)	(2)	(3) cm	(4) 通り
(5) 人	(6) 度	(7) cm^2	(8) cm^2

3.	4.	※

5. (1) cm^2	(2) ，	6. (1) 時速 km	(2) km

【解答】

(2)

三

(1)

①

記号

漢字

②

記号

漢字

③

記号

漢字

(2)

①

記号

漢字

②

記号

漢字

受験番号

番

氏名

※100点満点
（配点非公表）

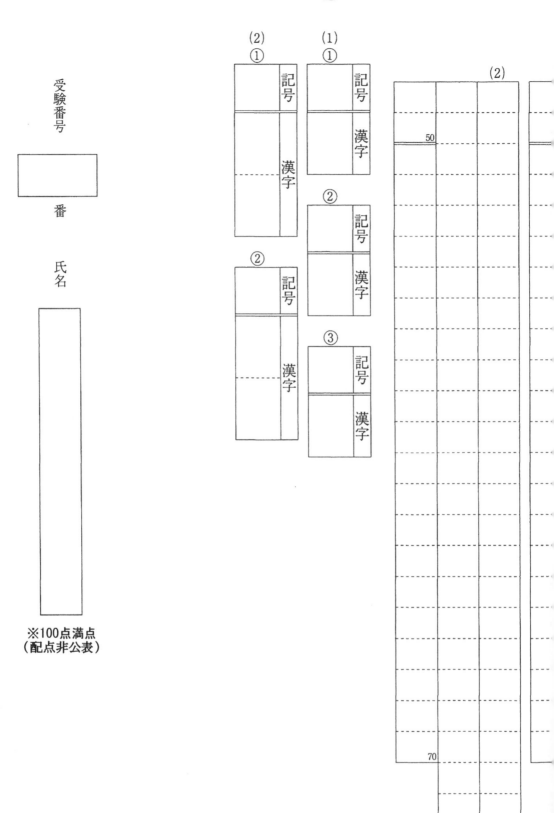

問10　Jのコメントにある瀬田川には瀬田唐橋がかかっています。以前、とし子さんはおばあちゃんから瀬田唐橋について以下の短歌とそれにまつわるお話を聞きました。歴史と日頃使うことわざが関係あることを知りました。ヒントを参考に下の短歌の空欄《くうらん》 □ にふさわしいことわざを入れなさい。

「もののふの　矢橋《やばせ》の船は　速けれど　□　瀬田の長橋」

※もののふ：兵。武士のこと。

～ヒント～

かつて京都に東から入る際には、東海道を歩いて入っていました。東海道では京都に入る直前の琵琶湖を大きく迂回《うかい》して、湖の南端《なんたん》にある瀬田唐橋を渡《わた》る必要がありました。このルートはとても面倒《めんどう》で、時間がかかりました。そこで、人々は琵琶湖を船で渡った方が早いと考え、迂回せず琵琶湖を船で横断することにし、矢橋の港から船を出していました。しかし、比叡山から吹き下ろす強風でなかなか船が出せなかったり、出航しても転覆《てんぷく》してしまったりすることが多くありました。結局は「遠回りでも、急いで行くときほど安全で確実な瀬田唐橋から行った方が良いのだ」と言われました。

問11　Kのコメントにある比叡山に関して、とし子さんは延暦寺を開いた最澄について発表しました。その内容として適切なものを、ア～エから一つ選びなさい。

ア．遣唐使とともに中国に渡り、天台宗を学んで帰国しました。

イ．民衆への布教を行なったため朝廷から取《と》り締《し》まりを受けましたが、のちに大僧正《だいそうじょう》に任命されました。

ウ．中国の僧《そう》で何度も航海《こうかい》に失敗したために失明しましたが、来日後は多くの日本人僧を育てました。

エ．ひたすら座禅《ざぜん》を行ない、自分の力で悟《さと》りを開くことが大切だと説《と》きました。

問12　Ｌの京都について、とし子さんは以下の地図を作りました。この地図を参考に以下の問いに答えなさい。

地理院地図より作成
※御所…天皇の住まいがあった場所。

⑴　地図中の線Ｘは、かつての平安京の「朱雀大路」をあらわしています。このことを参考にして以下の文の中から正しいものを、ア～エから一つ選びなさい。

ア．平安京造営以後、天皇の住まいは東へ移った。

イ．現在の京都駅は、平安京造営当初に右京であった地域に位置している。

ウ．東海道新幹線は、かつての平安京の内部を避《さ》けて走っている。

エ．地図中の点線Ｙがあらわす道路は現在、「一条通」と呼ばれている。

(2) 地図中にある金閣・銀閣について述べた文ａ、ｂの正誤について正しいものを、ア～エから一つ選びなさい。

ａ：金閣を建てた足利義満は、明国との間で勘合貿易を始めた。
ｂ：銀閣は応仁の乱後に８代将軍になった足利義政によって建てられた。

ア．ａ－正　ｂ－正　　　イ．ａ－正　ｂ－誤
ウ．ａ－誤　ｂ－正　　　エ．ａ－誤　ｂ－誤

問13　Ｍのコメントにある大阪府高槻市に関して、以下の問いに答えなさい。

(1) 高槻市は日本でも有数の古墳地帯です。古墳について述べた文として正しいものを、ア～エから一つ選びなさい。

ア．日本で最大・最長の古墳は大阪府にある。
イ．人や動物、建物の形をした埴輪が死者とともに地中に埋《う》められた。
ウ．５世紀に仏教が伝来した後は、古墳は一切造られなくなった。
エ．古墳の造営は大王のみの特権とされ、豪族らが造ることは禁止されていた。

(2) 高槻市は江戸時代初めにキリシタン大名の高山右近が領主として統治していました。日本とキリスト教の関係について述べた文として正しいものを、ア～エから一つ選べ。

ア．1543年に種子島に漂着《ひょうちゃく》したフランシスコ・ザビエルが鉄砲《てっぽう》とキリスト教を日本に伝えた。
イ．江戸幕府は鎖国政策を徹底《てってい》するために踏絵を行なって、キリシタンを弾圧《だんあつ》した。
ウ．来日した宣教師によって伝えられた知識で、杉田玄白・前野良沢が『解体新書』を著《あらわ》した。
エ．明治政府がキリスト教の信仰《しんこう》を禁止したため、板垣退助らは自由民権運動で信教の自由を要求した。

問14　とし子さんは、発表資料中の【東海道新幹線　車両のうつりかわり】の表に、下のア～エの４枚のカードを表中のⓐ～ⓔに貼《は》ることを忘れてしまいました。表中のⓔに貼るべきものを、以下のア～エから一つ選びなさい。

ア．国鉄末期に登場し、JR移行後にも製作された。「2階建て」新幹線、「展望レストラン」といわれた食堂車等が人気となった。

イ．車両の軽量化などフルモデルチェンジが行なわれた。東京～新大阪間を2時間30分で結ぶことに成功し、東海道新幹線の高速化を定着させた。

ウ．快適性と高速化・環境《かんきょう》への適合がはかられた。トップスピードで走れる距離《きょり》が伸びて東京～新大阪間が2時間25分で結ばれるようになった。東日本大震災では安全が確認されるまで運転が見合わされた。

エ．国鉄の技術陣《ぎじゅつじん》が総力をあげて開発し、登場から約20年あまりにわたって活躍を続けた。大阪万博期間中には各車両出入口横に万博マークが掲出《けいしゅつ》された。

Ⅲ. 2024年には、フランスのパリで夏季オリンピックが開催《かいさい》されます。次の表は、オリンピックの開催年、開催地と、その年に起こった主な出来事をまとめたものです。この表の空欄《くうらん》（　a　）に適切な数字を入れ、下線部の問いに答えなさい。

開催年	開催地	出来事
2000年	シドニー	九州・沖縄でサミット（主要国首脳会議）①が開催された。
2004年	アテネ	新紙幣《しへい》②が発行され、千円札の肖像《しょうぞう》が「野口英世」に、五千円札の肖像が「樋口一葉」に変更された。
2008年	ペキン	秋葉原通《とお》り魔《ま》事件が起こり、刑事《けいじ》裁判③の結果、被告人《ひこくにん》に死刑判決が下され、2022年に死刑が執行《しっこう》された。
2012年	ロンドン	第46回衆議院④議員総選挙によって自民党が第一党になり、安倍晋三内閣が発足した。
2016年	リオデジャネイロ	日本・オーストラリア・アメリカなど12か国がTPP（環太平《かんたいへい》洋《よう》パートナーシップ協定）⑤に署名した。アメリカのトランプ大統領は翌年離脱《りだつ》を表明した。
（　a　）年	東京	秋篠宮《あきしののみや》眞子《まこ》内親王《ないしんのう》が結婚《けっこん》したことにより、皇族⑥の身分を離《はな》れた。

問１　下線部①に関連して、2023年の広島サミットに参加した人物として誤っているものを、ア～エから一つ選びなさい。

ア．バイデン大統領（アメリカ）　　イ．ゼレンスキー大統領（ウクライナ）

ウ．メルケル首相（ドイツ）　　エ．スナク首相（イギリス）

問２　下線部②に関連して、財務省と日本銀行は2024年７月頃《ごろ》に新紙幣を発行する予定であると発表しました。この新紙幣のうち、一万円札と千円札に描《えが》かれる人物の組み合わせとして正しいものを、ア～カから一つ選びなさい。

ア．一万円札：渋沢栄一　　千円札：津田梅子

イ．一万円札：渋沢栄一　　千円札：北里柴三郎

ウ．一万円札：北里柴三郎　　千円札：渋沢栄一

エ．一万円札：北里柴三郎　　千円札：津田梅子

オ．一万円札：津田梅子　　千円札：渋沢栄一

カ．一万円札：津田梅子　　千円札：北里柴三郎

問３　下線部③に関連して、日本の刑事裁判について述べた文として正しいものを、ア～エから一つ選びなさい。

ア．被告人は、裁判の際に必ず国が指定した弁護人をつけなければならない。

イ．刑事裁判は被告人のプライバシーの保護のため、原則傍聴《ぼうちょう》できない。

ウ．裁判員裁判は刑事事件を対象に行なわれるが、裁判員の対象年齢《ねんれい》は、高度な判断を必要とするという理由で引き下げられず、20歳《さい》以上の国民から選ばれる。

エ．刑事裁判の第三審《だいさんしん》（終審）は必ず最高裁判所で行なわれる。

問４　下線部④に関連して、以下の問いに答えなさい。

(1)　1999年から自民党と連立関係を結んでおり、2023年４月１日時点で衆議院の与党《よとう》となっている政党の名前を漢字で答えなさい。

(2)　日本国憲法では、衆議院の優越《ゆうえつ》について規定されているが、衆議院の優越に関する文として誤っているものを、ア～エから一つ選びなさい。

ア．衆議院で可決された法律案を参議院が否決しても、衆議院が３分の２以上の賛成で再可決すれば、その法律は成立する。

イ．衆議院にのみ内閣不信任決議権が与《あた》えられている。

ウ．憲法改正の発議を行なうことができるのは衆議院のみである。

エ．内閣総理大臣の指名に関し、両議院が異なった議決をし、両院協議会でも一致《いっち》しなかったときは、衆議院の議決が国会の議決となる。

問５　下線部⑤に関連して、2023年にTPPへの加盟が決定した国として正しいものを、ア～エから一つ選びなさい。

ア．中国　　　イ．ロシア　　　ウ．メキシコ　　　エ．イギリス問６　下線部⑥に関連して、皇族や天皇について述べた文として正しいものを、ア～エから一つ選びなさい。

ア．日本国憲法では、天皇は国の元首であると規定されている。

イ．皇位継承《けいしょう》は、皇室典範《こうしつてんぱん》によって規定されている。

ウ．次の天皇は下の家系図の【X】の人物と決められている。

エ．天皇の国事行為の一つとして、最高裁判所長官の指名がある。

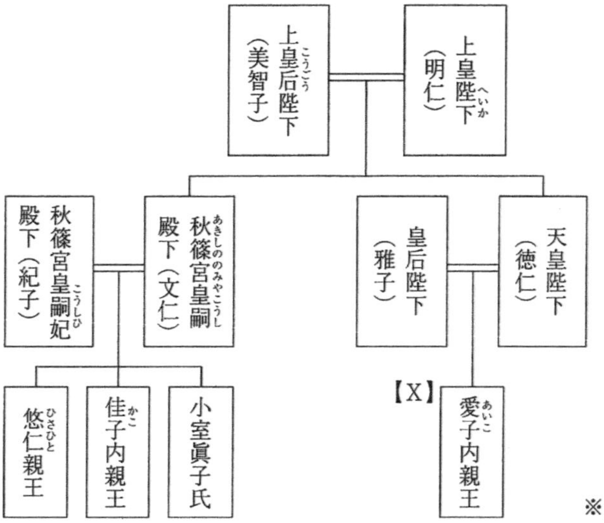

※2023年４月１日現在

令和五年度　中学校入学試験問題　愛知淑徳中学校　★

国語

（50分）

注意事項

一、試験開始の合図があるまで、この問題冊子の中を見てはいけません。
試験開始までの間、この注意事項をよく読んでください。

二、この問題冊子は13ページです。

三、この問題冊子や解答用紙に印刷が悪くて見にくいところや汚《よご》れなどのある場合は、手をあげて監督《かんとく》の先生に知らせてください。

四、答えはすべて別紙の解答用紙に書き、記号で答えられるものは、すべて記号で答えなさい。
答えを文中からぬき出す場合は、「、」「。」などの記号も一字分に数えなさい。

五、解答用紙の受験番号、氏名を記入する欄《らん》は用紙の最後にあります。最初に記入しなさい。

六、試験終了後は解答用紙のみを提出し、問題冊子はそれぞれ持ち帰ってください。

一、次の文章を読んで後の問いに答えなさい。

シェーンハイマーは、1898年にドイツで生まれた。（中略）

彼《かれ》の存在は、生物学の世界では完全に忘れ去られてしまっている。

シェーンハイマーの発見と同じ頃《ころ》、DNAが遺伝物質の担《にな》い手であるという、※1分子生物学の幕開けとなった発見に注目が集まっていた。彼の研究は、その陰《かげ》に隠《かく》れてしまったのだ。しかし私は、A彼の業績こそが20世紀最高の発見だったと言えると思う。それは、ノーベル賞のような栄誉《えいよ》を受けたということではない。当時の生命の考え方に革命をもたらしたからだ。

シェーンハイマーは、何を発見したのだろうか。当時の生命観は、ある種の機械論的な見方が主流だった。生命現象は非常に※2精妙《せいみょう》で神秘的に見えるが、結局生命とは、ミクロな部品が寄り集まった機械仕《じ》掛《か》けなのだと、多くの科学者は考えるようになっていた。

例えば、なぜ生物はものを食べねばならないか。機械論的に説明するなら「生命体は自動車と同じだから」となる。自動車は、エネルギー源であるガソリンでエンジンを回すことで走り、燃えかすは排気《はいき》ガスとして捨てる。体も同じように、食べ物をエネルギー源として体の中で燃焼させて、力や熱を生み出し、燃えかすは二酸化炭素や排泄物《はいせつぶつ》として外に出される。生命はエネルギーを生み出す仕組みを持った機械である、と捉《とら》えられていた。

シェーンハイマーは、①「生きている」とはどういうことなのかをミクロのレベルで確かめるべく、実験を進めていた。本当に食べ物が体の中で燃焼されているのかを、調べようとしたのだ。

生物の体は細胞《さいぼう》から成り立っていて、細胞はタンパク質などの※3分子からできている。さらに分子は、炭素や水素、窒素《ちっそ》といった※4元素でできている。だから生物の体は、ミクロのレベルでは粒子《りゅうし》の集まりだと見なすことができる。食べ物も、野菜にしろ肉にしろ、もともとは他の生物の体の一部だから、これもまた粒子の塊《かたまり》だ。当時の機械論的生命観によれば、食べ物はエネルギー源で、燃やされる代わりにエネルギーが得られる。だからネズミが食べたエサは体内ですぐに燃焼されるだろうと考えられた。

エサの粒子が体内に入ると体の粒子と混じって見分けがつかなくなってしまうが、ちょうどその頃、※5原子をその同位体（アイソトープ）でマーキングするという技術が開発されていた。エサの粒子に消えないマーカーペンで色づけするようなもの、と考えればよい。マーキングしても味や匂《にお》いや栄養価は変わらず、ネズミも区別できない。

[②]、エサの粒子が体のどこへどう行くのか、追跡《ついせき》することができるというわけだ。シェーンハイマーはこれを用いた。

[③]、結果はどうなったか。④予想に反して、エサの半分以上の粒子はすぐに燃やされることなく、しっぽから骨まであらゆるところに入りこみ、そのまま体の一部になってしまったのだ。また、新しい粒子が加わったのだから体重が増えたと考えるのが自然だが、エサを食べたネズミの体重は元の体重から少しも変わらなかった。

ネズミは確かにエサを食べ、その粒子は体の一部になった。しかしネズミの体重は増えたわけではない。実験の結果から、シェーンハイマーは、もともとネズミの体を構成していた粒子がエサの粒子に置き換《か》わって、体の外へ出て行った、と考えた。

今では、シェーンハイマーの考えが正しいとわかっている。皆《みな》さんの実感として、爪《つめ》や髪《かみ》の毛はどんどん伸《の》びていくから⑤理解できるだろう。実は、歯や骨のような硬《かた》いものも、実感はできないが中身は入れ替《か》わっている。心臓や脳といった、一生の間分裂《ぶんれつ》しないと言われている細胞も、その中身はどんどん新しくなっている。血液の細胞も、2～3カ月ですべて入れ替わる。特に速いのは口や消化管の細胞で、2～3日ですっかり新しい物質に置き換わっている。体のあらゆる部分は、日々変化し※6更新《こうしん》されている。そしてそれは、とりもなおさず食べ物を構成していた粒子から成り立っている。体をつくっているありとあらゆる粒子は、食べ物の粒子と、常に、しかもものすごい速度で入れ替わっているのだ。

だから、半年ぶりに会った人に「やあやあこんにちは、久し振《ぶ》りです。全然お変わりありませんね」などとあいさつするけれど、実は物質のレベルで見ると、今の私たちは半年前の私たちとは同一ではなく、違《ちが》う粒子に置き換わっている。「まったくお変わりありまくり」なのだ。

不思議なのは、それでもネズミはネズミ、私は私という生物としての同一性が失われはしないことだ。これが実は、生命現象の最も大事な性質である。

シェーンハイマーの行った実験は、いわば⑥川にインクを流したようなものだ。川がある、とふだん私たちは言うが、川の実体があるわけではないし、同じ水は二度とは流れない。インクを流して初めて水の流れが目に見えるようになる。生命も同じことだ。彼は粒子に印をつけて、ネズミの体には絶えず元素が流れていることを確かめた。そして、ネズミのかたちをしたものは確かにそこにあるが、それは物質の流れに過ぎないことを発見する。生命とは常にダイナミックに流れているもので、機械と見なすことはできない、と彼は主張した。

生命は、絶え間なく少しずつ入れ替わりながら、しかし全体としては統一を保っている。シェーンハイマーは、これが「生きている」ことの最も大切な側面だ、と考えた。彼の言葉によれば、生命とは「dynamic state《ダイナミック ステート》」にある、ということ。私はこれに「動的平衡《へいこう》」という訳を当てた。絶え間なく動き、少しずつ入れ替わり変化し、しかも平衡状態、つまりバランスが保たれている。この状態にあるのが、生命というものだ。【★】

動的平衡の定義は「それを構成する要素は、絶え間なく消長※7、交換《こうかん》、変化しているにもかかわらず、全体として一定のバランス、つまり※8恒常《こうじょう》性の保たれる系」である。なぜ、常に流れているのに私は私、という自己同一性を保つことができるのか。これは今後の生物学の最も大きなテーマかもしれない。原理だけなら今でも説明することができる。

生命は、すべての物質や細胞は互《たが》いに関係し合い、連絡《れんらく》をとり合いながらかたちづくられている。細胞の中のタンパク質同士も、相補的に組み合わさり、バランスをとっている。ジグソーパズルのようなもので、一つのピースが捨て去られても、周りのピースによってそのかたちは記憶《きおく》されているというわけだ。ピースの位置は、接するピースの存在によって自然に決まる。だから、ピースは絶え間なく入れ替わっていても、パズル全体の絵柄《えがら》は変わらない。こういう具合に、生命は同一性を保っている。また、生命のピースはとても柔軟《じゅうなん》で、もし欠落があれば周りのピースが少しずつ動きながら欠落を補って、新しい平衡をつくり出そうとする。

（中略）

鼻や口、目、内臓や手足も、子どもが絵に描《か》くようなばらばらのパーツで、工場でつくって寄り集めればでき上がるように思えるかもしれない。しかし、生命の成り立ちはそういうものではない。部分が独立して一つの機能を受け持っているのではなく、多かれ少なかれ周囲とつながり、関係し、協働しながら機能を発揮している。

　だから、細胞は自分の位置や役割をあらかじめ知っているわけではない。DNAがあるじゃないかと思うかもしれないが、DNAには細胞の運命は書きこまれていない。プログラムではないし、命令でもない。単なるカタログブックなのだ。すべての細胞は同じカタログブックを持っている。その中から、そのときに応じた、自分に必要なものを呼び出しているだけだ。何が必要なのかは、上下左右前後の細胞とのコミュニケーションによって知らされる。

　こうした考え方は、もともとは理科系の学問である生物学から導き出されたコンセプトだが、⑦人間の集団や社会の仕組みにも拡張できるものかもしれない。大学で学生を見ていると、一所懸命《けんめい》自分探しをしている。自分が何者なのか、何ができるのか、と必死で※9模索《もさく》している。皆さんもそうかもしれない。しかし、いくら探してもその答えは、自分自身の中にはない。答えは、自分と周りとの関係性の中にだけ存在している。細胞たちを見ていると、これが至って自然な考え方に思える。

　ではなぜ生命は、変化しながら同一性を保つという、複雑で危《あや》うい方法をとっているのだろうか。も⑧しがっしりとつくっていれば頑丈《がんじょう》だし、故障しても部品を交換すればよいだけだ。生命はなぜそうはいかないのか。

　宇宙の大原則として、「エントロピー増大の法則」があることを知っているだろうか。簡単に言えば、秩序《ちつじょ》あるものは必ず崩《くず》れる方向にしか時間は流れない、ということ。整理整頓《せいとん》した机の上も1週間もすればぐちゃぐちゃになるし、入れ立てのコーヒーもぬるくなるし、熱烈《ねつれつ》な恋愛《れんあい》も冷める。⑨すべて、エントロピー増大の法則に従っていることだ。非常に高度な秩序を保つ必要がある生命現象にも、この法則は襲《おそ》いかかってくる。

　そこで、生命は最初から頑丈につくるやり方をあきらめた。というより、いくら頑丈につくっても、結局は崩壊《ほうかい》してしまう。固い物質でつくられ容易に壊《こわ》せないような機械も建物も、時間の前に滅《ほろ》び風化しないものはない。だからむしろ、柔軟に、ゆるゆるやわやわにしておいて、エントロピー増大の法則に先回りして、自ら壊してつくる、というやり方が、理にかなっているのだ。生命は、自分自身を入れ替え新しくし続けることによって、ばらばらに崩《くず》れる方向に向かう力を排除《はいじょ》し、エントロピーを増大させようとする追っ手からなんとか逃《に》げている。この⑩□操業が、生命現象が動的平衡であるゆえんなのだ。ヒトであれば、だいたい80年間くらいは絶え間なく入れ替え続けることで長らえている。そして、エントロピー増大の法則にとらえられたときが、個体が死を迎《むか》えるときである。

（福岡伸一《ふくおかしんいち》「生命を考えるキーワード　それは〝動的平衡〟」
『科学は未来をひらく』所収　ちくまプリマー新書より）

＊設問の都合上、原本にある図は省略した。

※1　分子生物学……さまざまな生命現象を細胞よりも小さなレベルで考える学問
※2　精妙……非常に細かく、すぐれていること
※3・4・5　分子・元素・原子……いずれも物質を形づくる小さな粒子（つぶ）を表す化学用語
※6　更新……新しく改めること
※7　消長……勢いがおとろえたり盛んになったりすること

※8　恒常性……つねに定まっていて変わらないこと
※9　模索……手探りでさがすこと

問一　——①とあるが、ここで「生きている」に「」（かぎかっこ）がつけられているのは何のためか。その説明として最も適切なものを次から一つ選びなさい。

ア、シェーンハイマーが「生きている」という語を間違って用いていたことに注意を促《うなが》すため。
イ、シェーンハイマーの「生きている」ことについての考えが独特であることを示すため。
ウ、シェーンハイマーが「生きている」ことの解明に取り組んでいたことを評価するため。
エ、シェーンハイマーの「生きている」についての考えが筆者と異なることを表すため。

問二　[②]・[③]に入る言葉の組み合わせとして最も適切なものを次から一つ選びなさい。

ア、②　だから　③　さて
イ、②　そして　③　やはり
ウ、②　しかし　③　それゆえ
エ、②　たとえば　③　ところが

問三　——④「予想」の内容を文中より二十五字以内でぬき出し、はじめと終わりの五字を答えなさい。

問四　——⑤とあるが、何を「理解できる」のか。最も適切なものを次から一つ選びなさい。

ア、失われた細胞がいつの間にか再生していること。
イ、爪や脳などの細胞が食べ物からできていること。
ウ、体の粒子と食べ物の粒子が入れ替わっていること。
エ、生物の体内で細胞が勢いよく活動していること。

問五　——⑥とあるが、ここで述べられている(1)「川」・(2)「インク」に対応するものを次から一つずつ選びなさい。

ア、体を構成する粒子　**イ**、生命現象　**ウ**、ネズミのエサ
エ、ネズミの体　**オ**、粒子につけた印

問六 ══Aとあるが、本文の冒頭から【★】までを踏まえて、「彼の業績」の内容として最も適切なものを次から一つ選びなさい。

ア、エネルギーを生み出す単純な機械として生命をとらえる考え方を批判し、生命現象が複雑なプロセスの積み重ねから成立していることを証明した。

イ、物事を決まりきった仕組みにもとづいて理解する見方を否定し、行動の予測が不可能であるという点にこそ生命の本質があると主張した。

ウ、部分よりも全体のバランスを重視するという考え方を反転させ、生命全体を構成する上でそれぞれの個体の特性がいかに重要であるかを説いた。

エ、生命を細かな部品の集合体としてとらえる見方をくつがえし、絶え間なく流れ続けているのが生命であるという新たな考え方を提示した。

問七 ――⑦とあるが、なぜそのように言えるのか。その理由を説明した次の文の空欄に当てはまるように、本文よりそれぞれ十字以内でぬき出して答えなさい。

細胞も人間も、【　A　】は【　B　】によって初めてわかるという点で共通しているから。

問八 ――⑧「がっしり」と対比的に用いられている表現を文中より十字以内でぬき出して答えよ。

問九 ――⑨とあるが、生命と「エントロピー増大の法則」の関係について、本文の説明に合うものを次から一つ選びなさい。

ア、はじめは頑丈な身体を保とうとしていた生命も、「エントロピー増大の法則」の下にあるために、最終的には強固な形を保ったままでいることを諦《あきら》めた。

イ、宇宙全体を司《つかさど》る「エントロピー増大の法則」からは生命もまた逃《のが》れられず、自ら壊してつくるというやり方によって完全な崩壊を先延ばしにしてきた。

ウ、生命は「エントロピー増大の法則」の影響《えいきょう》を受けて頑丈なままではいられなくなり、その結果、体内に緩《ゆる》やかな流れを生じさせる方向へと進化した。

エ、もともと一つの統一体であったはずの生命は、「エントロピー増大の法則」にもとづいて不規則に形を変えていく過程で様々な種へと分かれていった。

問十 ――⑩は「次から次へと資金のやりくりをして、辛《かろ》うじて経営を維持《いじ》すること」を意味する表現である。空欄に入れるのに最も適切な乗り物の名前を漢字で答えなさい。

問十一　本文の内容と合うものを次から一つ選びなさい。

ア、ネズミも人間も同じような方法で生命を維持しているという点で、同列に位置づけられるべきである。

イ、シェーンハイマーの説は発表された当時は批判にさらされていたが、今になって脚光《きゃっこう》を浴びつつある。

ウ、中身が入れ替わっていながら全体として統一を保ち続けるのは、生命において最も大切な性質である。

エ、生命は止まらず動き続けることにより、欠落した部分を残したまま安定を保つことを実現している。

問十二　本文の表現上の特徴《とくちょう》として最も適切なものを次から一つ選びなさい。

ア、「自動車」や「川」、「ジグソーパズル」などといった身近な例を多用することによって、「動的平衡」という難しい考え方を理解しやすくしている。

イ、自説をひたすら展開するのではなく別の学者の異なる意見も参照することで、筆者独自の主張がひとりよがりな押《お》し付けにならないようにしている。

ウ、英語や外来語を用いることで、「動的平衡」の研究の中心はあくまで欧米《おうべい》にあり、日本にその種の知識があまり普及《ふきゅう》していないことをほのめかしている。

エ、初めに主張を提示してからそれを補強する根拠《こんきょ》を順に並べていくという形式をとることで、筆者の主張がより読者に伝わりやすいようになっている。

二、次の文章は佐多稲子《さたいねこ》「水」（一九六六年発表）の一節である。「幾代《いくよ》」は五歳《さい》のころに父親が亡くなってから、兄や姉と共に母親の女手一つで育てられてきた。以下の文章は「幾代」が実家を出て働き始めてから二年目の場面である。これを読んで後の問いに答えなさい。

幾代の働いている神田小川町の旅館に、彼女《かのじょ》あての電報がとどいたのは昨日の朝だった。幾代はこの旅館の台所で働いていたから、団体客の朝の食事がすんで、下がってきた五十人分の食器を洗っていた。

［①］という電文を前にしたとき、幾代ははじめ、瞳孔《どうこう》のひらいてゆくような不安な表情をした。

「こんな電報がきたんですけども」

主人の前へ出てそういうと、②主人は※1狡猾《こうかつ》に目を働かせた。主人の疑いは大勢の使用人との関係で身についた警戒《けいかい》から出たものだったが、幾代あての電報が嘘《うそ》ではないらしいとわかったあとも、不人情を言葉の上で※2瞞着《まんちゃく》しながら、半《なか》ば威圧《いあつ》を加えてまざまざと不機嫌《ふきげん》になった。それはこの多忙《たぼう》な時期に、使用人を失いたくないという本心をさらすものだった。

「次の電報を待つんだね。ほんとに危篤《きとく》なら、今から帰ったって富山までじゃ、間に合《あ》やしないよ」

③「はい」

そう答えるしかなかった幾代を、寸時も立ちどまらせるすきを与《あた》えず台所の仕事が追いかけた。

※3越中《えっちゅう》　釜ケ淵《かまがふち》の農家から幾代がこの神田小川町の旅館に働きに出たのは、一昨年の冬だった。主人が同郷の縁故《えんこ》で、この旅館の下働きに住みこんだ。

「お前さんも脚《あし》さえ悪くなきゃね」

と、主人は幾代の身体を哀《あわ》れむように見まわした。

「はい」

そういうときも幾代は優しい微笑《ほほえ》みを浮《う》かべているだけだった。

幾代は左脚が少し短かった。そのために近くの紡績《ぼうせき》会社を希望したときも採用にならなかった。が、この旅館に働きに出て、幾代は満足していた。下働きでも毎月、母親に送金できるだけの給料があったし、少額ながら貯金もしていた。

（中略）

幾代の左脚が短いことを母親はふびんがって、自分のせいのように謝ることがあった。幾代が二歳のとき、高熱がつづいたのを抱《だ》いて、富山市の病院へも連れて行ったのだという。

「一ヵ月も入院して、④命のあったのが見つけものと言われた。なアん、片脚が少々短《みじこ》うても、気にせんこっちゃ」

小学生のとき田圃《たんぼ》道を帰ってくる途中で、男の子に、※4ちんば、ちんば、とはやし立てられたことがある。丁度ゆき逢《あ》った母親がそれを聞きつけた。すると母親はいきなり大声にわめいて小石を投げた。⑤幾代の方が母親の見幕を恥ずかしくなって先に走った、走ってゆく幾代の姿は、ぴょこん、ぴょこん、と左肩《ひだりかた》がさがっていた。

しかし幾代は、明るいとはいえないにしろ、素直な性質だった。旅館の台所で⑥終日立ち働きながら、身体の引け目を見せなかった。⑦どこかに負けん気をひそめていて、それが素直さにもなり、身体の引け目を見せぬ働きものにもするらしかった。この旅館に住《す》み込《こ》んで一年と数ヵ月で、料理方も主人も、幾代の働きぶりの誠実さを認めた。東京の他人の中に出て苦労するものと覚悟《かくご》してきたから、幾代の方では自分が認められるのを仕合《しあ》わせに感じさえした。

「幾ちゃんはいいかみさんになるよ」

あるとき幾代は、料理人が女中たちをつかまえてそういっているのを聞きつけた。そこまではよかった。が料理人は幾代が聞いているのを気づかずに、あとはにやついて、幾代の脚のことにふれ、※5あけすけなほめ言葉までつけ足した。幾代はそのときは唇《くちびる》を噛《か》んで涙を浮かべた。彼女にはそんなあけすけな※6評言は、自分の悲しみをひそめた身体の中までずけずけと踏《ふ》み込まれるようにしか聞けなかった。

主人は、はじめ※7恩恵《おんけい》をほどこしたつもりで幾代をやとったがおもわぬ拾いものをしたわけだった。幾代がこの頃《ころ》から、郷里の母親に東京見物をさせてやろう、とおもいはじめたのも、主人からそういわれたからだった。主人は幾代に優しい言葉をかける意味で、田舎のおっかさんに東京見物をさせておやりといい、泊《と》まるのはうちで泊めてやるよ、といったのだった。

そんなふうだったから、［①］の電報がきたとき、⑧幾代は、早速《さっそく》※8暇《ひま》がとれるものとおもっていた。自分の一大事は、主人もそのとおりに承知するものとしか考えなかった。それがそのとおりに運ばなかった。幾代は、そこに他人を感じ、夜更《ふ》けて床《とこ》についてから、ひとりで泣いた。

ハハシンダ、カヘルカ、と次の電報が今朝配達された。幾代は台所の板にへたっと坐《すわ》ると、

「ああ、かアちゃ」

と、細い、しぼるような泣き声を上げて突《つ》っ伏《ぶ》した。

彼女はもう朝のやりかけの仕事をしなかった。泣きながら身まわりのものと貯金通帳を鞄《かばん》に詰《つ》めると、※9河岸《かし》に出かけて留守の主人の帰りを待たずに、女主人にだけ挨拶《あいさつ》をして上野駅へ駆《か》けつけた。幾代が出てくるときも、女主人は、夫の留守を口実に引きとめようとした。

「それに、もう死んじゃったんだろ。あんたが帰ったって、死んだものが生きかえるわけでもないしねぇ」

幾代は固い顔をしてそれを聞いていた。聞いていたけれど、反応さえ見せなかった。※10ズックの鞄を抱《かか》えて旅館の台所口から出て歩き出す幾代は、いつもより腰《こし》のゆれが強かった。

母親が死んでしまう、という実感にそそられて、はじめて幾代は、自分と母親とのつながりの深さに気づいた。それは幾代にとって唯一《ゆいいつ》の安心の場所が無くなることだった。幾代が自分の身体の引け目を感ぜずにすむのは、母親の前だけであったと気がつくからだった。幾代の身体の悲しさが、もし母親のいうように前世からの約束ごとならば、その罪は母親もいっしょに被《こうむ》るものだった。あるいは母親の罪のために幾代が悲しみを背負っているのかもしれなかった。幾代は母親の労苦を知っていたからそんなことを口に出しもしなかったけれど、⑨兄や姉の前にさえ勝ち気にふるまう意識の操作を、母親に対してだけは感ぜずにすんだ。

その母親が死んでしまう。一刻も早く、母親の前に行って、母親と一緒《いっしょ》に泣きたかった。母親はすでに死んでいるのかもしれない。が、幾代には母の姿は、木綿《もめん》の薄《うす》い夜具の中に眠《ねむ》っている姿でしか想像できなかった。そこにまだ母親は存在しているはずだった。幾代はそんな母親を想像すると、今までの感情になかった性質の哀《あわ》れみで、可哀想《かわいそう》、と切実に感じた。もう母親はすべてに対してすっかり無力になっているにちがいないからであった。しかもその哀れみの感情は、幾代自身にも及《およ》ぼして、劇《はげ》しい悲哀《ひあい》がこみ上げていた。昨日の電報のとき、主人に負けてしまった自分の弱さから、母親まで敗北のまき添《ぞ》えにしたような口惜し

さがあって、幾代の悲哀を深くしていた。

　幾代はもう完全にひとりになるはずだった。ひとりになるということは、彼女の身体の悲しみの重さを、ひとりで背負ってゆくことだった。ホームの混雑は幾代をひとり※11疎外《そがい》しておのおのの行方に気負い立っていた。幾代の方でも、その騒《さわ》がしさは無関係だった。

　幾代の乗るはずの列車がホームに入るまでまだ一時間待たねばならなかった。彼女がしゃがんでいる前の列車は、いよいよ発車するらしかった。合図のベルがホームに流れた。それをしおに、幾代は鞄を抱え腰を立てて立ち上がった。泣きつづけた彼女の小さな顔は、色白の皮膚《ひふ》を※12晒《さら》したように赤味を消して、瞼《まぶた》が垂れ、細い目がいよいよ細くなっていた。

　幾代は、動きだした列車と反対の方向に、重い足で歩き出した。彼女の肩が歩調にともなって、ゆっくり揺《ゆ》れた。彼女はそのとき、列車の窓の視線に自分をあからさまにしたわけだった。

　駅員詰《つ》め所《しょ》の建物の先に水道があった。水道の蛇口《じゃぐち》はさっきから水を出しっ放しであった。駅員が薬《や》かんに水を汲《く》んでそのまま くるりと身体をまわして元気に行ってしまってからあと、水は当てなしに流れつづけていた。そのそばを通ってゆくものも多かったが、誰《だれ》ひとり蛇口の栓《せん》を閉めなかった。

　幾代は、悲しみを運んでそこまで歩いてきた。顔を上げているので、瞼をあふれた涙が頬《ほお》に筋を引いた。が、幾代は、水道のそばを通《とお》り抜《ぬ》けぎわに、蛇口の栓を閉めた。音を立てて落ちていた水がとまった。が、幾代は自分のその動作に気づいてはいないらしかった。それは無意識に行われただけだった。列車は音を立てて出てゆき、明るくなったあとに街の眺《なが》めが展《ひろ》がった。が幾代は、再びもとの場所にもどってしゃがみ込むと、今までと同じように泣きつづけた。その場所に、さえぎるものがなくなって春の陽《ひ》があたった。

（『少年少女日本文学館（19）』所収　佐多稲子《さたいねこ》「水」より）

＊本文中には現代において使用がふさわしくないとされる表現があるが、原本に従いそのまま掲載《けいさい》した。

※1　狡猾に……ずるがしこく
※2　瞞着……ごまかすこと
※3　越中……現在の富山県
※4　ちんば……足の不自由な人をいう差別的な語
※5　あけすけな……遠慮《えんりょ》のない
※6　評言……あれこれ品定めする言葉
※7　恩恵……なさけ
※8　暇……休み
※9　河岸……川岸にたつ市場
※10　ズック……厚地の織物
※11　疎外……のけものにすること
※12　晒したように……水で洗い日にほして白くしたように

問一 ［ ① ］には電文の文面が入る。最も適切なものを次から一つ選びなさい。

ア、スグアヒ《ィ》タイハハヨリ
イ、カネオクルカエツテコイ
ウ、ハハキトクスグカヘ《ェ》レ
エ、シゴトミツカルモドレ

問二 ――②とあるが、この時の主人の様子の説明として最も適切なものを次から一つ選びなさい。

ア、旅館が忙《いそが》しい時に幾代《いくよ》に休みを与《あた》えたくないが、それを言葉に出すことで自分に思いやりがないように見られることを恐《おそ》れ、内心を隠《かく》している様子。
イ、旅館が忙しい時なのに、電報がきたといって、幾代が仕事を休むための嘘《うそ》をついている可能性を考え、だまされまいとして幾代の言動を探っている様子。
ウ、旅館が忙しい時であり、実家に帰ろうとする幾代を休ませるわけにはいかないので、何とか幾代に思いとどまらせる方法がないかと考えている様子。
エ、旅館が忙しい時であるのを気づかって、本心をはっきりと言い出せない幾代の態度をよいことに、そのままおさえつけて黙《だま》らせようとしている様子。

問三 ――③とあるが、この行動を本文ではのちにどのように表現しているか、十字以内でぬき出して答えなさい。

問四 ――④とはどういうことか、次の文の空欄《くうらん》に当てはまるように、五字以上十字以内で答えなさい。

命が助かったことは［　　　　］ということ

問五 ――⑤とあるが、この行動の説明として最も適切なものを次から一つ選びなさい。

ア、幾代は、身体のことで引け目を見せたくないと思っているので、母親や男の子の前であえて走る姿をみせた。
イ、幾代は、からかわれているのは自分なのに母親に助けてもらったことがふがいなくて、その場から逃《に》げ出した。
ウ、幾代は、身体のことでからかわれている姿を母親に見られたために面目《めんぼく》ない気持ちになり、そっと身を隠《かく》した。
エ、幾代は、怒《いか》りのあまり大声をあげて小石を投げた母親のふるまいがみっともなくて、その場にいられなくなった。

問六 ——⑥の意味として最も適切なものを次から一つ選びなさい。

ア、朝から晩まで　イ、一晩中
ウ、大みそかまで　エ、休日もなく

問七 ——⑦とあるが、「負けん気」が「素直さにもな」るとはどういうことか。「ということ」につながるように、四十字以上五十字以内で説明しなさい。

問八 ——⑧とあるが、それはなぜか。理由の説明として最も適切なものを次から一つ選びなさい。

ア、旅館の主人が親切ぶってかけた優しい言葉を幾代は素直に受け取ってしまい、母親が危篤《きとく》になったらいつでも旅館に泊《と》めることができると思っていたから。
イ、幾代は旅館の主人や料理方にも認められるほど誠実に働いてきたので、母親の危篤を知らせる電報が嘘《うそ》ではないかと疑われるなどとは思いもよらなかったから。
ウ、旅館の主人が日頃《ひごろ》から幾代の母親をも気にかけている様子だったので、幾代は主人が母親の危篤を重大事として受け止めてくれるはずだと考えていたから。
エ、幾代の母親が東京見物するときはうちに泊めてやろうと主人が提案するほど旅館に空き部屋があったので、幾代は仕事が忙《いそが》しくなるとは思っていなかったから。

問九 ——⑨とはどういうことか。説明として最も適切なものを次から一つ選びなさい。

ア、幾代は自分だけを左脚《ひだりあし》が短く生んだ母親に対しては恨《うら》む気持ちを直接訴《うった》えることはなかったが、身体に不自由のない兄や姉には負けまいとする態度が出ていたということ。
イ、幾代は左脚が短いことによる劣等感《れっとうかん》から、ことさら他人に対して負けまいと意識していたが、その脚に責任があるはずの母親にだけは自分を繕《つくろ》う必要がなかったということ。
ウ、幾代は左脚の短い原因を前世のせいにする母親に対して、むしろ母親の罪が原因ではないかと思っていたが、兄弟がそれを指摘《してき》したときには母をかばっていたということ。
エ、幾代は母親の罪を背負うことがなかった兄や姉の得意げな態度を苦々しく思っていたが、自分に対する罪の意識に苦しみ続けている母親に対しては同情していたということ。

問十　次に示すのは、本文を読んだ後に、二人の生徒が解釈《かいしゃく》を話し合っている場面である。［①］～［③］に入る発言として最も適切なものをそれぞれ一つずつ選びなさい。

生徒1「この作品は『水』というタイトルだから、最後の水道の蛇口《じゃぐち》の場面は何か意味があると思うんだけど……。」

生徒2「水が溢《あふ》れ続けているのに、そばを通っても誰《だれ》一人栓《せん》を閉めない状況《じょうきょう》ってさ、物語の中の［①］に似ているよね。」

生徒1「なるほどそうかもね。」

生徒2「でも幾代は悲しみのどん底にいる時でさえ、誰一人見向きもしない出しっぱなしの水道を止めずにはいられない、つまりきっと一人で涙《なみだ》を流し続けているような人を放っておいたりしないんじゃないかな。そういう美しい心を持っていて、そんな幾代に最後は春の陽が当たるんだ。」

生徒1「ここもよく分からないんだよね。ハッピーエンドってことなの？　でも幾代は最後まで泣いているよね。」

生徒2「確かに幾代は泣き続けたままだよ。母親を亡くして［②］からね。だけどこの時、街の眺《なが》めは展《ひろ》がるし、春の陽はあたるんだ。これは［③］を暗示しているんじゃないかな。幾代は流れる水道の水を止めた。きっと同じようにいつか誰かが、幾代の流れる涙を止めてくれるはず。そんな希望を私は感じるな。」

生徒1「そうかもね。私も幾代をひとりぼっちにしたくないな。」

①
ア、女主人が実家へ帰る幾代を止めることができなかった状況
イ、涙を流し続ける幾代を周囲の人々がひとりぼっちにしておく状況
ウ、幾代が死んだ母親を眠っている姿でしか想像できない状況
エ、動き出した列車が幾代とは反対方向へ進んでいく状況

②
ア、『すっかり無力になっている』
イ、『母親まで敗北のまき添《ぞ》えにした』
ウ、『完全にひとりになるはずだった』
エ、『重い足で歩き出した』

③
ア、幾代が世界の全てからのけものにされたわけではないこと
イ、幾代の母親がまだ生きていて幾代の帰りを待っていること
ウ、幾代が母親の死を乗り越《こ》えて元気を取り戻《もど》しつつあること
エ、母親は死んでしまっても魂《たましい》が幾代のそばについていること

三、――部について①～③は漢字を、④～⑤は読みをひらがなで書きなさい。

① 横綱が**ドヒョウ**に上がる。

② 文章の**ゴショク**を正す。

③ お気に入りの詩を**ロウドク**する。

④ この地域は**養蚕**業が盛んだ。

⑤ 友達と**湯治**に出かける。

令和５年度

中学校入学試験問題

算　　数

（50分）

注意事項

1．試験開始の合図があるまで，この問題冊子の中を見てはいけません。
　　試験開始までの間，この注意事項をよく読んで下さい。
2．この問題冊子は 13 ページです。
3．この問題冊子や解答用紙に印刷が悪くて見にくいところや汚《よご》れなどのある場合は，手をあげて監督《かんとく》の先生に知らせて下さい。
4．答えはすべて別紙の解答用紙に書き，記号で答えられるものはすべて記号で答えなさい。
5．解答用紙の受験番号，氏名は最初に記入して下さい。
6．試験終了後は解答用紙のみを提出し，問題冊子はそれぞれ持ち帰って下さい。
7．円周率は 3.14 として下さい。

1．次の問いに答えなさい。

(1) 次の計算をしなさい。

$$\frac{21}{8}\times\left(\frac{7}{2}-\frac{11}{10}\right)\div 9-\frac{5}{14}\div\frac{5}{3}\div\frac{3}{7}$$

(2) 次の $\square$ にあてはまる数を答えなさい。

$$20\div\left\{\left(\square-\frac{1}{4}\right)\times 5\right\}=40$$

2．次の問いに答えなさい。

(1) 20％の食塩水が400gあります。この食塩水を容器Aと容器Bに200gずつ分け，さらに容器Aに水を300g入れると，容器Aの食塩水の濃度は何％か答えなさい。

(2) ある神社の石段は132段あり，下の図のように，この石段をけい子さんは1段とばしで，かおるさんは2段とばしで登りました。2人のどちらもがふまなかった石段の数は全部で何段か答えなさい。

けい子

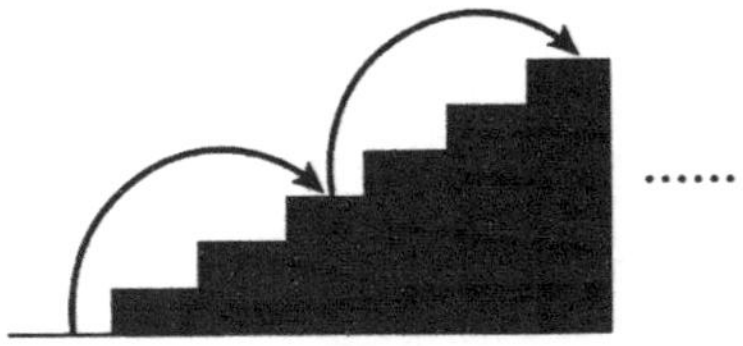
かおる

(3)　下の図の ①～④ は，すべて立方体の展開図です。組み立てたときに向かい合う面にかかれた数の和が，すべて７になるものを，①～④ の中からすべて選びなさい。

①

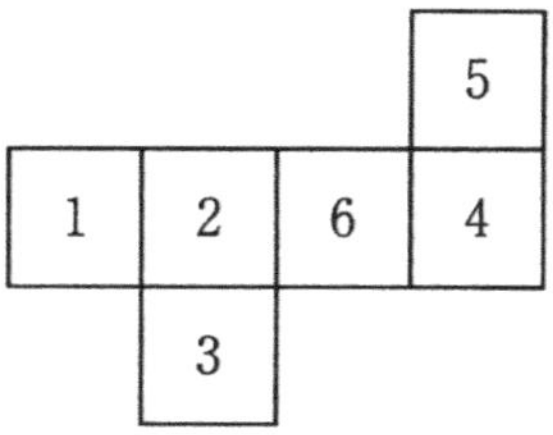

②

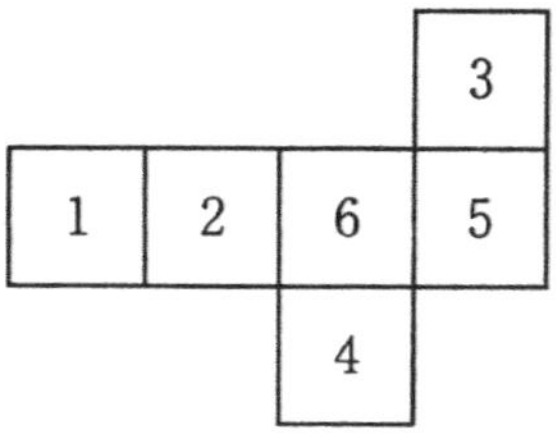

③

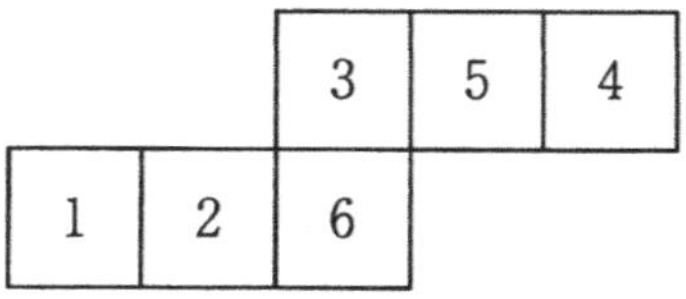

④

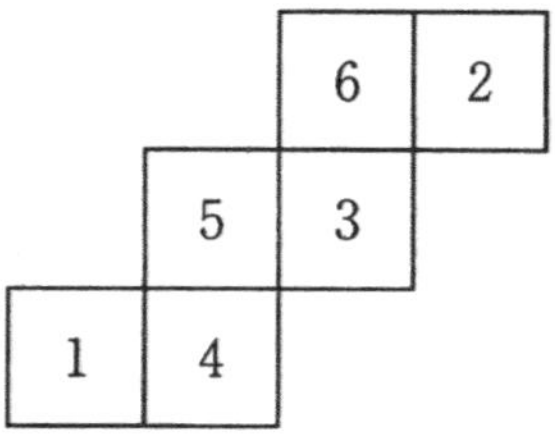

(4)　１辺の長さが等しい正五角形と正六角形が下の図のように重なっています。角アの大きさを答えなさい。

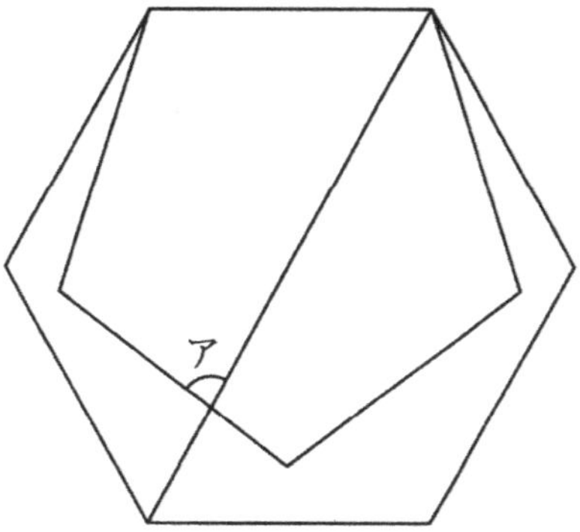

(5) アメリカでは液体の量はガロン，長さはマイルといった単位が使われます。1ガロンを3.8L，1マイルを1.6kmとするとき，ガソリン1Lで20km走る車に8ガロンのガソリンを入れると，何マイル走ることができるか答えなさい。

(6) ある年の1月は日曜日が4回あり，それらの日をすべて足すと62になりました。この年の1月29日は何曜日か答えなさい。

(7) ある広場にとまっている三輪車，自転車，自動車の合計は 28 台で，それらの車輪の合計は 88 個です。とまっている三輪車と自転車の台数が同じであるとき，三輪車は何台とまっているか答えなさい。ただし，三輪車には 3 個，自転車には 2 個，自動車には 4 個の車輪がついているものとします。

(8) 下の図の 2 つの例のように，四角形の 4 つの角をそれぞれ二等分する 4 つの直線をかきます。その 4 つの直線で囲まれた図形に色をぬりました。色をぬった図形が正方形になったとき，もとの四角形はどのような四角形でしょうか。下の ①～⑤ の中から最も適切なものを 1 つ選んで番号で答えなさい。

[例 1]

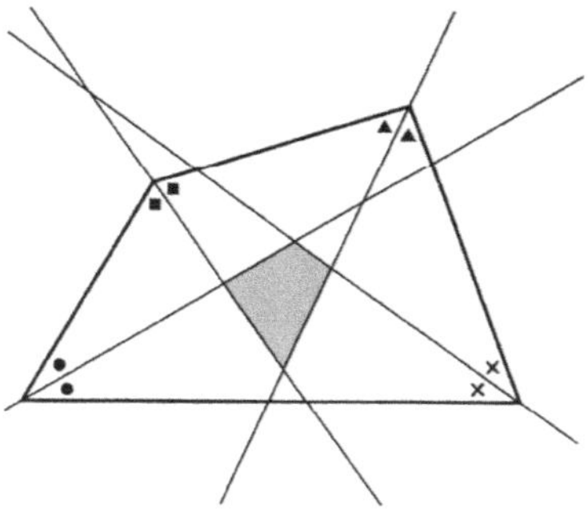

[例 2]

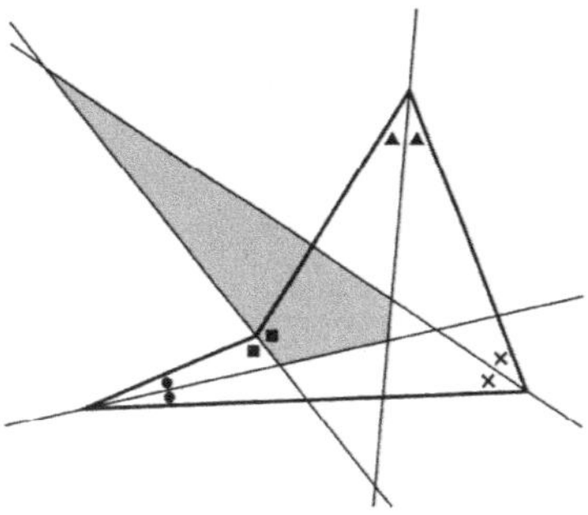

① 台形　　② 平行四辺形　　③ ひし形

④ 正方形　　⑤ 長方形

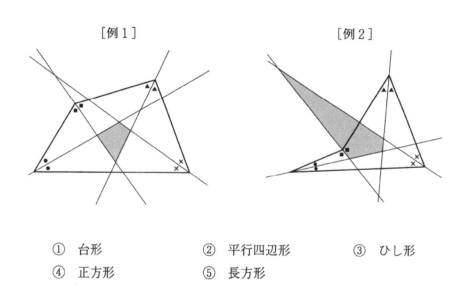

3． たてが 24 cm，横が 72 cm の長方形の紙を折って，下の図のような線対称な図形を作ります。次の問いに答えなさい。

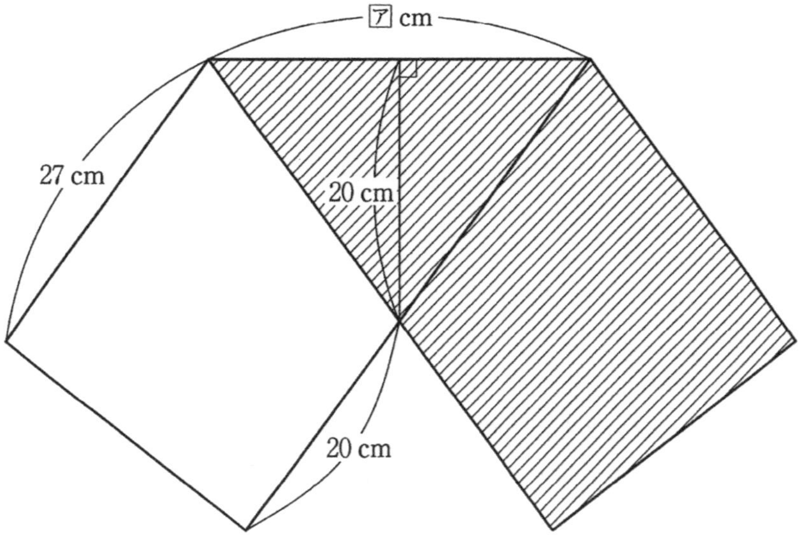

(1) 図の斜《しゃ》線部分の台形の面積は何 cm^2 か答えなさい。

(2) 図の ア に当てはまる数を答えなさい。

4． 下のグラフは，ある 30 人のクラスで行った 10 点満点の算数のテストの得点と人数を表したものです。次の ①～⑤ の中で，グラフから読みとれることとして正しいものをすべて選びなさい。

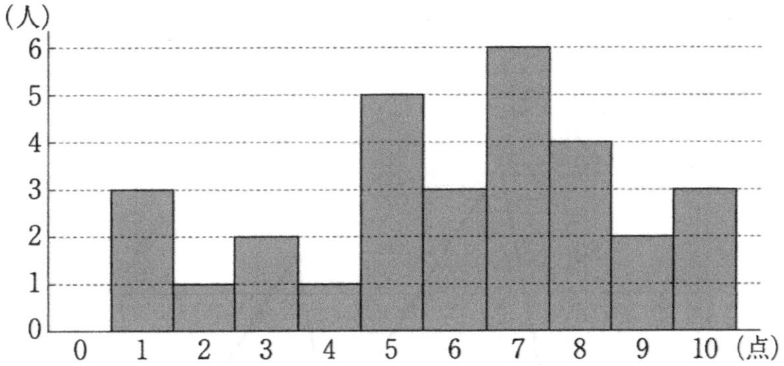

① 30 人の得点の最小値は 0 点である。

② 4 点の生徒は上位から 24 番目である。

③ 30 人の得点の中央値は 6 点である。

④ 30 人の得点の平均値は 5 点以上である。

⑤ 30 人の得点の最頻《ひん》値は 10 点である。

5． 花子さんと太郎さんはそれぞれ一定の速さで駅から図書館まで歩きます。先に花子さんが駅を出発して，しばらく経《た》ってから太郎さんが駅を出発しました。図書館へ行く途中で太郎さんは一度立ち止まって休けいをしましたが，２人は同時に図書館に着きました。下のグラフは，花子さんが駅を出発してからの時間と，２人が歩いた道のりの差の関係を表したものです。次の問いに答えなさい。

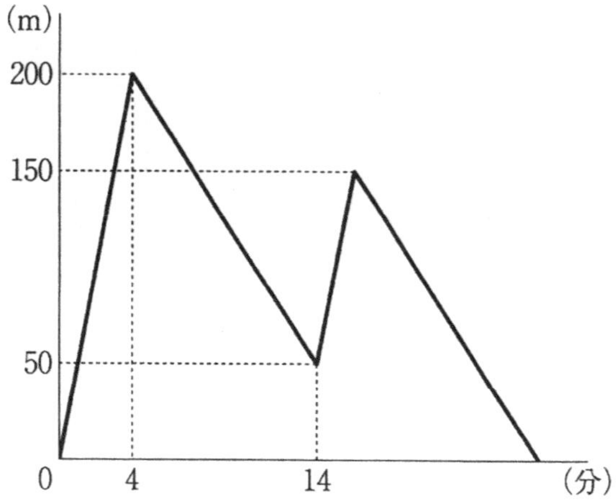

(1) 太郎さんの歩く速さは分速何 m か答えなさい。

(2) 駅から図書館までの道のりは何 m か答えなさい。

6．　下の図の三角形ABCは，BA＝BC の二等辺三角形です。これを下の図のように2回折ったとき，角イの大きさは148度でした。このとき，角アの大きさを答えなさい。

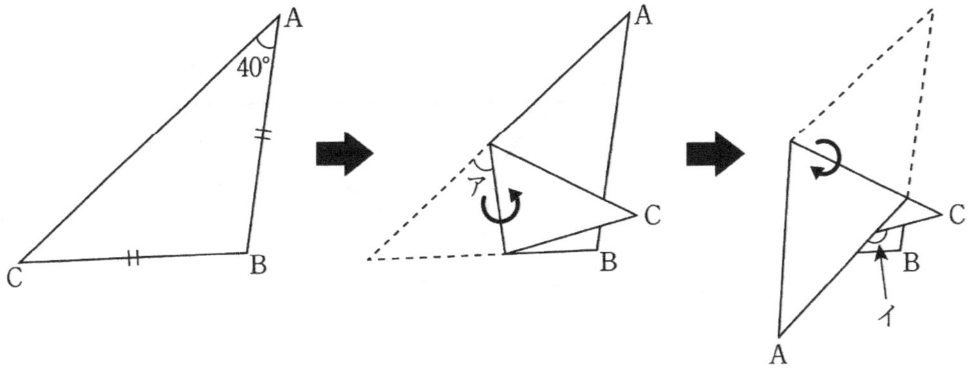

7．　周の長さが20 cm，対角線の長さがそれぞれ6 cm，8 cmのひし形があります。底面がこのひし形で，高さが10 cmの四角柱があります。その四角柱から，底面の半径が2 cm，高さが10 cmの円柱の半分を2か所切り取りました。下の図は，できた立体の底面を表しています。次の問いに答えなさい。

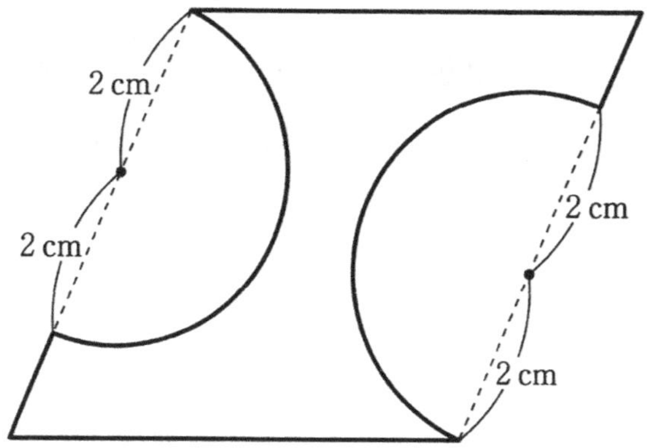

(1)　この立体の体積は何 cm^3 か答えなさい。

(2)　この立体の表面積は何 cm^2 か答えなさい。

8．　1から30までの整数を順にかけ合わせた数をAとします。つまり

$$\underline{1\times2\times3\times\cdots\cdots\times28\times29\times30}=A$$

となります。下線部の式の3と4の間の「×」を「+」にかえ，その両どなりの数に（　）をつけて計算した数をBとします。つまり

$$1\times2\times(3+4)\times5\times\cdots\cdots\times28\times29\times30=B$$

となります。また，下線部の式のどこかの「×」を1か所だけ「+」にかえ，その両どなりの数に（　）をつけて計算した数をCとします。次の問いに答えなさい。

(1)　$\dfrac{B}{A}$を約分して，最も簡単な分数で答えなさい。

(2)　$\dfrac{C}{A}$を約分して，最も簡単な分数で表すと，分母が156でした。このときの分子を答えなさい。

9． 下の図のように，５つの電球ア，イ，ウ，エ，オがあります。２つのサイコロＡ，Ｂを投げて，以下の①～③のルールにしたがって電球を光らせます。

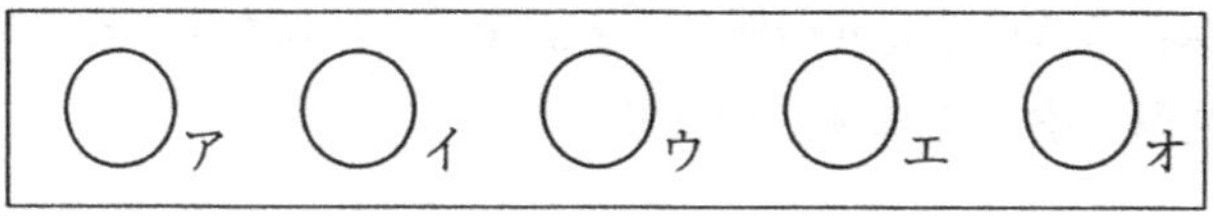

ルール

① １つ目のサイコロを投げる前は，すべての電球が消えている。

② 最初にサイコロＡを投げて，以下の条件にしたがって電球を光らせる。

［1］ サイコロＡの目が５以上ならばウの電球を光らせる。

［2］ サイコロＡの目が３，４ならばイの電球を光らせる。

［3］ サイコロＡの目が偶数ならばアの電球を光らせる。

③ 次にサイコロＢを投げて，以下の条件にしたがって電球を光らせる。

［1］ サイコロＢの目が５以上ならばウの電球を光らせる。
ただし，ウの電球がすでに光っていた場合は，そのままとする。

［2］ サイコロＢの目が３，４ならばエの電球を光らせる。

［3］ サイコロＢの目が偶数ならばオの電球を光らせる。

次の問いに答えなさい。

(1) 下の図のように電球ア，ウ，オが光っているとき，２つのサイコロＡ，Ｂの目の出方は全部で３とおり考えられます。それらをすべて答えなさい。

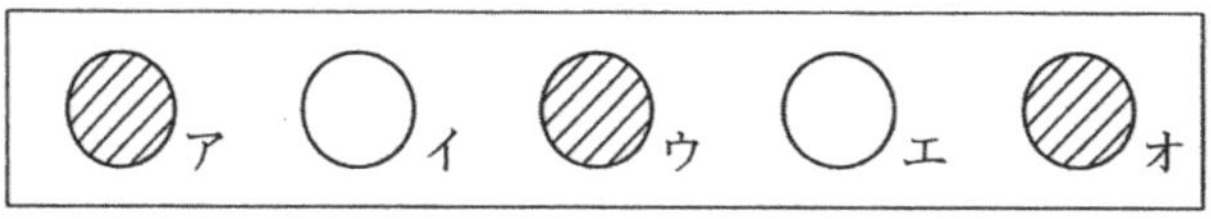

(2) (1)のように，２つのサイコロの目の出方が１とおりに決まらない電球の光り方は全部で４つあります。(1)の光り方以外の残り３つをすべて考え，解答欄《らん》の図に，光っている電球をぬりつぶして答えなさい。

10. Aさん，Bさん，Cさんの3人が徒競走を行いました。その結果について聞いたところ，3人は次のように答えました。

Aさん　「私は3位だった」
Bさん　「私は1位だった」
Cさん　「私はAさんより早かった」

この3人のうち，2人が本当のことを言い，1人がうそをついています。うそをついている人がだれかを考えて，3人の正しい順位を答えなさい。また，その理由を説明しなさい。ただし，3人の順位は1位から3位のいずれかであり，すべて異なります。

令和５年度

中学校入学試験問題

理　　　科

（※理科と社会２科目60分）

注意事項

1．試験開始の合図があるまで、この問題冊子の中を見てはいけません。
　　試験開始までの間、この注意事項をよく読んで下さい。
2．この問題冊子は11ページです。
3．この問題冊子や解答用紙に印刷が悪くて見にくいところや汚《よご》れなどのある場合は、手をあげて監督《かんとく》の先生に知らせて下さい。
4．答えはすべて別紙の解答用紙に書き、記号で答えられるものはすべて記号で答えなさい。ただし、記号が「②」のようなときは、「２」と書いてもよい。
5．解答用紙の受験番号、氏名は、忘れないように最初に記入して下さい。
6．試験終了後は解答用紙のみを提出し、問題冊子はそれぞれ持ち帰って下さい。

1　図1のように，鉄くぎAに導線を巻いてコイルをつくり，電池をつないで回路をつくりました。この回路の電池の数やコイルの巻き数を変えたときの電磁石の強さを調べるため，次のような実験を行いました。結果は，表のようになりました。

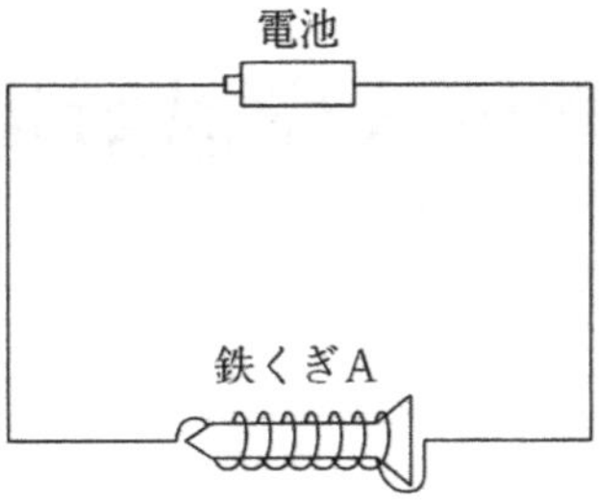

図1

【実験】

操作1　ばねばかりに鉄くぎBをつるして固定した。（図2）

操作2　鉄くぎBに，図1の回路の電磁石（鉄くぎAを芯《しん》とした電磁石）を真下から近づけ，鉄くぎAと鉄くぎBをくっつけた。（図3）

操作3　電磁石をゆっくりと真下に引き，鉄くぎAと鉄くぎBがはなれたときの，ばねばかりの値を読んだ。（図4）

操作4　電池の数やコイルの巻き数を変えて，操作1～操作3を行い，結果を記録した。

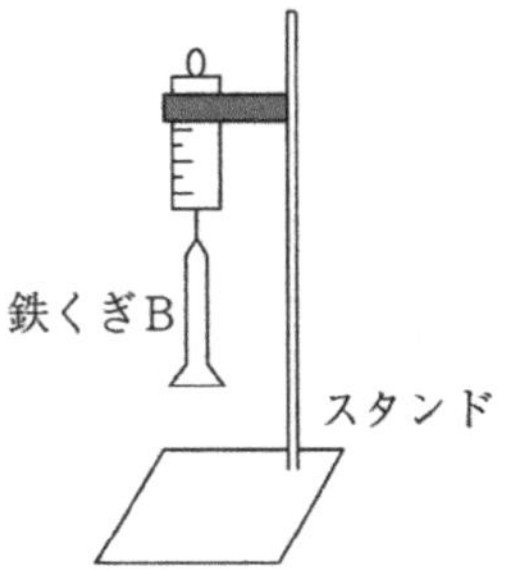

図2

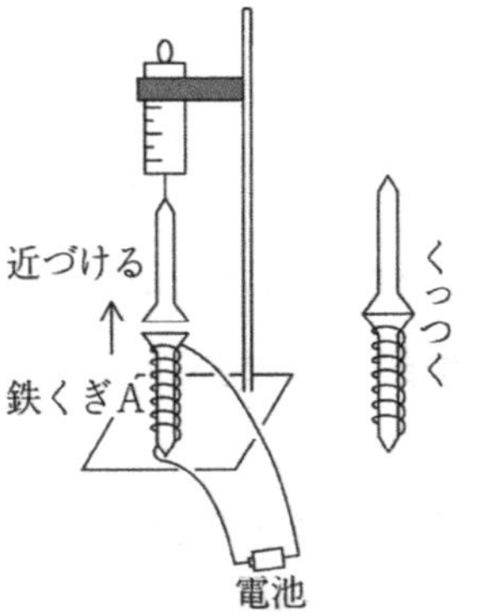

図3

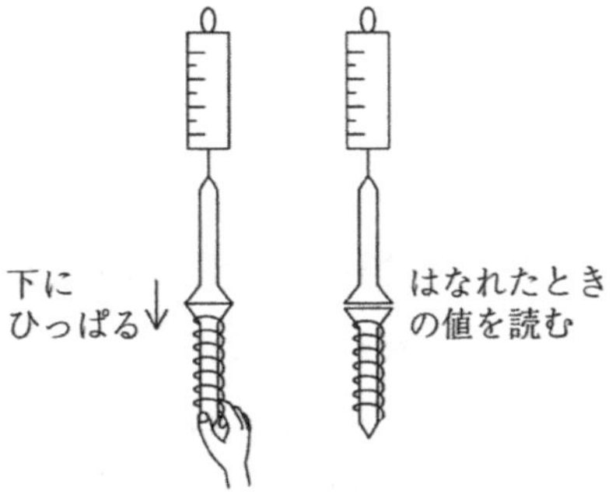

図4

【結果】

表　はなれたときのばねばかりの値

		コイルの巻き数		
		100 回巻	200 回巻	400 回巻
電池の数	1 個	0.3	0.5	0.9
	2 個	0.5	0.9	1.7
	3 個	0.7	1.3	2.5
	4 個	0.9	1.7	3.3

問1　図5のように電磁石の両どなりに方位磁針を置きました。方位磁針はどちらを向きますか。次の①～④のうちから1つ選びなさい。ただし，地磁気のえいきょうは無視できるとします。

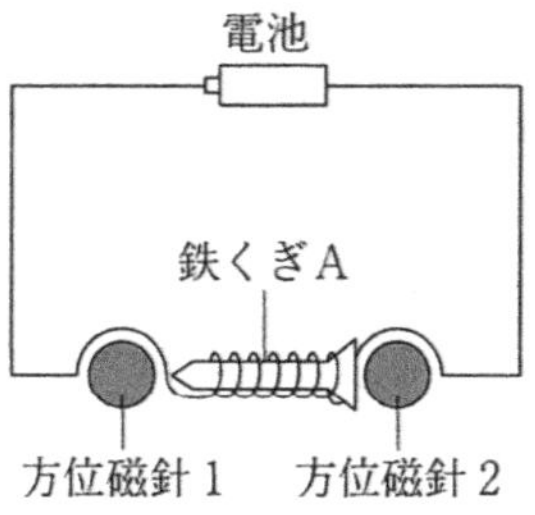

図5

	方位磁針 1	方位磁針 2
①		
②		
③		
④		

問2　次の①～④のうち，結果からいえることとして誤っているものを1つ選びなさい。

① 電池2個，200 回巻コイルを使用した場合の電磁石の強さは，電池1個，100 回巻コイルを使用した場合の3倍である。

② 電池2個，100 回巻コイルを使用した場合の電磁石の強さは，電池1個，100 回巻コイルを使用した場合の2倍である。

③ コイルの巻き数が2倍，3倍，・・・となると，電磁石の強さは2倍，3倍，・・・となる。

④ 「電池の数×コイルの巻き数」の数が同じ場合，電磁石の強さも同じである。

問3　電池2個，250 回巻コイルで同じように実験をすると，ばねばかりが示す値はいくらですか。

問４　鉄くぎＡの代わりにアルミニウムの棒を使い，そのほかの条件は同じにして実験を行った場合，どのようになりますか。次の ①～⑤ のうちから，最も適当なものを１つ選びなさい。

① 鉄くぎＡの場合と同じくらいの強さで，アルミニウムと鉄くぎＢは引き合う。

② 鉄くぎＡの場合と同じくらいの強さで，アルミニウムと鉄くぎＢは反発し合う。

③ 鉄くぎＡの場合より大きな強さで，アルミニウムと鉄くぎＢは引き合う。

④ 鉄くぎＡの場合より大きな強さで，アルミニウムと鉄くぎＢは反発し合う。

⑤ アルミニウムと鉄くぎＢは，ほとんど引き合いもせず，反発し合いもしない。

2 大型船を使ったサンマ漁は，8月下旬からはじまります。たくさんの電灯で海を照らすと，その光にオキアミなどの生物が集まります。それを食べようと集まったサンマを捕まえます。不漁となる年もあり，「今年はサンマがいつもよりも少ない」と心配する声もあります。

問1　食べられる生物から食べる生物に向けて矢印（←）をつけました。「食べる・食べられる」の関係を正しく表しているものを，次の①～④のうちから1つ選びなさい。

①　ヒゲクジラ←オキアミ←海の中の小さな生物

②　サギ←アメリカザリガニ←ミジンコ←メダカ←川の中の小さな生物

③　アマガエル←シマヘビ←カマキリ←モンシロチョウの幼虫←キャベツ

④　ワシ←モズ←バッタ←ダンゴムシ←落葉

問2　地球全体のサンマの数が減る出来事はどれですか。次の①～④のうちから，最も適当なものを1つ選びなさい。

①　海の潮の流れが変わり，オキアミが日本近海から他へ移動した。

②　オキアミが食べる生物の数が減った。

③　オキアミをエサとする別の生物の数が減った。

④　サンマをエサとする生物の数が減った。

問3　植物などを出発点とし，「食べる・食べられる」という関係で一本の線のようになっている生物どうしのつながりを何といいますか。

3　わく内に示したものは，ヒトの臓器の一部です。以下の問いに答えなさい。

胃	大腸	心臓	ぼうこう
じん臓	小腸	食道	かん臓

問1　消化管に臓器はどのような順に並んでいますか。上記の臓器から関係するものを選び，口からこう門まで，正しい順に並べなさい。

問2　問1で答えた臓器のうち，養分や水分を吸収するものはどれですか。2つ選びなさい。

問3　血液の中の不要なものを排出する臓器はどれですか。わく内の臓器から2つ選びなさい。

問4　図1はヒトのろっ骨の絵です。ろっ骨は呼吸に関わる臓器を守っています。この呼吸に関わる臓器について，鼻や口からつながる部分の続きをかき，図2を完成させなさい。ろっ骨はかく必要はありません。

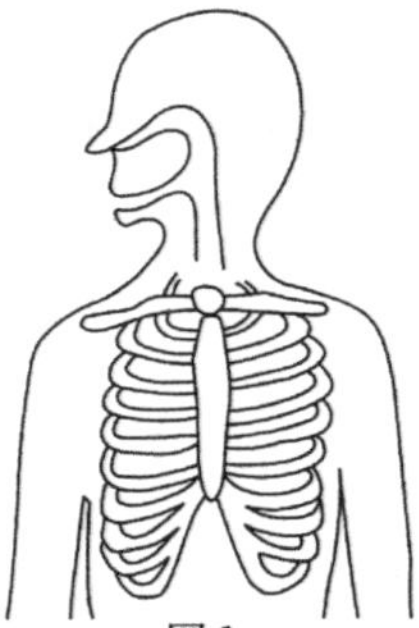
図1

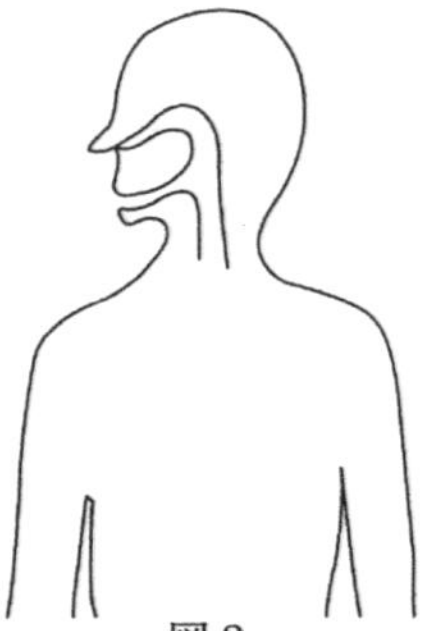
図2

4 「食塩が水にとけると合わせた重さはどうなるのだろうか」を調べるために，K子さんの班は次のような実験を考えました。

操作1　電子てんびんを準備する。表示が0であることを確かめる。

操作2　操作1の電子てんびんに，水50 gの入った容器とふた，薬包紙に乗せた食塩15 gをのせ，数値を読む。

操作3　水の入った容器に食塩を入れる。ふたをして，よく振って完全にとかす。

操作4　食塩をとかした水の入った容器をふたをしたまま，再度電子てんびんにのせ，数値を読む。

操作5　操作2と操作4の電子てんびんの数値の大きさを比べて，結果を確認する。

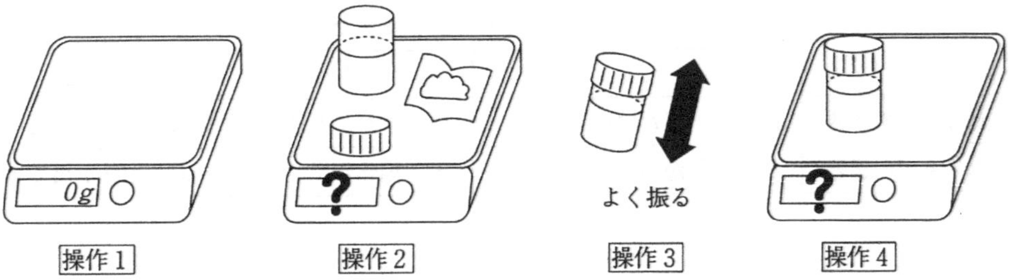

この実験方法で良いのか先生に確認したところ，[A]の操作で誤りがあると指摘されました。その部分を正して実験をしたところ，結果から[B]といえると結論づけました。

問1 [A]に当てはまるのは，操作1～4のどれですか。最も適当なものを1つ選びなさい。また，どのように正せばよいか15字以内で答えなさい。

問2 [B]に当てはまるものとして，最も適当なものを次の①～③から1つ選びなさい。

① 食塩が水にとけると合わせた重さは軽くなる。

② 食塩が水にとけても合わせた重さは変わらない。

③ 食塩が水にとけると合わせた重さは重くなる。

問3 [A]の操作の誤りを正して実験を行いました。それでも，次の（ア），（イ）の失敗をしたとすると，どのような結果になりますか。最も適当なものを，次の①～③からそれぞれ1つずつ選びなさい。

（ア） 操作2で，ふたをのせるのを忘れてしまった。

（イ） 操作3で，食塩を水にとかすときにこぼしてしまった。

① 食塩が水にとけると合わせた重さは軽くなるという結果になる。

② 食塩が水にとけても合わせた重さは変わらないという結果になる。

③ 食塩が水にとけると合わせた重さは重くなるという結果になる。

5　温度によって食塩の水にとける量がどのように変わるかを調べました。以下の問いに答えなさい。

【実験】

操作1　3つのビーカーに20℃の水を20gずつ入れた。

操作2　操作1のビーカーに，それぞれ食塩を2g，6g，10g加えてかき混ぜ，すべてとけるか観察した。

操作3　操作2のビーカーを加熱し，それぞれ水を5g蒸発させた。

操作4　操作3のビーカーをゆっくりと冷却し20℃にもどし，ビーカー内の様子を観察した。

【結果】

	ビーカーに加えた食塩の量		
	2g	6g	10g
操作2での状態	①　すべてとけた	②　すべてとけた	③　とけ残った
操作4での状態	④　固体が出てこなかった	⑤　固体が出てきた	⑥　固体が出てきた

問1　食塩は20℃のとき水100gに最大34gまでとけました。【結果】③でとけ残った食塩は何gですか。

問2　食塩をとかした水よう液の中で最も濃《こ》いものはどれですか。【結果】①～⑥の中から選びなさい。ただし，同じ濃さの水よう液が複数ある場合はすべて答えなさい。

次ページにつづく

6 図のような地層とそのでき方について，以下の問いに答えなさい。ただし，図の地層は，下から順にたい積したもので，上下の反転はないものとします。

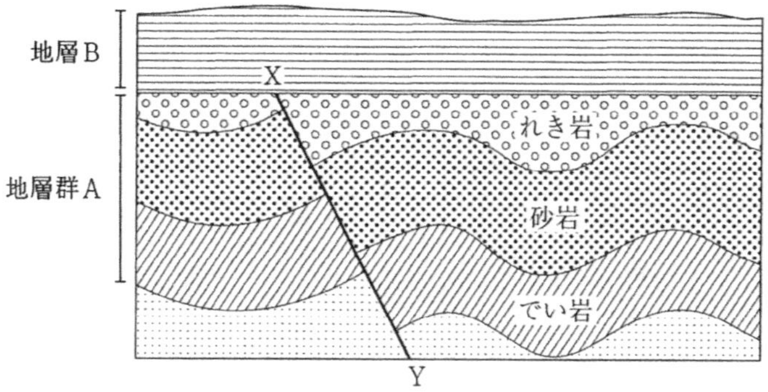

問１　地層群Aは，曲がりくねった構造をしています。この構造を何といいますか。ひらがなで答えなさい。

問２　地層群Aは，図のように下から順に，でい岩，砂岩，れき岩が観察されます。この地層がたい積した時代，この場所の河口からの距離はどのように変化していったと推測することができますか。次の①～④のうちから，最も適当なものを１つ選びなさい。

① 河口に近くなっていった。

② 河口から遠くなっていった。

③ 河口からの距離は大きく変化していない。

④ 河口からの距離は，遠くなったり近くなったりを，いくどもくり返した。

問３　図の中には，地層がずれた構造（X－Y）が見られます。どのような力がはたらいた結果，このような構造になったと考えられますか。図の矢印は，力の向きを表しています。ア，イから適当なものを選びなさい。

ア

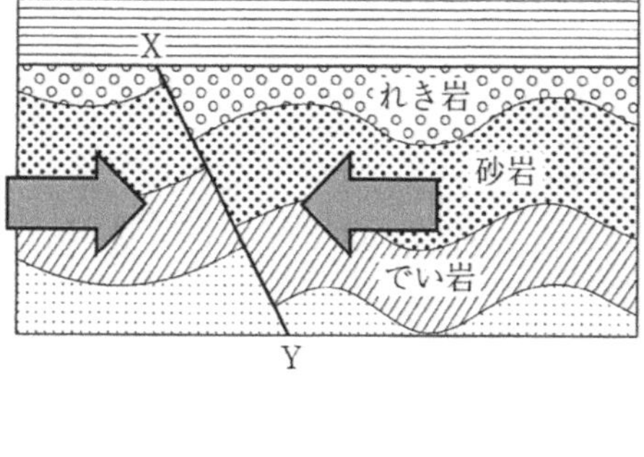

イ

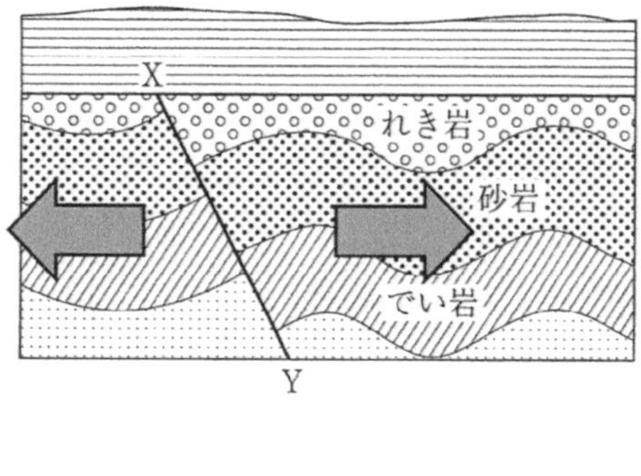

問4　図の中には，過去に地表でしん食を受けたあとが見られます。しん食を受けたあとを，鉛筆でなぞって示しなさい。

問5　図のような地層は，どのような順番でできましたか。次の ① ～ ④ を古い出来事から順に並べなさい。

①　地層群Aがたい積した。

②　X－Yに見られる地層のずれが生じた。

③　地層Bがたい積した。

④　地表でしん食を受けた。

7 次の文章を読んで，以下の問いに答えなさい。

令和４年８月４日から５日にかけて，福井県では記録的な大雨による災害が発生しました。図の，だ円部分のような線状降水帯が発生したことが原因とされています。前線に向かって，(a)台風が運んだ空気の流入が続き，大気の状態が不安定になったと考えられています。前線や地形のえいきょうで上しょう気流が発生し，(b)雲が発達し，上空の風のえいきょうで線状に並んだとみられています。

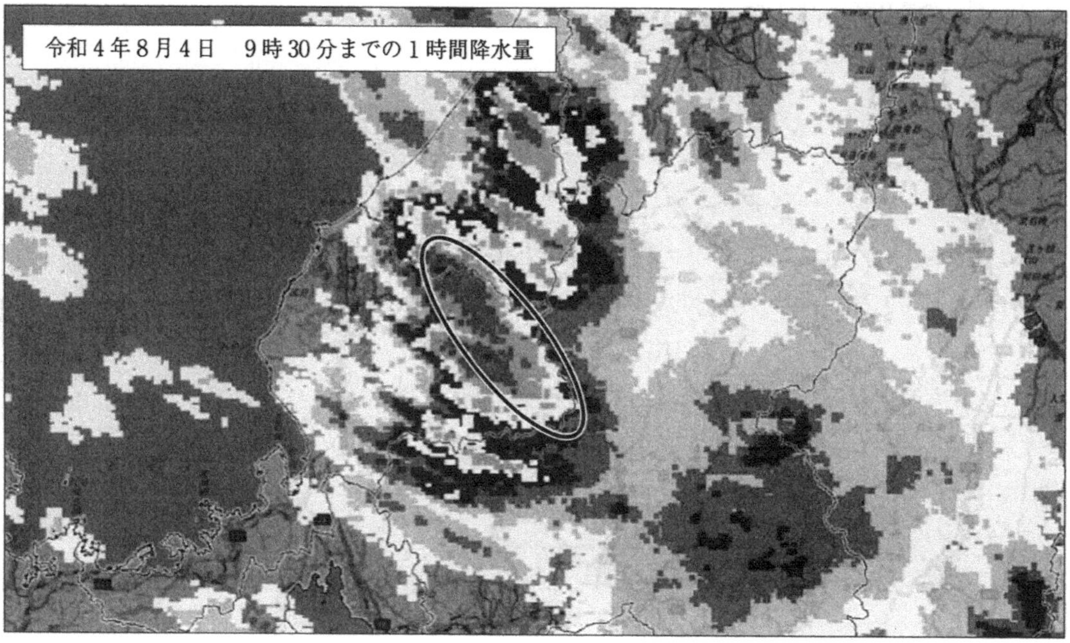

福井地方気象台「令和４年８月４日から５日の大雨に関する福井県気象速報（令和４年８月10日）」より

問１　下線部(a)の空気の性質は，どのようなものですか。次の①～④から適当なものをすべて選びなさい。

①　暖かい空気　　②　冷たい空気　　③　かわいた空気　　④　しめった空気

問２　下線部(b)の発達した雲の正式な名しょうを答えなさい。

令和５年度

中学校入学試験問題

社　　　会

（※社会と理科２科目60分）

注意事項

1．試験開始の合図があるまで、この問題冊子の中を見てはいけません。
試験開始までの間、この注意事項をよく読んで下さい。

2．この問題冊子は18ページです。

3．この問題冊子や解答用紙に印刷が悪くて見にくいところや汚《よご》れなどがある場合は、手をあげて監督《かんとく》の先生に知らせて下さい。

4．答えはすべて別紙の解答用紙に書き、記号で答えられるものはすべて記号で答えなさい。漢字の指定のあるものはかならず漢字で書きなさい。

5．解答用紙の受験番号、氏名は最初に記入して下さい。

6．試験終了後は解答用紙のみを提出し、問題冊子はそれぞれ持ち帰って下さい。

Ⅰ. 次の文章を読み、（a）（b）には適語を入れ、下線部の問いに答えなさい。解答が漢字で表記できる場合は、漢字で書きなさい。

私たちはどこにいるのでしょうか。

私たちは地球①に住んでいます。この地球には、六大陸と多くの島々があり、およそ200の国②が存在しています。今私たちがいるのは日本国③です。日本は、（　a　）大陸の東側にあり、太平洋と日本海などの海に囲まれています。日本の国土④は、北海道、本州、四国、九州の四島と多くの島々で成り立っています。地形の特徴《とくちょう》としては、平地が少なく山地が多く、国土のはばがせまい地形です。47の都道府県⑤に区分されます。

今いる場所は愛知県⑥です。愛知県は、日本のほぼ中央部に位置しており、中部地方⑦に属しています。愛知県は、農業⑧や窯業《ようぎょう》⑨などの産業も盛んです。

そして、現在試験を受けている学校はどこにあるでしょうか。住所は、名古屋市⑩　千種区⑪です。また地形的にいうと（　b　）平野の東側の尾張⑫丘陵《きゅうりょう》とも呼ばれる地域にあります。または、名古屋駅⑬を通る地下鉄東山線の沿線にあるとも言えます。場所の表し方は様々ですね。

問１. 下線部①に関連して、述べた文として正しいものを、ア～エから一つ選びなさい。

ア. 陸地面積に比べて海洋面積の方が２倍以上広い。

イ. 最も小さな大陸は北極大陸である。

ウ. 最も広い海は大西洋である。

エ. 南半球に陸地の３分の２が集まっている。

問２. 下線部②に関連して、それぞれの国について述べた文として正しいものを、ア～エから一つ選びなさい。

ア. 中国では、2022年に主要国首脳会議（サミット）が開催された。

イ. サウジアラビアは、石油の産出国で、現在タリバンによって支配されている。

ウ. 北朝鮮では、2022年に大統領選挙がおこなわれ、尹錫悦《ユンソンギョル》大統領が就任した。

エ. インドは、国連推計によると2023年に人口世界一になると予想されている。

問3．下線部③に関連して、日本国の国境の島に関するX、Yの文章が示す場所を地図中の[あ]～[お]から選んだ時に、正しい組み合わせをア～カから一つ選びなさい。

X：第二次世界大戦の時にソ連に占領《せんりょう》され、ロシアに対して返還《へんかん》を求めている島

Y：東シナ海にある日本固有の領土であるが、近年中国が領有を主張している島

ア．	X＝[あ]	Y＝[う]	イ．	X＝[あ]	Y＝[え]	ウ．	X＝[あ]	Y＝[お]
エ．	X＝[い]	Y＝[う]	オ．	X＝[い]	Y＝[え]	カ．	X＝[い]	Y＝[お]

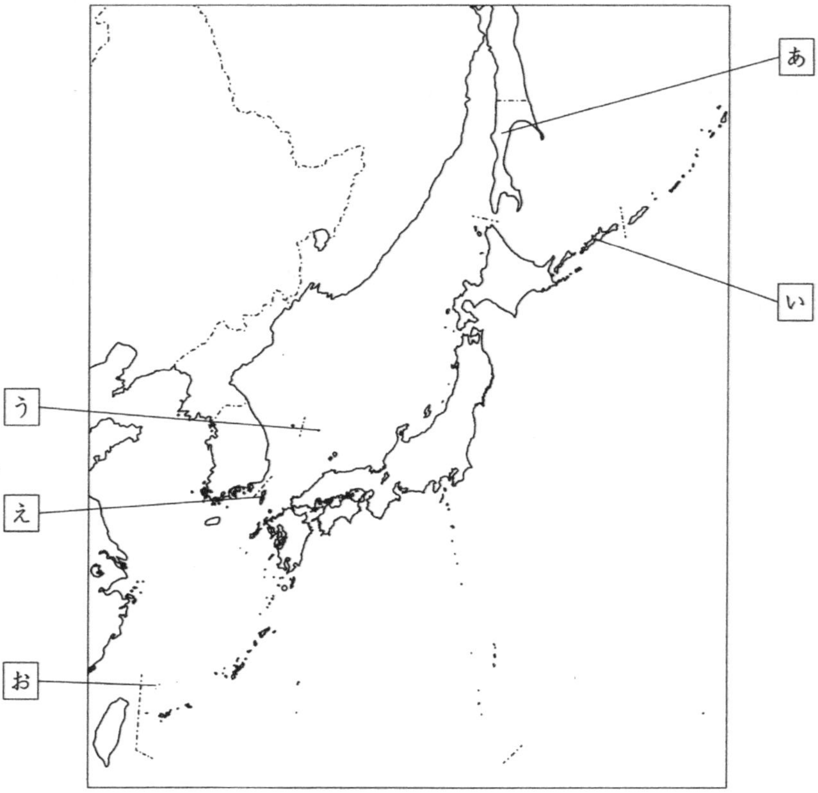

問4．下線部④に関連して、述べた文として誤っているものを、ア～エから一つ選びなさい。

ア．国土のおよそ4分の3が山地である。

イ．海岸線の長さは、アメリカ合衆国の海岸線よりも長い。

ウ．日本の国土面積より広い国は100ヵ国以上ある。

エ．日本で一番大きい本州島は、北海道の約3倍の面積である。

問５．下線部⑤に関連して、次の都道府県(1)(2)の説明として、正しいものをア～カからそれぞれ一つ選びなさい。

(1) 宮城県　　(2) 沖縄県

ア．県の内陸部には世界文化遺産に指定された平泉があり、海岸部にはリアス海岸があり、漁業が盛んである。

イ．温泉や日本三景の一つもあり観光資源にも恵まれている。東日本大震災では大きな被害を受けた。

ウ．県の東部は奥羽山脈が連なり、杉をはじめ林業が盛んである。米の生産量が全国３位の米どころでもある。

エ．出生率は全国１位で、産業の中心は、観光業であるが、一人当たりの県民所得は日本で一番少ない。

オ．南北に約600kmと縦に長く、世界自然遺産の屋久島や宇宙センターのある種子島が含まれている。

カ．陸地は平地が少なく、海岸線は北海道につぎ全国２位の長さがある。漁業が盛んで全国３位の漁獲量があった。

問６．下線部⑥について、地図上のＡ－Ｂ線に対する断面図として、正しいものをア～エから一つ選びなさい。

※この問題は学校当局により削除されました。

地理院地図（電子国土 Web）より作成。

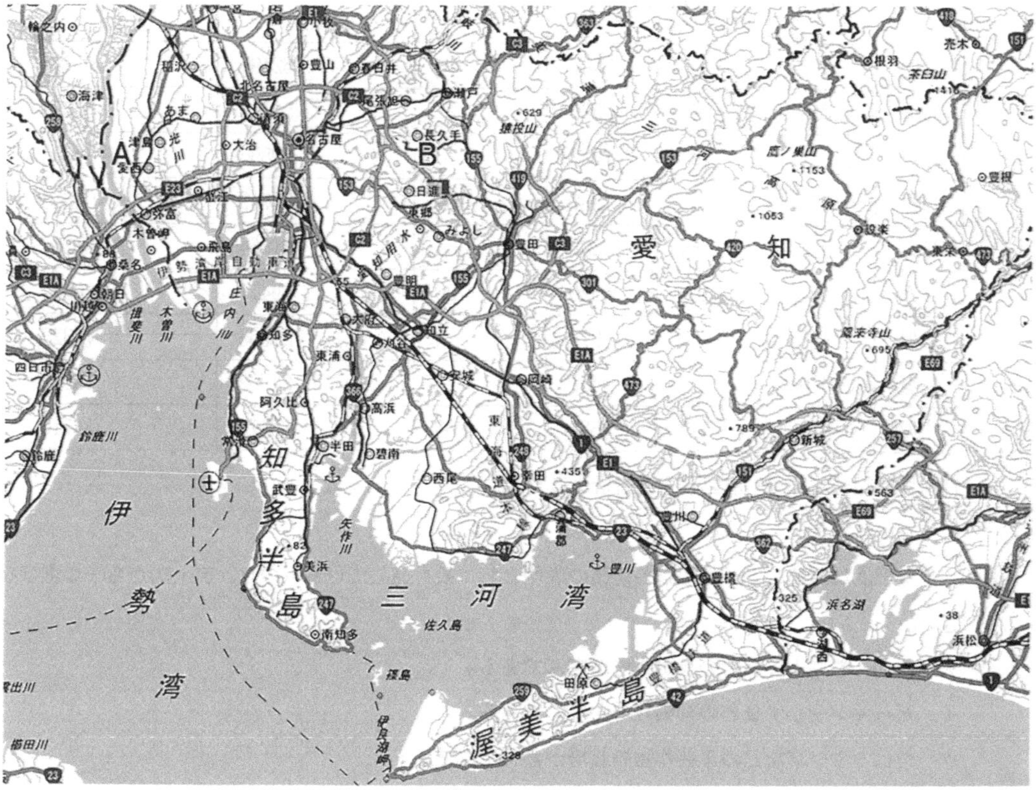

ア
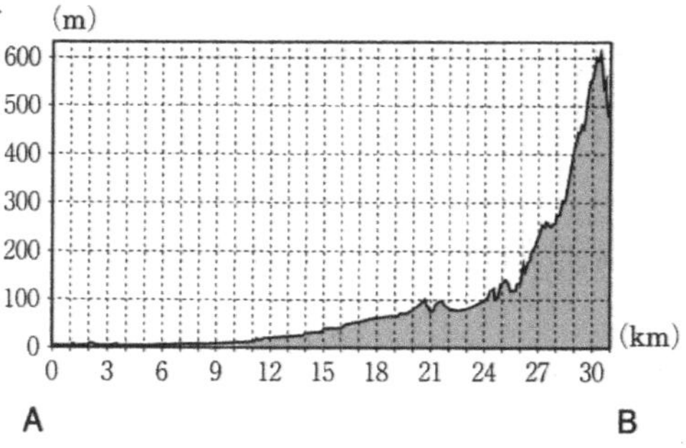

イ
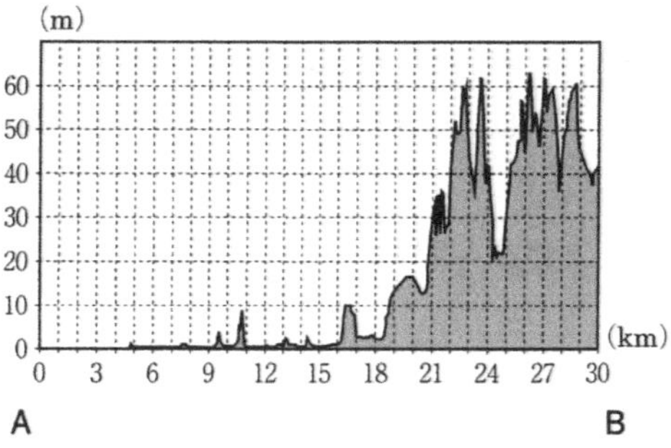

ウ
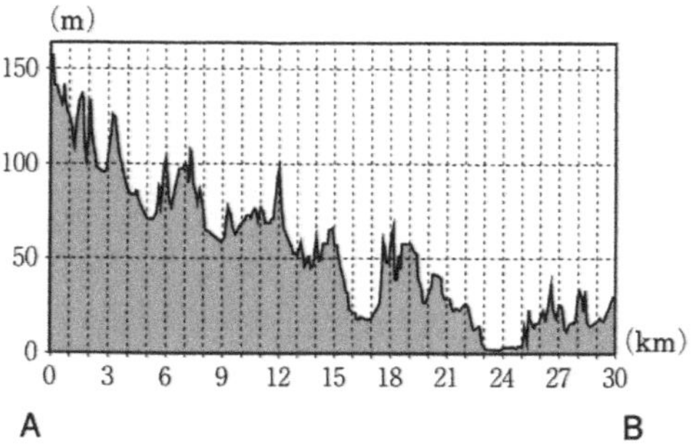

エ
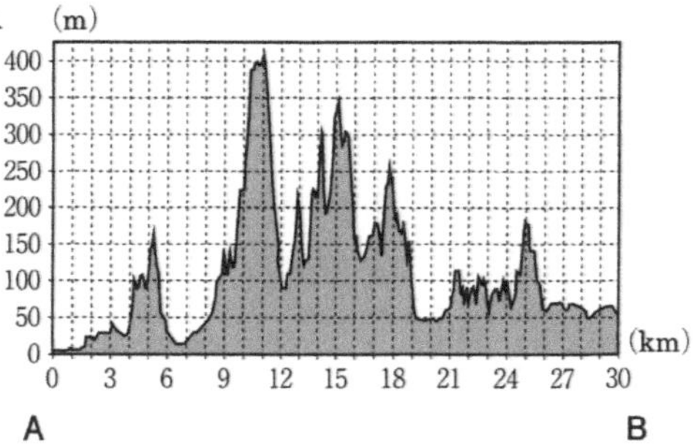

問7．次の表は下線部⑦の各県のデータをまとめたものです。CとDの県名を漢字で答えなさい。

	面積（km²）	人口（万人）	農業産出額（億円）	海面漁業漁獲量（千t）	工業統計製造品出荷額等（億円）	卸売・小売業年間商品販売額（億円）
A県	13562	205	2697	0	62194	51204
B県	12584	220	2526	27	50113	61075
C県	10621	198	1093	0	59896	44682
D県	7777	363	1887	184	172749	94666
E県	5173	754	2893	53	481864	326284
F県	4248	104	629	26	39411	29332
G県	4465	81	974	0	25053	16323
H県	4191	77	451	12	22902	19208
I県	4186	113	535	53	30478	34710

日本国勢図会2022/23 府県別主要統計より作成

問8．下線部⑧に関連して、愛知県の農業の説明として最も適しているものを、ア～エから一つ選びなさい。

ア．みかんやりんごなどの果樹栽培が盛んである。

イ．ピーマンやなすなどの抑制《よくせい》栽培が盛んである。

ウ．たばこやい草などの工芸作物の栽培が盛んである。

エ．キャベツや白菜などの近郊《きんこう》農業が盛んである。

問9．下線部⑨に関連して、次の4つの伝統的な焼き物と産地の都道府県の組み合わせとして、正しいものはいくつあるか。ア～オから一つ選びなさい。

常滑焼＝愛知県　　九谷焼＝石川県　　清水焼＝京都府　　有田焼＝和歌山県

ア．0　　イ．1つ　　ウ．2つ　　エ．3つ　　オ．4つ問10. 下線部⑩に関連して、名古屋市についての説明として正しいものを、ア～エから一つ選びなさい。

ア. 名古屋港の自動車輸出台数は日本最大である。

イ. 木曽川は名古屋城と熱田の港をつなぐ重要なルートであった。

ウ. 中部国際空港は航空貨物取扱《とりあつかい》量が日本最大である。

エ. 政令指定都市として、横浜市に次ぐ第２位の人口を有している。

問11. 下線部⑪の千種区は、1937年（昭和12年）に東区から分離《ぶんり》して成立しました。千種区が成立した頃の日本の様子についての説明として正しいものを、ア～エから一つ選びなさい。

ア. アメリカとの戦争に敗れ、連合国に支配されていた。

イ. 軍国主義が広まり、中国との戦争が始まった。

ウ. 産業革命が起き、ロシアとの戦争が行われていた。

エ. 技術革新が進み、高度経済成長と呼ばれ、経済が急速に発展した。

問12. 下線部⑫の尾張は、愛知県西部の古い呼び方です。尾張で起きた歴史的な出来事Ａ～Ｃを古いものから順番に並び替えた時、正しいものを、ア～カから一つ選びなさい。

Ａ：御三家の一つ尾張藩が支配した。

Ｂ：平氏に敗れた源義朝が尾張で亡くなった。

Ｃ：桶狭間の戦いで今川義元が敗れた。

ア. Ａ→Ｂ→Ｃ	イ. Ａ→Ｃ→Ｂ	ウ. Ｂ→Ａ→Ｃ
エ. Ｂ→Ｃ→Ａ	オ. Ｃ→Ａ→Ｂ	カ. Ｃ→Ｂ→Ａ

問13. 下線部⑬の名古屋駅には、地下鉄東山線や東海道新幹線が乗り入れています。東海道新幹線を使った場合、名古屋駅からの距離《きょり》が近い順に並べた時、正しいものを、ア～カから一つ選びなさい。

ア. 東京駅・京都駅・新大阪駅	イ. 東京駅・新大阪駅・京都駅
ウ. 京都駅・新大阪駅・東京駅	エ. 京都駅・東京駅・新大阪駅
オ. 新大阪駅・東京駅・京都駅	カ. 新大阪駅・京都駅・東京駅

次ページにつづく

Ⅱ．次の文章を読み、問いに答えなさい。

私たちの住む街には、さまざまな歴史があります。

例えば、愛知県の清須市から名古屋市西区にまたがる朝日遺跡は、佐賀県の吉野ケ里遺跡と同じくらいの巨大な弥生時代①の集落であったことが分かっています。

また、古墳時代の尾張地域は大和朝廷と強いつながりがありました。名古屋市熱田区の断夫山古墳や守山区の白鳥塚古墳などは、その関係性を考える上で重要な前方後円墳②です。

愛知県は日本の歴史を代表する有名な人物の出身地でもあります。現在の春日井市で生まれたとされる小野道風は平安時代③の著名な書道家であり、日本風の書道を築きました。源頼朝も熱田区で生まれたとされ、源平合戦を経て、鎌倉幕府④を築きました。

そして、何より有名なのは織田信長⑤・豊臣秀吉・徳川家康の３人でしょう。その中でも平和で安定した江戸時代⑥の基礎《きそ》を築いた徳川家康の功績は日本の歴史上、とても大きなものです。

明治時代⑦以降にも、愛知県からは、1925年に普通選挙法を制定⑧した内閣総理大臣の加藤高明や、日本の女性の活躍⑨の道をひらいた市川房枝らが出ました。彼らの功績は今の日本の社会を作るために欠かせないものでした。

これらの歴史を築いてきた愛知県を含む東海地方は日本の中央部分に位置しています。その地理的特徴を背景に古くから交通の要所⑩であったこの地域は、今後もますます発展していくと考えられています。古いものだけでなく、これから先に生まれてくる新たな歴史⑪にも、私たちはしっかりと目を向けていくことが大切です。

問１　下線部①に関連して、以下の問いに答えなさい。

(1)　以下の２つの想像図は弥生時代のムラの様子を描いたものです。この図から読み取れる内容を参考にしながら、日本の弥生時代について述べた文として、誤っているものを、ア～エから一つ選びなさい。

＜図Ａ＞

＜図Ｂ＞

ア．図Ａのような稲作の跡《あと》は北海道や沖縄を除く日本各地で発見されており、西日本から東日本に向かって広がっていったと考えられている。

イ．図Ａのように、田んぼでは木製の道具が使用され、収穫《しゅうかく》された米は高床倉庫で保管された。

ウ．図Ｂの集落は物見やぐらや集落の周囲を囲う木の柵《さく》の存在などから、外敵からの防衛を意識した作りになっている。

エ．この時期の日本では鉄製の武器や弓矢は使用されておらず、木製の剣と盾《たて》のみが使用されていたことが図Ｂからわかる。

令和五年度　中学校入学試験問題解答用紙（国語）

一

問一

問二

問三

〜

問四

問五

(1)

(2)

問六

問七

A

B

問八

問九

問十

問十一

問十二

二

問一

問二

問三

問四

問五

9.

(1)	Aの目が　　，Bの目が	Aの目が　　，Bの目が	Aの目が　　，Bの目が
(2)	○ア ○イ ○ウ ○エ ○オ	○ア ○イ ○ウ ○エ ○オ	○ア ○イ ○ウ ○エ ○オ

10.

Aさんが　　位，Bさんが　　位，Cさんが　　位

理由

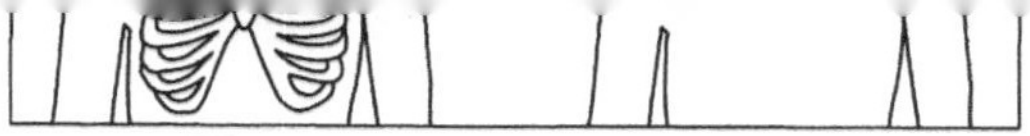

図1　図2

4

問1 操作

問2

問3 (ア) (イ)

5

問1 g

問2

6

問1

問2

問3

問4

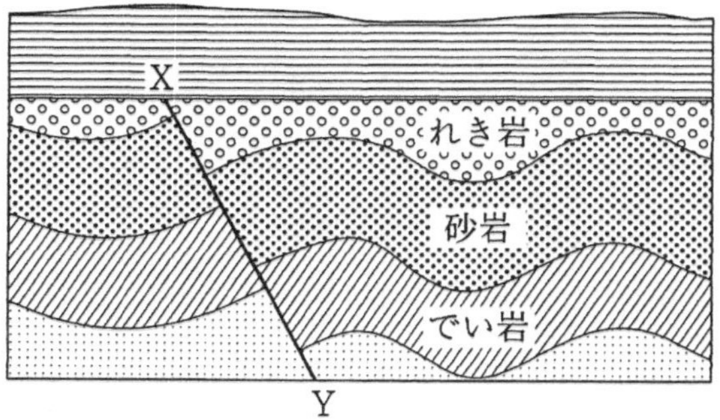

問5 → → →

7

問1

問2

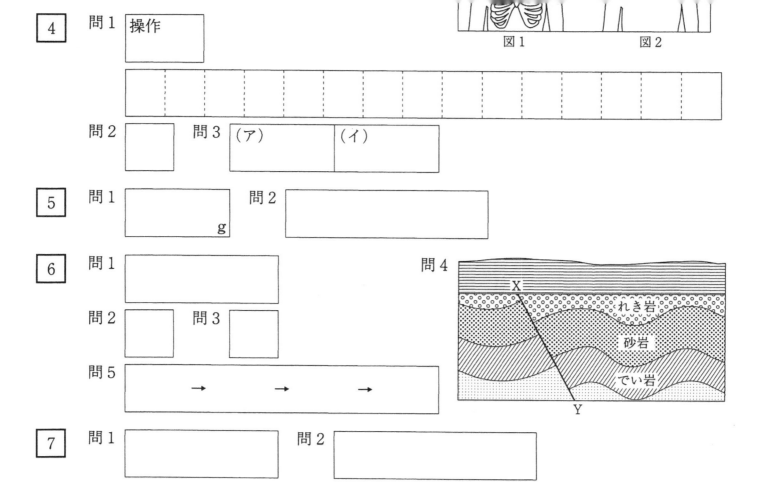

II.

問1(1)	(2)	問2	問3
問4(1)	(2)	問5	問6(1)
(2)	問7(1)工場名	(2)製品	問8(1)
(2)	問9	問10	問11

III.

問1	問2	問3	問4	問5 賛成 / 反対
理由				
問6	問7(1)	(2)		

2023(R5) 愛知淑徳中
K 教英出版

令和５年度　　　中学校入学試験問題解答用紙（社会）

受験番号　　　　番　氏名

※50点満点
（配点非公表）

Ⅰ.

a		b		問1
問2	問3	問4	問5(1)	(2)
問6	問7 C　　県		D　　県	
問8	問9	問10	問11	問12
問13				

令和５年度　　中学校入学試験問題解答用紙（理科）

受験番号　　　　番　氏名

※50点満点
（配点非公表）

1　問１　問２　問３　問４

2　問１　問２　問３

3　問１
口　　　　こう門

問２

問４

【解答

令和５年度　　　中学校入学試験問題解答用紙（算数）

受験番号 ＿＿＿＿ 番　氏名 ＿＿＿＿＿＿＿＿

※100点満点
（配点非公表）

1.

(1)	(2)

2.

(1)　　%	(2)　　段	(3)	(4)　　度
(5)　　マイル	(6)　　曜日	(7)　　台	(8)

3.

(1)　　cm^2	(2)

4.

5.

(1) 分速　　m	(2)　　m

6.

度

【解答

問七

ということ

問八

問九

問十

①

②

③

三

①

②

③

④

⑤

受験番号

番

氏名

※100点満点
（配点非公表）

2023(R5) 愛知淑徳中
教英出版

(2) 日本国内から見つかっている弥生時代を象徴する遺物として正しいものを、ア～エから一つ選べ。

ア.

イ.

ウ.

エ.

問２　下線部②について述べた文として正しいものを、ア～エから一つ選べ。

ア. 日本最大の前方後円墳である大仙（仁徳陵）古墳は現在の京都府にある。

イ. ５世紀には全国ほとんどの地域で前方後円墳は造られなくなった。

ウ. 棺《ひつぎ》は一般に前方部におさめられ、後円部では儀式《ぎしき》が行われた。

エ. 前方後円墳の多くは建造当初、墓の表面に石が敷きつめられていた。

問３　下線部③の平安時代の様子を描いた絵画として正しいものを、ア～エから一つ選べ。

ア.

イ.

ウ.

エ.

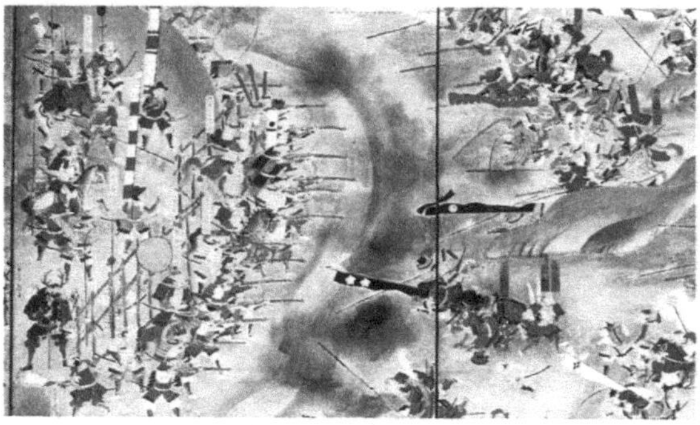

問4　下線部④に関連して、次の文章は鎌倉時代に行われた演説を現代語訳したものです。文章を読んで以下の問いに答えなさい。

<演説>

みな心を一つにして聞きなさい。これが最後の言葉です。今はなき頼朝様は幕府を開いてから、あなたたちに官位や土地を与えた。そのご恩は山よりも高く、海よりも深い。ところが今朝廷は幕府を倒そうとしている。名誉を大切にする武士ならば、朝廷方と戦って、将軍のご恩にむくいなさい。もし、朝廷方につきたい者がいるなら、今すぐ申し出なさい。

(1)　この演説を行った人物を漢字で書きなさい。

(2)　この時代に起こった出来事A～Cを古いものから順に並べた時の正しいものを、ア～カから一つ選びなさい。

A．竹崎季長が元との戦いで活躍した。
B．守護・地頭が設置された。
C．徳政令で生活に苦しむ御家人を救おうとした。

ア．A→B→C　　イ．A→C→B　　ウ．B→A→C
エ．B→C→A　　オ．C→A→B　　カ．C→B→A

問5　下線部⑤に関連して、次の文章の空欄に適する語句の組み合わせとして正しいものを、ア～カから一つ選びなさい。

織田信長は【　A　】教に関しては受け入れる姿勢を示したが、古くからの仏教勢力とは対立し、【　B　】宗の信者が起した一向一揆と各地で戦ったり、天台宗の中心である【　C　】の焼き討ちを行った。

ア．A：イスラム　B：曹洞　C：東大寺
イ．A：キリスト　B：曹洞　C：金閣寺
ウ．A：イスラム　B：臨済　C：銀閣寺
エ．A：キリスト　B：臨済　C：金剛峰寺
オ．A：イスラム　B：浄土真　C：清水寺
カ．A：キリスト　B：浄土真　C：延暦寺

問６　下線部⑥に関連して、以下の問いに答えなさい。

(1)　江戸時代の各地の特産物を示した下の地図について述べた文として誤っているものをア～エから一つ選べ。

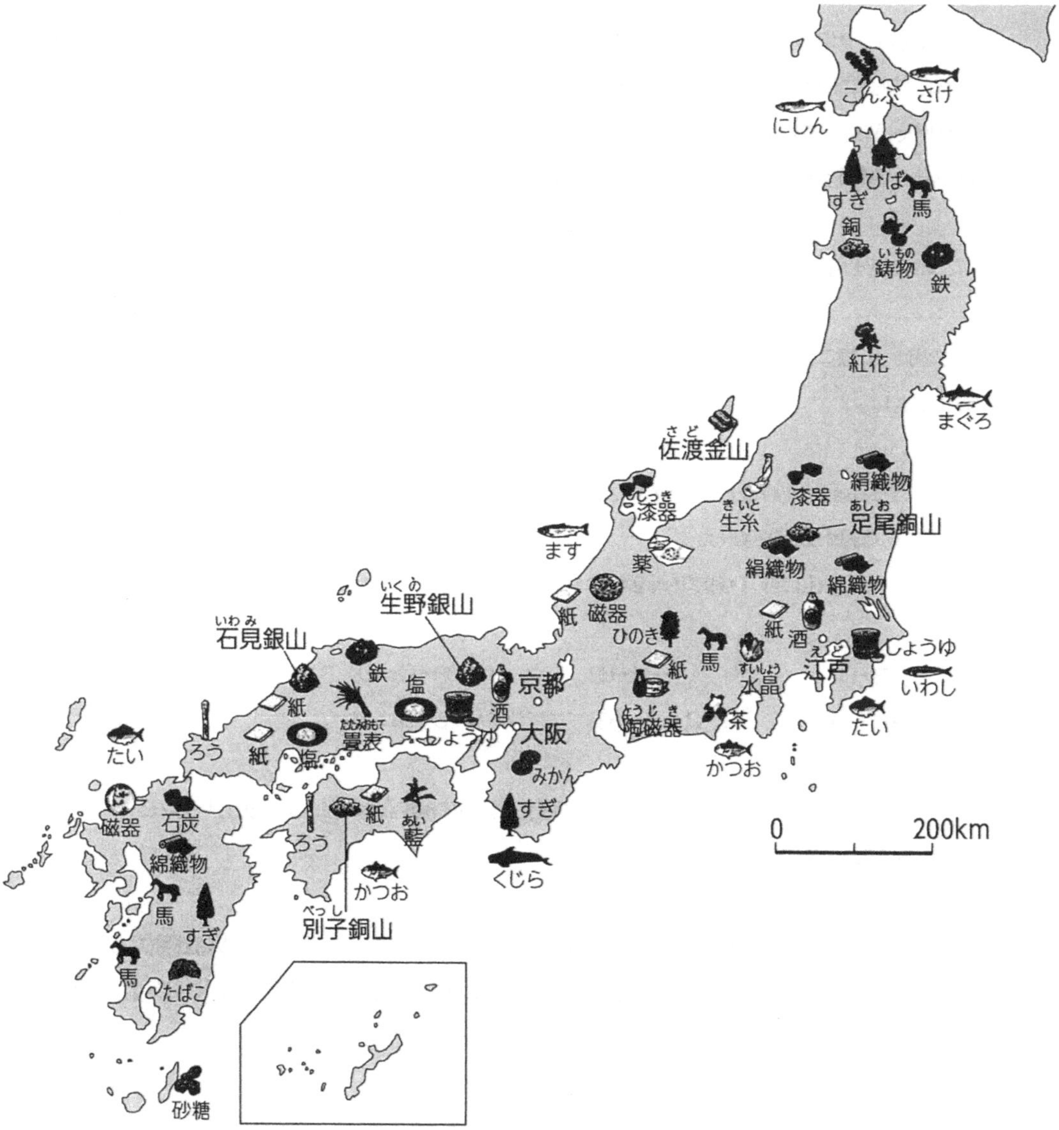

ア．現在の千葉県や兵庫県はしょうゆの産地であった。

イ．紙の生産地は東日本に集中していた。

ウ．九州や東北では特産品として馬が生産された。

エ．木曽のひのきや紀伊のすぎなど、木材も特産品として価値があった。

(2) 18世紀に松阪（三重県）の商家に生まれた本居宣長について述べた文として正しいものを、ア～エから一つ選べ。

ア．江戸から京都までの風景を描いた『東海道五十三次』を完成させた。

イ．町人の苦しみや悲しみをしばいの台本に書き、歌舞伎《かぶき》を発展させた。

ウ．日本の古典を研究し、『古事記伝』を書いて国学を発展させた。

エ．50才を過ぎてから天文学や測量術を学び、日本地図を作った。

問７　下線部⑦に関連して、政府は全国に多くの官営工場を建設し、日本の殖産興業をめざした。その中で、群馬県に設立された(1)工場の名称と、(2)生産された製品を漢字で答えなさい。

問８　下線部⑧に関連して、以下の問いに答えなさい。

(1) この法律の前提となっている大日本帝国憲法に書かれている内容として正しいものを、ア～エから一つ選びなさい。（文章は原文そのままではなく、一部変えています。）

ア．けんかに及ぶ輩《ともがら》は理非を論ぜず両方ともに死罪に行うべきなり

イ．文武弓馬の道、専《もっぱ》ら相《あい》たしなむべき事

ウ．天皇は陸海軍を統帥《とうすい》す

エ．政府の行為によって再び戦争の惨禍《さんか》が起こることのないようにする

(2) 下線部⑧と同時に制定された、政治や社会のしくみを根本から変えようとする運動を厳しく取り締《し》まるための法律の名称を漢字で答えなさい。

問９　下線部⑨に関連して、明治時代以降の日本の女性について述べた文として誤っているものを、ア～エから一つ選べ。

ア．最初の女子留学生の一人として海を渡った津田梅子は、帰国後は日本の女子教育の発展に力を入れ、後の津田塾大学を作った。

イ．女性の政治参加を求めた与謝野晶子は第一次世界大戦に参戦した弟にむけて「君死にたまうことなかれ」の歌をよんだ。

ウ．日本のシベリア出兵に伴う米の値段の上昇に対して、富山県の漁村の主婦たちが米屋を襲《おそ》い、全国に広がる米騒動が始まった。

エ．太平洋戦争中、国内で唯一地上戦が行われた沖縄では、ひめゆり部隊などに所属した女子学生も多く亡くなった。

問10　下線部⑩に関連して、愛知県には現在でも、ⅰ）国際線を含む空港、ⅱ）新幹線の駅、ⅲ）地下鉄、ⅳ）高速道路が存在し、交通の要所となっています。愛知県と同じく、このⅰ）からⅳ）を全て備える県として正しいものを、ア～エから一つ選びなさい。

ア．福岡県　　イ．奈良県　　ウ．神奈川県　　エ．千葉県

問11　下線部⑪に関連して、2023年以降に開催や開業が予定されている内容Ａ～Ｃを実施される予定の近い方から順に並べた時の正しいものを、ア～カから一つ選びなさい。

Ａ．東京・名古屋間のリニア中央新幹線の開業

Ｂ．広島サミットの開催

Ｃ．大阪万博の開催

ア．Ａ→Ｂ→Ｃ　　イ．Ａ→Ｃ→Ｂ　　ウ．Ｂ→Ａ→Ｃ

エ．Ｂ→Ｃ→Ａ　　オ．Ｃ→Ａ→Ｂ　　カ．Ｃ→Ｂ→Ａ

Ⅲ. 次の文章を読み、問いに答えなさい。

2022年には、様々なことがありました。１月には①コロナウィルス感染《かんせん》拡大によりまん延防止等重点措置が出され、２月にはロシアがウクライナに軍事侵攻《ぐんじしんこう》しました。

年度が替わって４月に入ると、②成人年齢《ねんれい》が正式に18歳に引き下げられ、23日には、北海道の③知床半島の沖合で乗員・乗客26人が乗った観光船が浸水《しんすい》し遭難《そうなん》しました。この事件では、運航会社の管理体制や④国土交通省の運航会社への管理が甘かったと言われています。

６月には、⑤侮辱罪《ぶじょくざい》の法定刑を引き上げることなどを盛り込んだ改正刑法が、参議院の本会議で可決、成立しました。同月22日に⑥参議院議員選挙が公示され、７月10日に投開票がおこなわれました。また、この選挙の期間中には⑦元内閣総理大臣の政治家が銃撃《じゅうげき》されるという痛ましい事件も起きました。

問１. 下線部①に関連して、下線のような状況が日本や世界の経済に与える影響について述べた文として誤っているものを、ア～エから一つ選びなさい。

ア. まん延防止等重点措置が出た地域の飲食業界の多くは売り上げが減った。

イ. ロシアからの天然ガスの輸入を控《ひか》えた国で家庭の光熱費が上がった。

ウ. 日本では、運送費が値上がりし、一部の企業が商品の価格を値上げした。

エ. 原油の価格が上がり、世界中で火力発電より原子力発電の占める割合が大きくなった。

問２. 下線部②に関連して、この改正によって新たに18歳から可能になったことについて述べた文として正しいものを、ア～エから一つ選びなさい。

ア. 飲酒や喫煙《きつえん》が自由に行えるようになる。

イ. クレジットカードが作れるようになる。

ウ. 競馬などでお金をかけることができるようになる。

エ. 普通自動車の運転免許を取得できるようになる。

問３. 下線部③に関連して、知床半島は世界遺産に登録されています。日本の世界遺産について述べた文として正しいものを、ア～エから一つ選びなさい。

ア. 知床半島と同じ世界自然遺産には富士山がある。

イ. 愛知県には世界文化遺産に登録された史跡がある。

ウ. 佐渡島の金山が世界文化遺産に登録された。

エ. 長崎県にはキリシタンに関する世界文化遺産がある。

問4．下線部④に関連して、国土交通省について述べた文として正しいものを、ア～エから一つ選びなさい。

ア．国土交通省は空港と日本航空（JAL）などの航空会社を経営している。

イ．国土交通省の下には気象庁が設置されている。

ウ．国土交通省は国土の環境を守り水産資源の保護が主な仕事である。

エ．国土交通省は法務局を置き、外国人の入国を管理している。

問5．下線部⑤に関連して、2022年4月には改正少年法が施行されました。この法律では18歳以上の少年が重大な罪を犯した場合、実名報道が可能となりました。あなたは罪を犯した18歳以上の少年の実名を報道すべきと考えますか。解答用紙の賛成、反対のどちらかに○をつけ、その理由を述べなさい。

問6．下線部⑥に関連して、2022年の参議院選挙について述べた文として正しいものを、ア～エから一つ選びなさい。

ア．今回の選挙の結果、政権交代が実現し内閣総理大臣が交代した。

イ．この選挙の比例代表選挙では候補者の名前、政党名のどちらでも投票ができる。

ウ．この選挙に立候補できるのは20歳以上の男女である。

エ．この選挙で当選した議員の任期は原則2026年までである。

問7．下線部⑦に関連して、以下の問いに答えなさい。

(1) 次の新聞記事は下線の内容を伝えたものの一部である。空欄に入る人物の氏名を漢字で答えなさい。

1 4版 2022年(令和4年)7月8日(金) 朝 日 新 聞 (夕刊)

□元首相撃たれる

2022年(令和4年) 7月8日 金曜日 夕刊

朝日新聞

奈良 大和西大寺駅前

(2) 銃撃されたこの人物が内閣総理大臣の時の出来事について述べた文として正しいものを、ア～エから一つ選びなさい。

ア．日本国憲法を改正し、集団的自衛権の行使を認めた。

イ．新型コロナウイルス対策として、全世帯に抗原検査キットを配った。

ウ．消費税を現在の税率である10パーセントに引き上げた。

エ．衆議院の議員定数を10名増やして475人にした。

令和四年度　中学校入学試験問題　愛知淑徳中学校

国語

（50分）

注意事項

一、試験開始の合図があるまで、この問題冊子の中を見てはいけません。
試験開始までの間、この注意事項をよく読んでください。

二、この問題冊子は14ページです。

三、この問題冊子や解答用紙に印刷が悪くて見にくいところや汚《よご》れなどのある場合は、手をあげて監督《かんとく》の先生に知らせてください。

四、答えはすべて別紙の解答用紙に書き、記号で答えられるものは、すべて記号で答えなさい。答えを文中からぬき出す場合は、「、」「。」などの記号も一字分に数えなさい。

五、解答用紙の受験番号、氏名を記入する欄《らん》は用紙の最後にあります。最初に記入しなさい。

六、試験終了後は解答用紙のみを提出し、問題冊子はそれぞれ持ち帰ってください。

一、次の文章を読んで、後の問いに答えなさい。

戦後五年ほど、私は、東北のいなかに暮らしていて、半年に一度くらい東京に出てきたが、そのたびに東京のようすは、見るもの、聞くもの、※1のぞき目がねからのぞく景色のようにガラリガラリ変った。

はやりことばでいえば、ある時出てきて、※2「とんでもはっぷん」にとりまかれるかと思うと、つぎの時は、「あじゃぱー」になる、というぐあいであった。上京するたびに新しいことばをおぼえたが、そのつぎに出てくると、前のことばは使いふるされて、すてられている。

生活の流れの一ばん表面に近い、はやりことばにたとえていえば、そのころの東京のテンポ——東京と限定するのは、そのころ、①マスコミの手は、今日《こんにち》ほど津々浦々《つつうらうら》にとどいていなかったから——は、そういうことだったけれど、そのもう一つ底のところで、※3オリのようにたまっていった傾向《けいこう》は、儀礼《ぎれい》の廃止《はいし》と敬語の減少だったかもしれない。

戦後五年で、東京に出てきて、ある会社に顔をだすようになったら、社長さんや重役さんはべつだったが、②一般《いっぱん》社員は、私におじぎ一つしてくれない。(この人たちが、おじぎをしないのは、私にたいしてだけでなく、社長さんや重役さんにたいしてもだったらしい。なぜなら、日本は、民主主義になったのだから。)

世の中はかわった、と、私は思った。アメリカでは、※4エチケットの本が、いつもしずかなベストセラーだと聞いたが、日本のエチケット——こういうことばが、そのころはやっていた——は、必要なくなったのか、と、私は考えた。

そのころ、私より二十ばかり年上の先生が、私にAつぶやかれたことがあった。

「このごろの若い人は、わたしたちが『かしこまりました』とか、『承知いたしました』というところを、『承知しました』とか、『わかりました』っていうんですね。ときどきびっくりしますよ」

「でも、先生、それ、わるい返事ということはいえないんでしょうね。時代といっしょにことばがかわるってことなんでしょうか」

などと私たちは話しあった。

けれども、戦前に育ったということは、しかたがないもので、私も、③ひとから何かたのまれれば、「わかりました」とはけっしていえない。相手が年上か、儀礼をつくす場合は、「かしこまりました」というだろうし、でない時は「承知いたしました」というだろう。(ついでにいうと、「いたす」ということばは、なんて微妙《びみょう》で、おもしろいことばだろう。私はすきである。)べつに、そうと規則できめているわけではないけれど、自然にそういう返事が、出てくるだろうと思う。

くどいようだけれど、戦前に育って、そういう固定観念ができてしまっているということはしかたがないもので、若い人にものをたのんで、「わかりました」と答えられると、「ブー」と鳴ることを期待していた汽笛が、「キー」と鳴ったようなびっくりさは感じる。

④でも、まだ私は、「わかりました」をわるいとは断じない。わるいか、いいか、まだ答えがでないのだと思っている。「わかりました」は、わけのわかったことばだし、これから先、日本人が、しんぼうづよくこれにみがきをかければ、いい返事になるかもしれないではないか。

この「わかりました」問答のすぐあとのこと——古いことばかりならべるのは、そのころ、東北の⑤山の中から出てきたばかりの私には、東京はおどろきに満ちていたから——ある男性の友だちが、大学で教えている女学生の手紙を、見せるともなく見せてくれた。

私は、おどろきあきれてそれを読んだのだが、それには、

「けさの空気　すこしばかりつめたくて
おいしかった。
お熱でませんでしたか。
グラジオと白壺《はっこ》！
壺《つぼ》の色がすきだな。
お元気で。」

と書いてあった。

これは、いったい、何？　詩？　それにしては、三行めがおかしい。病気見まい？　それにしては、⑥が変である。もやもやとした、あまえた恋文《こいぶみ》？　そんなものかもしれなかった。

それにしても、新時代の学生は、先生にこういうたよりを書くのかと、私の神経は「キーキー」鳴りつづけ、この手紙をおどろきもしないでうけとっている先生を、私はけいべつした。

じつは、私は、この手紙の文句を暗誦《あんしょう》していたわけではなく、友だちが座をたったすきに写さしてもらったのである。何年かたって、出してみて、これがまともに見えたら、私は考えなおさなければならなかった。

この原稿《げんこう》を書くので、その古ノートをさがしてみたら、首尾《しゅび》よく見つかり、私はもう一度この手紙を読んだのだが、前とおなじようにばからしかった。先生と学生のあいだに、恋愛的《れんあいてき》な気もちがあってはならないなどというつもりはない。⑦この教師と学生のあいだには、いい精神も、いいことばを生みだす動きも、すこしもないように思えるのである。

いま、この詩（?）を写しながら、私のうけた、またしても戦前の教育のことを考えていたら、小学二、三年のころの小さいできごとを思いだした。

ある日、お掃除《そうじ》当番をすまし、教室のうしろのすみにある先生の机のそばを通って帰ろうとしたら、「石井さん」とよびとめられた。その先生は、男の先生で、私には、かなり年よりに見えたけれど、多分三十くらいだったのだろう。

「※5シュトウすんだかね？」というようなことを、その先生は聞いた。（いま思いだすと、この先生は、時どき、子どもをよんで、このように話しあっていた。）

私はモジモジして、シュトウといういみがわからないことを先生に知らせた。

すると、先生は、

「え？　シュトウ知らない？」といって、そのことを説明してくれた。

ああ、シュトウって、家で※6ホウソウをうえるといってることなんだな、と、私はさとって、その時に適応した返事をしたように思う。⑧けれど、その時、私の気になってならなかったのは、その問題点ではなくて、ほかのことだった。

「イエス」のいみを先生にいう時、私は、「ああ」ということばを使っていたのである。

「『ああ』でなくて、ほかのことばがあるはずだ」と思いながら、私は先生のまえに立っていた。つまり、「ああ」という返事は、その時、ある顔つきで私に話している先生にたいして私がもっている気もちとつりあっていなかったのである。

そのころの家庭はのん気なもので、私の母など「先生には、こう返事するんですよ」などといったことは一度もなかったし、私も、家に帰って、学校のことを報告したおぼえはほとんどない。また、いつごろから、先生に「はい」とか、「ええ」とかがいえるようになったか、それにつ

いても、すこしもおぼえていないが、「ああ」では気がすまなくなったのは、たしかに七才か八才で、先生と向かいあってシュトウの話をした時だった。

相手にたいする、この気のすまなさが、「いたす」を生んだり、「しつれい！」を生んだりするのだと思うのだけれど、どうだろう。

けさもけさとて、私は考えてしまったが、ある新聞社から電話がかかって、若い女の人に原稿《げんこう》を書けといわれた。いま書けない状態だといったら、では、会って話でもいいということだった。甥《おい》の結婚《けっこん》式が迫《せま》っていて——これは、ほんとうのことである——いまとてもいそがしいのだと断わったら、⑨そのひとは「それじゃ、いいです。」と許してくれた。

「では、ごめんください。」と電話をきって、私は笑いだしてしまった。腹をたてていたら、きりがないからである。

B、ほんとうは、笑ってすましていてはいけないのだろう。

先日、スイスから、ある夫婦が来日して、会ったのだが、その二人の話しあっているのを聞くと、たがいに「ビッテ？　ビッテ？」といいあう。そのふたりと私との共通語は、ブロークン・イングリッシュだった。そして、かれらは、夫婦間ではドイツ語を話した。私は、ドイツ語はわからないから、何を話しているのか知らぬが仏なのだけれど、あいだにはさむ「ビッテ」だけは、「いま、なんていった？　すまないけれど、もう一ど」とか、「どうぞ、もう一ど」といういみだということは知っていた。

「え？」とか、「なに？」とか聞きかえすのにくらべて、なんていいことばだろうと思った。C、このことばだって、相手を尊重しないところには生まれなかったろうし、戦後、ドイツ語を話す人たちは、それをすててこなかった。

あるイギリスの詩人が、少年少女に「詩」について語って、ことばはだいじにしなくてはいけない、ことばは、みがけば光るものだ、詩人が使うのは、そういうことばなのだといっている。

私たちは、詩人でないから、それほどみがきはかけられないだろうが、少なくとも、使ってはすて、使ってはすてでは、いいことばも残らないだろうし、ひとにものをたのんで、「それじゃ、いいです。」で気がすんでいたのでは、⑩いい国にはなれないだろう。

（石井桃子「みがけば光る」より）

※1　のぞき目がね……大きな箱の中に入れた数枚の絵を転換《てんかん》させ、のぞき穴から見せる装置。
※2　「とんでもはっぷん」「あじゃぱー」……はやった時期は異なるが、共に当時の流行語。
※3　オリのように……時間をかけて少しずつ良くないものがたまっていく様子のたとえ。
※4　エチケット……人とつき合うときの、他人に対する心くばりや作法。
※5　シュトウ……種痘《しゅとう》。天然痘《てんねんとう》の予防法でウシの疱瘡《ほうそう》からつくったワクチンを、人のからだにうえつけること。
※6　ホウソウ……疱瘡《ほうそう》。ウイルスに感染しておこり、高い熱がでて、ひふにできものができる病気。天然痘。

問一　〰〰Aとあるが、「つぶやかれた」の「れ」と同じ意味で用いられているものを次から一つ選びなさい。

ア、卒業式で、先生がみんなから花束をおくられた。
イ、試験中に、先生のはげましの言葉が思い出された。
ウ、体育の授業中、先生が逆上がりの手本を示された。
エ、教室でさわいでいると、いきなり先生があらわれた。

問二　B　、　C　に当てはまる語として、適切なものをそれぞれ選びなさい。

ア、やはり　　イ、すると
ウ、そのうえ　　エ、でも

問三　――①とあるが、どういう意味か。最も適切なものを次から一つ選びなさい。

ア、東北には東京の様子が報道されていなかったということ。
イ、ラジオなどの影響が全国には広がっていなかったということ。
ウ、日本各地ではそれぞれ別のことばがはやっていたということ。
エ、テレビ局などが地方に進出する力がなかったということ。

問四　――②とあるが、なぜか。最も適切なものを次から一つ選びなさい。

ア、一般社員の立場で、上司や会社の外の人に対してなれなれしい態度をとってはいけないから。
イ、時代が変わって、若い人にとっては礼儀をもって接する必要が感じられないから。
ウ、民主主義になってエチケットが必要なくなり、他人を敬うことがなくなったから。
エ、重要な立場の人は相手に応じたエチケットが求められるが、一般社員には必要ないから。

問五　――③とあるが、なぜか。最も適切なものを次から一つ選びなさい。

ア、「わかりました」と言っても、たのまれたことが自分にできるかどうかわからないから。
イ、「わかりました」と言うと、めんどうな仕事だったときに断れなくなってしまうから。
ウ、「わかりました」という返事は、相手に対して丁寧《ていねい》さが足りないように感じられるから。
エ、「わかりました」という返事は、儀礼的《ぎれいてき》すぎてかえって失礼に思われてしまうから。

問六　——④とあるが、筆者はどのように考えているのか。最も適切なものを次から一つ選びなさい。

ア、「わかりました」は、個人的にはすきではないが、よく考えて使っていけば返事としてふさわしいことばになっていくだろう。
イ、「わかりました」は、「かしこまりました」などに比べてわかりやすいことばであるから、今後は良い返事として認めたい。
ウ、「わかりました」は、戦前の人間には違和感《いわかん》のある返事だが、これからの日本人はそのような固定観念にとらわれてはいけない。
エ、「わかりました」は、わるいことばというわけではないが、年上の相手を驚《おどろ》かせてしまうのでよいことばだとは決していえない。

問七　——⑤とあるが、ここではどのような意味で用いられているか。それを表す語を本文より五字以内でぬき出しなさい。

問八　[⑥] に当てはまることばとして、最も適切なものを次から一つ選びなさい。

ア、最初の行　　イ、四行め
ウ、五行め　　エ、最後の行

問九　——⑦とあるが、筆者はどういうことに対して、このように考えているのか。最も適切なものを次から一つ選びなさい。

ア、学生は教師にあまえて、いい加減にことばを用いた手紙を書き、教師はそれを直そうともしていないこと。
イ、学生があまえた表現の手紙を送ったのに対し、教師はおどろきもせずに学生の好意を受け入れていること。
ウ、学生はわかりにくい表現で恋文を書き、受け取った教師は意味がわからないまま私にあずけてしまったこと。
エ、学生が教師のためだけに書いた恋文なのに、他人である私に平気で見せた上に、写させてしまったこと。

問十　――⑧とあるが、「ほかのこと」とはどういうことか。最も適切なものを次から一つ選びなさい。

ア、「シュトウ」ということばの意味がわからないので、「ああ」というあいまいな返事しかできずにいたのは、先生に対して気がすまなかったということ。

イ、昔の家庭は子どもに先生に対する返事の仕方すら教えず、子どもは学校のことを家庭に報告することも少ないなど、今にくらべてのん気なものだったということ。

ウ、どんな場であっても、先生に対する返事は、「ああ」という無作法なことばではなくて、もっと丁寧なことばでなければならない気がしたということ。

エ、先生に対して「ああ」ということばではなくて、「はい」とか「ええ」とかがいえるようになったのが、いつのことなのか、少しもおぼえていないということ。

問十一　――⑨とあるが、「許してくれた」という表現には、どのような気持ちがこめられているか。最も適切なものを次から一つ選びなさい。

ア、しつこくたのんでくる相手を、説得できたことに対する安心感。

イ、困っている相手のたのみごとを、断ったことに対する後悔《こうかい》。

ウ、ものをたのむのにふさわしくない、相手の無礼な態度への嫌味《いやみ》。

エ、自分のいそがしい事情を理解してくれた、親切な相手への感謝。

問十二　――⑩とあるが、筆者のいう「いい国」になるためには、どのようなことをする必要があると考えられるか。本文中の語句を用いて二十字程度で答えなさい。

問十三　次に示すのは、本文を読んだ後に、四人の生徒が話し合っている場面である。本文の内容に**あわない意見**を次から一つ選びなさい。

ア、生徒1――毎年、流行語大賞というのが選ばれるけど、去年の大賞のことばを使うのは恥《は》ずかしいような気がするよね。これも筆者のいう「前のことばは使いふるされて、すてられている」ってことかなあ。

イ、生徒2――筆者は「時代といっしょにことばがかわる」ともいっているよね。流行語を使うことが必ずしも悪いわけじゃなくて、時代にあわせてわたしたちのことばも変わっていかないといけないってことだね。

ウ、生徒3――筆者には「わかりました」は自然な返事ではないみたいだね。「しんぼうづよく」「みがきをかけ」たかどうかはわからないけど、私には違和感《いわかん》がなく思えるよ。だからふつうに使っているのかなあ。

エ、生徒4――ちょっとした返事をするにしても、このことばでいいのかなって思うことは私もあるよ。ことばを受け取る相手の気持ちをよく考えて、自分の使う「ことばをだいじにしなくてはいけない」ってことだね。

二、次の文章は、幸田文の「髪《かみ》」の一節である。継母《ままはは》が亡くなった後、「私」の手元に継母の身の回りのものが戻《もど》ってきた。以下はそれに続く文章である。これを読んで、後の問いに答えなさい。（本文は一部現代かなづかいやひらがなに改めてある。）

身のまわりのものがそっちの家から私の手もとへ移されて来た。血につながる子でなく、縁《えん》につながる母だったから、どちらにもそれ相応の不しあわせがあった。怨《うら》んだり憎《にく》んだりした、それだけなら易しかろう。怨み憎みのひまひまに愛情もまざるとなって、さて人と人とのあいだはむずかしい。ははにも私にも本来似ている性格があったし、なんにしても長年育てたり育てられたりしていれば、たがいにあくの強いところには惹《ひ》き惹《ひ》かれて似ても来るらしく、したがってよくわかりあい庇《かば》いあいもした。が、①はははおとなの潜《ひそ》めた執念《しゅうねん》ぶかさをもって対していたし、私は若さの※1やりてんぼうを振《ふ》りかぶっていたし、絶えず相似《そうじ》から来る葛藤《かっとう》、※2乖離《かいり》から生じる親愛がくりかえされてい、むしろ他人ならうまく行ったかと考えられる組みあわせだった。しかし、ははと子の不和反感は奥深《おくぶか》い観念から発生するように見えて、じつは愚《ぐ》にもつかない日常の雑事・感情からはじまって堆積《たいせき》していた。だから、かつて毎日見なれ、今またしばらくぶりで眼にするははの世帯道具は、②どれにもこれにも古い傷を語るしみが再現のなまなましさを見せていた。箪笥《たんす》が※3でくんとしていれば、不機嫌《ふきげん》で食事もせずにすわり通していたははの強情《ごうじょう》さを思いだすし、鏡がきらっとすれば、たって行き際《ぎわ》にちらりと捨て眼を置いて行く癖《くせ》をおもう。かと思えば、ばか大きい※4メリヤスの足袋《たび》が出て来て、それには神経痛を苦しがって三枚もこんな足袋を重ねていた気の毒さがよみがえる。白髪染《しらがぞめ》で黒く染まった櫛《くし》の歯を見れば、あれほど自慢《じまん》だった髪の毛の美しさもうかんで来るというものだった。親子というもの、生活というもの、その根強さ、ずぶとさが古い道具類に浸《し》み透《とお》っていた。なまじいに古傷をまさぐられるような苦々しさは濃《こ》く、死の哀感《あいかん》はかえって薄《うす》く、③がらくた片づけはいやなしごとだった。

赤い※5針さしが残っていた。むろん手製の、※6たとうのような形がちょとばかり風変わりな出来《でき》だった。ははは手芸も器用にしたが、どういうものか日本風の針箱を用いない人で、いつもこの携帯《けいたい》用みたような針さしをつかっていた。赤い針さしはいつの間にか置き場所のないままに私の粗末《そまつ》な裁縫《さいほう》用具と同居していたが、私には私の潔癖《けっぺき》があったし、家人もこれを使うともなく使わぬともなく、※7あたら針さしはごろちゃらしながら、経《た》つに早く、もう四年がたっていた。

「かあさま。ちょっと来て見てよ。これ見て頂戴《ちょうだい》よ。」声になにか本気な響《ひびき》があって、④私は洗濯《せんたく》を捨てた。ちょっとも早く見せたいために、すわった縁側《えんがわ》から襖《ふすま》のほうへ向けてさし出した娘《むすめ》の手さきにつままれて、えたいの知れないものが、射《さ》し込《こ》む冬の陽《ひ》を切り返してきらりきらりとしていた。

⑤「なあに、それ――」

見ると、いやなものだった。毛ともいえず針ともいえないものだった。※8無尽《むじん》に絡《から》みあった毛のかたまりから、毬《いが》のように針が突《つ》き出ていた。のろのろとそこへすわり、見つめた。

「これをね、も少し小さくこしらえ直そうとおもってほどいたんだけど、こんななんですもの、あんまり気味がわるくって――どうしようかと思っちゃって。」

⑥なるほど、ほどいた赤いきれがあたりに散っていた。ゆるしを乞《こ》うような娘のまなざしが私を見た。

「こうすると泣くみたいなの。」へらで押《おさ》えられると、かたまりはかすかにきしんで音を立てた。ぞわぞわとこちらの毛あなもきしみそうなのを娘の手前かくすつもりで、両手にもみあげを押さえてこらえると、こわばりが筋肉を伝って這《は》った。

「何年になるのかしら、この針さし。」

私はだまっていた。三十余年、そう四十年に近いだろうか、ははが人には※9後妻と呼ばれて私にはままははになって嫁入《よめい》って来たときから、私はその針さしをかわいいと知っていたのだ。折れた針、曲がった針、木綿針《もめんばり》、絹針、※10蒲団《ふとん》とじ、メリケン針、これほどどっさりのものを呑《の》んでいながら、上《うわ》っ面《つら》は赤いきれを着てかわいげにいた針さし――だが。

「これ、あたしが片づけるから玉子《たまこ》はもうおよし。」見のこして、娘は次へたって行った。

⑦毒針のように用心してかかっているくせに、指は心の動きの猛々《たけだけ》しさにひっかかって、たびたびちくっとした。何度ちくっとしてもやめずに、一本一本抜《ぬ》いて行った。抜いても抜いても、かたまりはなおしんに固くしこっていた。からだのしんにぶすっと刺《さ》さって私にままっ子の針一本が、たしかに顫《ふる》えていた。※11伏兵《ふくへい》のようにつんと出て来たり、しぶしぶ押し出されて来たり、毛は針に噛《か》まれ、針は毛に畳《たた》まれているらしく、はてしなく思われた。

やりかけの洗濯もなにも忘れていた。完全に毛だけになったかと思うかたまりを、ゆっくりと、しかし大胆《だいたん》に、握《にぎ》ったり放したりして試み、私は満足だった。なごんだ気もちが、さらにその毛だまをも緩《ゆる》く解きひろげる作業をそそのかした。ややあって緩みはじめた。そのときになってはじめて、それがははの抜け毛ではないかと気づいた。しずまった胸にまた思いがのぼる。ひっぱると毛は抵抗《ていこう》を感じさせ、のちに強靭《きょうじん》にぷつっときれ、つづいて二本三本、長くひきぬけて来た。

ははの髪は自慢に値《あたい》する髪だった。量、長さ、色、つや、申し分なくていながら、皮肉なことに持主《もちぬし》の意に逆らう髪だった。あまりに多くあまりに強過ぎて、ははの望む優《やさ》しい髪がたには結《ゆ》いあがらないのだった。ふけ落し、白髪ぬき、その後は白髪染と、深《ふ》けて行く齢《とし》とともに何度私は手伝わされただろう。ははははその度《たび》にじれて⑧癇《かん》を起こしたし、私も途方《とほう》にくれて腹を立てた。

一本一本力余って緩い反《そり》を打ってねじれているのが特徴《とくちょう》だった。よく確かめようとし、陽かげはもう膝《ひざ》をうつっているのを、ほっと知った。抜け毛に齢はないものだろうか。からだを離《はな》れて三十年の余も押しかがめられていたとは信じられない髪だった。多少の軽い癖がついてはいるものの、いま頭からとれて来たものとしてもさしつかえなかった。これが何万何千本みごとに揃《そろ》って※12黄楊《つげ》の櫛《くし》にすかれ、束ねる手から余ってこぼれた触感《しょっかん》が、量感がおもい出される。

おやと思う。それが動いたようだった。風か？　熟視し、それはほんとうに動いたのだった。陽に光りながら、ちょうど癖になった個処《かしょ》で、ごくわずかに浮《う》いて反《そ》るもののようだった。かたまりの中からほかのを引きぬいて、ちょうどそこにあった白い包み紙の上に置いてためすと、毛はやっぱり陽を吸うと夢のようにふわっと動き、若い女の伸《の》びをするすがたがとっさに連想された。――火鉢《ひばち》のそばとか簞笥の隅《すみ》とか――窮屈《きゅうくつ》にころりとして――ほんの一《ひ》ト《と》睡《ねむ》りだけが深く寝入《ねい》って――ふっと醒《さ》めて――本能的に頭だけをもたげて――見まわして――ずずっと背なかですって畳を漕《こ》ぐ――幾分《いくぶん》胸や腰《こし》が浮いて、爪《つま》さきから指までの線がぎゅうっと張る――び、び、びと快さが走る――力が落ちて胸のカーヴが元のやわらかい平安にしずまる、そんな姿をまどわせて毛のかがまりは伸びをした。

若かったははの寝姿、夏などよく簾《すだれ》の蔭《かげ》で寝入っていたその姿、竹に雀《すずめ》の模様のゆかたを着ていたっけ。

そのははは、くるっと畳に手をついて、むこう向きに起きあがった。髪に手をやって、にこっとこちらへ振り向いた。機嫌のいい時にする、おどけた笑顔《えがお》でこちらを見ている。「よかったわあたし、もうままははじゃないもの。」そう云《い》った。いえ、そう聞こえたようだった。⑨いいえ、それも違《ちが》う、私がそう云わせたんです。でも、声はほんとうに天から降って来た、ほんとうに。

白いカーディガンの玉子が、ちいさいガラスのあき壜《びん》に、そのおびただしい針を詰めて、匂《にお》いのある油をさしている。「埋《う》めるにしても流すにしてもねえ――」

冬の陽のなかに私はからだばかりをぬくぬくといて、げそっと気もちが削《そ》ぎ落とされていた。

「この毛、どうしましょう。」

「そうねえ」と濁《にご》して、私はいつも自分たちの始末する通りに、⑩風呂《ふろ》の火の盛《さか》んなときにくべようときめていた。燃えさかる火には威厳《いげん》があるものだった。威厳のもとに人知れず委《ゆだ》ねて、無に送りかえしたかった。そしてそうした。針はいまだにそのまま私の針箱に入れてある。

ははは「ままはは」という縛《しば》られから、にこっと笑って、はっきり脱《ぬ》け出て行ったにちがいない。私もとうに、「ままっ子」から解き放されていたはずだった。

おもえば長いような、また短いようなつながりだった。死なれたのちの親子のつながりというものは、生前にくらべて、おそらく較《くら》べものにならないほどの遥《はる》けさになお続くのだろう。

（幸田文「髪」より）

※1　やりてんぼうを振りかぶって……やりたいほうだいして。
※2　乖離……離ればなれになること。
※3　でくんとして……大きくて重みのあるものがたれ下がるさま。
※4　メリヤス……伸縮性のある織り物の一種。
※5　針さし……縫い針を刺しておく道具。針がさびないように中に綿《わた》や毛髪を入れてつくる。
※6　たとう……たとう紙のこと。折りたたんで包む紙。
※7　あたら……もったいなくも。
※8　無尽……かぎりがないこと。
※9　後妻……妻と死別などした男が、そのあとで結婚した妻。
※10　蒲団とじ……ふとん針。ふとんに綿《わた》を入れた口をとじる時や、綿が動かないように飾り糸をとじつける時に使う長い針。
※11　伏兵……敵の不意を襲うために、ひそかに隠れている兵。
※12　黄楊の櫛……常緑の低高木。くしなどの材料にする。

問一　――①とあるが、「おとなの潜めた執念ぶかさ」とはどういうことか。最も適切なものを次から一つ選びなさい。

ア、その場が過ぎると子どもは忘れてしまうことを、大人は覚えていて、また蒸《む》し返すということ。

イ、子どもが反発するようなことを、大人は心にしまいこんで表には出さないでいるということ。

ウ、子どもが気にもとめないことを、大人は大ごととしてとらえて、何度もしかりとばすこと。

エ、他人同士の関係というより、親子のように深い感情のもつれを持って接していたということ。

問二　――②とあるが、「古い傷」とはどのようなことをたとえたものか。本文より十字以内でぬき出して答えなさい。

問三　――③とあるが、なぜ「いやなしごと」だったのか。最も適切なものを次から一つ選びなさい。

ア、遺品にふれると、ままはとの懐かしい記憶が思い出されて悲しくなるから。

イ、遺品を見ると、ままはとうまくいかなかった気持ちを思い出すから。

ウ、遺品から感じる母の神経質な性格が、今の自分の気持ちをあらだてるから。

エ、遺品に染み込んだ生活の記憶が、道具類についた傷として残っているから。

問四　――④とあるが、具体的にどうすることか。次の文の空欄《くうらん》に当てはまるように、本文より五字以内でぬき出して答えなさい。

洗濯を （五字以内） **にしておくこと。**

問五　――⑤の「なあに、それ――」の「――」には、「私」のどのような思いがこめられていると考えられるか。最も適切なものを次から一つ選びなさい。

ア、娘の見せたものが始めから母の針さしだと気づいていたが、娘に気づかれてしまい、何とか無視しようとしている。

イ、母との記憶《きおく》をつなぐ針さしだとすぐに気づき、娘に当時の仲の悪い親子の関係を伝えづらく、言葉に困っている。

ウ、母の使っていた針さしだと気づいたが、なんとなく娘には母の話をしたくなく、言葉をつまらせている。

エ、母が髪の毛を巻き付けていた針さしだと気づいたが、娘にさわってほしくなくて、どのように言おうか迷っている。

問六　――⑥とあるが、「私」は「誰《だれ》がどうしたこと」について「なるほど」とわかったのか。五十字程度で「こと」につながるように説明しなさい。

問七　――⑦とあるが、「私」のどのような気持ちが描《えが》かれているか。最も適切なものを次から一つ選びなさい。

ア、親子関係がこじれて、ままははに自分が毒づいていた頃《ころ》を思い出し、自分の態度を後悔《こうかい》している。

イ、ままははが、自分に対して厳し過ぎるほどの接し方をしていた記憶《きおく》が忘れられないで、憎《にく》しみを持っている。

ウ、ままははとの気まずい関係を思い出したくはないのに、その記憶があふれ出てくることを嫌《いや》に思っている。

エ、ままははながら、自分の痛いところをついてくれるような教育をしてくれたことをとても感謝している。

問八　――⑧とあるが「癇《かん》を起こす」とはどういう意味か。最も適切なものを次から一つ選びなさい。

ア、少しのことでも激怒《げきど》する

イ、ささいなことに手段に迷う

ウ、ちょっとしたことにこだわる

エ、たわいないことにおびえる

問九　――⑨とあるが、ここから読み取れる「私」の気持ちとして最も適切なものを次から一つ選びなさい。

ア、ままははが残していった針さしをほどく時間の中で、ままははとのいやな思い出ばかりが思い出され、都合のいいときだけ笑うままははの嫌《いや》な部分を改めて見つめ直している。

イ、針さしの中から出てきたままははの毛を見ているうちに、若かった頃《ころ》のお互《たが》いのやりとりを思い出し、ままははとまま子のようなすれ違いの関係ばかりではなかったと思いはじめている。

ウ、針さしの中に隠《かく》されたままははの毛はピンとしていて、まっすぐに自分にぶつかってきたままははの気の強さと共に、自分を見捨てるように亡《な》くなったままははを改めて悲しく思い出している。

エ、針さしを分解する玉子の様子を見ているうちに、ままははと自分の関係を思い出し、大人になった今、厳しかったままははのことを忘れようという気持ちになりかけている。

問十　――⑩とあるが、なぜこのようにしようとしたのか。最も適切なものを次から一つ選びなさい。

ア、切りたいと思っても切れなかった母とのつながりを切ることのできるのが、その時だと考えたから。

イ、自然の力を利用することで、死んだ後も感じていた母とのあたたかい思い出に別れを告げようと考えたから。

ウ、自分の意志をこえた力に任せて、ままははとまま子というしがらみから解放されようと考えたから。

エ、娘《むすめ》とのやりとりで親子の絆《きずな》を改めて問い直し、自分とままははとのつながりを改めるよい機会だと考えたから。

問十一　この文章の描き方と内容の説明について、最も適切なものを次から一つ選びなさい。

ア、独特の擬音語《ぎおんご》を使うことで、他の人とは違《ちが》う自分の感性を強調し、「ままはは」との関係の独特さを描こうとしている。

イ、針さしをほどく中で出てきたままははの毛を見ながら、ままははへの気持ちがゆるむ様子とを重ねて描こうとしている。

ウ、年を重ねることで、自分がなくなったままははに似てきていることを、針さしの髪の毛に託《たく》して描こうとしている。

エ、ままははの厳しいしつけを針さしの針にたとえる一方、おおらかな生き方をままははの毛を通して描こうとしている。

三、それぞれの問いに答えなさい。

問一　――部について①～③は漢字を、④は読みをひらがなで書きなさい。

①　エンロはるばるやってきた。

②　ハクガク多才な人物。

③　公園をサンサクする。

④　山の頂に登る。

問二　次の――部の表現は誤《あやま》っている。解答用紙に合うように正しい慣用表現に直しなさい。

後で結果をくやむまいと、たかをくくって試験に臨む。

令和４年度

中学校入学試験問題

算　　数

（50分）

注意事項

1．試験開始の合図があるまで，この問題冊子の中を見てはいけません。
　　試験開始までの間，この注意事項をよく読んで下さい。

2．この問題冊子は13ページです。

3．この問題冊子や解答用紙に印刷が悪くて見にくいところや汚《よご》れなどのある場合は，手をあげて監督《かんとく》の先生に知らせて下さい。

4．答えはすべて別紙の解答用紙に書き，記号で答えられるものはすべて記号で答えなさい。※の欄《らん》には何も記入しないで下さい。

5．解答用紙の受験番号，氏名は最初に記入して下さい。

6．試験終了後は解答用紙のみを提出し，問題冊子はそれぞれ持ち帰って下さい。

7．円周率は3.14として下さい。

1．次の問いに答えなさい。

(1) 次の計算をしなさい。

$$3 \times 4.8 \times 5 - \left(\frac{1}{2} + \frac{1}{3}\right) \times \frac{12}{5}$$

(2) 次の $\boxed{}$ にあてはまる数を答えなさい。

$$12 \times \left(\boxed{} \div 3 - 45\right) - 6 = 78$$

2． 次の問いに答えなさい。

(1) ある本を1日目に全体の $\frac{7}{15}$ を読み，2日目は1日目の残りの $\frac{3}{4}$ を読んだところ，残りは12ページでした。この本は全部で何ページか答えなさい。

(2) 濃度《のうど》がそれぞれ2％，5％，7％である食塩水が200gずつあります。これらをすべて混ぜ合わせてから100gの水を加えると，何％の食塩水ができるか答えなさい。

(3) ある川のA地点とB地点の間を船で往復します。川の流れと船の速さは一定で，静水での船の速さが時速45 kmのとき，上りにかかる時間は下りにかかる時間の3倍になります。この川の流れの速さは時速何 kmか答えなさい。

(4) 67を2022個かけあわせてできる数の一の位の数はいくつになるか答えなさい。

(5) ある池の面積は 73000 m^2 です。縮尺が 1000 分の 1 である地図上では，この池の面積は何 cm^2 か答えなさい。

(6) A さんの貯金箱の中には，はじめにいくらかのお金が入っています。A さんは毎回同じ金額のおこづかいをもらいます。貯金箱に，おこづかいの $\frac{1}{3}$ ずつを 8 回入れると，貯金箱の中の金額は 6000 円になります。貯金箱に，おこづかいの $\frac{1}{2}$ ずつを 6 回入れると，貯金箱の中の金額は 6500 円になります。貯金箱には，はじめにいくらのお金が入っていたか答えなさい。

(7) 下の図のように，正五角形 ABCDE と正三角形 FCD があります。角アの大きさを答えなさい。

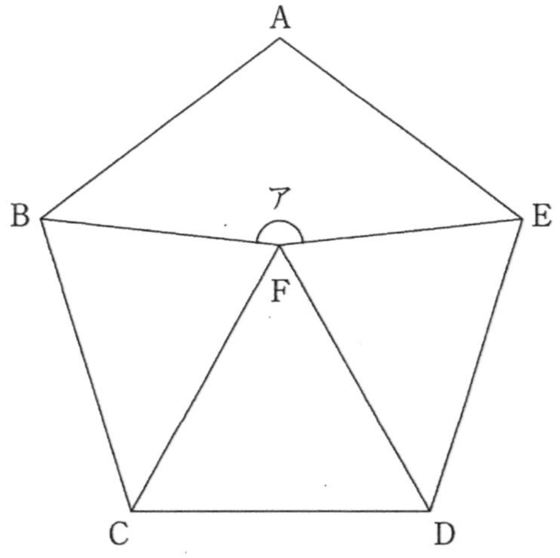

(8) 下の図のように，一辺の長さが 8 cm の立方体があります。この立方体を図の点 A，B，C，D を通る平面で切ったとき，点 E を含む立体の体積を答えなさい。

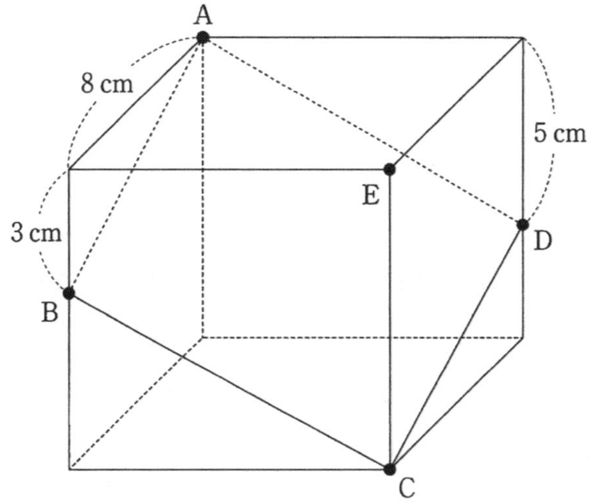

(9) 正確な時計より 24 時間につき 2 分 45 秒進む時計と，正確な時計より 24 時間につき 4 分 15 秒おくれる時計があり，この 2 つの時計を昼 12 時に正確な時間に合わせました。その日の夜 12 時までのどこかで 2 つの時計を見ると，2 分 48 秒の差がありました。このときの正確な時刻は午後何時何分何秒か答えなさい。

⑽　中心が同じ３つの半円の弧にそって，下の図のように２メートル間かくで×印をつけます。この印は最大で何個つけることができるか答えなさい。

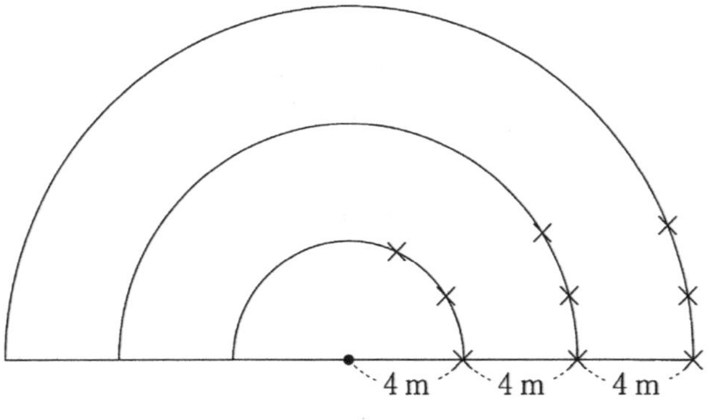

⑾　下の図のように，円の中に正方形がぴったり入っています。正方形の一辺の長さが４cm のとき，円の面積を答えなさい。

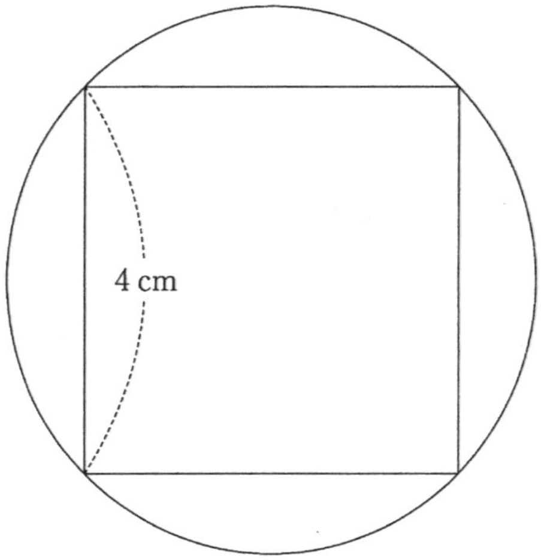

3．　3つの同じ4けたの数の足し算を筆算で計算したところ，下のようになりました。A～Dにあてはまる1以上の1けたの整数をそれぞれ答えなさい。ただし，同じ文字には同じ数が入ります。

$$
\begin{array}{r}
\mathrm{A\ B\ C\ D} \\
\mathrm{A\ B\ C\ D} \\
+\ \mathrm{A\ B\ C\ D} \\
\hline
\mathrm{D\ B\ D\ D}
\end{array}
$$

4．　3けたの整数のうち，25で割ると商と余りが等しくなる数について，次の問いに答えなさい。

(1)　このような数のうち，最も小さい数を答えなさい。

(2)　このような数は全部で何個あるか答えなさい。

5． 下の図のように，大，中，小の３つの円と，一辺の長さが１cm の正方形が９個あります。大，中，小の３つの円の中心はそれぞれ点Ａ，点Ｂ，点Ｃで，半径はそれぞれ３cm，２cm，１cm です。図の斜《しゃ》線部分の面積を答えなさい。

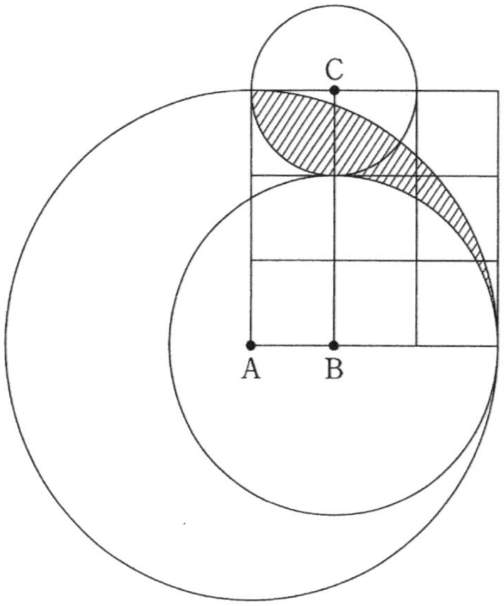

6． 下の図形において，AB＝CD，BD＝CE，BE＝AC で，角ア，角イ，角ウの大きさの和が 360° のとき，角ウの大きさを答えなさい。

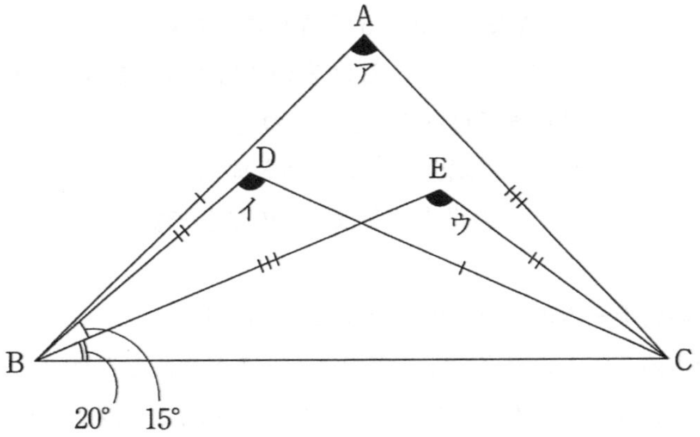

7． あるソフトボール大会の試合結果が書かれたトーナメント表を見ながら，正子さんと恵子さんが得点について会話をしています。会話を読んで，次の問いに答えなさい。

正子「①の試合のＡとＢの結果は，９対３でＡの勝ちだね。」
恵子「③の試合の(カ)と(キ)の和は10点で，ＥはＦの４倍の得点を取ったね。」
正子「⑤の試合で，Ｄは３点差で負けてしまったね。」
恵子「⑥の試合の得点差が，⑤の試合のＡの得点と同じだわ。」
正子「⑤と⑥の試合の４チームの得点の和は，⑥の試合で負けてしまったＨの得点の８倍になるわ。」
恵子「⑦の試合の両チームの得点の積は108になるね。」
正子「⑦の試合の両チームの得点の和を差で割ると商が７になるわ。」
恵子「⑦の試合で負けたチームの３試合全ての得点の平均は９点より低いね。」

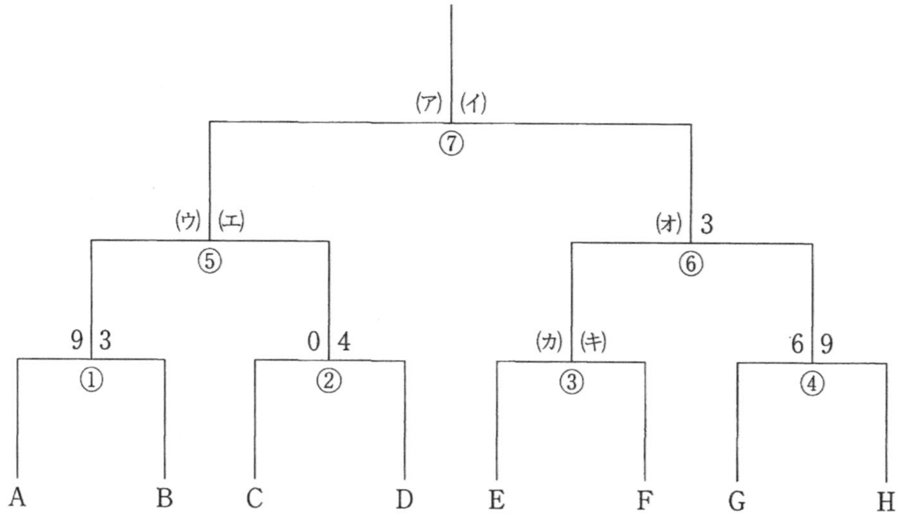

(1) (カ)にあてはまる数字を答えなさい。

(2) 優勝したチームの３試合の合計得点を答えなさい。

8． 下のグラフはＡ駅とＢ駅の間を，時速 30 km の普通列車と時速 60 km の急行列車が運行する時間と位置の関係を表したものです。急行列車は普通列車がＡ駅を出発してから 14 分後にＡ駅を出発します。普通列車は途中のＣ駅で停車している６分の間に急行列車に追い抜かれます。急行列車はＢ駅で 10 分停車してからＡ駅に向かって発車します。次の問いに答えなさい。ただし，列車の長さは考えないものとします。

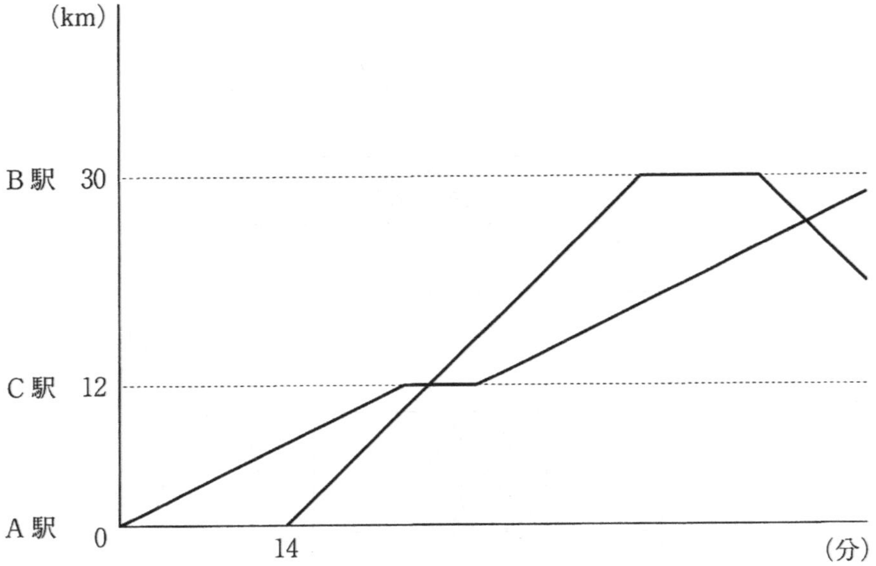

(1) 急行列車がＣ駅を通過するのは普通列車がＣ駅に到着してから何分後か答えなさい。

(2) Ｂ駅で折り返してきた急行列車が普通列車とすれ違うのはＡ駅から何 km の地点か答えなさい。

9． 下の図のように，一辺の長さが 2 cm の立方体を 27 個組み合わせて，一辺の長さが 6 cm の立方体を作りました。一辺の長さが 2 cm の正方形を図のアの位置から面に垂直に，反対側までくり抜きました。次に直径が 2 cm の円を図のイの位置から面に垂直に，反対側までくり抜きました。このとき，次の問いに答えなさい。

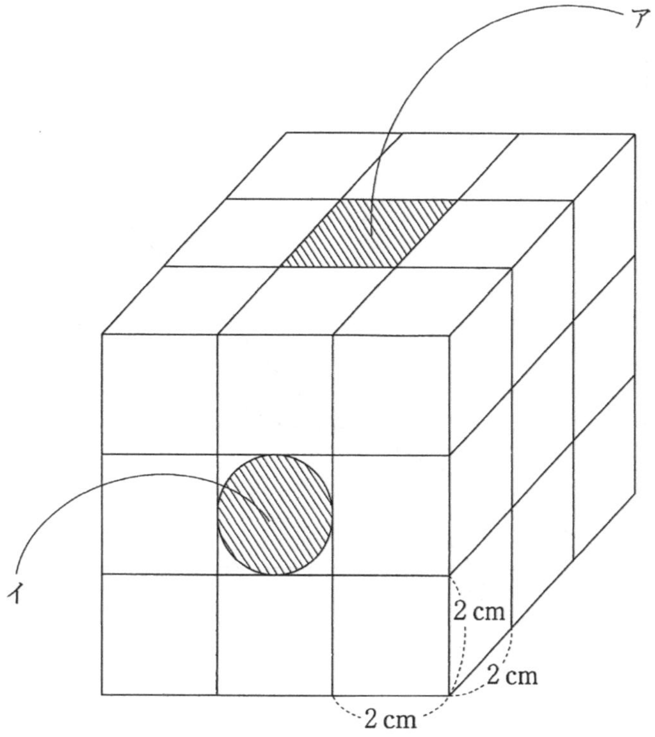

(1) 残った立体の体積は何 cm^3 か答えなさい。

(2) 残った立体の表面積は何 cm^2 か答えなさい。

10. たての長さが 10 cm，横の長さが 15 cm の長方形 ABCD があります。この長方形の周上に，下の図のように点 E，F，G，H をとり，さらに，直線 EG 上の点 E と点 G の間のどこかに点 I をとります。三角形 EFI と三角形 HIG の面積の和がいくつになるか答えなさい。また，どのように考えて答えを出したか，簡単に説明しなさい。

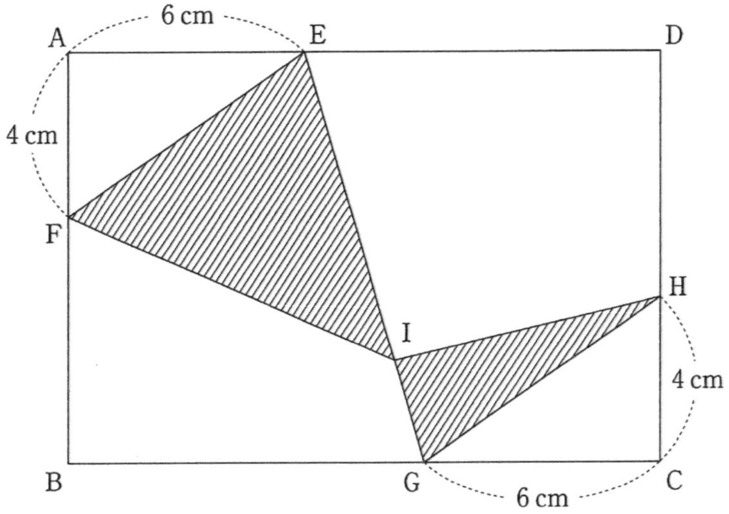

令和４年度

中学校入学試験問題

理　　　科

（※理科と社会２科目60分）

注意事項

1．試験開始の合図があるまで、この問題冊子の中を見てはいけません。
　試験開始までの間、この注意事項をよく読んで下さい。
2．この問題冊子は 14 ページです。
3．この問題冊子や解答用紙に印刷が悪くて見にくいところや汚《よご》れなどのある場合は、手をあげて監督《かんとく》の先生に知らせて下さい。
4．答えはすべて別紙の解答用紙に書き、記号で答えられるものはすべて記号で答えなさい。ただし、記号が「②」のようなときは、「２」と書いてもよい。
5．解答用紙の受験番号、氏名は、忘れないように最初に記入して下さい。
6．試験終了後は解答用紙のみを提出し、問題冊子はそれぞれ持ち帰って下さい。

1　1951年，植物学者の大賀《おおが》一郎博士は，2000年以上も昔のものと考えられるハスの実を発見し，その種子の発芽に成功しました。たけしくんは植物の種子が発芽する条件を調べるために，次の＜実験１＞と＜実験２＞を行いました。以下の問いに答えなさい。

＜実験１＞プラスチックの容器にだっし綿を入れ，その上にインゲンマメの種子を置いたものを用意し，水，温度，空気の条件を変え，種子が発芽するかどうかを調べ，結果を表１にまとめた。ただし，水の「あり」はだっし綿に水をふくませる操作，「なし」はだっし綿に水をふくませなかった操作を行い（図１），空気の「あり」は種子が常に空気とふれるような操作，「なし」は種子を水にしずめて空気にふれないような操作を行った（図２）。

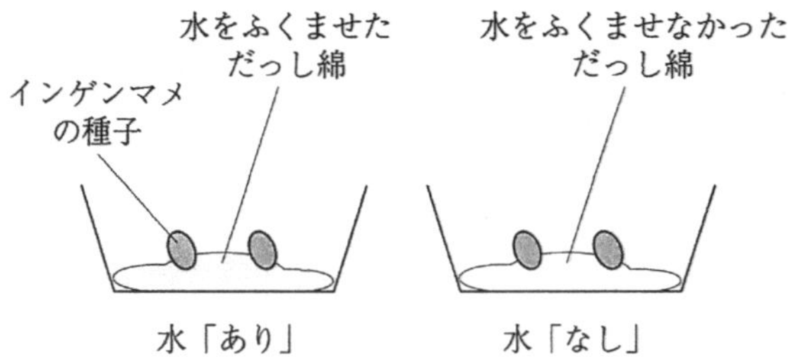

図１

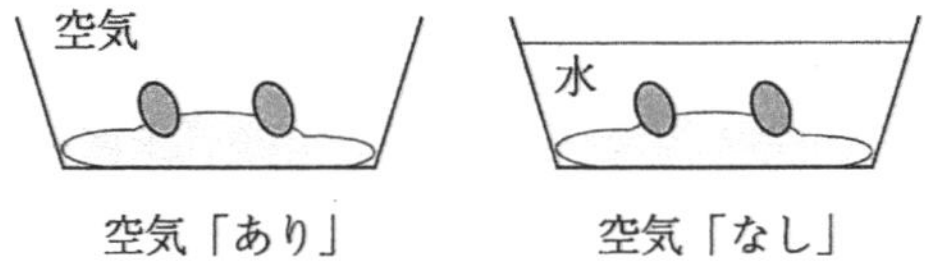

図２

表１

インゲンマメの種子	水	温度	空気	発芽
ア	あり	5℃	なし	発芽しなかった
イ	あり	25℃	なし	発芽しなかった
ウ	あり	5℃	あり	発芽しなかった
エ	あり	25℃	あり	発芽した
オ	なし	25℃	あり	発芽しなかった
カ	なし	5℃	あり	発芽しなかった

問１　インゲンマメの種子の発芽に「空気」が必要であることは，＜実験１＞のインゲンマメの種子のうち，どの種子とどの種子を比べれば明らかになるでしょうか。表１のインゲンマメの種子ア～カのうちから２つ選びなさい。

問２　植物の発芽に必要な「空気」の成分として最も適当なものを，次の①～④のうちから１つ選びなさい。

①　ちっ素　　②　酸素　　③　二酸化炭素　　④　水素

＜実験2＞プラスチックの容器に水をふくませただっし綿を入れ，その上にインゲンマメ，レタス，カボチャ，イネ，トウモロコシの種子をそれぞれ置いたものを用意し，光を当てた種子と光を当てなかった種子がそれぞれ発芽するかどうかを調べた（図3）。その結果を表2にまとめた。ただし，光以外の条件は発芽に適しているものとする。

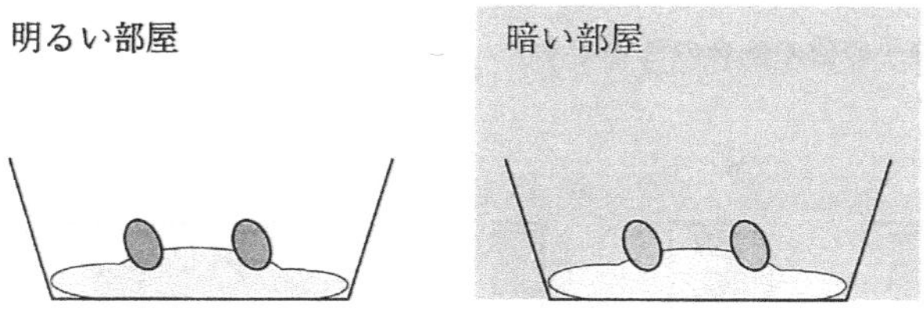

光を「当てた」　　光を「当てなかった」

図3

表2

植物の種子	光	発芽
インゲンマメ	当てた	（　A　）
	当てなかった	（　B　）
レタス	当てた	発芽した
	当てなかった	発芽しなかった
カボチャ	当てた	発芽しなかった
	当てなかった	発芽した
イネ	当てた	発芽した
	当てなかった	発芽した
トウモロコシ	当てた	発芽した
	当てなかった	発芽した

問3　表2の（　A　）および（　B　）に当てはまる結果として最も適当なものを，次の①～④のうちから1つ選びなさい。

	A	B
①	発芽した	発芽した
②	発芽した	発芽しなかった
③	発芽しなかった	発芽した
④	発芽しなかった	発芽しなかった

問4　発芽するかしないかに光が関係する植物を，次の①～④のうちからすべて選びなさい。

①　レタス　　②　カボチャ　　③　イネ　　④　トウモロコシ

問5　レタスの種子は小型で種子中にふくまれる養分が少ないので，光によって発芽が調節されることは必要なしくみといえます。どのような点で必要なのか説明しなさい。

問6　カボチャの種子は，どのように土にまくと発芽しやすいでしょうか。最も発芽率が高いと考えられるものを，次の①～④のうちから1つ選びなさい。ただし，発芽率とは，まいた種子の数に対する発芽した種子の数の割合のことです。

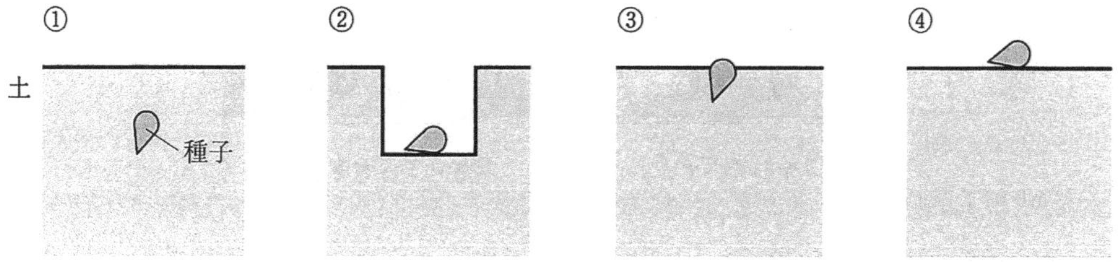

2　次の小野田先生とまさおくんとかなこさんの会話を読んで，以下の問いに答えなさい。

小野田先生：今日は気体について考えてみましょう。まさおくん，空気中でいちばん多い気体は何か知っていますか。

まさおくん：（　A　）です。

小野田先生：正解です。では，かなこさん，空気中で２番目に多い気体は何か知っていますか。

かなこさん：（　B　）です。

小野田先生：そのとおりです。では，空気中で３番目や４番目に多い気体は知っていますか。

まさおくん：う～ん，何だろう…。

かなこさん：（　C　）かな。

小野田先生：（　A　）や（　B　）はよく知られているけど，３番目や４番目に多い気体はあまり知られていないかもしれないですね。（　C　）は，４番目に多い気体なんです。３番目に多い気体は，アルゴンという無色・無しゅうの気体なんですよ。他に，水素やアンモニアなどの気体がありますよね。

まさおくん：家のガスコンロの火をつけるときに使われている気体って何ですか。

小野田先生：ガスコンロの火をつけるときに使うガスを都市ガスといって，主成分はメタンという無色・無しゅうの気体なんですよ。メタンは，天然ガスの主成分でもあるんです。

かなこさん：でも家のガスがもれたとき，すごくいやなにおいがするのはどうしてですか。

小野田先生：とても良い質問ですね。それは，ガスがもれたときにすぐ気付くことができるように，わざと人がきらうにおいをつけているんですよ。

まさおくん：おもしろいですね。じゃあ，この夏休みの自由研究は，ア身近な気体をテーマに調べてみようかな。

かなこさん：私はイ気体を発生させる実験講座に参加して，気体の性質についてまとめてみようかな。

Ⅰ　下線部アについて，まさおくんは，ものが燃えることについて調べました。

問１　まさおくんは，右の図１のように，底のない集気びんの下にねん土を固定し，ろうそくを立てて火をつけました。集気びんの上にガラスのふたを置いたとき，ろうそくの火が消えることなく，燃え続けるものとして最も適当なものを，次の①～④から１つ選びなさい。また，ものが燃えるときに必要な気体を，会話文中のＡ～Ｃのうちから１つ選びなさい。

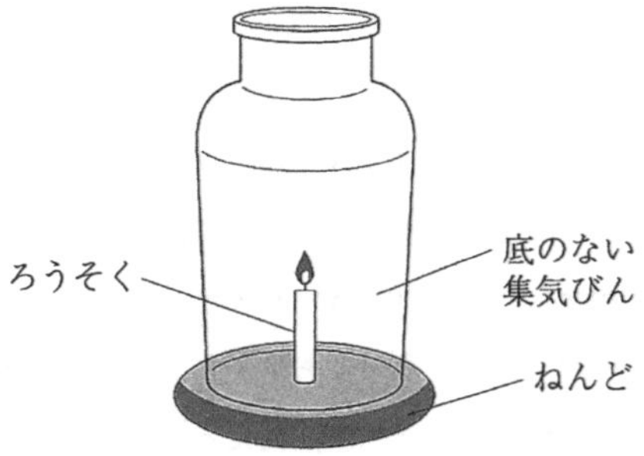

図１

①　②　③　④

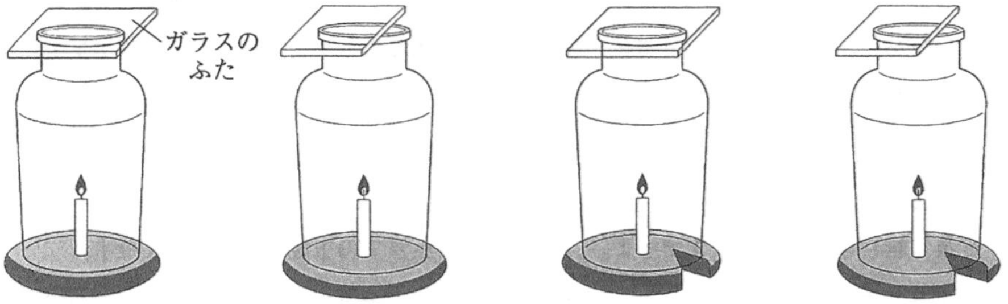

問２　まさおくんは，ものが燃えた後の空気について調べました。右の図２のように，石灰水を入れた集気びんを用意し，火のついたろうそくを入れてふたをし，火が消えたらろうそくを取り出しました。その後，集気びんをふりまぜたら，石灰水が白くにごりました。これと同じ方法で，燃やした後に集気びんをふりまぜたら石灰水が白く**にごらない**物質を，次の①～④から１つ選びなさい。また，石灰水を白く**にごらせる**気体を，会話文中のＡ～Ｃのうちから１つ選びなさい。

①　スチールウール　　②　紙　　③　メタン　　④　灯油

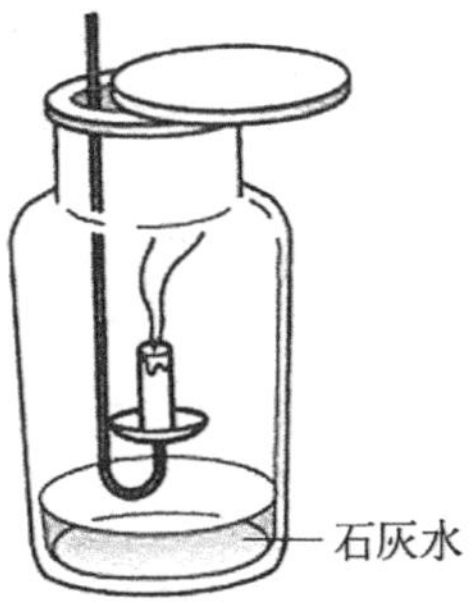

図２

問３　まさおくんは，現在の人類が，化石燃料を燃やすことで豊かな生活を送ることができるようになったことを知ると同時に，気候や生き物の生活にさまざまなえいきょうを与えていることを学びました。そして，化石燃料にかわる資源を利用する技術の開発と実用化に着目しました。

その１つに燃料電池があります。燃料電池は，燃料となる「ある気体」と酸素を使って，化学エネルギーを電気エネルギーに変える装置です。この電池による発電は，地球温暖化のよく制やエネルギー資源の問題を解決する手段として期待されています。「ある気体」の名前を答えなさい。

Ⅱ　下線部イについて，かなこさんは，気体を発生させる実験講座に参加しました。

問4　かなこさんは，右の図3のような実験装置を組みました。三角フラスコにつぶ状の二酸化マンガンを少し入れ，活せんつきのろうとからうすい過酸化水素水を加えて，気体を発生させました。この発生した気体の集め方として最も適当なものを，次の①～③から1つ選びなさい。

図3

①

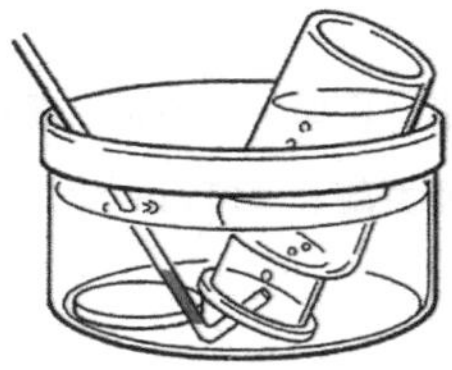

②

③

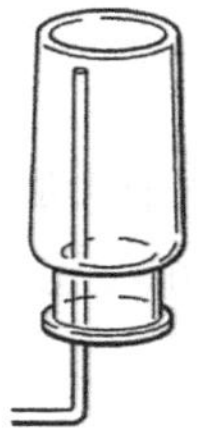

問5　かなこさんは，あるのう度の塩酸を100 mL使い，加える炭酸カルシウムの重さを変えて，発生する気体の体積をそれぞれ測定しました。次の表は，加えた炭酸カルシウムの重さと発生した気体の体積の値を示しています。

表

炭酸カルシウムの重さ〔g〕	1.00	2.00	3.00	4.00	5.00	6.00
発生した気体の体積〔L〕	0.224	0.448	0.672	0.840	0.840	0.840

（1）　この塩酸100 mLとちょうど反応する炭酸カルシウムは何gですか。

（2）　この実験について，正しく説明している文はどれですか。次の①～④から1つ選びなさい。

①　1.50 gの炭酸カルシウムを加えると，0.280 Lの気体が発生する。

②　6.00 gの炭酸カルシウムを加えると，反応せずに残る炭酸カルシウムは2.00 gである。

③　のう度が2倍の塩酸100 mLに5.00 gの炭酸カルシウムを加えると，発生する気体の体積は1.12 Lになる。

④　のう度が2分の1倍の塩酸50 mLに1.00 gの炭酸カルシウムを加えると，発生する気体の体積は0.224 Lになる。

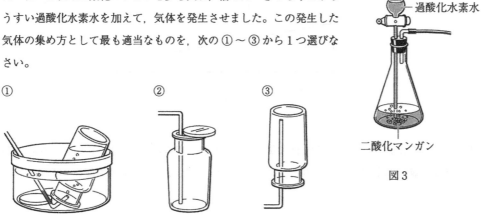

3　ABの長さが100 cmで太さが一様でない500 gの棒を用意し，いろいろな実験を行いました。図1のように，点Aから40 cmの位置にひもをつけてつるすと，棒の下面が水平に保たれた状態で静止しました。以下の問いに答えなさい。

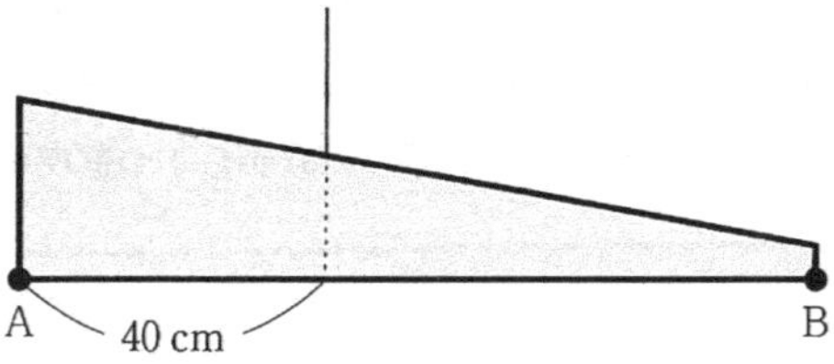

図1

問1　図2のように，点Aから50 cmの位置にひもをつけて棒の下面を水平に保つために，**点Aからある距離**だけ離れた位置に250 gのおもりをつけました。**点Aからある距離**とは何cmですか。

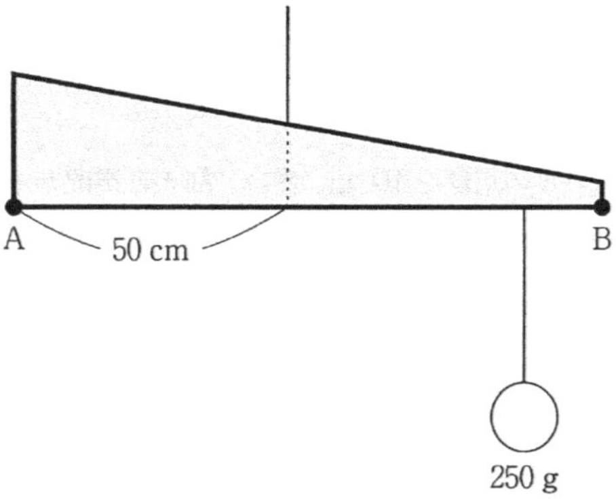

図2

問2　図3のように，棒の左はしにばねばかりを取り付けて持ち上げました。このとき，棒の点Bは床についているものとします。ばねばかりの目盛りは何gを示しますか。

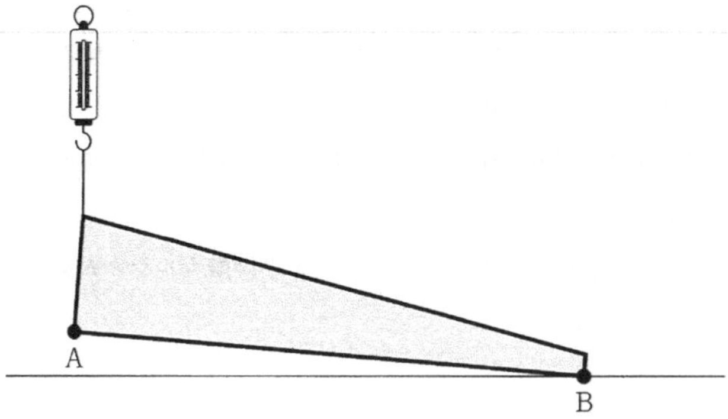

図3

次ページにつづく

4　熱い水に冷たい水を混ぜると，ぬるい水ができます。これは，熱い水と冷たい水との間で熱のやりとりが起きるからです。このとき，熱い水は温度が下がるので熱を失っており，冷たい水は温度が上がるので熱をもらっています。空気や容器との熱のやりとりはないとすると，

熱い水が失った熱の量＝冷たい水がもらった熱の量

が成り立ちます。このとき，失った熱の量もしくはもらった熱の量は，次の式で計算することができます。

熱の量〔cal〕＝水の重さ〔g〕×温度変化〔℃〕

〔　〕の中は単位を表しており，熱の量の単位は〔cal〕と書いてカロリーと読みます。また，次の操作Ⅰ・Ⅱにおいて，空気や容器との熱のやりとりはないものとします。以下の問いに答えなさい。

Ⅰ　図1のように重さと温度がわからない水Aに，50 g で 20 ℃の水Bを混ぜたところ，30 ℃の水ができました。

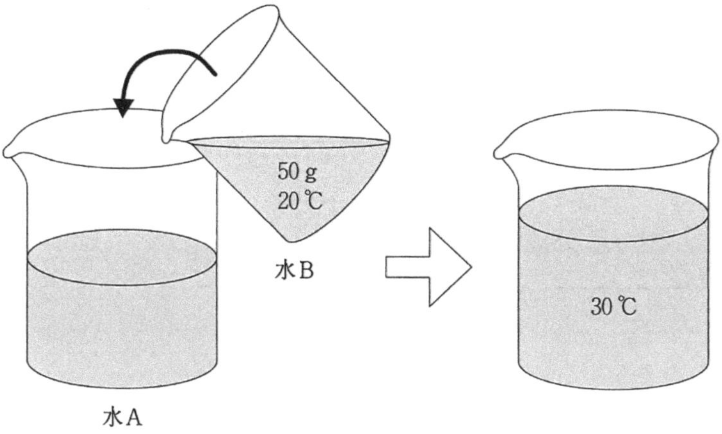

図1

問1　図1のとき，水Aが失った熱の量は何 cal ですか。

Ⅱ　次に，氷と水を混ぜて時間がたつと氷がとけ，冷たい水ができることについて考えます。図2のように，40 g で 60 ℃の水Cに，10 g で 0 ℃の氷を混ぜました。ただし，0 ℃の氷 1 g を 0 ℃の水 1 g にするのに，80 cal の熱の量が必要です。

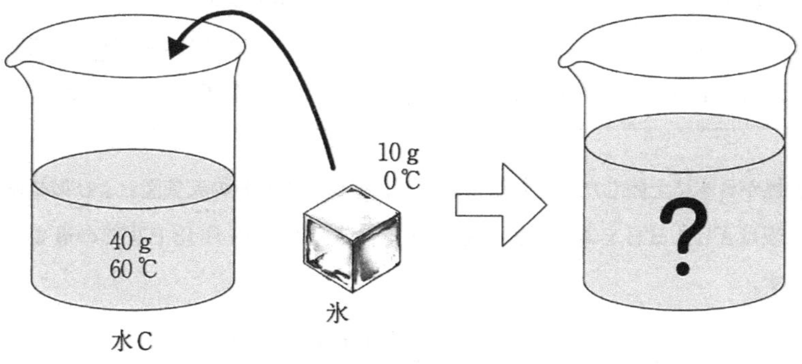

図2

問2　0 ℃の氷 10 g が 0 ℃の水 10 g になるときに，氷がもらった熱の量は何 cal ですか。

問3　問2の熱の量を水Cが失うと，水Cは何℃になりますか。

問4　十分に時間がたったとき，何℃の水ができますか。

5　次の文は，気象庁発表の気象概《がい》要の一部です。以下の問いに答えなさい。

> 2019年10月6日に南鳥島近海で発生した(ア)台風19号は，マリアナ諸島を西に進み，一時大型でもうれつな台風に発達した後，次第に進路を北に変え，日本の南を北上し，A日19時前に大型で強い勢力で伊《い》豆《ず》半島に上陸した。その後，関東地方を通過し，B日12時に日本の東で温帯低気圧に変わった(イ)。台風19号の接近・通過に伴《ともな》い，広い範囲で大雨，暴風，高波，高潮となった。

図1は，台風が日本に上陸したA日と温帯低気圧に変わったB日の天気図および衛星画像を示しています。また，表はA日とB日をふくむ名古屋市の10月9日から10月13日までの最高気温と最低気温を示しています。

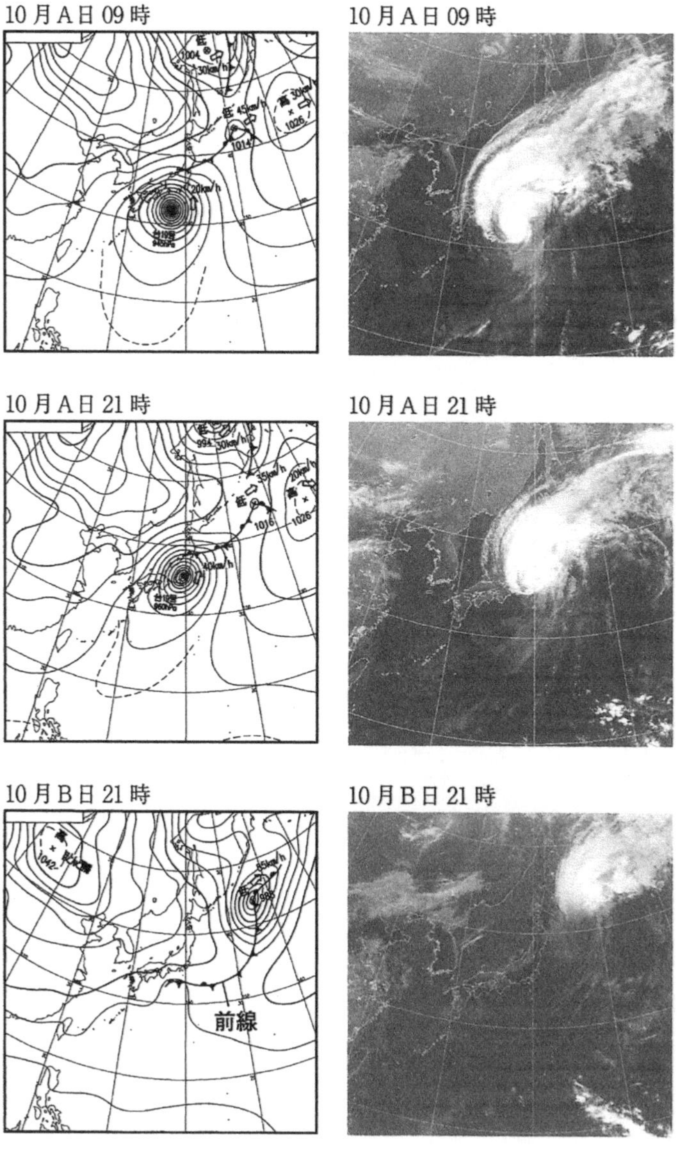

図1

ただし，低気圧とは，中心の気圧※が外側より低いものをいいます。また，低気圧には温帯低気圧と熱帯低気圧があります。

温帯低気圧の特ちょうは，冷たい空気と暖かい空気との境界線である前線（図１のＢ日参照）をともなうことです。

熱帯低気圧の特ちょうは，暖かい空気のみで構成され，前線をともなわないことです。また，風速17.2 m/秒以上の熱帯低気圧のことを台風といいます。

※気圧とは，ある面を大気がおす力の大きさのことです。

表

	最高気温〔℃〕	最低気温〔℃〕
10月9日	25.5	16.2
10月10日	29.6	15.6
10月11日	29.1	21.8
10月12日	23.9	21.0
10月13日	26.9	19.3

問１　文中の下線部アについて，台風が南の海上で発生するのはなぜですか。その説明として最も適当なものを，次の①～⑤のうちから１つ選びなさい。

①　朝夕の気温差が小さく，雲ができやすいため。

②　朝夕の気温差が大きく，雲ができやすいため。

③　海水温が高く，上空から海面に向かう大気の流れが発生しやすいため。

④　海水温が高く，海面から上空に向かう大気の流れが発生しやすいため。

⑤　海から陸に吹く，海風が最も強いため。

問２　この台風は広いはん囲に強い雨を降らせました。名古屋の学校でも中学生が，図２のような装置で雨量を測ってみました。Ａ日に，ビンの中にたまった雨水は2355 cm^{3}でした。Ａ日の名古屋での雨量は何 mm ですか。ただし，円周率を3.14として計算しなさい。

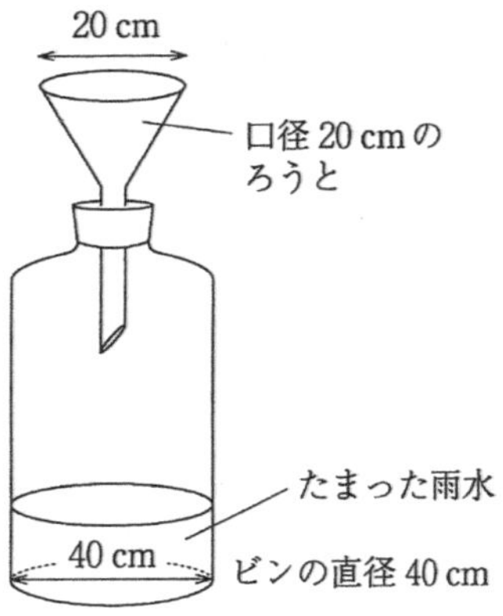

図２

問３　問２にあるように，台風が名古屋に最も接近したＡ日には，名古屋でもまとまった雨が降りました。表の気温変化から，Ａ日として考えられる最も適当な日は10月何日ですか。

問４　文中の下線部イについて，台風が温帯低気圧に変わったのはなぜですか。その理由として最も適当なものを，次の①～④のうちから１つ選びなさい。

①　日本付近の海水温が平年より高かったため。

②　南からの暖かい空気がさらに吹きこんだため。

③　北からの冷たい空気と接したため。

④　日本の陸地の気温が平年より高かったため。

6 月に関する次のⅠ・Ⅱの文章を読み，以下の問いに答えなさい。

Ⅰ　2021年の7月17日と7月25日の新聞に，名古屋における暦《こよみ》がのっていました。

問1　月が満ちたり欠けたりして見えるのはなぜですか。その説明として最も適当なものを，次の①～⑦のうちから1つ選びなさい。

①　太陽の輝く強さが変わるから。

②　月が公転していて，地球から見える月自体の場所が変わるから。

③　月が自転していて，地球から見える月自体の場所が変わるから。

④　太陽に照らされた月面の見え方が，月の自転によって変わるから。

⑤　太陽に照らされた月面の見え方が，月の公転によって変わるから。

⑥　太陽に照らされた月面の見え方が，地球の自転によって変わるから。

⑦　太陽に照らされた月面の見え方が，地球の公転によって変わるから。

7月17日

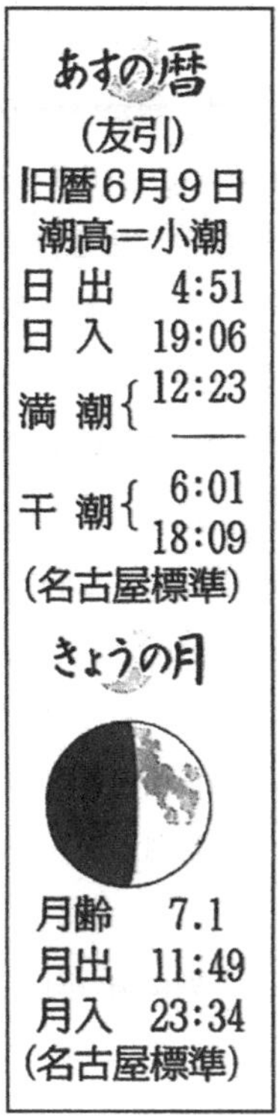
あすの暦
(友引)
旧暦6月9日
潮高＝小潮
日出　4:51
日入　19:06
満潮｛12:23 / ―
干潮｛6:01 / 18:09
(名古屋標準)
きょうの月
月齢　7.1
月出　11:49
月入　23:34
(名古屋標準)

7月25日

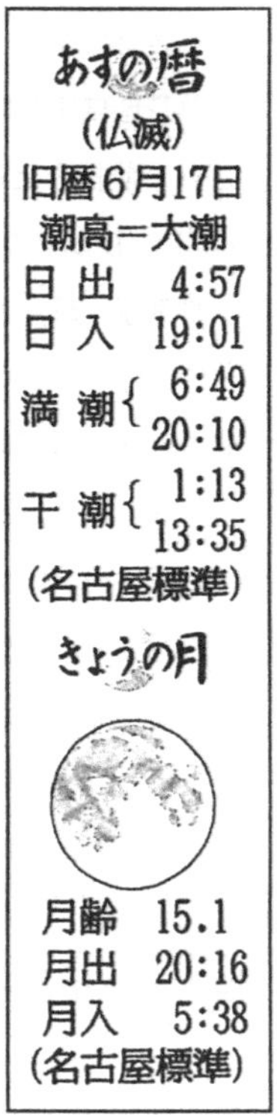
あすの暦
(仏滅)
旧暦6月17日
潮高＝大潮
日出　4:57
日入　19:01
満潮｛6:49 / 20:10
干潮｛1:13 / 13:35
(名古屋標準)
きょうの月
月齢　15.1
月出　20:16
月入　5:38
(名古屋標準)

問2　2021年7月2日に名古屋で見られた月は，下の図のどれに最も近いですか。また，この日の月の出はいつ頃ですか。A～Hと①～④のうちからそれぞれ1つずつ選びなさい。ただし，図は月が南中したときの見え方で，図の白い部分は明るく見えています。

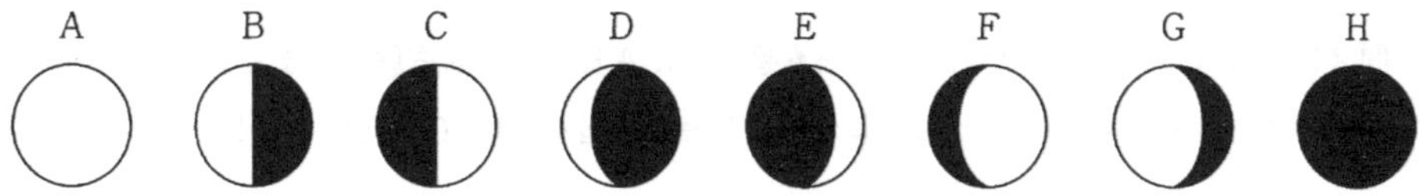

①　明け方　　②　正午　　③　夕方　　④　真夜中

Ⅱ　2021 年 5 月 26 日，日本全国で皆既《かいき》月食が見られました。また，この日の月は「スーパームーン」とよばれ，1 年間の中で最も大きな満月となりました。月が地球の周りを公転するき道はだ円で，また太陽や地球などの引力のえいきょうを受けるため，地球との距離は変動します。よって，地球との距離が近くなれば月は大きく見え，地球との距離が遠くなれば月は小さく見えるのです。

問 3　月食について正しく説明している文はどれですか。次の ①～④ から 1 つ選びなさい。

① 月食は，太陽光によってできる地球の影の中を月が通過することで，地球から太陽が欠けて見える現象である。

② 月食は，月面に地球のかげが重なる現象なので，月食が起きている時間帯に月が見える場所ならどこでも見ることができる。

③ 月食は，太陽と地球と月が一直線上に並ぶときに起きるので，必ず毎月地球上のどこかで見られる現象である。

④ 皆既月食では，月が地球のかげに完全に重なるので，月は真っ黒になって見えなくなる。

2022(R4) 愛知淑徳中
K 教英出版

令和４年度

中学校入学試験問題

社　　　会

（※社会と理科２科目60分）

注意事項

1．試験開始の合図があるまで、この問題冊子の中を見てはいけません。
　試験開始までの間、この注意事項をよく読んで下さい。

2．この問題冊子は14ページです。

3．この問題冊子や解答用紙に印刷が悪くて見にくいところや汚《よご》れなどがある場合は、手をあげて監督《かんとく》の先生に知らせて下さい。

4．答えはすべて別紙の解答用紙に書き、記号で答えられるものはすべて記号で答えなさい。漢字の指定のあるものはかならず漢字で書きなさい。

5．解答用紙の受験番号、氏名は最初に記入して下さい。

6．試験終了後は解答用紙のみを提出し、問題冊子はそれぞれ持ち帰って下さい。

Ⅰ. 次の文章を読み、問いに答えなさい。

新型コロナウィルス感染症《かんせんしょう》が世界的に広がり、もっとも打撃《だげき》を受けた産業の一つに観光業があります。近年、観光業は目覚ましい発展をしてきました①。一方でさまざまな問題も発生しました。みなさんは「オーバーツーリズム」という言葉を聞いたことがありますか。「オーバーツーリズム」とは、たくさんの観光客が押《お》し寄せることによって、ある地域や都市がマイナスの影響《えいきょう》を受けることを言います。例えば、観光スポットや公共空間で混雑が発生したり、自然環境が劣化《れっか》したり、観光客のマナーの悪さが住民に被害《ひがい》をもたらしたりしました。また、ホテルやお店がたくさんできることによって、地域住民の住環境が悪化しました。

オーバーツーリズム都市の代表格としてバルセロナ②があげられます。バルセロナはガウディが設計したサグラダ・ファミリアなどがある芸術の都市として知られています。1992年にオリンピックが開催《かいさい》された頃《ころ》から観光客が急増しました。2014年にはオーバーツーリズムに対する抗議《こうぎ》デモが始まり、国内外のメディアに取り上げられるようになりました。水の都として知られるイタリアのベネチアは、旧市街地が島として独立していて、観光地化が極端《きょくたん》に進み、オーバーツーリズム問題が起きました。ドイツのベルリン③も1990年の東西ドイツ統一以来、観光客が急増して、オーバーツーリズム問題が発生しました。ギリシアのサントリーニ島④は、真っ青な海と空を背景に白壁《かべ》の歴史的街並みが美しい島です。このエーゲ海の小さな島に観光客が押し寄せました。

日本を代表する人気観光地である京都⑤は、早くからオーバーツーリズム問題に直面してきました。近年は、日本の最高峰《ほう》である富士山⑥も世界遺産認定を機に観光客が急増し、登山者の渋滞《じゅうたい》やゴミ問題が深刻化しました。本州に限らず、大分県⑦の温泉地である由布院《ゆふいん》（湯布院）⑧や北海道⑨のスキーリゾート地であるニセコ⑩でも起こりました。

新型コロナウィルス感染症の流行により、オーバーツーリズム問題は突然に終息しました。今後、アフターコロナの世界では新しい生活様式に合った観光が再開していくでしょう。これまでの経験を踏《ふ》まえ、観光客と地域住民にとってより望ましい観光が求められています。

問1. 下線部①に関連して、21世紀に入ってからの観光客の増加の原因として、誤っているものをア～エから一つ選びなさい。

ア. LCCと呼ばれる格安航空会社が登場した。

イ. SNSによって手軽に旅行に関する情報が手に入るようになった。

ウ. 旅行を楽しむことのできる中間層の人々が欧米で爆発的に増加した。

エ. クルーズ船の大型化が進み、低価格で利用できるようになった。

問2. 下線部②のバルセロナはどこの国の都市か、国名を答えなさい。

問３．下線部③のベルリンについての記述として正しいものをア～エから一つ選びなさい。

ア．年平均気温は名古屋より高い。

イ．冷戦期に西ベルリンは壁で囲まれていた。

ウ．モーツァルトの出身地である。

エ．EU 本部が置かれている。

問４．下線部④に関連して、次の図はサントリーニ島の地図です。この地域は火山が大爆発を起こしたため、中央部が陥没《かんぼつ》し、大きなくぼ地が海底になり、外輪山《がいりんざん》が島になりました。このような地形は日本にも見られますが、何と言いますか。

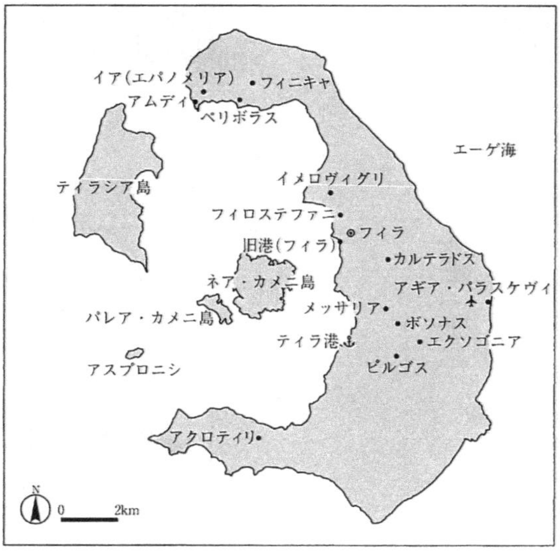

問５．下線部⑤に関連する問いに答えなさい。

－ⅰ　次のア～エは、下の地図中の敦賀、京都、岡山、尾鷲のいずれかの都市の雨温図です。京都の雨温図をア～エから一つ選びなさい。

ア．

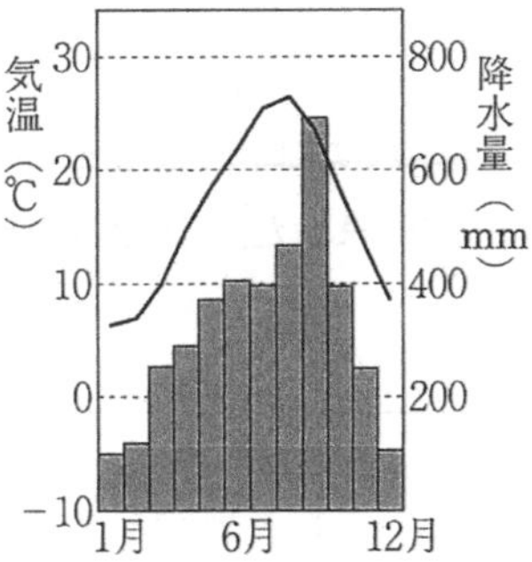

イ．

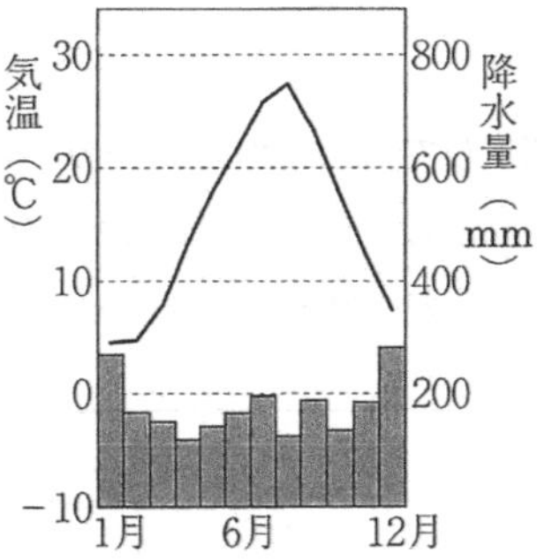

ウ．

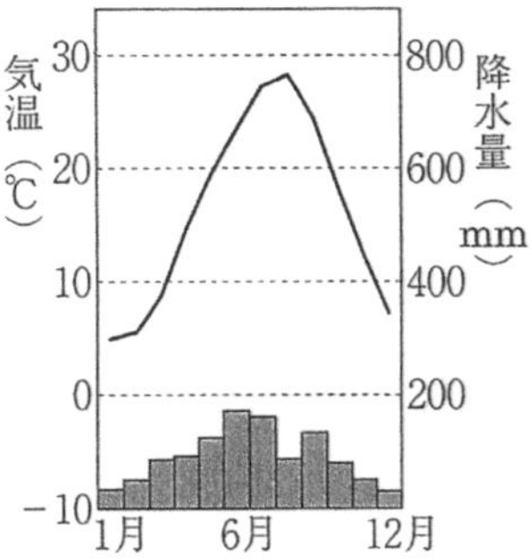

エ．

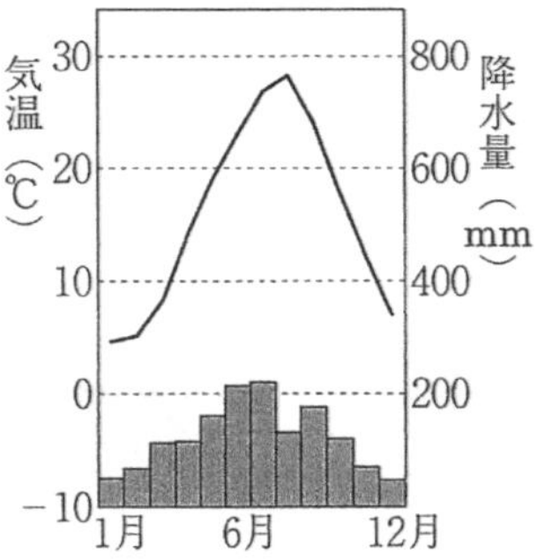

－ⅱ　京都の水源である琵琶湖を解答用紙の地図に描《えが》き入れなさい。

問6．下線部⑥の富士山に関する記述として、誤っているものをア～エから一つ選びなさい。

ア．標高は、世界最高峰の山の２分の１より高い。

イ．何度も噴火《ふんか》を繰《く》り返した火山である。

ウ．地下水が豊富で、飲料水などに利用されている。

エ．江戸時代には葛飾北斎が浮世絵に描いた。

問7．下線部⑦に関連して、次のア～エはいずれかの都道府県の海岸線を表している。大分県の海岸線として適当なものをア～エから一つ選べ。

ア．

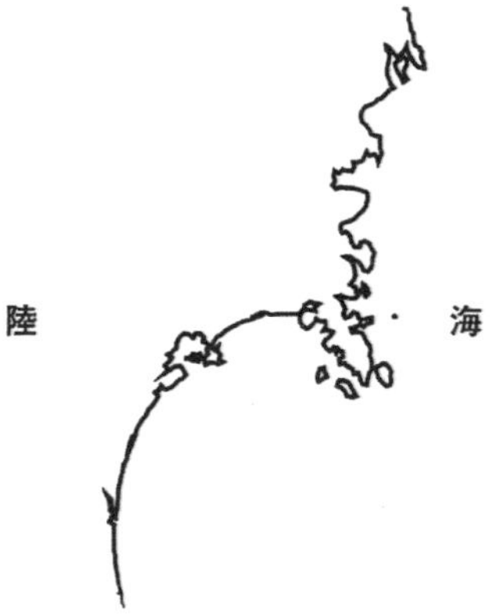

イ．

ウ．

エ．

問8．下線部⑧の由布院と同じように温泉があることで発達した温泉地として、誤っているものをア～エから一つ選びなさい。

ア．草津　　イ．金沢　　ウ．下呂　　エ．熱海問９．下線部⑨に関連して、次の北海道の地図の**A**山脈の名前を漢字で答えなさい。

問10. 下線部⑩に関連して、次のグラフはニセコの外国人旅行者数の移り変わりを表しています。2005年からオーストラリアが最も多く、近年はアジアが増えています。長期間、オーストラリアが多かった理由として、誤っているものをア～エから一つ選びなさい。

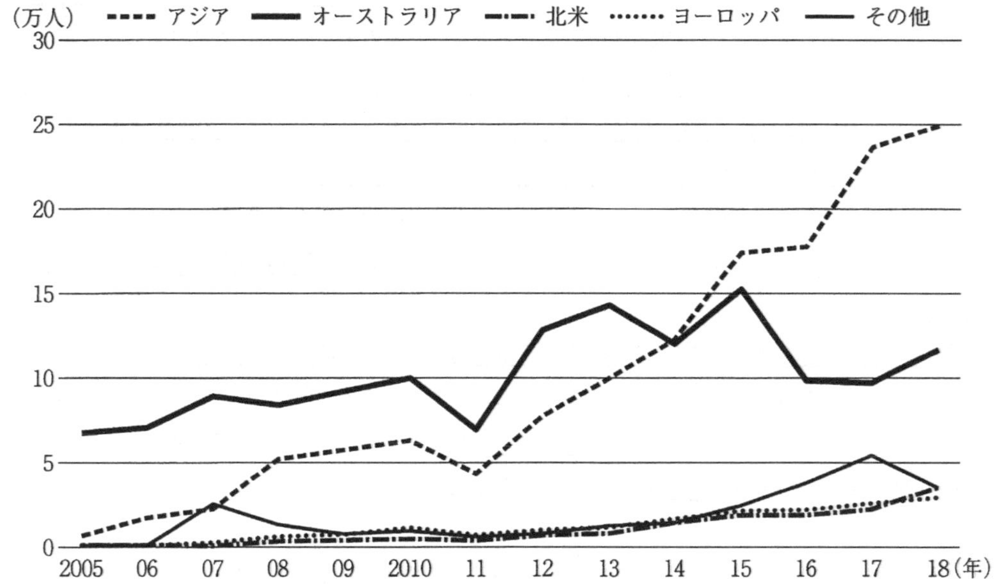

外国人旅行者数の変遷《へんせん》（出典：倶知安町）

ア. オーストラリアは北米より人口が多いから。

イ. オーストラリアは季節が日本と逆だから。

ウ. オーストラリアは北米より距離《きょり》が近いから。

エ. オーストラリアは日本と時差が小さく、旅行しやすいから。

問11. 外国人観光客に名古屋、あるいはあなたのよく知っている市町村の魅力《みりょく》を伝える文章を80～100字で書きなさい。市町村名を明記の上、歴史や産業、名所、名物などに関して、3つ以上紹介すること。

Ⅱ．次の文章を読み、問いに答えなさい。

現代の日本は、多くの国々と交流をしています。過去においても、時代ごとに様々な国際交流がありました。大和政権がつくられた頃、日本には中国や朝鮮半島から渡来人①がやってきました。奈良時代②には遣唐使を通じて、中国などの文化や制度がもたらされ、日本の国家造りに生かされました。また、平安時代の終わりごろには、平氏が中国との交易を背景に繁栄《はんえい》しましたが、その後、源氏による鎌倉幕府が成立しました③。織田信長や豊臣秀吉が活躍した頃、日本とヨーロッパとの交流がはじまりました④。

しかし、江戸時代には、鎖国政策が行われるようになって外国との交流が制限されるようになりました⑤。幕末には、ペリーが来航して日本は開国しました。これ以降、日本はアメリカやイギリスなどと国交を結んで、貿易が盛んに行われるようになりました。その一方で、日本に不利な不平等条約が結ばれました⑥。

明治政府は、ヨーロッパの進んだ技術や制度を取り入れながら、様々な改革を行いました⑦。19世紀末から、日本は多くの戦争に関与《かんよ》するようになりました。そして中国⑧や東南アジアに進出した日本は、アメリカやイギリスとの関係が悪化して、太平洋戦争⑨が起こりました。日本はこの戦争に負けましたが、戦後、国際社会に復帰すると高度経済成長⑩とよばれる経済発展を実現しました。

問１．下線部①に関連して、次の写真の壁画《へきが》は渡来人との関連があるとされています。この壁画が発見された古墳の名前を漢字で答えなさい。

問２．下線部②に関連する問いに答えなさい。

－ｉ　奈良時代のできごととして正しいものを、ア～エから一つ選びなさい。

ア．蘇我氏が本格的な寺院である飛鳥寺を建てた。

イ．鑑真が中国より来日して、唐招提寺を建てた。

ウ．運慶らが、東大寺南大門の金剛力士像をつくった。

エ．慈照寺にある銀閣には、書院造が取り入れられた。

令和四年度　中学校入学試験問題解答用紙（国語）

一

問一

問二

B

C

問三

問四

問五

問六

問七

問八

問九

問十

問十一

問十二

15

20

問十三

二

問一

問二

問三

問四

問五

8.	(1) 分後	(2) km	9.	(1) cm^3	(2) cm^2

10.

cm^2

説明

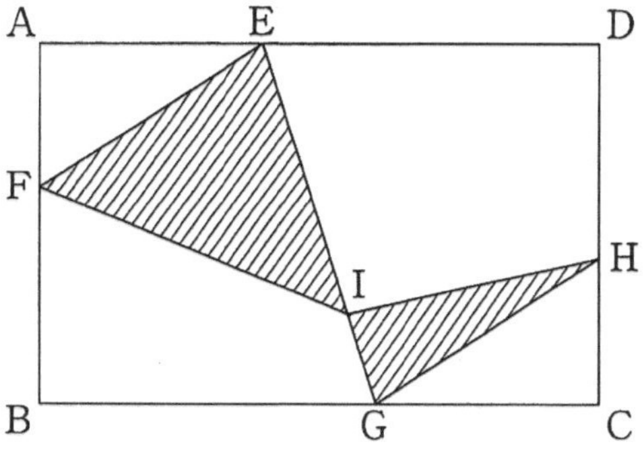

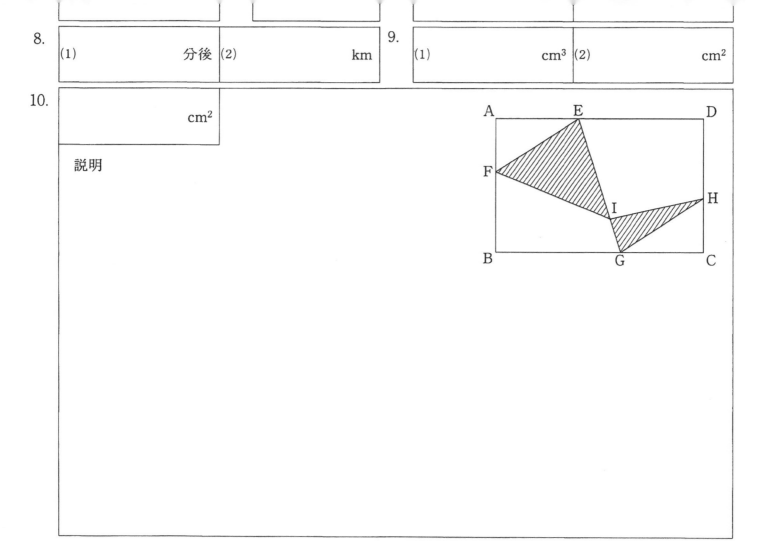

3

問1 cm　問2 g

4

問1 cal　問2 cal

問3 ℃　問4 ℃

5

問1　問2 mm　問3 10月 日　問4

6

問1　問2 記号 番号　問3

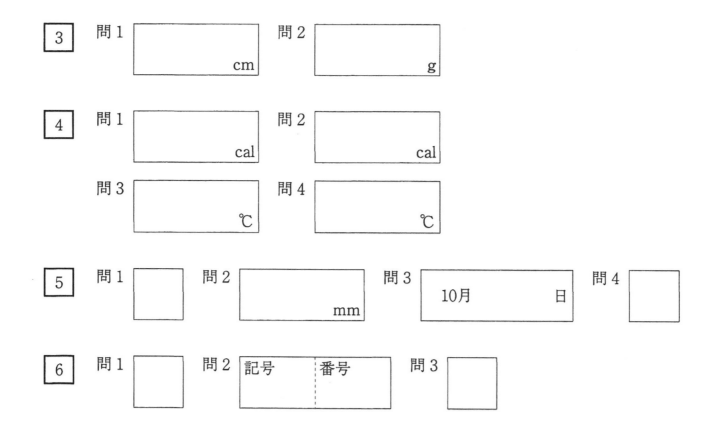

80

100

Ⅱ.

問1. 古墳	問2. i	問2. ii	
問3. i → → →	問3. ii	問4.	問5. i
問5. ii	問5. iii	問6. → → →	問7.	問8.
問9.	問10.		

Ⅲ.

問1.	問2.	問3.	問4.	問5.	問6.
問7. 10 15					
問8. i	問8. ii	問9. 月 日			

令和４年度　　　中学校入学試験問題解答用紙（社会）

受験番号　　　　番　氏名

※50点満点
（配点非公表）

I．

問１．	問２．	問３．	問４．	問５． i

問５．
ii

問６．	問７．	問８．

問９．	問10.
山脈	

問11．市町村名

問11.

【解答

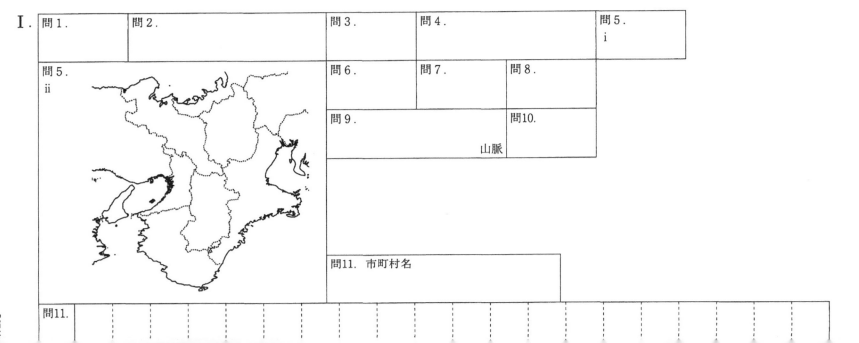

令和４年度　　　中学校入学試験問題解答用紙（理科）

受験番号　　　　番　氏名

※50点満点
（配点非公表）

1

問１　　と　　問２　　問３　　問４

問５　　問６

2

問１　番号　記号　　問２　番号　記号　　問３

【解答

令和４年度　　中学校入学試験問題解答用紙（算数）

受験番号　　　　番　氏名

※100点満点
（配点非公表）

1.

(1)	(2)

2.

(1)　　ページ	(2)　　%	(3) 時速　　km	(4)
(5)　　cm^2	(6)　　円	(7)　　度	(8)　　cm^3
(9)　　時　　分　　秒		(10)　　個	(11)　　cm^2

3.

A　　，B　　，C　　，D

4.

(1)	(2)　　個

【解答

問七

問八

50

40

こと

問九

問十

問十一

三

問一

①

②

③

④

問二

て

受験番号

番

氏名

※100点満点
（配点非公表）

－ⅱ　この時代、仏教には社会の不安をしずめる力があると考えられていました。聖武天皇が大仏を建立した理由として、どのような不安をしずめようとしたのか、一つ述べなさい。

問３．下線部③に関連する問いに答えなさい。

－ⅰ　平安時代の終わりごろから鎌倉時代にかけてのできごとア～エを古いものから順番に並び替《か》えなさい。

ア．東北地方の平泉を拠点とした藤原氏が滅亡した。

イ．承久の乱が発生した。

ウ．平治の乱が発生した。

エ．元寇で九州がおそわれた。

－ⅱ　平氏政権や鎌倉幕府について、正しいものをア～エから一つ選びなさい。

ア．鎌倉幕府の将軍が三代で滅《ほろ》ぶと、北条氏が将軍になった。

イ．平氏政権は明との貿易をはじめた。

ウ．鎌倉幕府は、家来になった武士の先祖からの領地を認めた。

エ．平氏政権は御成敗式目を制定して武士を束《たば》ねた。

問４．下線部④に関連して、次の写真は織田信長・豊臣秀吉の時代のヨーロッパの国との貿易をあらわしています。この貿易を何と呼ぶか、漢字で答えなさい。

問5．下線部⑤に関連する問いに答えなさい。

－ⅰ　鎖国が行われるようになったのは、幕府がキリスト教を禁止したことと関係しています。これと関連のある、1637～38年に九州で起きたできごとの中心人物の名前を漢字で答えなさい。

－ⅱ　鎖国のもとでの外交の説明として、誤っているものをア～エから一つ選びなさい。

ア．オランダ船が出島に来航して貿易を行った。

イ．将軍が交代した際に、朝鮮通信使が幕府に派遣された。

ウ．蝦夷地のアイヌ人と日本人商人が、松前藩で交易を行った。

エ．幕府は琉球に藩を置いて、中国と貿易を行った。

－ⅲ　次の写真は、蘭学者の杉田玄白などがオランダの医学書を翻訳《ほんやく》したものの一部です。この本の名前を漢字で答えなさい。

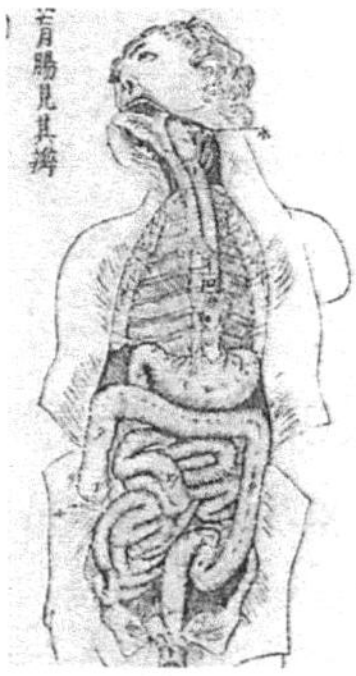

問6．下線部⑥に関連して、明治政府は不平等条約の改正を求める活動を行いました。条約の改正に関する次のできごとア～エを古いものから順に並び替えなさい。

ア．小村寿太郎が関税自主権を回復した。

イ．井上馨が主導して、鹿鳴館が完成した。

ウ．岩倉具視を中心とする使節団がアメリカなどに派遣《はけん》された。

エ．陸奥宗光が領事裁判権の撤廃《てっぱい》に成功した。

問7．下線部⑦に関連して、明治政府による改革の一つである地租改正について、誤っているものをア～エから一つ選びなさい。

ア．はじめ、税率は土地の価格の３パーセントに定められた。

イ．明治政府の収入を安定させるために行われた。

ウ．多くの地域で、江戸時代より税の負担が軽くなった。

エ．不作の年も同じ額の税を納めなければならなかった。

問８．下線部⑧に関連して、満州国に当たる場所を次の地図のア～エから一つ選びなさい。

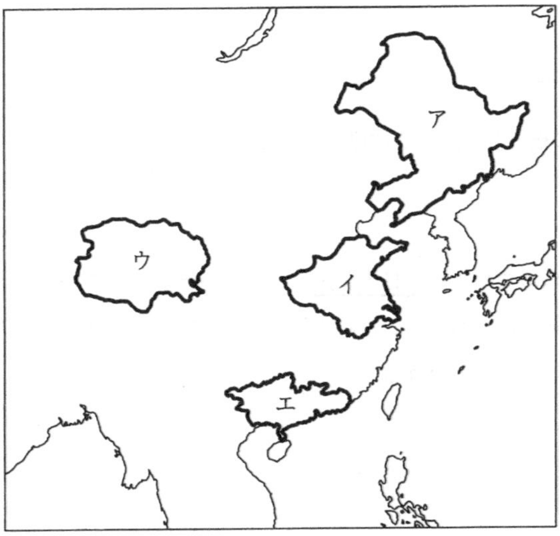

問９．下線部⑨に関連して、正しいものをア～エから一つ選びなさい。

ア．日本は、ドイツやフランスと同盟を結んで戦った。

イ．日本は、ハワイにあるイギリスの軍港を攻撃した。

ウ．沖縄県では地上戦が行われて、多くの県民が亡くなった。

エ．広島と長崎に原子爆弾が落とされる直前に、日本とソ連は和平を結んだ。

問10．下線部⑩に関連して、誤っているものをア～エから一つ選びなさい。

ア．東海道新幹線や名神高速道路が開通した。

イ．３Ｃと呼ばれた白黒テレビ・電気洗濯《たく》機・電気冷蔵庫が普及《ふきゅう》した。

ウ．東京オリンピックの開催で日本の戦後復興をアピールした。

エ．石油危機（オイルショック）がおこって、高度経済成長は終わった。

Ⅲ. 次の「国民の祝日」についての資料を読み、問いに答えなさい。

〔資料〕

①内閣府は、「国民の祝日」に関する法律を以下のように定める。

第１条

自由と②平和を求めてやまない③日本国民は、美しい風習を育てつつ、よりよき社会、より豊かな生活を築きあげるために、ここに国民こぞって祝い、感謝し、又《また》は記念する日を定め、これを「国民の祝日」と名づける。

第２条

「国民の祝日」を次のように定める。

〔名称《めいしょう》〕	〔日付〕	〔備考〕
天皇誕生日	２月23日	④天皇の誕生日を祝う。
春分の日	春分日	⑤自然をたたえ、生物をいつくしむ。
昭和の日	４月29日	激動の日々を経て、復興を遂《と》げた昭和の時代を顧《かえり》み、国の将来に思いをいたす。
敬老の日	９月の第３月曜日	多年にわたり社会につくしてきた⑥老人を敬愛し、長寿《ちょうじゅ》を祝う。
⑦スポーツの日	10月の第２月曜日	スポーツを楽しみ、他者を尊重する精神を培《つちか》うとともに、⑧健康で活力ある社会の実現を願う。

（内閣府のホームページより作成）

※作問の都合上、一部の祝日のみ掲載《けいさい》。

問１. 下線部①の内閣に関連して、正しいものをア～エから一つ選びなさい。

ア. 国会が作成した予算について決定する権限がある。

イ. 内閣総理大臣が国務大臣の任命を行う。

ウ. 閣議決定は、全会一致《いっち》となることは少ない。

エ. 環境省が新型コロナウィルスのワクチン接種方法のお知らせを出している。

問2．下線部②に関連して、正しいものをア～エから一つ選びなさい。

ア．国際の平和と安全維持《いじ》を目的とした国際連合の本部は、アメリカにある。

イ．かつてノーベル平和賞を受賞した下の写真の人物は、2021年、ミャンマーで拘束《こうそく》された。

ウ．毎年８月６日には、「長崎原爆犠牲者慰霊《ぎせいしゃいれい》平和祈念《きねん》式典」が開催されている。

エ．非核三原則は、核兵器を「持たない、買わない、持ちこませない」からなる。

問3．下線部③に関連して、ひかるさんとあやかさんの２人が会話をしています。会話文中の下線部ア～エの中には誤りがあります。誤っているものをア～エからすべて選びなさい。

|ひかる| 私は(ア)18歳になったので、選挙で投票できるようになりました。

|あやか| 良かったね。今度の選挙には行く予定はありますか。

|ひかる| 行ってみたいけど、その日は都合が悪くて行けなさそうです。

|あやか| そうなんですね。それは、残念。でも、(イ)選挙に行くのは憲法で国民の義務となっているんですよ。さかのぼると、(ウ)日本で初めて男女ともに普通選挙権が認められたのは1925年になります。男女ともに選挙権が認められるまでにはすごく時間がかかったんです。

|ひかる| それは知らなかったです。ところで、私たちが選挙に行くことで良いことはありますか。

|あやか| 私たちの暮らしが良くなると考えています。選挙は国民の代表者である国会議員を決める大事な仕事なんです。

|ひかる| 国会議員は何をするのですか。

|あやか| 国会議員は、私たち国民の生活に関わる大事なことを国会で話し合って決めています。国会には、衆議院と参議院の２つの話し合いの場があります。特に、(エ)衆議院は解散があるので、国民の意見を反映しやすいと言われていますよ。

|ひかる| 色々と教えてくれてありがとう。もとの予定を変えて選挙に行ってみようと思います。

問４．下線部④に関連して、天皇が行う国事行為（仕事内容）として誤っているものをア～エから一つ選びなさい。

ア．国会を召集すること。

イ．外国の大使をもてなすこと。

ウ．条約を公布すること。

エ．内閣総理大臣を指名すること。

問５．下線部⑤に関連して、2021年７月に世界自然遺産に登録された場所と、登録を行った機関の組み合わせとして正しいものをア～エから一つ選びなさい。

ア．「奄美大島、徳之島、沖縄島北部及び西表島」 ― ユニセフ

イ．「奄美大島、徳之島、沖縄島北部及び西表島」 ― ユネスコ

ウ．「北海道・北東北の縄文遺跡群」 ― ユニセフ

エ．「北海道・北東北の縄文遺跡群」 ― ユネスコ

問６．下線部⑥に関連して、「子どもやお年寄り、障がいの有無、年齢に関係なく、すべての人が地域の中で安心して生活できる社会を目指す考え方」をカタカナで答えなさい。

問７．下線部⑦に関連して、「スポーツの日」に関して、先生と生徒の２人が会話をしています。会話文を読み、会話文中の（＿＿＿）に入る正しい文を10～15文字以内で書きなさい。

先生　「スポーツの日」を知っていますか。

生徒　はい。知っています。もともとの名称は「体育の日」でしたね。

先生　良く知っていますね。例年、この「スポーツの日」は〔資料〕の記述にあるように、10月の第２月曜日にあたります。しかし、2021年だけ、７月23日に変更になりました。

生徒　なぜですか。

先生　なぜなら、2021年は、７月23日に（＿＿＿＿＿＿＿＿＿＿＿＿）があり、この日を祝日にしたかったからです。

生徒　そうだったんですね。それでは、2022年からはもとの日にちに戻るんですね。

問８．下線部⑧に関連して、「健康」について、ひかるさんとあやかさんの２人が会話をしています。
会話文を読み、問いに答えなさい。

ひかる　私は昨日、健康診断《しんだん》に行ってきました。

あやか　結果は、どうでしたか。

ひかる　まだ分からないです。でも、いつも健康診断を受けるたびに健康であることに感謝したくなります。

あやか　確かにそうですね。そういえば、健康に関することも「日本国憲法」の中で書かれています。

ひかる　社会科の授業で習った覚えがあります。確か、憲法25条「健康で文化的な最低限度の生活を営む権利」(あ)でしたね。

あやか　そうです。ただ、この条文内容をめぐって多くの裁判(い)が行われています。

ひかる　そうでしたか。それは知らなかったです。

－ⅰ　下線部(あ)に関連して、この権利を守るために、「年金制度」が大きな役割を果たしています。現在、少子高齢化が進む中、「年金制度」が維持しづらくなっています。「年金制度」を維持するためには、あなたはどのようにすればよいと考えますか。自分の考えを書きなさい。

－ⅱ　下線部(い)に関連して、以下はある裁判の状況《じょうきょう》について説明したものです。文章を読み、現在、Ａさんの裁判が行われていると考えられる裁判所の名前として正しいものをア～エから一つ選びなさい。

> Ａさんは、殺人を犯した疑いで罪に問われています。１回目の裁判の内容に不服があったため、控訴《こうそ》し、現在は、２回目の裁判を名古屋で行っているところです。

ア．家庭裁判所　　イ．地方裁判所　　ウ．高等裁判所　　エ．最高裁判所

問９．以下は、「憲法記念日」について説明したものです。空欄《くうらん》【あ】に当てはまる日付を答えなさい。

〔名称〕	〔日付〕	〔備考〕
憲法記念日	【あ】	日本国憲法の施行《しこう》を記念し、国の成長を期する。

令和三年度　中学校入学試験問題　愛知淑徳中学校

国　語

（50分）

注意事項

一、試験開始の合図があるまで、この問題冊子の中を見てはいけません。
　試験開始までの間、この注意事項をよく読んでください。

二、この問題冊子は13ページです。

三、この問題冊子や解答用紙に印刷が悪くて見にくいところや汚《よご》れなどのある場合は、手をあげて監督《かんとく》の先生に知らせてください。

四、答えはすべて別紙の解答用紙に書き、記号で答えられるものは、すべて記号で答えなさい。
　答えを文中からぬき出す場合は、「、」「。」などの記号も一字分に数えなさい。

五、解答用紙の受験番号、氏名を記入する欄《らん》は用紙の最後にあります。最初に記入しなさい。

六、試験終了後は解答用紙のみを提出し、問題冊子はそれぞれ持ち帰ってください。

一、次の文章を読んで、後の問に答えなさい。

人気グループであるスマップのヒット曲「世界に一つだけの花」に、こんな歌詞がある。

「ナンバー1《ワン》にならなくてもいい。もともと特別なオンリー1《ワン》」

この歌詞に対しては、二つの異なる意見がある。

一つは、この歌詞のとおり、①オンリー1が大切という意見である。世の中は競争社会だが、ナンバー1にだけ価値があるわけではない。私たち一人ひとりは特別な個性ある存在なのだから、それで良いのではないか、という意見である。

一方、反対の意見もある。世の中が競争社会だとすれば、やはりナンバー1を目指さなければ意味がない。オンリー1で良いと満足していてはいけないのではないか、という意見である。

オンリー1か、それともナンバー1か。あなたは、どちらの考えに賛成するだろうか。

じつは、生物の営みを見回してみると、自然界には、この歌詞に対する明確な答えが示されている。

生物の世界の法則では、ナンバー1しか生きられない。これが、厳しい鉄則である。

「ガウゼの法則」と呼ばれるものである。

※1ソ連の※2生態学者ゲオルギー・ガウゼ（一九一〇—八六）は、②ゾウリムシとヒメゾウリムシという二種類のゾウリムシを一つの水槽《すいそう》でいっしょに飼う実験を行った。すると、水や餌《えさ》が豊富にあるにもかかわらず、最終的に一種類だけが生き残り、もう一種類のゾウリムシは※3駆逐《くちく》されて、滅《ほろ》んでしまうことを発見した。こうして、強い者が生き残り、弱い者は滅んでしまう。［　③　］、生物は生き残りを懸《か》けて激しく競《きそ》い合い、共存することができないのである。

ナンバー1しか生きられない。これが自然界の厳しい掟《おきて》である。自然界でナンバー2はあり得ないのである。なんという厳しい世界なのだろう。

しかし、不思議なことがある。

ナンバー1しか生きられないのであれば、この世には一種類の生き物しか存在できないことになる。それなのに、自然界を見渡《みわた》せば、さまざまな生き物が暮らしている。④ナンバー1しか生きられない自然界に、どうして、こんなにも多くの生物が存在しているのだろうか？

じつは、ガウゼの実験には続きがある。

ゾウリムシの種類を変えて、⑤ゾウリムシとミドリゾウリムシで実験をしてみると、今度は、二種類のゾウリムシは一つの水槽の中で共存をしたのである。

どうして、この実験では二種類のゾウリムシが共存しえたのだろうか。

じつは、ゾウリムシとミドリゾウリムシは、棲《す》む場所と餌が異なるのである。ゾウリムシは、水槽の上の方にいて、浮《う》いている大腸菌《だいちょうきん》を餌にしている。一方、ミドリゾウリムシは水槽の底の方にいて、酵母菌《こうぼきん》を餌にしている。

このように、同じ水槽の中でも、棲んでいる世界が異なれば、競い合う必要なく共存することが可能なのである。つまり、水槽の上のナンバー1と水槽の底のナンバー1というように、ナンバー1を分け合っているのだ。これが「棲み分け」と呼ばれるものである。

同じような環境《かんきょう》に暮らす生物どうしは、激しく競争し、ナンバー1しか生きられない。しかし暮らす環境が異なれば、共存することができるのである。

　ナンバー1しか生きられない。これが自然界の鉄則である。それでも、こんなにもたくさんの生き物がいる。つまり、すべての生き物が、どこかの部分でそれぞれナンバー1なのである。

　ナンバー1であることが大事なのか？　オンリー1であることが大事なのか？

　この答えはもうおわかりだろう。

　すべての生物はナンバー1である。そして、ナンバー1になれる場所を持っている。この場所はオンリー1である。つまり、すべての生物はナンバー1であると同時に、オンリー1なのである。

　このナンバー1になれるオンリー1の場所を生態学では、「ニッチ」という。ニッチはそれぞれの生物が固有に持つものである。ニッチは場所の場合もあるし、餌の場合もあるし、環境の場合もある。「ニッチ」とは、もともとは、装飾品《そうしょくひん》を飾《かざ》るために寺院などの壁面《へきめん》に設けたくぼみを意味している。やがてそれが転じて、生物学の分野で「ある生物種が生息する範囲《はんい》の環境」を指す言葉として使われるようになった。生物学では、ニッチは「生態的地位」と訳されている。一つのくぼみに、一つの装飾品しか飾ることができないように、一つのニッチには一つの生物種しか住むことができない。

※4⑥マーケティングではニッチ戦略というと、小さな隙間《すきま》のような意味として使われるが、生物にとっては単に隙間を意味する言葉ではない。すべての生物が自分だけのニッチを持っている。大きいニッチもあれば、小さいニッチもあるが、ジグソーパズルのピースがぴったりと組み合わさるように、生物はニッチを分け合っている。仮にニッチが重なれば、重なったところでは激しい競争が残り、どちらか一種だけが生き残る。まさにゾウリムシの実験が示したとおりだ。

　雑草は、競争を避《さ》けて※5攪乱《かくらん》のあるところに生えるというのが、生存戦略だ。しかし、雑草の中にもさまざまな種類がある。植物は集まって生えているので、どのようにニッチを分け合っているのかわかりにくいが、無秩序《むちつじょ》に生えているように見える草むらであっても、植物がニッチを分け合って共存していると考えられている。

　勘違《かんちが》いしてはいけないのは、オンリー1のナンバー1を目指すという先述の話は、「生物の種」の話ということである。たとえば、私たちは人間という種であり、おそらくは知能を発達させて自然を都合よく作り変えるというオンリー1でナンバー1の種ということになるのだろう。

　私たち一人一人は、生物種の中の「個体」だから、種という集団の中で、必ずしもニッチを棲み分けなければならないということではない。

　しかし、ナンバー1になれるオンリー1を探すという生物の世界の営みは、生きづらい人間の現代社会を生き抜《ぬ》くのに、とても役に立つ考え方であるように思う。

（中略）

　個性を磨《みが》くときには、「こうあるべき」という常識を疑って、捨ててみることも大切だろう。雑草も、「生き抜くには競争に強くならなければならない」「光を得るためには、縦に高く伸《の》びなければならない」という常識とは違うところで成功しているのである。

⑦生物は不均一でバラバラである。しかし、それでは理解するのに不便なので、人間は平均値を取る。そして平均値で、その集団を代表させるのだ。学力テストのような数値のまとまりでは平均値を出すことはでき

る。しかし、それは学力テストという一本の物差しで測っただけの数値だ。生物は、もっとたくさんの物差しを持つ個性的な存在である。平均値は、人間が管理するのに都合が良いように、一本の物差しだけを取り出して計測し、足して、割っただけの数値に過ぎない。そして、⑧平均値から、あまりに外れた値は、「異常値」として※6棄却《ききゃく》する。しかし、⑨得てして平均値から遠く離《はな》れた異常値が生き残ったり、新たな進化を生む原動力になったりするのが生物の世界だ。

雑草の世界を見てほしい。小さいものも大きいものもある。早く芽を出すものも、遅《おそ》く芽を出すものもある。雑草にとって大切なのは、それぞれが「違う」ということで、どれが優《すぐ》れていてどれが劣《おと》っているということではない。「個性」には平均的な個体もなければ、平均以下という言葉もないのだ。

あるいは私たちは、よく「普通《ふつう》」という言葉を使う。しかし、「普通」とは何だろう。平均値が普通なのだとしたら、「普通」というものは、存在しない。⑩「普通」というのは幻《まぼろし》の存在なのだ。

人間の世界では、「普通」というのは、「こうあるべき」という存在だったりする。人間の思う「こうあるべき」の凝《こ》り固《かた》まった塊《かたまり》が「普通」である。

しかし、雑草は、「こうあるべき」でないところで勝負して、⑪成功しているのである。

（稲垣栄洋『雑草はなぜそこに生えているのか――弱さからの戦略』ちくまプリマー新書 より）

※1　ソ連……ソビエト社会主義共和国連邦《れんぽう》のこと。現在は国名が変わり、多くの地域が現在のロシアに位置する。
※2　生態学者……生態学とは、生物と環境《かんきょう》がたがいに働きあう作用を研究する生物学の一分野。生態学者はその研究をする人。
※3　駆逐《くちく》……追い払《はら》うこと。
※4　マーケティング……商品の販売やサービスなどをすすめるための活動。市場活動。
※5　攪乱《かくらん》……かき乱すこと。
※6　棄却《ききゃく》……取りあげずにすて去ること。

問一　——①と同じ意味の四字熟語になるように次の□に当てはまる漢字を答えなさい。

唯《ゆい》一《いっ》□□

問二　——②⑤とあるが、これらの実験の結果を表すグラフとしてふさわしいものを、それぞれ一つずつ選びなさい。ただし縦《たて》の軸《じく》は上にいくほど増加し、横の軸は右にいくほど増加する。

ア、
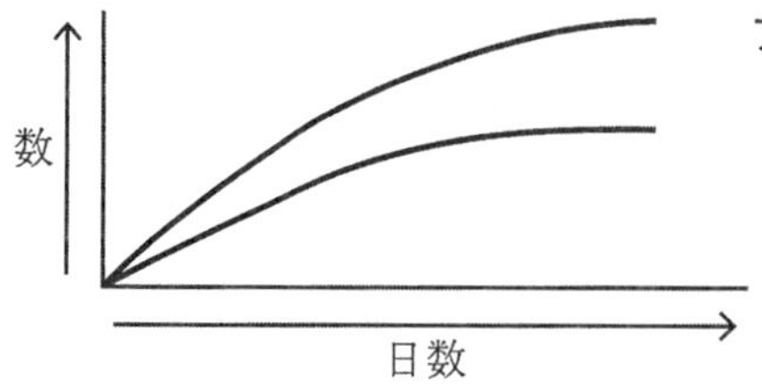

イ、
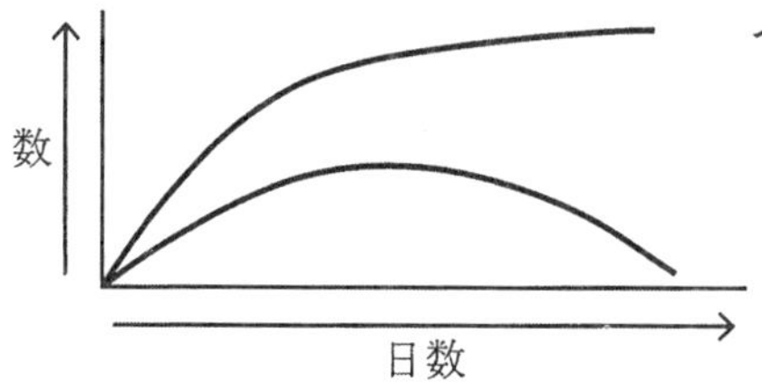

ウ、
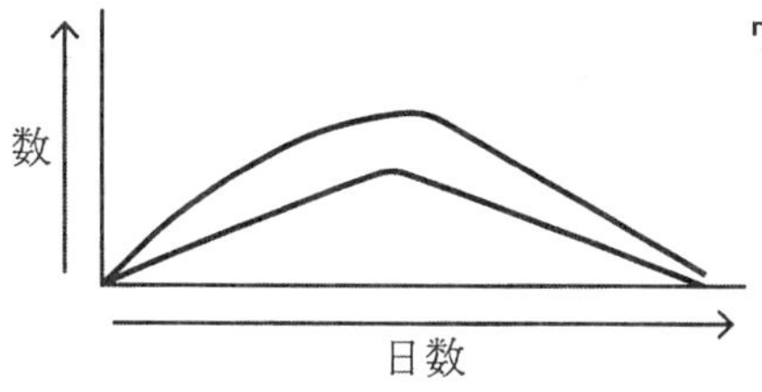

問三　[③]に入れるのにふさわしいものはどれか、次から一つ選びなさい。

ア、あるいは　　イ、しかし
ウ、つまり　　エ、また

問四　——④とあるが、この疑問に対する答えを、次の空欄《くうらん》に合うように十七字で本文よりぬき出して答えなさい。

[（十七字）]を見つけられるから。

問五　——⑥とあるが、消費者に「自社の商品」を売ろうとする場合、「マーケティング」における「ニッチ」とはどのようなものか。最も適切なものを次から一つ選びなさい。

ア、「消費者の求めているもの」を「他社の商品」でも「自社の商品」でも両方とも満たすことができるもの。
イ、「消費者の求めているもの」を「他社の商品」では満たせるのに、「自社の製品」では満たすことができないもの。
ウ、「消費者の求めているもの」を「他社の商品」では満たせないが、「自社の商品」では満たすことができるもの。
エ、「消費者の求めているもの」を「他社の商品」でも「自社の商品」でも両方とも満たすことができないもの。

問六　――⑦とあるが、人間は何のために平均値でその集団を代表させるのか。「～ため」に続くように、本文より五字以内でぬき出して答えなさい。

問七　――⑧をふまえて次の文を読み、後の問に答えなさい。

> あるスイミングスクールでは、Aという子どもは十メートルしか泳げないが、それ以外の子どもたちは、五十メートル泳ぐことができる。

このスクールの指導者が「異常値」を「棄却《ききゃく》」するとしたら、「棄却」することで具体的にどのような利点が生じると考えるからか。二十字以上四十字以内で答えなさい。

問八　――⑨と同じ意味を表す語として、最も適切なものを次から一つ選びなさい。

ア、あやうく　**イ**、ともすれば
ウ、さもなければ　**エ**、いつでも

問九　――⑩とあるが、「幻《まぼろし》」とはどういうことか。最も適切なものを次から一つ選びなさい。

ア、「平均値」は数値としては存在するが、実体となる個体は存在しないということ。
イ、「平均値」という値は例外的な数値を除いているので、実際には誤りがあるということ。
ウ、「平均値」という人間に都合のよい数値で、個性的な存在である生物を測れないということ。
エ、「平均値」は集団を代表させる数値に過ぎないので、大して意味をなさないということ。

問十　――⑪とあるが、

(1)　「成功」とはどのようなことを表しているのか。それを説明する次の文の空欄《くうらん》に当てはまる言葉を考えて五字以内で答えなさい。

生物の種として［（五字以内）］こと。

(2)　また、雑草が「成功」するために必要としていることはどのようなことか。本文の**（中略）**以降から、十字以上十五字以内でぬき出して答えなさい。

問十一　この文章の説明として最も適切なものを次から一つ選びなさい。

ア、「世界に一つだけの花」の歌詞と生物の共存の法則を比べることで、人間より自然界の生物の方が優《すぐ》れている点を説明している。

イ、「世界に一つだけの花」の歌詞をもとに生物の世界の営みを考察することで、人間の世界にも通用する点があると示している。

ウ、生物の「ニッチ」とマーケティングの「ニッチ」の違《ちが》いを明らかにすることで、生物の世界の豊かさを強調している。

エ、「普通《ふつう》」という言葉をもとに人間と雑草の世界を比べることで、人間の世界のゆがんだ考え方を正そうとしている。

二、次の文章を読んで、後の問に答えなさい。

　母は三人姉妹の一番下で、一番気がきかない、ぼんやりむすめだったのだと、ハルばあちゃんはよくいっていた。「だからつい、わたしが口も手もだしてしまって、ますます、なんにもできない子になってしまって……」と、おおげさにA[　　　]をおとしてため息をつく。

　ハルばあちゃんは、思ったことを心の中にためておくことができず、全部口にしてしまう。そんな母の悪口めいたことさえも、あっけらかんと孫たちにいってしまうのだ。

　ハルばあちゃんは、口は悪いが陽気で明るいから、キツイことをいっても、あまり毒が感じられず、ときにはギャグのようにきこえてしまう。とはいえ、そんなことを母親にいわれて、母がかわいそうだと、さつきはときどき感じていた。

「これまでずっとがまんしとったんが、とうとうしきれんくなったか……」

と、さつきはつぶやいた。

　①そうはいっても、母とハルばあちゃんは、協力しあわなければならないときは、最強のチームになったし、仲がいいときももちろんあったのだ。

　二段ベッドの下の段での、三姉妹会談のおもなテーマは、家出の原因究明ともうひとつ、

「どこいったんやろね」

ということだった。

「ふつう、おかあちゃんが家出するとしたら、実家に帰るもんやけど、うちは実家がここやから、家出するとこないから、おかあちゃん、かわいそうやね」

と、半べそをかきながらも、②みょうな同情のしかたをしたのは、梅子だった。梅子は三人の中では、一番勉強ができた。さつきは、そんなませた発想をする梅子に感心した。

　それまで、さつきたちはとくに仲がいいというわけでもなかった。でも、そのころの三姉妹はがっちりと団結し、おたがいがおたがいに、たのもしい心のよりどころになっていたことはたしかだ。梅子にもたれかかられても、あまえてこられても、桐子《きりこ》ねえさんはけっして、じゃけんにはしなかった。

　あるとき、桐子ねえさんが、ひとつ思い出したことがあるといいだした。母が電話をしているのを、耳にしたことがある、というのだ。相手は母の高校の時の同級生。

　母には、高校のときの仲のいい女友だちが何人かいて、今でもつきあいがあった。そのうちのひとりが、今勤めている会社をやめ、ためていたお金を元手に、かねてからやりたかった洋装店をだすのだという。それについては、一時期母がよく話題にしていたから、さつきもなんとなくきいたおぼえはあったが、桐子ねえさんほどくわしくは知らなかった。

「おかあちゃん、すごくうらやましがっとった。自由でいいなあって」

　いつものしずかで、あまり興奮することのない桐子ねえさんがめずらしく、ことばのはしばしにトゲをふくませていた。

「わたしもなにかやってみたい。子どもたちも手をはなれたし、とかゆうとった」

「なにかって、なにするが《なにをするの》？」

　さつきはおずおずとたずねた。

「知らんちゃ《しらないわよ》」
　桐子ねえさんははげしく首をふった。
「だけど、それならそうと前もって準備して、家族の協力を得るとか、段階をふまんなんやろ《ふまなければならないでしょ》。急に自由がないとかなんとかいわれたって、今さら無責任や。そんならはじめから、結婚せんとけばよかったが《けっこんしなければよかったのに》」
　場がこおりついた。
「そしたらわたしたちは、どこにおるが《いるの》？」
と梅子がそっと、おろかなことをきく。
「ダラ《バカ》やね。生まれとらんがやろ《ていないんでしょ》」
と桐子ねえさん。③口からつばがとんだ。
「うん。そやね《そうだね》」
　梅子が涙目《なみだめ》になる。
「そやろ《そうでしょ》？　だから無責任やっていうが《いうの》」
　ちょっと、話の焦点《しょうてん》がずれたような気がした。けれど桐子ねえさんのB剣幕《けんまく》におされて、さつきはなにもいえなかった。
「きっとそれや。自立に目ざめたんやわ。はいはい、どうぞどうぞ」
　桐子ねえさんは断定して、これで話はおしまいとばかりに、三者会談の場からはなれていった。
「そればっかりでもないやろ？」
と、さつきはいってみたが
「④かもね。でも、もうどうでもいい」
　桐子ねえさんはすっぱり、きりすてた。
　原因はひとつではないような気がする。きっといろいろあるんだ。それぞれは小さなことかもしれないが、つもりつもって山となり、母はたえきれなくなったんだ。
　さつきはそう思った。
　とはいえ、母はいずれ帰ってくるのだろうと、さつきは信じていたし、姉妹たちも同じだった。
　それは、もしかしたら明日かもしれず、毎日そう思いながら日がすぎていき、夏休みになった。三姉妹会談は、もうひらかれなくなっていた。
　桐子ねえさんは熱心に部活（美術部）にとりくみ、授業の補習もあり、日々をいそがしくすごしながら「おかあちゃんがおらんでも平気」というふりをしていた。いつまでたっても帰ってこない母に、姉は怒《おこ》っていたのだ。
　梅子はやたら、ハルばあちゃんにべたべたとまとわりつくようになり、結果的にハルばあちゃんの農作業や台所仕事をよく手伝うようになった。
　そんな微妙《びみょう》な変化はあったが、おどろいたことに、⑤母、律がいなくなってもさつきたちの日常生活は、表面的にはなんの支障もなくつづいていたのだ。
　二階の自分の机で、夏休みの宿題をしながら、さつきは、はたと思いあたった。
　これだ！　だからおかあちゃんは、ここにいるのがいやになったのだ。
　理由はいくつかあるのかもしれないが、これが決め手になったのではないだろうか。
　いなくても、こまらないってこと。
　おかあちゃんは、自分もなにか役に立つ人だということを、たしかめたくなったのだ。
　うちではいつもハルばあちゃんに、役立たずみたいにいわれているけれど「あなたがいてくれてよかった」と思われるような場所がほしくなったのだ。

そんなことないのに。

うちでも、おかあちゃんがいないとこまる。少なくともさつきはこまる。

こんなにもさびしい。本当は、みんなそうなのだ。無理して、意地をはって、平気なふりをしているけれど、とってもとってもさびしい。

だから、そのことをちゃんとつたえなければならないのだ。

でもどうやって?

二階の窓から見おろしていた、庭木の緑がにじんで見えた。庭木の中には、母の好きな栗《くり》の木もある。せっかく実をつけても、母みたいによろこんで食べてくれる人がいなかったら、栗だってさびしいよ、きっと。

⑥そのとき、さつきは母がいなくなってはじめて泣いた。悲しくて、せつなくて、やるせなくて……母がかわいそうで、自分がかわいそうで、むすめにこういうことをされるハルばあちゃんもかわいそうで、部屋にさつきしかいなかったのをさいわいに、おいおい声をだして泣いてしまった。

だれが悪いというわけでもないのに、悲しいことっておきるものなんだ。生きていくのって、つらいんだなあと、さつきは生まれてはじめて思った。

そして、そのころからさつきは、出口をさがして迷路《めいろ》のようなろう下を走りまわっている夢をよく見るようになった。

ろう下の両がわには、とじたドアがならび、どこも鍵《かぎ》がかかっている。ろう下はすぐにいきどまりになり、そこにも、きっちりとじたドアがある。おしてもひいても、びくともしない。

そこで目がさめると、さつきは二段ベッドの上段からの低い天井《てんじょう》を見上げて、ほっとした。よかった、夢で……。

一度だけ、夢の中のドアが開いたことがあった。するとさつきは、トイレをさがしていたことに気づいた。でも、そこはきれいな畳《たたみ》のお座敷《ざしき》だ。べつのドアをあけてみると、上等そうなじゅうたんがひいてある応接間。だけど、夢の中ではそこがトイレだということになっていた。本当に? こんなところで、おしっこなんかしてもいいの? してしまうよ。

と、そこで目がさめた。布団《ふとん》をぬらしていた。

さつきは五年生になって、はじめてオネショを経験した。こっそりハルばあちゃんのところへいき、シーツとパジャマと下着をとりかえ、ベッドのマットレスはぞうきんでねんいりにふくなどして、夜のうちにあとしまつをした。

だれかに知られるくらいなら、死んだほうがましだと思った。

⑦だれかって、学校の友だちのほか、姉妹たちもふくまれる。

さつきが、夜のうちに、こそこそとオネショのあとしまつをしていても、姉妹たちはまったく気づかずに寝《ね》ていた。ハルばあちゃんは、さつきの秘密をもらすことはなかった。

(杉本りえ『一〇〇年の木の下で』より)

問一　＝A「□をおとして」の空欄《くうらん》に入る、体の一部を表す語をひらがなで書きなさい。

問二　＝B「剣幕《けんまく》」の意味として最も適切なものを次から一つ選びなさい。

ア、怒《いか》りに満ちたどなり声　　イ、いきりたった荒々《あらあら》しい態度

ウ、冷たく凍《こお》りついた言葉　　エ、無理に涙《なみだ》をこらえた顔つき

問三　次の図は登場人物の関係を表している。空欄《くうらん》a～cに入る人物名を、本文よりぬき出して答えなさい。

祖母［ハル］――母［律］
├長女［a］
├次女［b］
└三女［c］

問四　――①「そうはいっても」が表す内容として、最も適切なものを次から一つ選びなさい。

ア、ハルばあちゃんは母を役立たずみたいに扱《あつか》い、母は祖母に小言を言われることに耐《た》えているようで、二人の間に対等な信頼《しんらい》関係はないように見えたが、

イ、悪口も陽気に軽々しく口に出してしまうハルばあちゃんと、陰《かげ》口《ぐち》を嫌《きら》うまじめでまっすぐな性格の母は、まったく気が合わない間柄《あいだがら》のように思われたが、

ウ、ハルばあちゃんは孫たちに母の悪口を言い、母は子どもたちに同情されるようにふるまい、それぞれが姉妹を味方につけて対立し合う関係のようだったが、

エ、思ったことをなんでも口にする軽薄《けいはく》なハルばあちゃんのことを、誠実で友人からの信頼《しんらい》も厚い母は、言葉には出さないものの軽蔑《けいべつ》しているように見てとれたが、

問五　――②とあるが、どのような点が「みょう」なのか。最も適切なものを次から一つ選びなさい。

ア、実家がなく安らげる場所のない母親をあわれんでいる点。

イ、母親には家出の行き先がないことを気の毒がっている点。

ウ、半べそをかきながら大人っぽいことを言っている点。

エ、勉強はできるのに的はずれなことを口にしている点。

問六　――③とあるが、この描写《びょうしゃ》から伝わる桐子の心理状態を表す熟語を、本文よりぬき出して答えなさい。

問七　――④とあるが、桐子がこのような態度をとったのはなぜか。その理由を説明した次の文の［　　］に入るのにふさわしい熟語を、本文よりぬき出して答えなさい。（［　　］には同じ熟語が入る。）

桐子は、「母は子どもたちのことを自分の［　　］を奪《うば》う存在だと考えており、母が家族を捨て家出をしたのは、その失っていた［　　］を手に入れるためだったのだ」と思い至り、傷つき腹を立てたから。

問八　――⑤とあるが、「表面的には」とはどういうことか。次の空欄《くうらん》に入るのにふさわしい表現を本文より二十五字以内でぬき出し、はじめと終わりの五字で答えなさい。

みんな［（二十五字以内）］ということ。

問九　――⑥とあるが、さつきはなぜ「そのとき」泣いたのか。理由としてふさわしくないものを次から一つ選びなさい。

ア、みんなおかあちゃんがいなくてほんとうはとてもさびしいのだ、という本心に気づいたから。

イ、おかあちゃんを必要としていることをつたえたいのにつたえられない、という現実に気づいたから。

ウ、おかあちゃんが家出をしたほんとうの理由を家族はだれも理解していない、という事態に気づいたから。

エ、だれも悪くないのにみんなが悲しい気持ちになってしまっている、という状況《じょうきょう》に気づいたから。

問十　――⑦とあるが、オネショ以外にも、さつきが自分の弱い部分を姉妹たちに知られるのを避《さ》けていることがわかる箇所《かしょ》を、本文より四十字以内でぬき出し、はじめと終わりの五字で答えなさい。

問十一　この小説の登場人物の説明としてふさわしくないものを次から一つ選びなさい。

ア、ハルばあちゃんは、明るくおおらかで、時に繊細《せんさい》さに欠ける言動も見られるが、家族がほんとうに苦境におちいった時には、さりげなく細やかな心配りも見せる女性である。

イ、梅子は、勉強もでき、年の割にはしっかりとした考え方ができる少女だが、母親がいなくなってからは、祖母や姉妹をたよって、あまえる様子が見られるようになった。

ウ、桐子は、ふだんはおだやかで、家の手伝いも率先《そっせん》して行う家族思いの子どもだったが、母の家出をきっかけに、自分の部活や勉強にだけ没頭《ぼっとう》し、からに閉じこもるようになった。

エ、さつきは、冷静に状況《じょうきょう》を分析《ぶんせき》し、人の立場に立ち思いやりをもって物事を考えることができるが、無邪気《むじゃき》に感情を表すことができず、心配事を一人で抱《かか》えこんでしまうところがある。

問十二　さつきの考える母親の家出の理由を、本文中の語句を用いて、次の空欄《くうらん》に指定された字数で表して答えなさい。

母は［(二十字程度)］、と思いこんで、［(三十字程度)］から。

三、それぞれの問に答えなさい。

問一 ――部について①～③は漢字を、④は読みをひらがなで書きなさい。

① キショク満面の笑《え》みをうかべる。

② ミツバチはエキチュウである。

③ 資格をシュトクする。

④ 人の指図は受けない。

問二 「遠慮《えんりょ》する必要がなく心からうちとけることができる」という意味になるように、次の空欄《くうらん》に当てはまるひらがな四字を答えなさい。

気の［（四字）］関係。

令和３年度

中学校入学試験問題

算　数

（50分）

注意事項

1．試験開始の合図があるまで，この問題冊子の中を見てはいけません。
試験開始までの間，この注意事項をよく読んで下さい。

2．この問題冊子は 11 ページです。

3．この問題冊子や解答用紙に印刷が悪くて見にくいところや汚《よご》れなどのある場合は，手をあげて監督《かんとく》の先生に知らせて下さい。

4．答えはすべて別紙の解答用紙に書き，記号で答えられるものはすべて記号で答えなさい。※の欄《らん》には何も記入しないで下さい。

5．解答用紙の受験番号，氏名は最初に記入して下さい。

6．試験終了後は解答用紙のみを提出し，問題冊子はそれぞれ持ち帰って下さい。

7．円周率は 3.14 として下さい。

2021(R3) 愛知淑徳中
K 教英出版

1． 次の計算をしなさい。

(1) $\{3+4\times(5+6)\}\times\{4\times(5+6)-1\}$

(2) $2\frac{5}{8}\div9-\left(\frac{1}{2}-\frac{2}{7}\right)\div\frac{6}{7}$

2．次の問いに答えなさい。

(1)　1から始まるいくつかの奇数の和は，同じ数を2つかけた答えと同じになります。例えば，1から5までの奇数の和は9なので，3を2つかけた答えと同じになります。

$$1+3+5=3\times3$$

では，次の［　　］にあてはまる数を答えなさい。2つの［㋐］には同じ数，2つの［㋑］には同じ数が入ります。

$1+3+5+7+9=$［㋐］$\times$［㋐］

$1+3+5+\cdots\cdots+517=$［㋑］$\times$［㋑］

(2)　次の ① から ④ の中から正しいものをすべて選びなさい。

①　0より大きい数Aを0.9で割った答えは，Aより大きい。

②　$\frac{5}{6}$に0以上の数Bをかけた答えはB以下である。

③　分母が8でない分数Cに$\frac{1}{8}$を足し，これ以上約分できない分数で表したとき，その分数の分母が8になることはない。

④　5以上の数Dから，0以上2以下の数Eを引いた答えは，必ず3以上の数である。

(3)　もも5個とりんご4個の値段の合計は2090円です。もも1個の値段とりんご3個の値段は同じです。もも1個の値段はいくらか答えなさい。

(4) AとBの2人が運動会で使う棒を何本かずつ運んでいます。

A：「重くて落としそう」
B：「両手でしっかり持てば安定するよ」
A：「Bは力持ちだね」
B：「Aが私に2本渡《わた》すと，私はAの3倍になるわ」
A：「反対にBが私に4本渡すと同じ本数になるね」
B：「このままテントまで運ぶことにしようか」
A：「うん」

さて，A，Bはそれぞれ棒を何本持っていましたか，答えなさい。

(5) 縦7席，横7席の正方形の形に49席の座席が固定されている会議室があります。人が座っている座席の前後左右は1席以上空けるとき，最大で何人座ることができるか答えなさい。

(6) 濃度《のうど》が10％の食塩水に102gの食塩を溶かすと，濃度が27％の食塩水になりました。10％の食塩水は何gあったか答えなさい。

(7) 下の図のように，１組の三角定規を重ねたとき，角アの大きさを答えなさい。

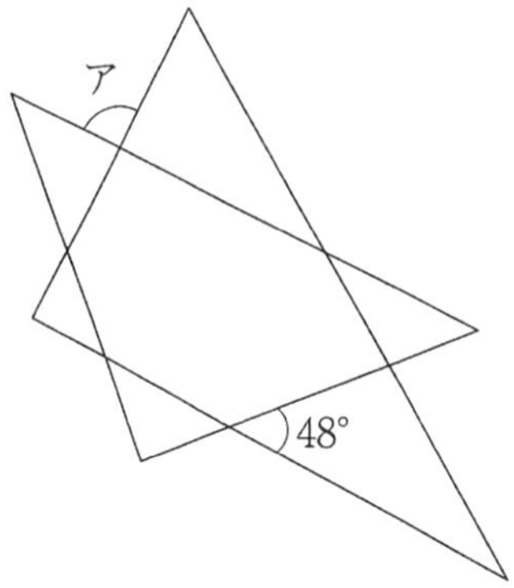

(8) 下の図のように，すべての面が同じ大きさの正三角形で，８つの面からなるさいころがあります。さいころの面の数字は，向かい合う平行な面の数字の和が９になるように配置されています。このとき，さいころの展開図の面アと面イの位置にくる数字をそれぞれ答えなさい。

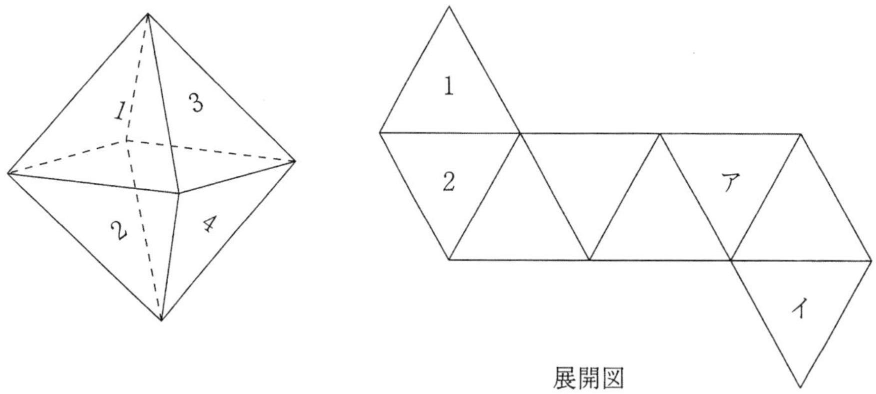

展開図

(9) 下の図のような長方形ABCDがあります。四角形AEFDの面積が7 cm^{2}で，AEの長さがCFの長さより長いとき，AEの長さはCFの長さより何cm長いか答えなさい。

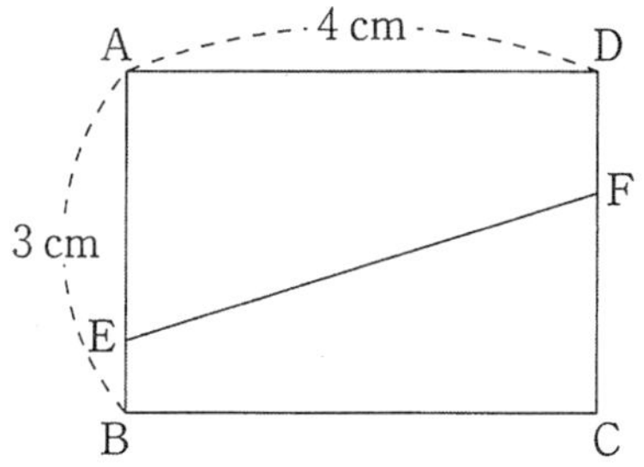

(10) 2019年3月1日に行われた東京マラソンにおいて，大迫《おおさこ》傑《すぐる》選手が42.195 kmを2時間5分29秒で走り，当時の男子の日本新記録を樹立しました。一方，2018年度の全国体力テストの統計によると，小学校女子6年生の50 m走の記録の全国平均は9.12秒でした。仮に50 mを9.12秒で走る速さで42.195 kmを走り続けた場合，その時間を「記録①」とします。大迫傑選手が走った2時間5分29秒を「記録②」とします。記録①と記録②は，どちらの方が何分何秒速いか答えなさい。ただし，秒に関しては，小数第一位を四捨五入して整数で答えなさい。

3．ハム，レタス，キュウリ，トマト，チーズ，玉子の６種類の具材があります。これらの具材を使って，それぞれ２種類ずつの具材が入ったサンドウィッチを合計３つ作ります。ただし，具材は１回ずつしか使えないものとします。

(1) ハムとレタスを使ったサンドウィッチを作ったとき，残りの２つのサンドウィッチの作り方は何通りあるか答えなさい。

(2) ３つのサンドウィッチの作り方は全部で何通りあるか答えなさい。

4．　姉は自転車で家から1200 m 離《はな》れたお店に行き，買い物をした後，行きと同じ速さで家に帰りました。妹は姉と同時に家を出て同じ速さで自転車でお店に向かいましたが，途中《とちゅう》で財布を忘れたことに気づき，２倍の速さで家に戻り財布を探し，３分後にもとの速さでお店に向かいました。下のグラフはそのときの２人のようすを表しています。次の問いに答えなさい。

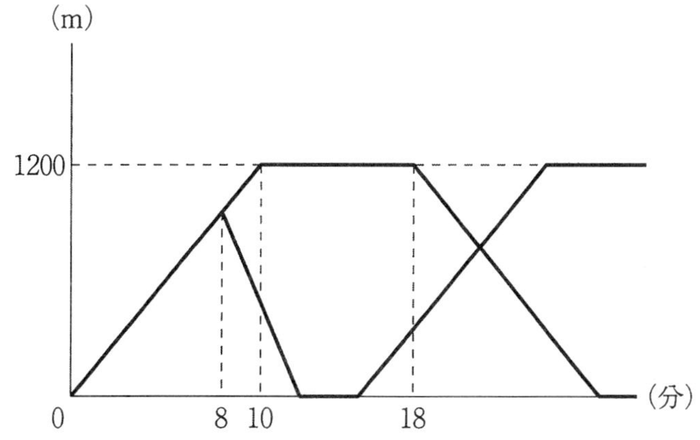

(1)　姉の行きの速さは分速何 m か答えなさい。

(2)　妹が一度家に帰ってから再びお店に向かった後，妹と姉は家から何 m のところで出会ったか答えなさい。

5． 右の図のような，真上から見たら正六角形の建物の角《かど》Aに長さ3mのくさりで犬をつなぎました。ただし，犬は建物の中には入れず，犬の大きさは考えないものとします。

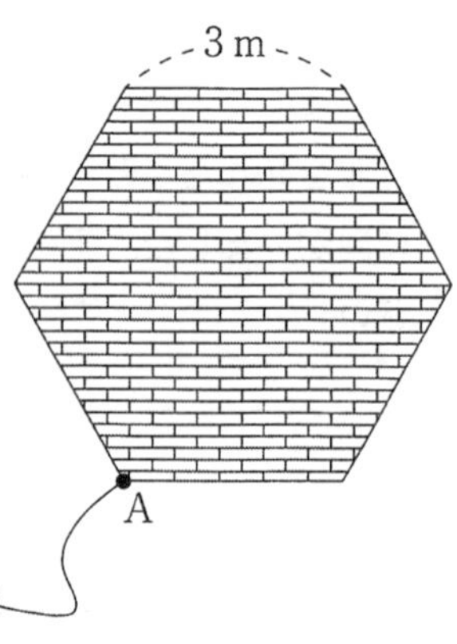

(1) 犬が動ける範《はん》囲《い》の面積を答えなさい。

(2) くさりの長さを3mから6mに変えたとき，犬が動ける範囲の面積はどれだけ大きくなるか答えなさい。

6． ある病気Xにかかっている人が4％いる地域があります。病気Xを診断《しんだん》する検査で病気Xにかかっている人が正しく陽性と判定される割合は80％であり，病気Xにかかっていない人が誤って陽性と判定される割合は10％です。

(1) この地域の人が病気Xの検査を受けたところ，陽性と判定される割合は何％か答えなさい。

(2) (1)で陽性と判定された人の中で，本当に病気Xにかかっている人の割合は何％か答えなさい。

7．下の図の三角すいについて，三角形BCDはBD＝CD＝２cmの直角二等辺三角形で，三角形ABDと三角形ACDはAD＝４cmの直角三角形です。次の問いに答えなさい。

三角すいの体積は次の式で求められます。

三角すいの体積＝底面積×高さ÷３

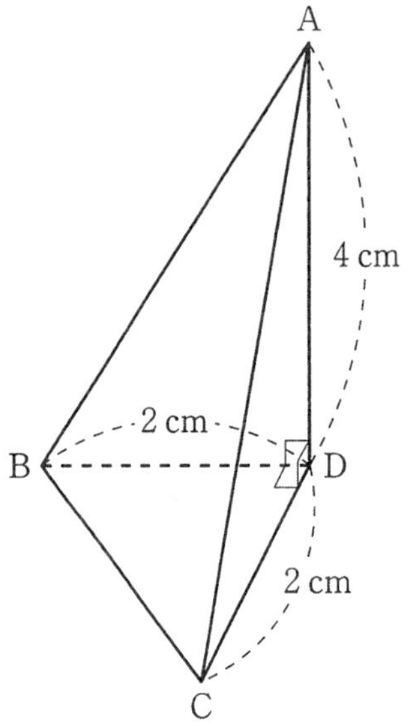

(1) この三角すいの体積を答えなさい。

(2) この三角すいの底面を三角形ABCにしたときの高さを答えなさい。

8． 下の図のように，６つの正方形をつなげたとき，角アは直角になります。その理由を簡潔に説明しなさい。また，角イと角ウの大きさの和が何度になるか答え，その理由を簡潔に説明しなさい。

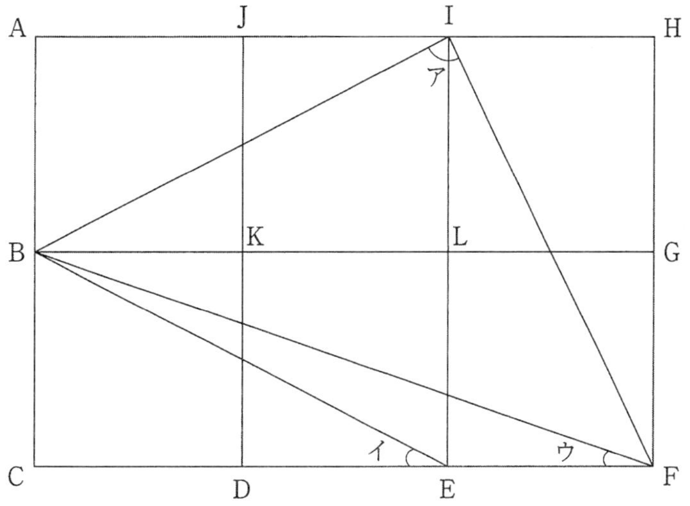

2021(R3) 愛知淑徳中
教英出版

令和３年度

中学校入学試験問題

理　　　科

理科・社会　合わせて60分

注意事項

1．試験開始の合図があるまで、この問題冊子の中を見てはいけません。
試験開始までの間、この注意事項をよく読んで下さい。

2．この問題冊子は 10 ページです。

3．この問題冊子や解答用紙に印刷が悪くて見にくいところや汚《よご》れなどのある場合は、手をあげて監督《かんとく》の先生に知らせて下さい。

4．答えはすべて別紙の解答用紙に書き、記号で答えられるものはすべて記号で答えなさい。

5．解答用紙の受験番号、氏名は、忘れないように最初に記入して下さい。

6．試験終了後は解答用紙のみを提出し、問題冊子はそれぞれ持ち帰って下さい。

1　２種類のばねＡ，ばねＢを用意して，次のⅠ～Ⅲの実験をしました。ばねＡ，Ｂの重さは考えないものとして，以下の問いに答えなさい。

Ⅰ　図１のように，ばねＡ，ばねＢをつるしました。ばねに何もつけていないとき，ばねＡとばねＢの長さはそれぞれ６cm，９cmでした。下の表は，２種類のばねにおもりをつるしたときの，おもりの重さとばねののびの関係を調べたものです。

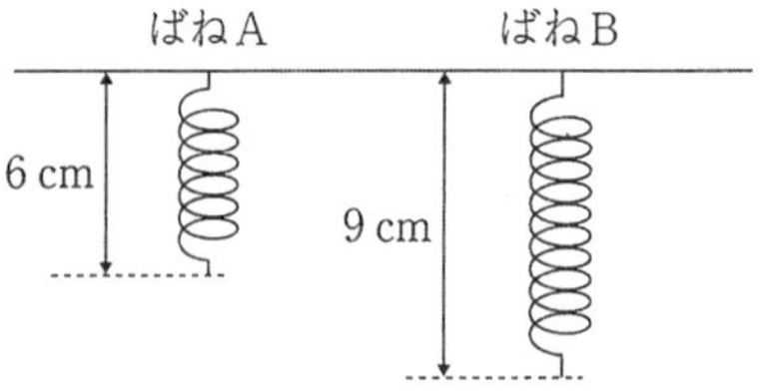

図１

表

おもりの重さ［g］	0	10	20	30	40
ばねＡののび［cm］	0	2	4	6	8
ばねＢののび［cm］	0	1	2	3	4

問１　おもりの重さと**ばねＡの全体の長さ**との関係と，おもりの重さと**ばねＢの全体の長さ**との関係を示すグラフを，解答用紙の図２にそれぞれ書きなさい。グラフを書くときは，通る点に注意し，定規を使わないでていねいに書き，ばねＡのグラフにはＡ，ばねＢのグラフにはＢと記入しなさい。

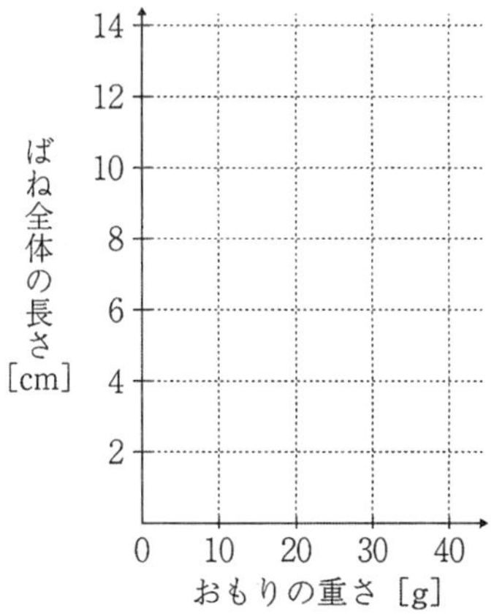

図２

問２　80ｇのばねをつけたときの**ばねＡの全体の長さ**を答えなさい。

Ⅱ　図3，4のように，ばねA，ばねBに50 gのおもりをつるしました。

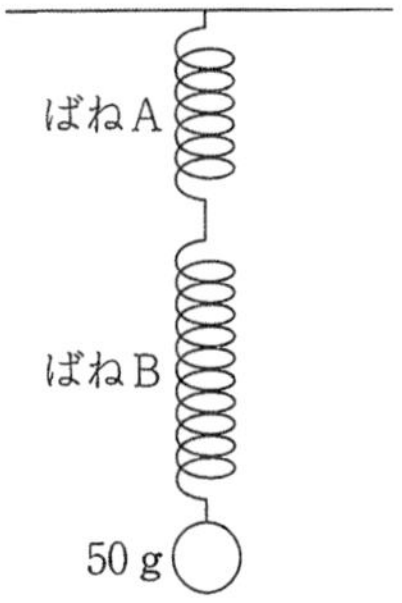

図3

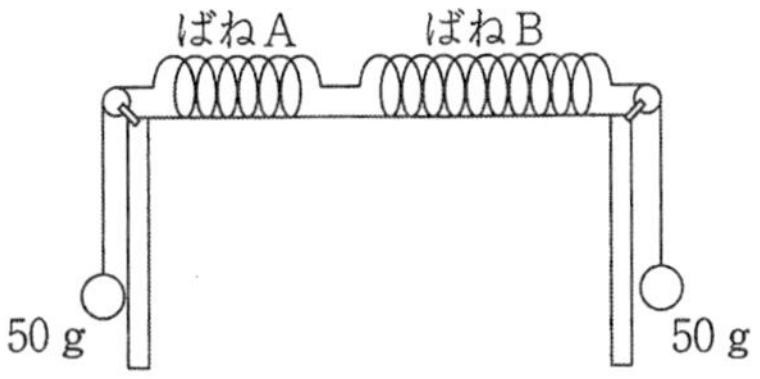

図4

問3　図3のとき，**ばねAとばねBを合わせた全体の長さ**は何 cm ですか。

問4　図4のとき，**ばねAとばねBを合わせた全体の長さ**は何 cm ですか。

Ⅲ　図5のように，ばねA，Bに長さ24 cmの棒をつけ，棒の中央におもりをつるしたところ，棒は水平になりました。ばねAと棒が接している点を㋐とし，棒の重さは考えないものとします。

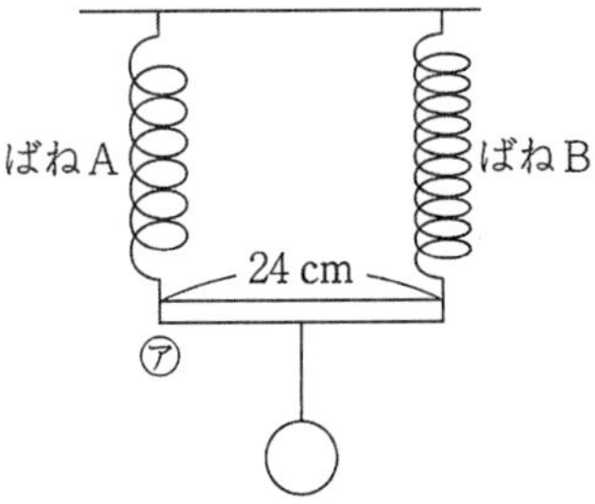

図5

問5　図5のとき，おもりの重さは何 g ですか。

問6　次に，おもりの重さを120 gにかえて，㋐から14 cmの位置におもりをつるしたところ，棒は水平になりました。このとき，**ばねAの全体の長さ**は何 cm ですか。

2 次の文章を読み，以下の問いに答えなさい。

日本には季節があり，寒い冬の時期になると植物やこん虫などの動物はさまざまな姿で冬をこします。たとえば，モンシロチョウはさなぎで，カブトムシやシオカラトンボは（　ア　）で冬をこします。また，オオカマキリは（　イ　）で，ナナホシテントウは（　ウ　）で冬をこします。

季節によってすむ場所を変える生き物もいます。ツバメは春ごろ日本にやってくるわたり鳥で，秋には南に向かって飛び立っていき，冬にはみられなくなります。

問１　植物の冬の姿について述べた文として**誤っているもの**を，次の①～⑤のうちから１つ選び，番号で答えなさい。

①　ツバキは，冬でもたくさんの葉をつけている。

②　ヒマワリは，夏に花を咲かせ，秋にかれ，種子で冬をこす。

③　タンポポは，葉が地面にはりついた形で冬をこす。

④　サクラの冬芽は，うろこのようなかたい皮に包まれている。

⑤　ホウセンカは，地上のくきや葉はかれ，地下のくきや根で冬をこす。

問２　近年ではハウスさいばいなどの工夫により，多くの野菜が１年中食べられるようになりました。しかし，屋外の畑などで育てた場合は，野菜によって収かくに適した時期が異なります。収かくに適した時期が冬である野菜を，次の①～④のうちから１つ選び，番号で答えなさい。

①　ハクサイ　　②　トマト　　③　ピーマン　　④　オクラ

問３　文章中の（　ア　）～（　ウ　）に適する語句の組合せを，次の①～⑥のうちから１つ選び，番号で答えなさい。

	①	②	③	④	⑤	⑥
ア	成虫	成虫	幼虫	幼虫	卵	卵
イ	幼虫	卵	成虫	卵	成虫	幼虫
ウ	卵	幼虫	卵	成虫	幼虫	成虫

問４　文章中の下線部に関して，ツバメが秋になると南に飛び立つのはなぜですか。15字以内で説明しなさい。

3　下図は里山でみられる生物のつながりと気体のじゅんかんを示したもので，A～Cは生物を表し，A⇨BはAがBに食べられることを表しています。また，図のaとbは生物が吸収したり，はい出する気体で，→は気体の流れを示しています。A～Cの生物数を比べると，最も多いのはA，最も少ないのはCであり，A～Cの生物数はほぼ一定に保たれ，つり合いがとれています。

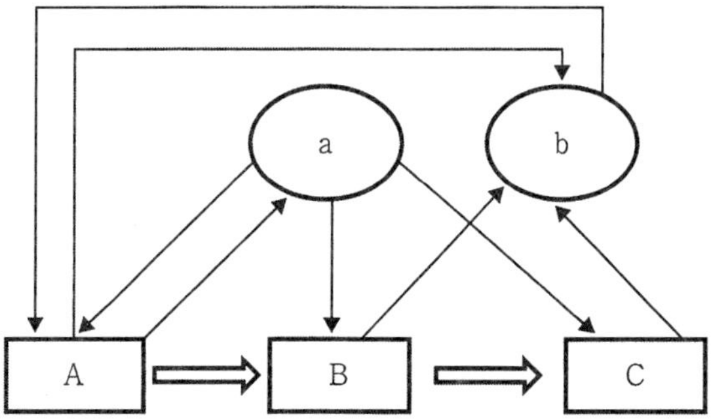

図

問1　上図のA～Cの生物の組合せとして最も適当なものを，次の①～④のうちから1つ選び，番号で答えなさい。

	①	②	③	④
A	バッタ	イネ	ミカヅキモ	ミジンコ
B	カエル	カエル	メダカ	ミカヅキモ
C	モズ	ヘビ	サギ	メダカ

問2　A，B，Cの生物数の変化について説明した次の文の（　あ　）～（　う　）に適する語句の組み合せを，次の①～⑧のうちから1つ選び，番号で答えなさい。

「Bの生物数が急激に増えると，Aの生物数は（　あ　）し，Cの生物数は（　い　）する。やがて，Bの生物数は（　う　）し，元のつり合いが保たれた状態にもどる。」

	①	②	③	④	⑤	⑥	⑦	⑧
あ	増加	増加	増加	増加	減少	減少	減少	減少
い	増加	増加	減少	減少	増加	増加	減少	減少
う	増加	減少	増加	減少	増加	減少	増加	減少

問3　図のbに当てはまる気体の名前を答えなさい。

4 物質の体積について調べるために，＜実験１＞と＜実験２＞を行いました。実験結果について，以下の問いに答えなさい。ただし，ビーカーとメスシリンダーの目盛りは正確な値を示すものとします。

＜実験１＞

❶ 液体のロウをビーカーに入れ，ビーカーの目盛りを読んだ。（図１）

❷ この液体のロウを冷やしたところ，ビーカーの底で完全に固まって固体になった。その後，ビーカーに水を 100 mL の目盛りまで加えた。（図２）

❸ ❷で加えた水の体積をメスシリンダーに入れて調べたところ，60 mL であった。（図３）

図１

図２

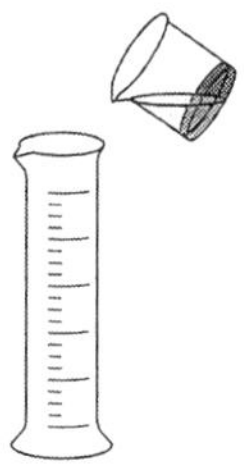
図３

問１　実験１で，はじめに入れた液体のロウの体積は次のどれか。最も適当なものを，次の①～④のうちから１つ選び，番号で答えなさい。

① 40 mL　　② 40 mL より少し少ない　　③ 40 mL より少し多い　　④ 60 mL

＜実験２＞

❶ 500 mL のペットボトルに 100 ℃に近いお湯を 150 mL 入れ，ペットボトル内を十分温める。（図４）

❷ 次にペットボトルのお湯を捨て，その後すぐ，ペットボトルの口に風船を取り付けてしばらく室温で放置する。（図５）

図４

図５

問2　実験2で，しばらく室温で放置したとき，風船はどのようになったか。最も適当なものを，次の①～③のうちから1つ選び，番号で答えなさい。

①

変化なし

②

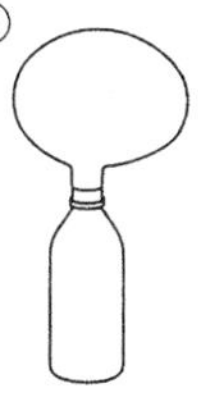

ふくらむ

③

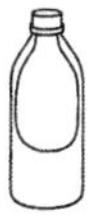

ペットボトルの中に入ってふくらむ

5　次のグラフは，固体の物質ア～エについて，100gの水にとけることができる物質の量［g］と水の温度［℃］との関係を表しています。以下の問いに答えなさい。

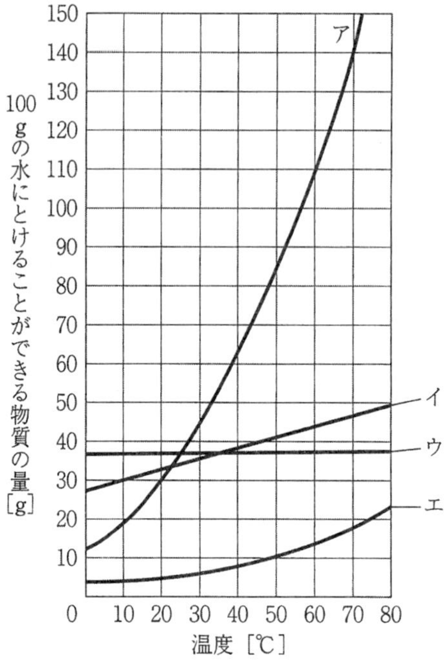

問1　食塩であると考えられるグラフはどれですか。ア～エの記号で答えなさい。

問2　70℃の水50gに，ある物質を20g加えたところ，完全にとけました。この水よう液の温度を10℃まで下げたとき，5gが固体となって出てきました。ある物質はどれですか。ア～エの記号で答えなさい。

問3　60℃で物質アをとけるだけとかした水よう液が210gあります。温度を20℃まで下げたとき，固体となって出てくる物質アは何gですか。

問4　80℃で，のう度が40％になるように物質アを水にとかした水よう液が125gあります。この水よう液の温度を何℃まで下げると固体が出はじめますか。最も適当な温度を，次の①～⑤のうちから1つ選び，番号で答えなさい。

①　42℃　　②　33℃　　③　27℃　　④　20℃　　⑤　15℃

6　次の文章を読み，以下の問いに答えなさい。

地球は「大気」におおわれ，私たちはその空間で生活しています。そして大気があるおかげで地球の気温は，地域差はありますが，全世界で平均すると，およそ14℃に保たれています。もし，地球に大気がなければ，地球の平均気温は－18℃になるとも言われています。では，地球の気温が保たれる仕組みを見ていきましょう。

地球が受け取る熱の大部分は，太陽からの放射によります。そして温められた地表からも，大気に向かって熱が伝わります。この熱を大気にふくまれる「ある成分」が吸収し，温められた大気から，地表と宇宙の両方へ，熱を伝えていきます。その結果，再び地表が温められ，このサイクルをくり返します。これが，地球の平均気温がおよそ14℃に保たれる仕組みであり，「大気の（　ア　）効果」と呼ばれています。以下の図は，地球の気温が一定に保たれる仕組みを簡単な模式図で示したものです。

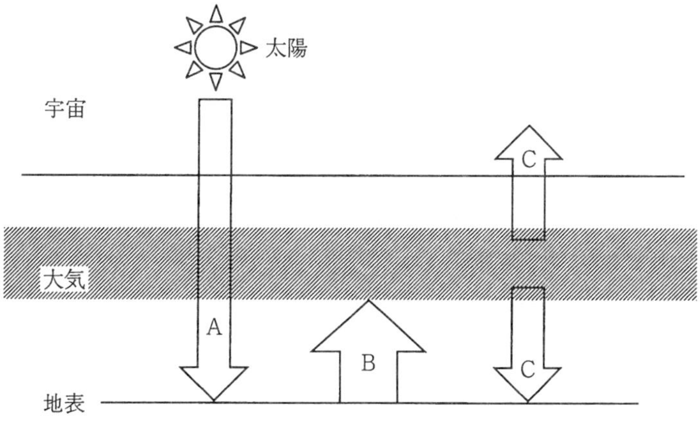

※図中の矢印について

A：宇宙から地表へ伝わる熱の量

B：地表から大気へ伝わる熱の量

C：大気から地表と宇宙へ**それぞれ**伝わる熱の量（大気から宇宙へCの量が伝わり，大気から地表へCの量が伝わる）

図

問1　文章中の（　ア　）に適する語句を漢字で答えなさい。

問2　文章中の下線部について，「ある成分」として**誤っているもの**を，次の①～④のうちから1つ選び，番号で答えなさい。

①　二酸化炭素　　②　ちっ素　　③　水蒸気　　④　メタン

問3　図に関して，BはAの何倍になるか答えなさい。ただし，地表，大気，宇宙，それぞれの領域から出ていく熱の量と受け取る熱の量はつり合っているものとします。

7　次の文章を読み，以下の問いに答えなさい。

ある船乗りの青年は，日本近海の島へ行くために出航しました。しかし，目的地までのと中で予期せぬ大あらしにあい，積んであった船の装備品のほとんどを失ってしまいました。その後天候は回復し，手元に残ったものは，身に付けていた時計と目的地までの海図だけでした。海図から，現在のおおよその位置と島までのきょりは分かったものの，重要な「方位」がわかりませんでした。そこで青年は先日受けた講習の内容をふと思い出しました。

・・・「太陽は正午に真南の一番高いところに位置し，この時を南中といいます。今，北半球で，日中のある時刻だとします。そこで，水平に置いた時計の［①　a．長　b．短］針を太陽に向けると，時計の文字ばんの12時とのちょうど中間の方向が，おおよそ［②　a．南　b．北］を示します。また，午前は文字ばんの左側，午後は文字ばんの右側が②になります。これをくり返すことで，目的の方位を保ちながら船を進めることができるのです。ただし，日本では東経135°の子午線上の南中時刻が12時なので，この子午線上以外の地域では「ずれ」があります。あくまで目安であると考えてください」・・・

午前6時，太陽がのぼってきたとき，青年はこの方法を用いて時計の文字ばんの3時の方向へ，かじをきりました。この方位を保ちながら船を進め，約5時間後，ついに目的の島へたどり着いたのでした。

以下の図は，青年の手元に残った時計と，海図の模式図です。

青年の時計

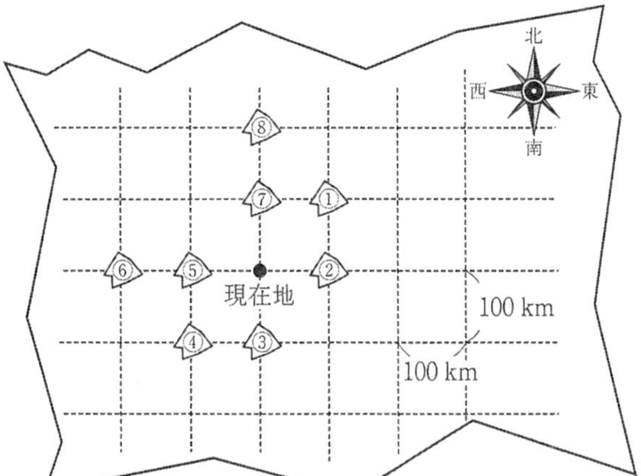

海図

※図中の破線は「経線」と「い線」を示し，間かくは100 km を示します。

※①～⑧の島はわかりやすく大きく示していますが，それぞれ経線とい線の交点に位置しているものとします。

問１　文章中の①，②に適する語句をそれぞれａ，ｂより選びなさい。

問２　あとで調べたところ，青年が島にとう着した日はちょうど春分の日でした。この日の，かげの時間変化として最も適当なものを，次の①～⑥のうちから１つ選び，番号で答えなさい。ただし，観測地は日本で，かげを作るものは地面に垂直に立てられた，長さの変化しない棒であるとし，午前８時から午後４時の間にできたかげのあとを黒くぬりつぶして示しています。

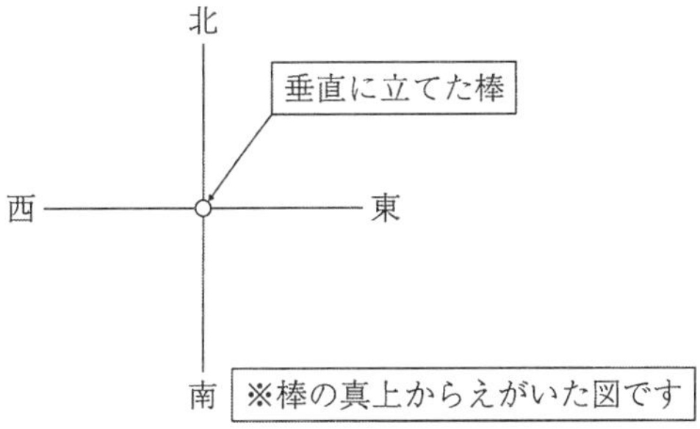

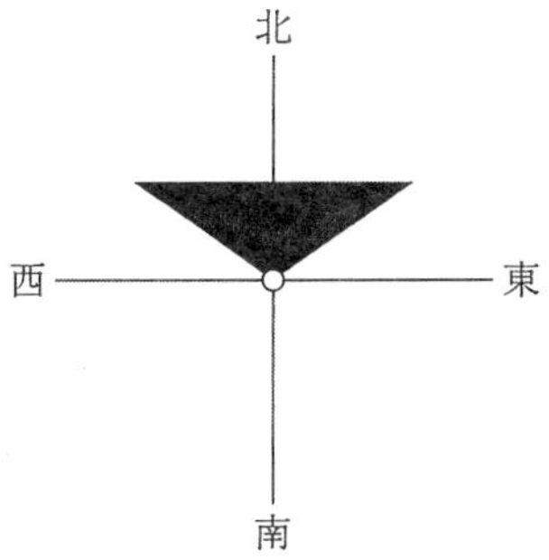

①

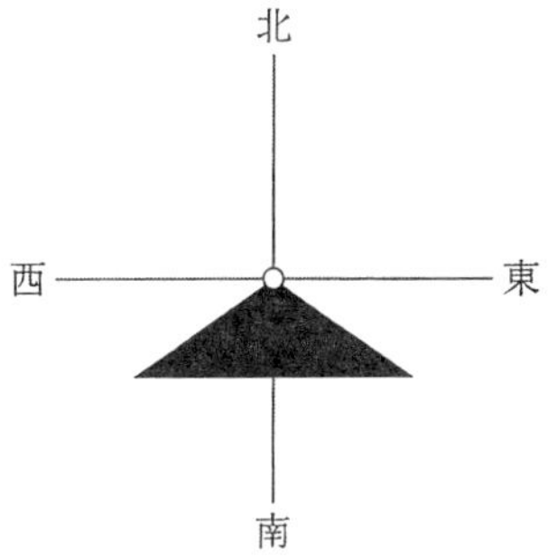

②

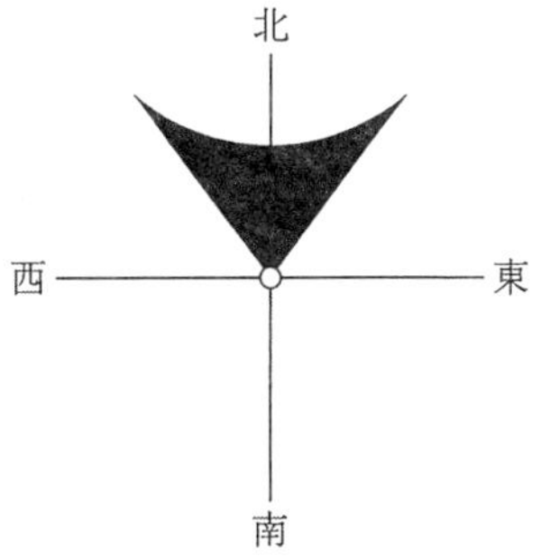

③

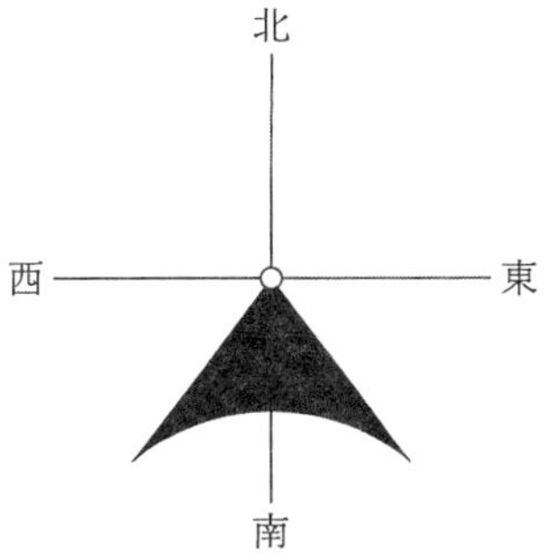

④

⑤

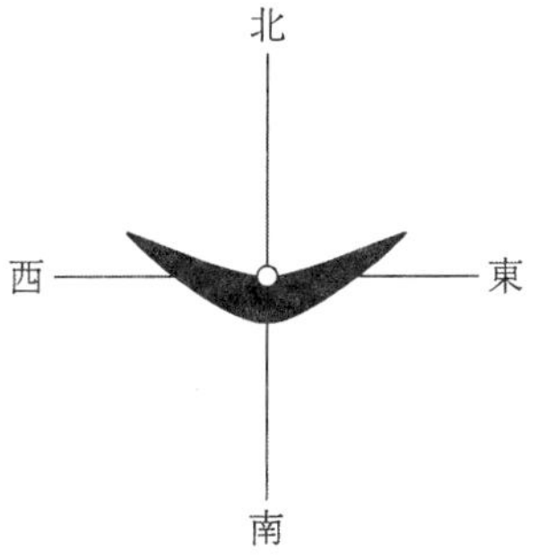

⑥

問３　青年がとう達した島として最も適当なものを，海図中の①～⑧のうちから１つ選び，番号で答えなさい。ただし現在地から島までの船の速さは平均20 km/時であり，青年の時計は，現在地と島の南中時にちょうど12時を示すものとします。

2021(R3) 愛知淑徳中
K 教英出版

令和３年度

中学校入学試験問題

社　　　会

理科・社会　合わせて60分

注意事項

1．試験開始の合図があるまで、この問題冊子の中を見てはいけません。
　試験開始までの間、この注意事項をよく読んで下さい。

2．この問題冊子は14ページです。

3．この問題冊子や解答用紙に印刷が悪くて見にくいところや汚《よご》れなどがある場合は、手をあげて監督《かんとく》の先生に知らせて下さい。

4．答えはすべて別紙の解答用紙に書き、記号で答えられるものはすべて記号で答えなさい。漢字の指定のあるものはかならず漢字で書きなさい。

5．解答用紙の受験番号、氏名は最初に記入して下さい。

6．試験終了後は解答用紙のみを提出し、問題冊子はそれぞれ持ち帰って下さい。

Ⅰ．次の文章を読み、問いに答えなさい。

皆さんは、地理を学ぶことが好きですか。学校の勉強としてだけでなく、地図を見たり、図鑑《ずかん》を見たりして、日本や世界の地理的な知識をこれまでたくさん学んできたことと思います。

さて、日本の学校では、地理はどのように学ばれてきたのでしょうか。かつての教科書や地図帳を見てみましょう。①大正７年（1918年）の地理の教科書を見てみると、「結論」というところには「かかる絶好の郷土に生まれし吾等《われら》は、実に多幸多福を謝せざるべからず」と書いてあり、日本がいかに特別に素晴らしい国なのか述べてあります。

次は昭和９年（1934年）の地図帳を見てみましょう。「地理学習上必要なるものは細大もらさず網羅《もうら》し」という編集方針で、たくさんの地図が掲載《けいさい》され、美しい②鳥瞰図《ちょうかんず》※1ものっています。主な山、川、③湖なども分かりやすくイラストで描かれています。また、④ドットマップ※2によって農産物の分布が表現されています。

続いて、昭和25年（1950年）の地図帳を見てみます。この地図帳には右のような図がのっていて、当時の日本人の食生活がうかがえます。⑤「日本のおもな鉱山」という地図を見ると、今より多くの鉱山が稼働《かどう》していたことが分かります。

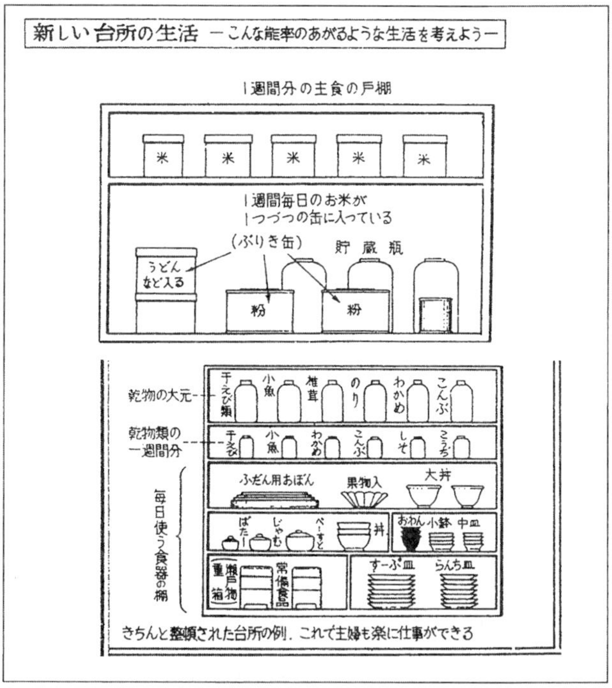

昭和25年（1950）の教科書より

次は⑥昭和48年（1973年）の地図帳を見てみます。現在の地図帳と似てきますが、よく見ると違うところもあります。⑦自然地理※3の記述も増えています。

そして、現在の教科書では情報、⑧環境、災害について学ぶことがより多くなっています。

みなさんは、４月から中学生になりますね。これからも時代の変化に合わせて、地理で学んでいくことは変わっていくでしょう。日本や世界の様子に興味を持って、地理的に考える視点を身につけていってほしいと思います。

※１　鳥瞰図‥空を飛ぶ鳥の視点から地上を見下ろしたように描いた図。

※２　ドットマップ‥点の数で分布を表現した地図。

※３　自然地理‥地形、気候など自然現象を取りあつかう地理。

問１．下線部①に関連して、次の文章はその一部です。【1】～【6】に入る語句の組み合わせとして正しいものをア～エから一つ選びなさい。

> 豊富な陸産と饒多《じょうた》なる水産とは、商業・工業の勃興《ぼっこう》とあいまって、国力培養《ばいよう》の実を挙《あ》ぐるに足るべし。すなわち【　1　】を降ろし、【　2　】を破《やぶ》り、【　3　】をくじきたる日東帝国は、またもって平和の戦争に勝どきを挙ぐべきや必せり。
>
> 《現代語訳》
>
> 豊富な農産物と水産物は、商業・工業の発展とともに、国力を育てるのに十分です。そのため、【　4　】を負かせ、【　5　】を破り、【　6　】を弱らせた大日本帝国は、平和のための戦争に必ず勝つでしょう。

ア．【1】仏　【2】露　【3】独　【4】フランス　【5】ロシア　【6】ドイツ

イ．【1】清　【2】露　【3】独　【4】清　【5】ロシア　【6】ドイツ

ウ．【1】清　【2】仏　【3】露　【4】清　【5】フランス　【6】ロシア

エ．【1】仏　【2】独　【3】露　【4】フランス　【5】ドイツ　【6】ロシア

問２．下線部①に関連して、次の図はこの教科書にのっている「帝国（大日本帝国）各部の面積割合」を表したグラフです。［A］に入る地名を漢字で答えなさい。

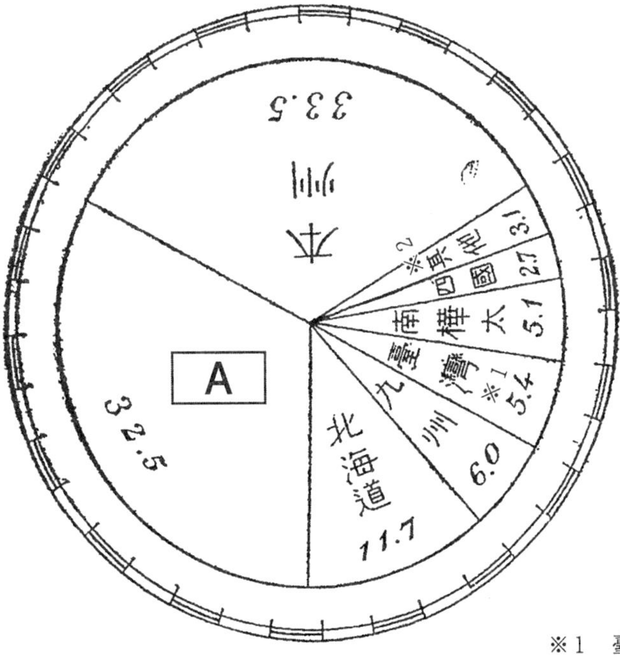

※１　臺灣‥台湾のこと。

※２　其他‥その他。

大正７年（1918）の教科書より

問３．下線部①に関連して、次の図はその一部です。(1)と(2)はそれぞれ何の生産額を示した図ですか。正しい組み合わせをア～エから一つ選びなさい。

(1)

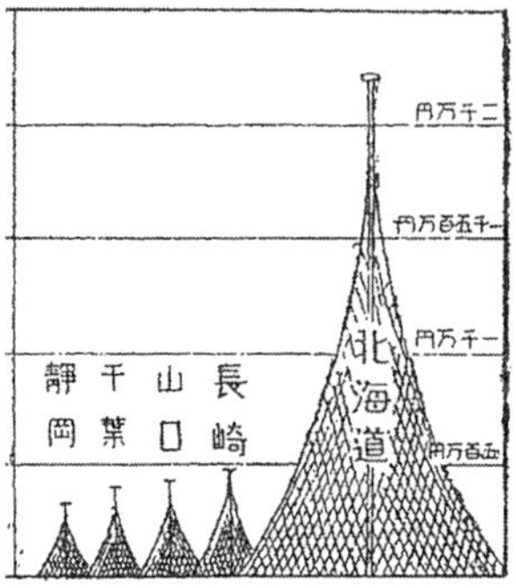

(2)

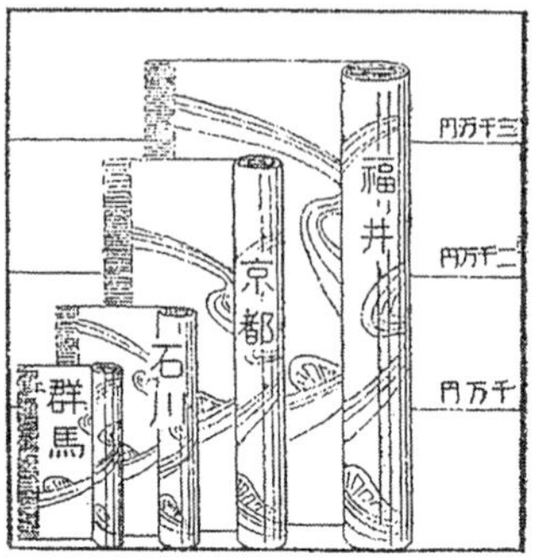

大正７年（1918）の教科書より

ア．(1)石油生産額　　(2)陶磁器生産額　　イ．(1)銀生産額　　(2)綿織物生産額

ウ．(1)漁獲《ぎょかく》高　　(2)絹織物生産額　　エ．(1)和紙生産額　　(2)綿糸生産額

問４．下線部①に関連して、次の文章はその一部で、人口についての記述です。現在、100年余り経過して、日本の人口の状況は大きく変化しました。もしあなたが、現在の教科書で、日本の人口とその動向について述べるとしたら、どのような記述になりますか。現代語訳を参考にして、述べなさい。

> その数、約7600万を算し、＜中略＞　人口すでに稠密《ちゅうみつ》なり。加うるに年々数十万人を増加して、遠からず１億に達すべし。移民・植民の急務なる所以《ゆえん》、実にここにあり。かくて今は、朝鮮・満州・南米に赴《おもむ》く者ようやく多く、すでにハワイなどに至《いた》れる者また多し。
>
> 《現代語訳》
>
> その数は、約7600万人となり、＜中略＞　人口はすでに過密です。さらに年々数十万人増加していて、もうすぐ１億人に達するでしょう。移民・植民を急いで行うべきなのはそのためです。このようにして今は、朝鮮・満州・南米に行く者がだんだん多くなっていて、ハワイに行く者も多いです。

問5．下線部②に関連して、次の鳥瞰図(1)〜(3)が示している地域と地図中のＡ〜Ｃの組み合わせとして正しいものを下のア〜カから一つ選びなさい。

(1)

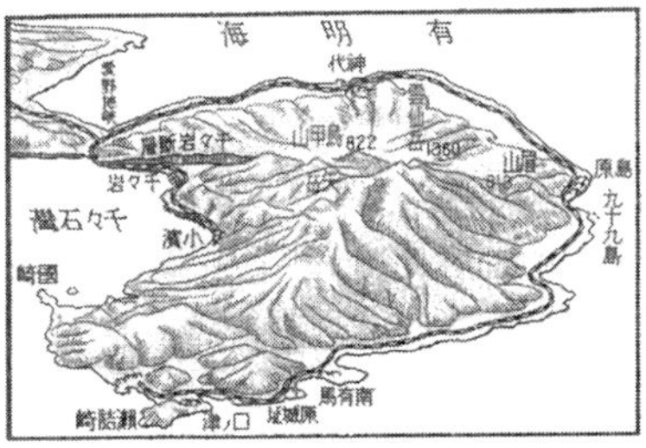

(2)

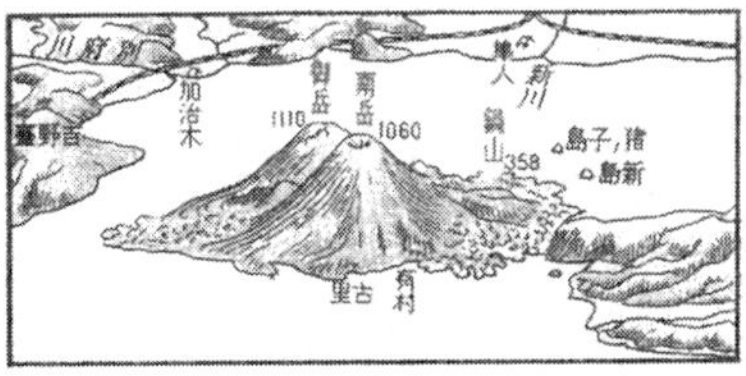

(3)

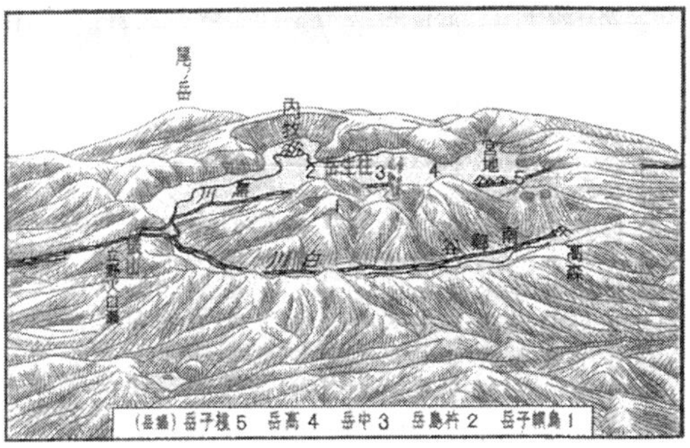

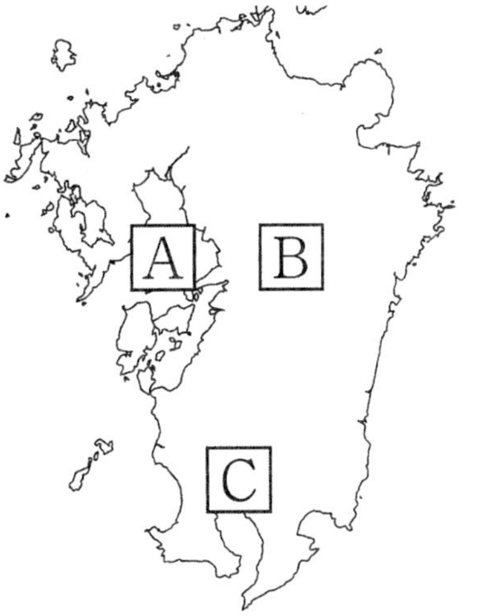

昭和9年（1934）の地図帳より

ア．(1)－Ａ　(2)－Ｂ　(3)－Ｃ　　イ．(1)－Ａ　(2)－Ｃ　(3)－Ｂ　　ウ．(1)－Ｂ　(2)－Ａ　(3)－Ｃ

エ．(1)－Ｂ　(2)－Ｃ　(3)－Ａ　　オ．(1)－Ｃ　(2)－Ａ　(3)－Ｂ　　カ．(1)－Ｃ　(2)－Ｂ　(3)－Ａ

問6．下線部③に関連して、次のイラストは、日本の主な湖沼を表したものです。横書きが右から左になっているのは当時の表記のしかたです。日本第2位の面積の湖 **A** は、のちに干拓事業が行われて、現在は主に水田となっています。この湖の名称を左から右の現在の表記で漢字で答えなさい。

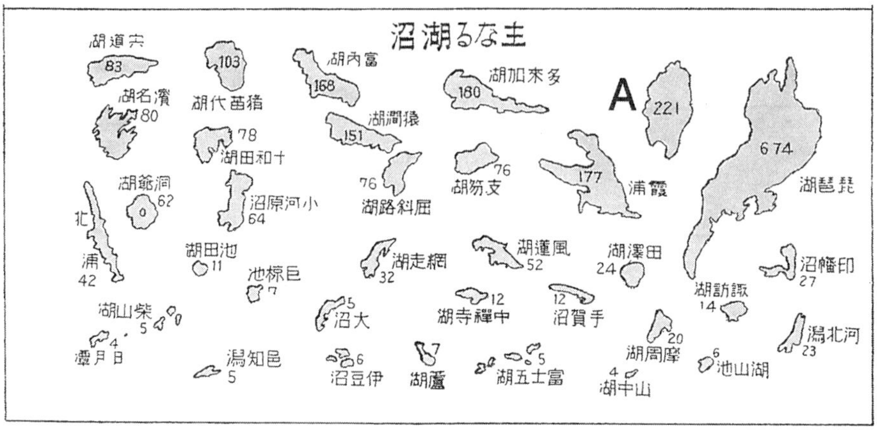

※数字は km^2 を示す。
昭和9年（1934）の地図帳より

問7．下線部④に関連して、次の地図は何の分布を示したものですか。正しいものをア～エから一つ選びなさい。

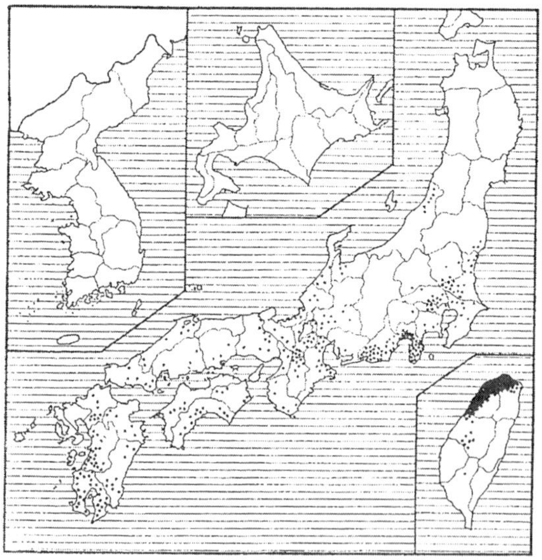

昭和9年（1934）の地図帳より

ア．じゃがいも　　イ．みかん
ウ．小麦　　　　　エ．茶

問８．下線部⑤の地図は次のような地図です。この地図で「Ｉ」の記号で表されている鉱山は、佐渡島や伊豆半島に分布しています。この鉱山で産出されていた鉱産資源として正しいものをア～エから一つ選びなさい。

ア．金　　イ．銅

ウ．鉛　　エ．鉄

昭和25年（1950）の地図帳より

問９．下線部⑥に関連して、昭和48年（1973年）の地図では存在しているが、現在は存在していない国を、ア～エから一つ選びなさい。

ア．南スーダン　　イ．ユーゴスラビア　　ウ．ベトナム　　エ．パキスタン

問10．下線部⑥に関連して、次のグラフは1968年の世界民間航空の国際線貨物輸送量上位の国を表したものです。このグラフには入っていないが、現在の統計（2018年）の第５位以内に入っている国を一つあげなさい。

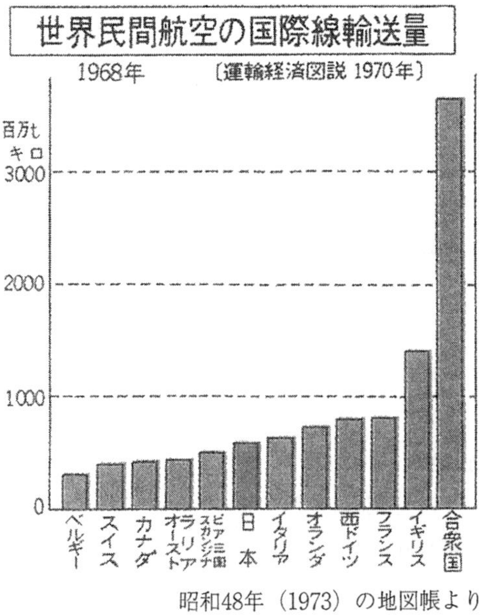

昭和48年（1973）の地図帳より

問11. 下線部⑦に関連して、次のア～エは、下の地図中の境港、岡山、高知、松本のいずれかの都市の雨温図です。境港の雨温図をア～エから一つ選びなさい。

ア

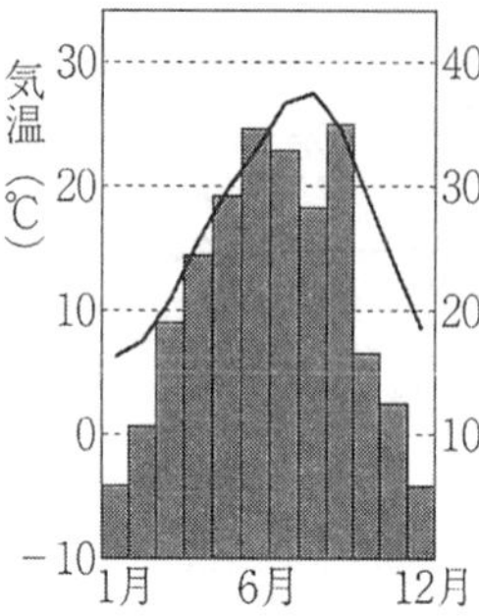

イ

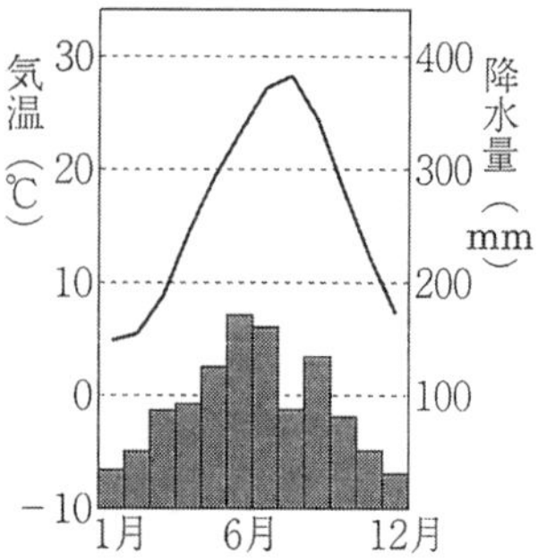

ウ

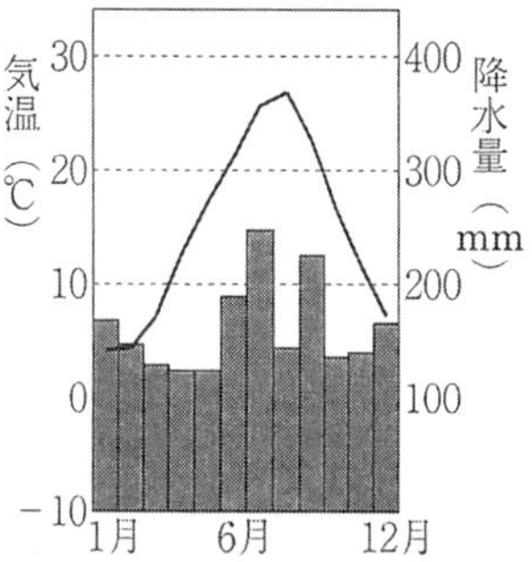

エ

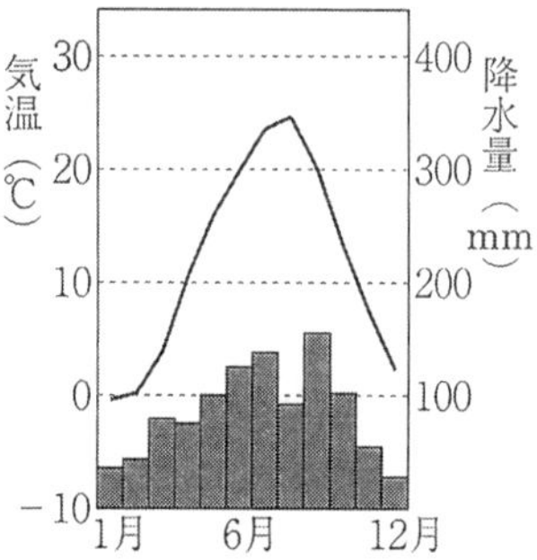

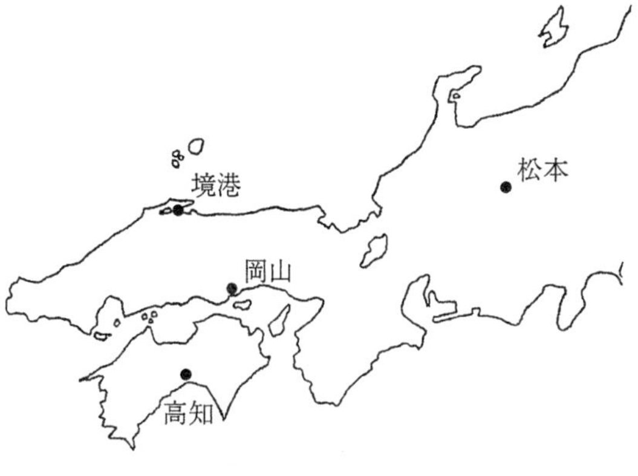

問12. 下線部⑧に関連して、現在日本では、森林の働きが見直されています。それに関する記述として、誤っているものを、ア～エから一つ選びなさい。

ア. 水をたくわえ、洪水を防ぐ。

イ. 川の水の養分が増え、漁業を助ける。

ウ. 根が張ることで、土砂崩《くず》れを防ぐ。

エ. 木材を供給し、日本の主要輸出品となっている。

令和三年度　中学校入学試験問題解答用紙（国語）

一

問一

問二　②　⑤

問三

問四

問五

問六　ため

問七　20　40

問八

問九

問十　(1)

問十　(2)　10　15

問十一

二

問一

問二

問三　a　b　c

問四

問五

問六

問七

問八　〜

問九

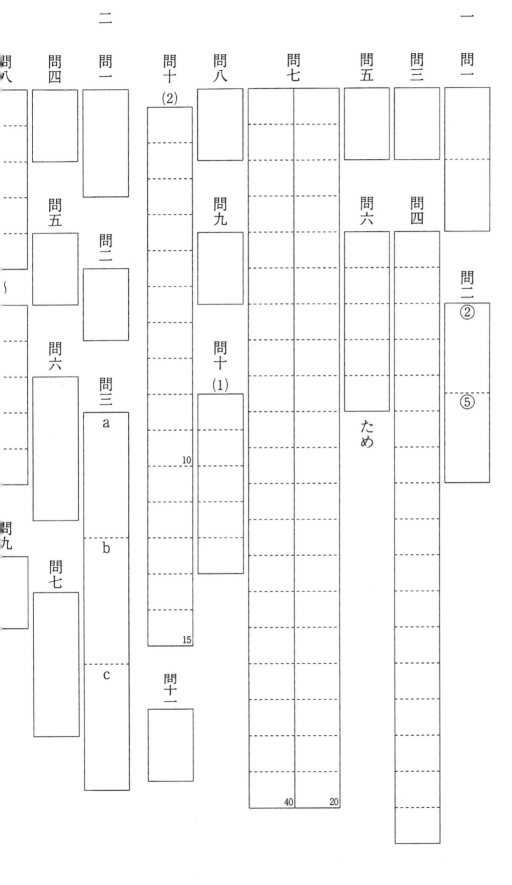

7.

(1) cm³	(2) cm

※	※

8.

角アが直角になる理由

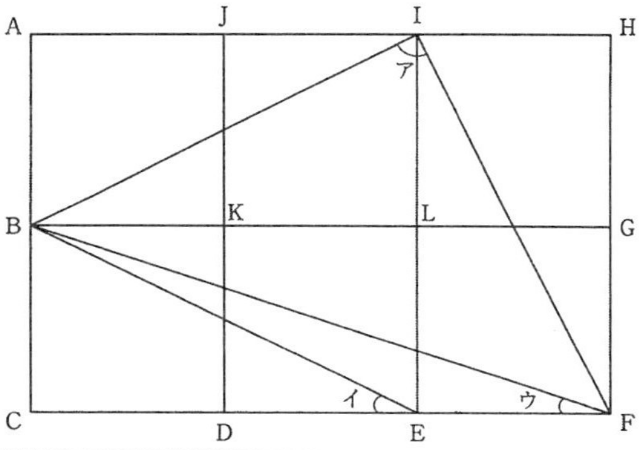

角イと角ウの和 ＿＿＿＿度

その理由

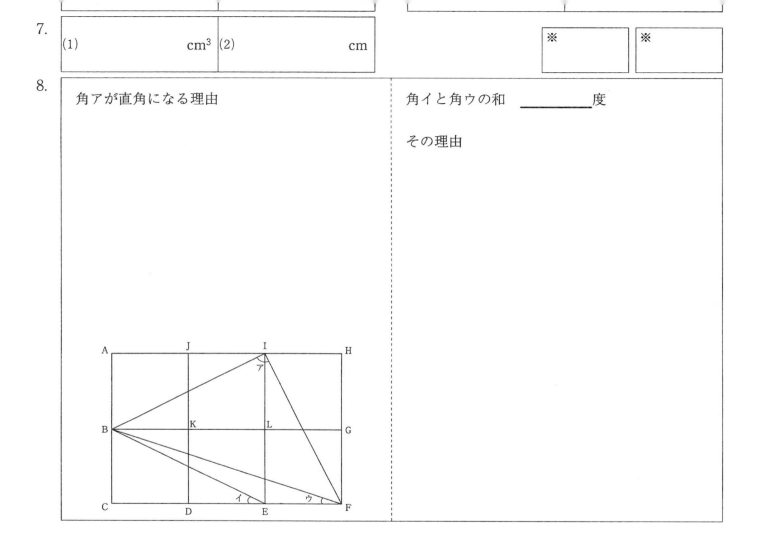

2 問 1 問 2 問 3

問 4

3 問 1 問 2 問 3

4 問 1 問 2

5 問 1 問 2 問 3 g 問 4

6 問 1 問 2 問 3 倍

7 問 1 ① ② 問 2 問 3

II.

問1.	問2.	問3. → →	問4.	問5.

問6.

問7.	問8.	問9.	問10.	問11.	問12.

問13.

問14.

III.

問1.	問2.	問3.		問4.	問5.	問6.

問7.	問8.

令和３年度　　中学校入学試験問題解答用紙（社会）

受験番号 ＿＿＿＿ 番　氏名 ＿＿＿＿

※50点満点
（配点非公表）

Ⅰ.

問１.	問２.	問３.

問４.

問５.	問６.	問７.	問８.	問９.

【解答

令和３年度　　　　中学校入学試験問題解答用紙（理科）

受験番号　　　　　番　氏名

※50点満点
(配点非公表)

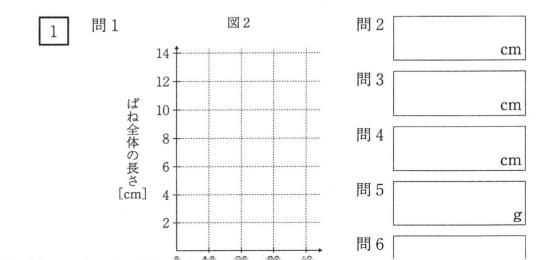

1

問１

図２

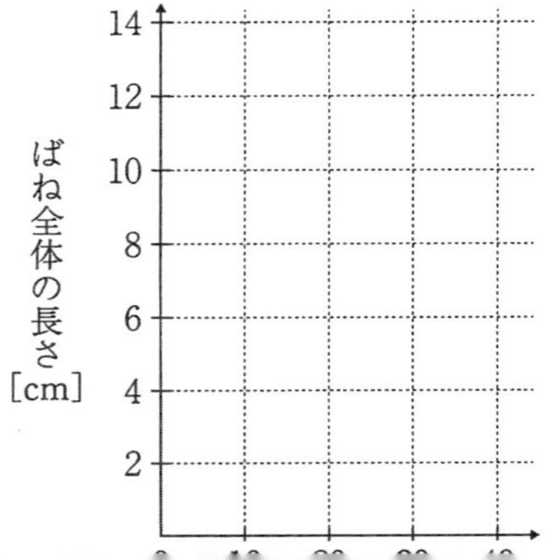

問２　cm

問３　cm

問４　cm

問５　g

問６

【解答

令和３年度　　　中学校入学試験問題解答用紙（算数）

受験番号　　　　　番　氏名

※100点満点
（配点非公表）

※には何も記入しないこと

1.

(1)	(2)	※

2.

(1) Ⓐ　　,　Ⓘ	(2)	(3)　円	(4) A　本, B　本
(5)　人	(6)　g	(7)　度	(8) ア　イ
(9)　cm	(10) 記録　の方が,　分　秒だけ速い		※

3.

(1)　通り	(2)　通り

4.

(1) 分速　m	(2)　m

【解答

問十二　母は
、と思いこんで、
から。

三

問一
①
②
③
④

問二

受験番号
番

氏名

※100点満点
（配点非公表）

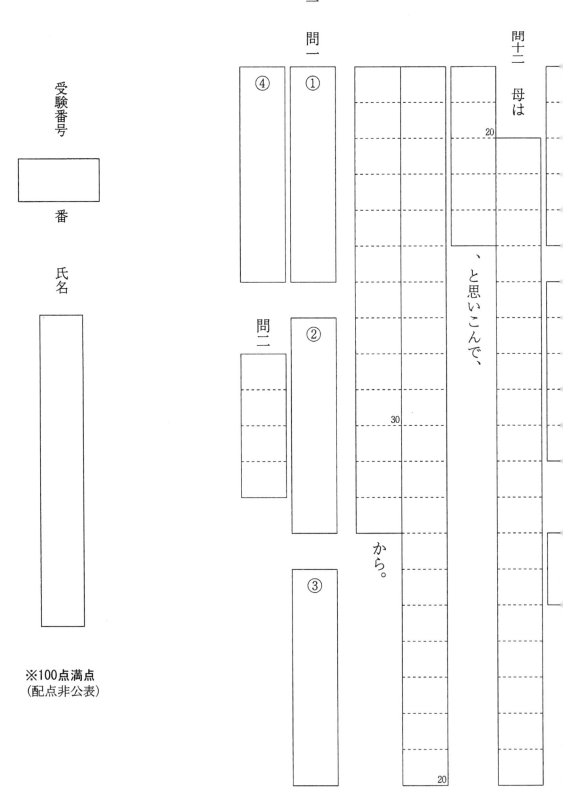

Ⅱ．次の文章を読み、問いに答えなさい。

昨年、新型コロナウイルスによる感染が世界中で拡大しました。日本ではその影響で2020年に行われる予定であった①東京オリンピックが開催できず、また夏の甲子園《こうしえん》（全国高等学校野球選手権大会）が中止となりました。夏の甲子園の中止は1918年の②米騒動と③太平洋戦争中の1941年から1945年に次いで３度目のことです。

私たち人間は長い歴史の中で、感染症の脅威《きょうい》とたたかい続けてきました。日本の歴史の中にも数多くの感染症被害の記録があります。④奈良時代の歴史書には疫病《えきびょう》※1が発生したと書かれています。原因は様々ですが、⑤遣唐使によって疫病が日本に持ち込《こ》まれたことが理由の一つと考えられます。⑥平安時代には⑦中国で発生した麻疹《ましん》※2が広く蔓延《まんえん》したため、多くの人々は⑧祈りやまじないによって解決しようと考えました。やがて、⑨武士政権が誕生し、⑩戦乱が起こりました。⑪江戸時代に入ると、多くの医者が様々な病気の治療に取り組むことができるようになりました。その理由は、伝統的な漢方医学に加えて、西洋の学問である⑫蘭学が日本で学ばれたからです。

さらに近代化により欧米の医学が本格的に導入され、今の医療《いりょう》制度が整いました。そして、現在、新型コロナウイルスの終息を目指し、多くの医療関係者が一丸となって頑張っています。医療に対する期待が高まる中、疫病を退散させる妖怪《ようかい》「アマビエ」にも注目が集まっています。この妖怪は⑬九州地方で誕生したと言われており、「疫病流行の際に私の姿を描いて人々に見せよ」と告げたという伝説が残されています。このような伝説の背景には、日本独自の信仰心が関係しています。日本では長い時間をかけて神道※3や⑭仏教が混ざり合い独自の文化が成立しました。

※１　疫病…集団発生する伝染病。

※２　麻疹…一般に「はしか」という名前で知られている感染症の一つ。

※３　神道…日本の古代から現代まで続く民族宗教。

問１．下線部①に関連して、1964年の東京オリンピックよりも前に起きたできごととして正しいものを、ア～エから一つ選びなさい。

ア．大阪で万国博覧会が開かれた。　　イ．沖縄が日本に返還された。

ウ．自衛隊が創設された。　　エ．バブル経済が崩壊した。

問２．下線部②に関連して、米騒動が起きるきっかけとなったできごととして正しいものを、ア～エから一つ選びなさい。

ア．ロシア革命の影響をおそれた日本がシベリアに出兵した。

イ．部落差別からの解放をめざして全国水平社が結成された。

ウ．関東大震災により、関東地方を中心に大規模な被害がもたらされた。

エ．世界恐慌の影響により数多くの人が職を失った。

問３．下線部③に関連して、1945年に起きた日本に関するできごとア～ウを古いものから順に並び替《か》えなさい。

ア．アメリカが広島に原子爆弾を投下した。

イ．連合国がポツダム宣言を発表した。

ウ．ソ連が日本に宣戦布告を行った。

問４．下線部④に関連して、奈良時代のできごとについて述べた文として正しいものを、ア～エから一つ選びなさい。

ア．唐の都にならって奈良に平安京がつくられた。

イ．聖徳太子によって法隆寺が建てられた。

ウ．聖武天皇が国ごとに国分寺と国分尼寺を建てるように命令した。

エ．寝殿造である正倉院に様々な工芸品が納められた。

問５．下線部⑤に関連して、894年に遣唐使の停止を提案し、のちに「学問の神様」として知られるようになった人物を漢字で答えなさい。

問６．下線部⑥に関連して、下の系図は皇室と藤原氏の関係を表したものです。藤原氏がどのようにして勢力をのばしたか、この系図を参考にして説明しなさい。

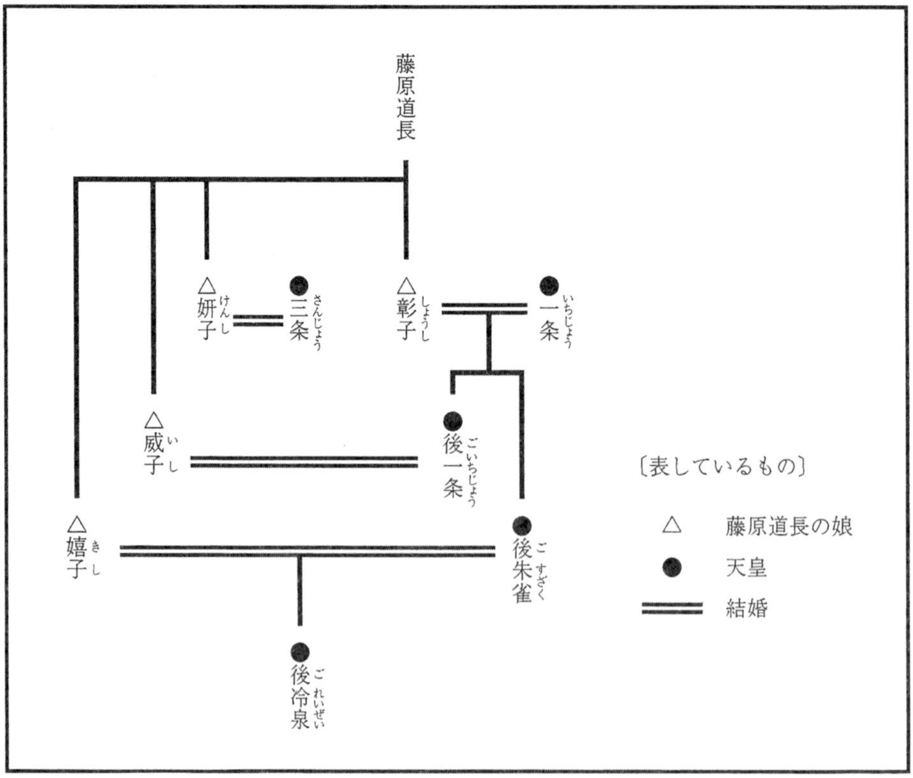

問７．下線部⑦に関連して、中国と日本に関連するできごとについて述べた文として誤っているものを、ア～エから一つ選びなさい。

ア．卑弥呼は中国の皇帝に使いを送った。

イ．足利義満は明との勘合貿易を行った。

ウ．日本は日清戦争で清に勝利したが、賠償金は得られなかった。

エ．満州事変を起こした日本は国際的に非難をあびて国際連盟を脱退した。

問８．下線部⑧に関連して、右下の写真は食物の豊かさを祈るまじないのために作られたと考えられる道具です。この道具が使われ始めた時代について述べた文として正しいものを、ア～エから一つ選びなさい。

ア．マンモスやナウマンゾウなどの狩りをして暮らしていた。

イ．集落のまわりに、食べ物のごみや貝がらを捨てる貝塚ができた。

ウ．王の墓のまわりに埴輪《はにわ》が並べられた。

エ．村の祭りで青銅製の銅鐸が鳴らされた。

問９．下線部⑨に関連して、明治時代に入ると、政府は統一的な軍隊をつくるために徴兵令を出しました。この徴兵令に関して述べた文として正しいものを、ア～エから一つ選びなさい。

ア　各地で徴兵反対の一揆がおきた。

イ　満15歳以上が徴兵された。

ウ　士族だけが徴兵された。

エ　男女ともに徴兵の義務があった。

問10. 下線部⑩に関連して、日本で起きた戦乱について述べたＡ～Ｃの文と地図中の①～③の場所の組み合わせとして正しいものを、ア～カから一つ選びなさい。

Ａ：源義経が平氏を追いつめてほろぼした場所。

Ｂ：足利義政の後継《つ》ぎをめぐり守護大名の争いが始まった場所。

Ｃ：織田信長が鉄砲隊を使って武田勝頼に勝利した場所。

ア. Ａ－①　Ｂ－②　Ｃ－③　　イ. Ａ－①　Ｂ－③　Ｃ－②　　ウ. Ａ－②　Ｂ－①　Ｃ－③

エ. Ａ－②　Ｂ－③　Ｃ－①　　オ. Ａ－③　Ｂ－①　Ｃ－②　　カ. Ａ－③　Ｂ－②　Ｃ－①

問11. 下線部⑪のできごとについて述べた文として正しいものを、ア～エから一つ選びなさい。

ア. 関ヶ原の戦い以後に徳川氏に従った大名は江戸周辺に配置された。

イ. 大名は参勤交代によって江戸と領地の間を妻とともに往復した。

ウ. 徳川綱吉によって庶民《しょみん》の意見を聞く目安箱が設置された。

エ. 近松門左衛門が町人を題材とした人形浄瑠璃の脚本《きゃくほん》を書いた。

問12. 下線部⑫に関連して、蘭学の「蘭」はあるヨーロッパの国を指しています。この国に関して述べた文として正しいものを、ア～エから一つ選びなさい。

ア. 大日本帝国憲法を作成するときに手本とされた国。

イ. 日本にはじめてキリスト教を伝えた国。

ウ. 鎖国が行われている日本で貿易が認められた国。

エ. 世界で初めて万国博覧会が開かれた国。

問13. 下線部⑬に関連して、九州北部で鎌倉時代に御家人が元軍と二度にわたり激しく戦いましたが、戦いのあと、幕府に対する御家人の不満が高まってしまいました。不満が高まった理由を説明しなさい。

問14. 下線部⑭に関連して、仏教には念仏を唱えて、阿弥陀如来《あみだにょらい》にすがり、死後に極楽浄土《ごくらくじょうど》に生まれかわることを願う浄土信仰《じょうどしんこう》があります。「浄土」を目に見える形で再現した建築物として最もふさわしいものを下の写真ア～エから一つ選びなさい。

ア.

イ.

ウ.

エ.

Ⅲ．次の文を読み、問いに答えなさい。

戦災からの復興、難しい外交問題①、そして大きな自然災害②など、戦後の日本は多くの困難にみまわれてきました。このような一人一人の力だけでは解決できないような課題に取り組み、国民の生活を守り社会を安定させるのが政治の役割です。国や地方公共団体（地方自治体）③は、政治をおこなうためのルール④を定め、それにしたがって命令し強制すること⑤もあります。国の最高法規である日本国憲法は、私たちが人間として生きるために必要な自由や権利⑥と、それを守るための政治の仕組み⑦を定めています。昨年9月に成立した内閣⑧にも憲法に基づいた政治が期待されています。

問1．下線部①に関連して、戦後日本の外交について述べた文として正しいものを、ア～エから一つ選びなさい。

ア．日本は国連安全保障理事会の常任理事国として、国際平和の維持《いじ》につとめている。

イ．日本と中国の間には、竹島の領有権をめぐる対立がある。

ウ．北方領土問題が存在するため、日本とロシアの平和条約は結ばれていない。

エ．サンフランシスコ平和条約にもとづいて日本国内に米軍基地が置かれている。

問2．下線部②に関連して、日本の自然災害について述べた文として誤っているものを、ア～エから一つ選びなさい。

ア．ハザードマップとは、水害や地震が起こったときに危険なところを予測した地図である。

イ．ライフラインとは、災害の時に必要になる公園や病院などをいう。

ウ．東日本大震災では、おもに東日本の太平洋岸に津波が押し寄せて深刻な被害をもたらした。

エ．阪神・淡路大震災では、全国各地から多くのボランティアがかけつけた。

問3．下線部③に関連して、地方公共団体の仕事として誤っているものを、ア～カから二つ選びなさい。

ア．ごみの回収や処理　　イ．裁判の実施　　ウ．警察の仕事

エ．郵便物の配達　　オ．出生届の受付　　カ．小・中学校の設置

問4．下線部④に関連して、国会だけが定めることのできるルールを何というか。漢字2字で答えなさい。

問5．下線部⑤に関連して、日本国憲法において国民の三大義務とされていることとして誤っているものを、ア～エから一つ選びなさい。

ア．選挙において投票すること　　イ．税金を納めること

ウ．自分の子どもに教育を受けさせること　　エ．労働にはげむこと

問6．下線部⑥に関連して、日本国憲法が制定された当時には想定されていなかった「新しい人権」として正しいものを、ア～エから一つ選びなさい。

ア．私生活を不当に干渉《かんしょう》されない権利

イ．職場で労働組合をつくる権利

ウ．健康で文化的な最低限度の生活を営む権利

エ．自分の意思で自由に外国に移住する権利

問7．下線部⑦に関連して、次の図は国の政治の仕組みを示したものです。図の A ・ B に当てはまる語句の組み合わせとして正しいものを、ア～エから一つ選びなさい。

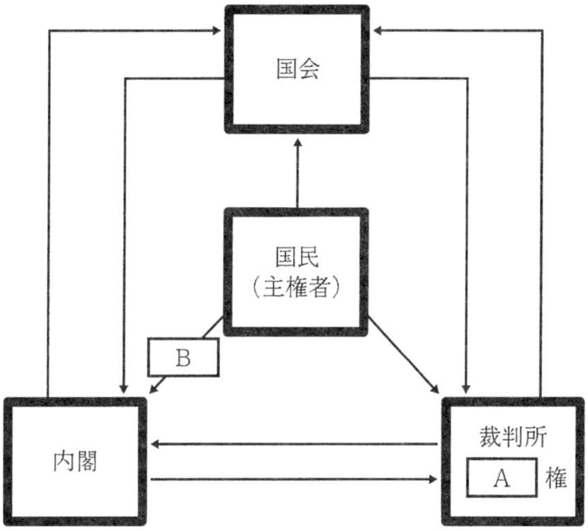

ア．A：司法　　B：世論

イ．A：行政　　B：選挙

ウ．A：司法　　B：選挙

エ．A：行政　　B：世論

問8．下線部⑧に関連して、この内閣について述べた文として正しいものを、ア～エから一つ選びなさい。

ア．この内閣総理大臣は、衆議院議員選挙後に開かれた国会で指名された。

イ．この内閣総理大臣は、初めて国会議員以外から選ばれた。

ウ．この内閣は、複数の政党による連立内閣である。

エ．この内閣は、スポーツ庁の新設を決定した。

令和二年度　中学校入学試験問題　愛知淑徳中学校

国語

（50分）

注意事項

一、試験開始の合図があるまで、この問題冊子の中を見てはいけません。
　試験開始までの間、この注意事項をよく読んでください。

二、この問題冊子は11ページです。

三、この問題冊子や解答用紙に印刷が悪くて見にくいところや汚《よご》れなどのある場合は、手をあげて監督《かんとく》の先生に知らせてください。

四、答えはすべて別紙の解答用紙に書き、記号で答えられるものは、すべて記号で答えなさい。
　答えを文中からぬき出す場合は、「、」「。」などの記号も一字分に数えなさい。

五、解答用紙の受験番号、氏名を記入する欄《らん》は用紙の最後にあります。最初に記入しなさい。

六、試験終了後は解答用紙のみを提出し、問題冊子はそれぞれ持ち帰ってください。

一、次の文章を読んで、後の問いに答えなさい。

　まったくこのごろは化け物どもがあまりにいなくなりすぎた感がある。今の子どもらがおとぎ話の中の化け物に対する感じはほとんどただ空想的な滑稽味《こっけいみ》あるいは怪奇味《かいきみ》だけであって、われわれの子ども時代に感じさせられたように頭の頂上《てっぺん》から足の爪先《つまさき》までつきぬけるような鋭《するど》い神秘の感じはなくなったらしく見える。これはいったいどちらが子どもらにとって幸福であるか、どちらが子どもらの教育上有利であるか、これも存外①多くの学校の先生の信ずるごとくにかんたんな問題ではないかもしれない。西洋のおとぎ話に「ゾッとする」とはどんなことか知りたいというばか者があってわざわざ化け物屋敷《やしき》へ探険に出かける話があるが、あの話を聞いてあの豪傑《ごうけつ》をうらやましいと感ずべきか、あるいはかわいそうと感ずべきか、これも疑問である。ともかくも「ゾッとすること」を知らないような豪傑が、かりに科学者になったとしたら、まずあまりたいした仕事はできそうにも思われない。

　しあわせなことに②われわれの少年時代の田舎《いなか》にはまだまだ化け物がたくさんに生き残っていて、そしてそのおかげで③われわれは充分な「化け物教育」を受けることができたのである。郷里の家の※1長屋に重兵衛《じゅうべえ》さんという老人がいて、毎晩※2晩酌《ばんしゃく》の肴《さかな》に近所の子どもらを膳《ぜん》の向かいにすわらせて、生のにんにくをぼりぼりかじりながらうまそうに熱い※3杯《さかずき》をなめては数かぎりもない化け物の話をして聞かせた。思うにこの老人は※4一千一夜物語の著者のごとき創作的天才であったらしい。そうして④伝説の化け物新作の化け物どもを随意《ずいい》に眼前におどらせた。われわれの臆病《おくびょう》なる小さな心臓は老人の意のままに高く低く鼓動《こどう》した。夜《よ》ふけて帰るおのおのの家路には木の陰《かげ》、川の岸、路地の奥《おく》の至《いた》るところにさまざまな化け物の幻影《げんえい》が待ちぶせて動いていた。⑤化け物は実際に当時のわれわれの世界にのびのびと生活していたのである。※5中学時代になってもまだわれわれと化け物との交渉《こうしょう》は続いていた。友人で禿《はげ》のN《エヌ》というのが化け物の創作家として⑥しゅうにひいでていた。彼は近所のあらゆる曲がり角や芝《しば》地や、橋のたもとや、大樹のこずえやに一つずつきわめて格好《かっこう》な妖怪《ようかい》を創造して配置した。【　⑦　】「三角芝の足舐《あしねぶ》り」とか「T《ティー》橋のたもとの腕真砂《うでまさご》」などという類いである。前者は川沿《ぞ》いのある芝地を空風《からかぜ》の吹《ふ》く夜中に通っていると、何者かが来て不意にべろりと足をなめる、すると急に発熱して三日のうちに死ぬかもしれないという。後者は、城山のふもとの橋のたもとに人の腕が真砂のように一面に散布していて、通行人の裾《すそ》を引き止め足をつかんで歩かせない、これに会うとたいていはその場で死ぬというのである。もちろんもう「中学教育」を受けているそのころのわれわれはだれもそれらの化け物をわれわれの※6五官に触《ふ》れうべき物理的実在としては信じなかった。それにかかわらずこの創作家Nの芸術的に描《えが》き出した立派な妖怪の「詩」はわれわれのうら若い頭に何かしら神秘な雰囲気《ふんいき》のようなものを吹きこんだ、あるいは神秘な存在、不可思議な世界への※7憧憬《どうけい》に似たものを※8鼓吹《こすい》したように思われる。日常茶飯《さはん》の世界のかなたに、常識では測り知りがたい世界がありはしないかと思うことだけでも、その心は知らず知らず⑧自然の表面の諸相の奥にかくれたあるものへの省察へ導かれるのである。

　このような化け物教育は、少年時代のわれわれの科学知識に対する興味を阻害《そがい》しなかったのみならず、かえってむしろますますそれを鼓舞《こぶ》したようにも思われる。これは一見奇妙《きみょう》なようではあるが、よく考えてみるとむしろ当然なことでもある。皮肉なようであるがわれわれにほんとうの科学教育をあたえたものは、数かずの立派な中等教科書よりは、むしろ長屋の重兵衛さんと友人のNであったかもしれない。これはかならずしも無用の※9変痴奇《へんちき》論ではない。

不幸にして科学の中等教科書は⑨往々にしてそれ自身の本来の目的を裏切って⑩被教育者の中に芽ばえつつある科学者の胚芽《はいが》を殺す場合がありはしないかと思われる。実はひじょうに不可思議で、だれにもほんとうにはわからないことをきわめてわかりきった平凡《へいぼん》なことのようにあまりにかんたんに説明して、それでそれ以上にはなんの疑問もないかのようにすっかり安心させてしまうような傾《かたむ》きがありはしないか。そういう科学教育が普遍《ふへん》となりすべての生徒がそれをそのまま素直《すなお》に受け入れたとしたら、世界の科学はおそらくそれきり進歩を止めてしまうに相違《そうい》ない。

（寺田寅彦『化け物の進化』より）

※1　長屋……細長く建てた家をいくつにも区切って多くの世帯が住めるようにしたもの。
※2　晩酌の肴……夕食の時に飲む酒とともに楽しむもの。
※3　杯……酒を飲むための小さな器《うつわ》。
※4　一千一夜物語……別名『アラビアン・ナイト』。シェーラザードという才女が千一夜にわたりおもしろい話を語り続ける物語集。
※5　中学時代……ここでは旧制中学。十二歳で入学する五年制の男子中学校。
※6　五官……五感の働く器官。目・耳・鼻・舌・皮膚《ひふ》。
※7　憧憬……あこがれ。
※8　鼓吹……勢いづけること。
※9　変痴奇……変なこと。へんてこ。

問一　――①とあるが、「多くの学校の先生」はどのように信じているのか。その説明となるよう、次のA・Bに当てはまる表現をそれぞれ後から番号で選びなさい。

（　A　）の方が（　B　）よりも幸福で、教育の面においても恵《めぐ》まれているということ

1　この文章が発表されたころの子どもたち
2　この文章の筆者がまだ幼かったころの子どもたち

問二　――②とはどういうことか。その説明として最も適切なものを次から一つ選びなさい。

ア、科学の発達していなかった時代には、化け物がこの世に存在しないことに対する解明が不十分だったということ。
イ、化け物の話を聞いた人は、本当に化け物が実在するかどうかを疑うことなくその存在を信じていたということ。
ウ、都会と違って自然の豊富な田舎であれば化け物の生息する余地があり、実際に目撃《もくげき》されていたということ。
エ、おとぎ話が好まれた時代には化け物を見たことのある大人がいて、科学が発達する道筋を作っていたということ。

問三 ――③とあるが、少年時代の筆者たちに「化け物教育」は何を与えたか。――③より前の部分から、二十五字以上三十字以内でぬき出し、はじめと終わりの五字で答えなさい。

問四 ――④とあるが、この様子の説明として最も適切なものを次から一つ選びなさい。

ア、「老人」の語りには、化け物が本当にいるかのように思わせるのに十分な現実味があり、「われわれ」は「ゾッと」する経験を重ねていた。

イ、「老人」には「われわれ」と比べて十分に科学の知識があり、「われわれ」の恐怖《きょうふ》心をあおるたびに「老人」自身が「ゾッと」する経験をしていた。

ウ、「われわれ」の好奇心《こうきしん》は「老人」の語りのつたなさを補うほど豊かであり、「老人」は子どもが持っている底知れぬ力に「ゾッと」していた。

エ、「われわれ」は「老人」が自分たちを怖がらせて楽しんでいることに対して悪趣味《しゅみ》だと感じ、その人間性に「ゾッと」せずにはいられなかった。

問五 ――⑤とあるが、それはなぜか。最も適切なものを次から一つ選びなさい。

ア、「われわれ」の科学に関する知識が好奇心を上回るほどあったから。

イ、「われわれ」には老人の芸術的な語り以上の楽しみがなかったから。

ウ、「われわれ」の感受性は化け物を想像させるほど豊かだったから。

エ、「われわれ」には化け物を見ぬく科学者としての能力があったから。

問六 ――⑥の「しゅうにひいでる」の「しゅう」を漢字にする場合、ふさわしいものを次から一つ選びなさい。

ア、集　イ、周　ウ、修　エ、衆

問七 （ ⑦ ）に入れるのにふさわしいものはどれか。次から一つ選びなさい。

ア、あるいは　イ、そのため

ウ、たとえば　エ、ところで

問八 ――⑧と同じ内容を示すと思われる部分を二十五字以上三十字以内でぬき出し、はじめと終わりの五字で答えなさい。

問九　——⑨「往々にして」の意味としてふさわしいものはどれか。次から一つ選びなさい。

ア、うすうす　　**イ**、しばしば

ウ、すごすご　　**エ**、つらつら

問十　——⑩とあるが、

(1)　これはどういうことか。簡潔に説明したものを次から一つ選びなさい。

ア、教育を受ける者たちが科学について正しい知識を得る機会がなくなってしまうこと。

イ、教育を受ける者たちが科学者になるために必要な好奇心を奪《うば》われていると気づかないこと。

ウ、教育を受ける者たちが将来科学者になるうえで欠かせないものを失ってしまうこと。

エ、教育を受ける者たちが科学に対する好奇心を悪用するかもしれないおそれがあること。

(2)　筆者がこのように考える理由を次のように説明した。空欄に当てはまる熟語を本文からぬき出しなさい。

中等教科書は［　　］を抱《いだ》かせないから。

問十一　筆者が科学者に必要だと考えるのはどのような力か。「常識」「不可思議」という二つの言葉を用いて、三十字以上四十字以内で説明しなさい。ただし、「常識」「不可思議」という言葉を使う順は自由とし、また、何度用いてもよいものとする。

二、「わたし」は、戦後、中国から復員し、家族が全滅《ぜんめつ》したことを聞かされた。生活のために※1ヤミ市で童話を書きながら古本の店を出すことにしたが、その隣が「浜さん」の店だった。次の文章は、その後に続く部分である。読んで後の問いに答えなさい。

①浜さんのカエルは、よく売れました。空襲《くうしゅう》でおもちゃをなくした町の子たちに、けっこうよろこばれたのです。学校のひけどきになると、浜さんの店の前は、子どもでいっぱいになりました。

浜さんは、子どもたちにカエルのとびくらべをさせました。そして、じぶんもその競技にくわわりました。頭のはげたおやじが、しんけんな顔をして「しっしっ」と、あついくちびるからつばまでとばし、足をふみならして、カエルのとぶのをけしかけるさまは、なんともこっけいなものでした。ぼくが見ているのに気がつくと、浜さんはてれながらべんかいしました。

「子どももあいての商売ってやつは、子どもと同じ位置におりてやらなけりゃいけないんだよ。それが商売のこつさ。」

ある日、浜さんは、古い※2かやを持ってやってきました。

「店番しながら、かやのつくろいかね?」

ヤミたばこ屋のおやじがききました。

「なーに、つぎの商売のじゅんびさ。」

「こんどは、なんの商売かね?」

「まあ、見ててごらんよ。」

浜さんは、顔じゅうにわらいをうかべて、かやをはさみできざみはじめました。そして、まもなく上きげんな歌がきこえてきました。

「ギンギンギラギラ夕日がしずむ……」

二、三日すると、浜さんは、そのかやで作ったかごに、ホタルを入れて売り出しました。

「これも、いなかの子どもにつかまえさせたんだよ。」

と、浜さんは、じぶんが商売にかけては、どんなにぬけめがないかを、ヤミたばこ屋にじまんしました。

「かやなんか、ただみたいに買ったもんだし、ぼうずと同じくらいもうかるよ。」

「ぼうずと同じくらいって?」

「つまり、まるもうけってわけさ。わははは……」

そういって、浜さんは、※3ドブロクの茶碗《ちゃわん》をあおりました。

かやのかごにはいったホタルは、小さなあかりを点滅《てんめつ》させて、ヤミ市の夜をかざりました。それは、ずるくきたない浜さんの気持ちとはうらはらに、かれんな美しさを持っていました。

人びとは、あくせくした生活のなかに、ふと、②わすれていたうるおいを見つけたように、浜さんの店の前に、足をとめました。

ホタルが売り切れると、浜さんは、ぷっつり、ヤミ市へすがたを見せなくなりました。

「子どものプールをはじめるんだそうですよ。」

と、ヤミたばこ屋がおしえてくれました。

今、浜さんは、区役所や保健所へ手続きにいったり、※4人夫や※5左官屋《さかんや》のさしずをしたり、大いそがしだということでした。

七月にはいったばかりのある日、浜さんがひょっこりあらわれました。あいかわらず、よれよれであかだらけのシャツをきていて、とてもプールの経営者には見えませんでした。

「いよいよプール開きでさあ。」

といって、ヤミたばこ屋のわきの電柱に、ポスターをはりました。おそらく浜さんじしんが書いたのでしょう、赤や青の幼稚《ようち》な字が、べたべたならんだポスターでした。

　でも、浜さんは、それを満足そうにながめながらいいました。

「うちのプールは、ぜったい安全、ぜったい衛生的、そのうえ入場料は、だんぜん安い、お客がわんさとくること、まちがいなしでさあ。子どもは泳ぐと腹がへる。そこで、おでんを売る、のどがかわくから、ラムネも売る。プールは安くても、そっちのほうで、ガッチリもうけちゃう。これが商売ってもんさ。」

「ふーん、あんたはやっぱり頭がいい。」

　ヤミたばこ屋は、すっかり感心してうなりました。

　わたしは、浜さんは、口がわるいわりに、③そうわるい人間ではないとおもうようになっていました。でも、どうしてもがまんができないのは、いつでも子どもを利用して、もうけようとするあくどさです。そんなわたしの気持ちも知らず、浜さんは、じぶんがいかにアイデアがあるかってことを、とくとくと、しゃべりながら、④ときどきわたしが感心しているかどうかさぐるように、ちらっちらっと、わたしのほうを見ました。

　わたしは、そんなはじしらずで、あつかましい浜さんに、ますます腹をたてて、わざと知らん顔をして、本を読むふりをしていました。

　プールの開場式には、警察署長や保健所長や消防署長といった名士※6たちを、おおぜい招待したそうです。区長代理も長い祝辞をのべたそうです。その日は、入場無料で、子どもたちを自由に泳がせたそうです。浜さんは、新しいシャツのむねに大きな造花をつけて、一日じゅうにこにこしていたそうです。その話を、式に招かれたヤミたばこ屋からききながら、わたしは得意絶頂の浜さんの顔をおもいうかべて、にがにがしくおもいました。

　プールはめずらしさもてつだってか、子どもたちにたいへん評判になりました。大学生のアルバイトと、おでんを売るおばさんをやとい、浜さんもさるまた※7ひとつになって、とびまわっているという話です。

⑤「浜さんもいよいよあてましたな。このぶんでいくと、ひと身代きずきますぜ。」

　開場式のとき、べろべろによっぱらうほどショウチュウ※8をよばれたヤミたばこ屋は、しきりに浜さんをほめました。

「このごろでは、毎朝、学校前の大通りで、交通整理をやっていますよ。あそこは、よく事故があるところですからね。えらいなっていったら、なあに、これも宣伝さ、子どもあいての商売では、子どもに顔を売っておくにかぎるからねって、ぺろりとしたを出していましたよ。いやはや、浜さんときたら、ぬけめがありませんや。」

　その話をきいて、わたしはへどが出るほどいやな気持ちになりました。いかにも浜さんらしい、あくどいやりかたです。浜さんは、おそらく登校する子どもたちに、「プールへきておくれよ」なんて、声をかけているにちがいありません。先生や父兄の信用をかちえながら、宣伝をやるという⑥一【a】二【b】のアイデアに、浜さんは、きっとだらしのないほど［　⑦　］いることでしょう。児童のための文学を志していたわたしは、⑧浜さんのようなやつは児童文化の敵だとおもいました。だから、夏休みになると、プールはますます好評で、連日満員ということでしたが、わたしは一度ものぞいてみませんでした。

　二学期がはじまる日、浜さんが交通整理中トラックにはねられて死んだという知らせをききました。ヤミたばこ屋は、まっさおになってとんでいきました。⑨わたしも、あれほどきらいだった浜さんなのに、一日じゅうなんだかおちつかない気持ちでした。そこで早じまいして、浜さんの家のほうへ行ってみました。子どもにきいたら、浜さんの家はすぐわかりました。それは、家とは名のみの、焼けトタン[※9]をぶっつけただけの[※10]バラックでした。

しかし、そのバラックのうらにあるプールを見たとき、⑩わたしはおもわずあっと声をあげてしまいました。夕焼け雲をうつした水面に、白鳥が三羽しずかにうかんでいるのが、とても美しかったからです。荒《あ》れはてた焼け野が原のなかに、ぽっかりできた白鳥の湖――わたしは、しばしわれをわすれてみとれてしまいました。

そのとき、ヤミたばこ屋が、わたしを見つけて近づいてきました。

「プールのつぎに、浜さんはアヒルの輪投げをやろうとしてたんですよ。アヒルの首に輪をかけるゲームだそうです。それに使うつもりだったんだそうですよ、あのアヒルは。」

なんだ、白鳥じゃなかったのかと、わたしはちょっとがっかりしましたが、アヒルでもなんでも、その光景の美しさにはかわりありませんでした。

[い]

「浜さんはね、そのつぎの計画までたてていたんですよ。」

「なんですか、つぎの計画って。」

「冬になったら、プールの水をぬいて、ローラースケート場にするんだそうですよ。」

それはたしかに名案だと、わたしはおもいました。

[ろ]

「浜さんは、もう古道具屋をまわって、古いローラースケートを買いあつめていましたよ。そして、ひまさえあれば、[※11]修繕《しゅうぜん》してましたっけ。」

そのとき、子どもの歌声がきこえてきました。プールにそって、小学生がふたりあるいてくるのです。その歌は、「ギンギンギラギラ夕日がしずむ」というあの歌でした。

「あれは、よく浜さんがうたっていた……」

[は]

「そうですよ。はまさんがねんじゅううたってたもんですから、子どもたちまで口ぐせになっちゃったんでしょうね。浜さんの死んだむすこさんのすきな歌だったそうです。空襲でおかみさんといっしょに死なせたんだそうですよ。小学二年生だったとかいっていましたがね。」

それをきいて、わたしは、たとえそれがもうけ仕事であったにせよ、浜さんが子どもあいての商売を、つぎつぎかんがえていたことが、わかるような気がしました。

[に]

風が出てきました。さざなみがあかね色にかがやき、三羽の白鳥、いいえアヒルは、からだをよせあって、すべるように動き出しました。夕日に映えた白い羽が、風にこまかくふるえています。その羽の下から、波がキラキラ尾をひき、プールいっぱいにひろがっていきました。

⑪わたしは、「負けた」とおもいました。わたしの童話なんか、この美しい光景や、浜さんの夢にくらべたら、たわいのないものにおもえたからです。

（長崎源之助『焼けあとの白鳥』より）

※1　ヤミ市……敗戦後、全国の都市の焼けあとなどに自然発生的に形成された自由市場。
※2　かや……夏、蚊《か》を防ぐために吊《つ》って寝床《ねどこ》をおおうもの。
※3　ドブロク……にごり酒。
※4　人夫……力仕事をする労働者。
※5　左官屋……壁《かべ》を塗《ぬ》る職人。
※6　名士……よく名前を知られた人。
※7　さるまた……男性用の短い下着。
※8　ショウチュウ……酒の一種。
※9　トタン……さび止めされた薄《うす》い鉄板。
※10　バラック……粗末《そまつ》な仮小屋。
※11　修繕……こわれた部分をつくろい直すこと。

問一　――①とあるが、なぜ「浜さん」のカエルはよく売れたのか。最も適切なものを次から一つ選びなさい。

ア、戦争の犠牲《ぎせい》となり、遊び道具を失ってしまった子どもたちにとって、カエルのとびくらべは絶好の娯楽《ごらく》だったから。
イ、浜さんの店が学校の終わる頃を見計らって開店するように仕組まれており、子どもは下校がてら寄《よ》るのが習慣だったから。
ウ、頭のはげたおやじが、あついくちびるからよだれをたらし、カエルのとぶのをけしかける様子がこっけいだったから。
エ、空襲《くうしゅう》によって自然が破壊《はかい》され、子どもの欲《ほ》しがるよくとぶカエルがことごとく姿を消してしまっていたから。

問二　――②とあるが、何をわすれていたと言えるのか。最も適切なものを次から一つ選びなさい。

ア、その日一日をささやかながらも無事に生活していける安心感。
イ、身近な人もみな同じ境遇《きょうぐう》にいるのだという自分へのなぐさめ。
ウ、物資が少ない中でもできる限り身ぎれいにしようという心がけ。
エ、美しいものをそのまま純粋《じゅんすい》に美しいと感じられる心の豊かさ。

問三　――③とあるが、これより前、「わたし」は「浜さん」のことをどのように思っていたのか。五字以上十字以内でぬき出して答えなさい。

問四　――④とあるが、「浜さん」はなぜ「わたし」の反応を気にしているのか、最も適切なものを次から一つ選びなさい。

ア、自分は子どもを喜ばせたいという思いから行動しているのだと認めてほしかったから。

イ、いかに子どもに金銭感覚を持たせないことが大切かという考えを受け入れてほしかったから。

ウ、自分の商売のやり方を真似《まね》されるのではないかと疑う気持ちを隠《かく》したかったから。

エ、お金をかけるのにふさわしい楽しみが人生にあるということを分からせたかったから。

問五　――⑤とあるが、この時の「ヤミたばこ屋」の言葉を分かりやすく言いかえたものとしてふさわしいものはどれか。次から一つ選びなさい。

ア、「これまで浜さんがやってきたいろんな商売の中でもこのたびのプールの開場は今までにないほど大もうけできそうだから、このままいけばまとまった財産を手に入れることだろう。」

イ、「浜さんにはいよいよ大金持ちの風格が出てきたようだから、このままもうけ続ければ一人で暮らすにはもったいないほどの大きな家が一軒《いっけん》、すぐにでも建つことだろう。」

ウ、「浜さんにもついに大もうけする時がやってきたようだから、酒を飲ませてもらったお礼にこのプールの商売を手伝っておれば、自分にもばく大な財産が転がりこんでくるだろう。」

エ、「強運続きの浜さんだったが最近ますます運がむいてきたので、この調子でいくと、近い将来うまい具合によい伴侶《はんりょ》も見つかり家庭を持つことができそうだ。」

問六　――⑥とあるが、この部分を含む段落の内容を参考にし、空欄《くうらん》【a】、【b】にふさわしい言葉をそれぞれ漢字一字で書きなさい。

問七　空欄⑦には、「顔をほころばせてにこにこして」という意味の慣用句が入る。ふさわしいものを次から一つ選びなさい。

ア、声色《こわいろ》をかえて
イ、苦虫をつぶして
ウ、相好《そうごう》をくずして
エ、鼻息をあらくして

問八　――⑧とあるが、なぜ「わたし」は「浜さん」をこのように思うのか。解答欄に合うように二十五字程度でぬき出しなさい。

問九　――⑨とあるが、なぜおちつかなかったのか。最も適切なものを次から一つ選びなさい。

ア、隣で店を構えていた浜さんのことはきらいとはいえ、心のどこかでいつも気になり、無関心ではいられない存在だったから。
イ、自分の商売の邪魔《じゃま》をする浜さんのことはきらいだが、交通事故で急に亡くなるとは思っておらず、気の毒だと思ったから。
ウ、大げんかして大きらいになった浜さんととうとう仲直りできないまま、浜さんが死んでしまって居心地《いごこち》が悪かったから。
エ、ほらふきで調子者の浜さんのことはきらいだったけれども、すぐれた商売をするところだけは認め尊敬していたから。

問十　――⑩とあるが、なぜこのように声をあげたのか。最も適切なものを次から一つ選びなさい。

ア、朝日をあびてプールの水面にうかんでいる三羽の白鳥の情景が流動的で心ふるえたから。
イ、焼け野の中でプールにうつった夕焼け雲と白鳥のつくり出す光景が圧倒的《あっとうてき》に美しかったから。
ウ、荒れはてた焼け野と対照的に静かにうかぶ白鳥を見て、生と死について考えさせられたから。
エ、プールに浮かんだ白鳥が輪投げに使われる予定だったことは衝撃的《しょうげきてき》で驚《おどろ》いたから。

問十一　次の一文は本文中の い ～ に のうち、どこにあてはめるのがふさわしいか。適切なものを一つ選びなさい。

おそらく浜さんは意識してなかったでしょうが、そこには、むすこさんをわすれられない浜さんの気持ちが、はたらいていたにちがいありません。

問十二　――⑪とあるが、「わたし」も「浜さん」も同じことを目指していたと考えられる。何を目指していたのか。五字以上、十字以内で簡潔に答えなさい。

三、次の――部について、①〜④は漢字を、⑤は読みをひらがなで書きなさい。

① コウウンキを用いる農作業。

② エイダンを下す。

③ コダチの中の家。

④ 卒業文集をアむ。

⑤ 祖母は和裁が得意だ。

2020(R2) 愛知淑徳中
K 教英出版

令和２年度

中学校入学試験問題

算　　数

（50分）

注意事項

1．試験開始の合図があるまで，この問題冊子の中を見てはいけません。
　試験開始までの間，この注意事項をよく読んで下さい。
2．この問題冊子は 11 ページです。
3．この問題冊子や解答用紙に印刷が悪くて見にくいところや汚《よご》れなどのある場合は，手をあげて監督《かんとく》の先生に知らせて下さい。
4．答えはすべて別紙の解答用紙に書き，記号で答えられるものはすべて記号で答えなさい。※の欄には何も記入しないで下さい
5．解答用紙の受験番号，氏名は最初に記入して下さい。
6．試験終了後は解答用紙のみを提出し，問題冊子はそれぞれ持ち帰って下さい。
7．円周率は 3.14 として下さい。

1． 次の問いに答えなさい。

(1) $93 \times 65 - 62 \times 13 - 31 \times 39$ を計算しなさい。

(2) □ に当てはまる数字を答えなさい。

$20.19 - \{60 \div (30 \times 0.4) + \square\} = 12.05$

2．次の問いに答えなさい。

(1) 100から200までの整数の中で，4でも6でもわりきれる数は全部でいくつか答えなさい。

(2) 立方体のすべての辺の長さを10％だけ短くすると，その体積は元の体積よりも何％減るか答えなさい。

(3) 図のような3つの区画に，黒，赤，黄，緑，青の5色の色えんぴつのうち，2色を選んで同じ色がとなり合わないようにぬります。全部で何通りのぬり方があるか答えなさい。

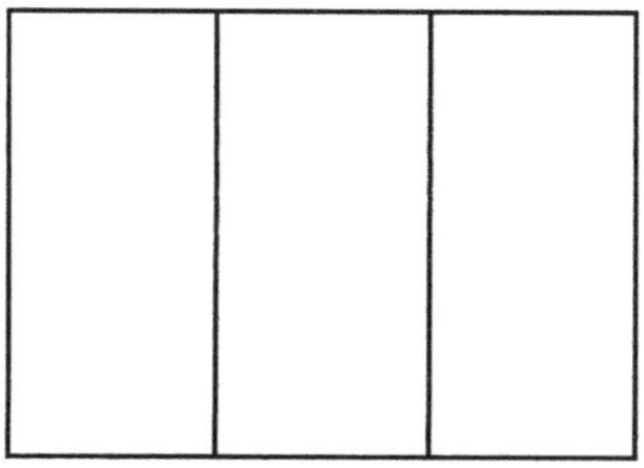

(4) 1000円で仕入れた商品に，仕入れ値の3割の利益を見込《こ》んで定価をつけました。しかし，なかなか売れないので，そこから2割引きにして売りました。利益はいくらか答えなさい。

(5) ある部屋に照明を取りつけます。照明器具は蛍光灯《けいこうとう》だと 3000 円，LED だと 5000 円しますが，一ヶ月あたりの電気代は，蛍光灯は 1200 円，LED は 410 円です。蛍光灯ではなく LED を選択した方が得になるのは，何ヶ月目からか答えなさい。

(6) 直径 100 m の円形の池の周囲を A さんと B さんがそれぞれ一定の速さで歩きます。A さんと B さんが同じ場所から同時に反対向きに歩き始めると，2分で A さんと B さんが初めて出会います。また，同じ場所から同じ向きに歩き始めると，10 分で A さんが B さんに追いつきます。A さんが池を 1 周歩くのに何分何秒かかるか答えなさい。

(7) 下の図のように，点 A，D，E，F は円周上にあります。また，点 O は円の中心で，AB＝CD とします。角 ㋐ の大きさを答えなさい。

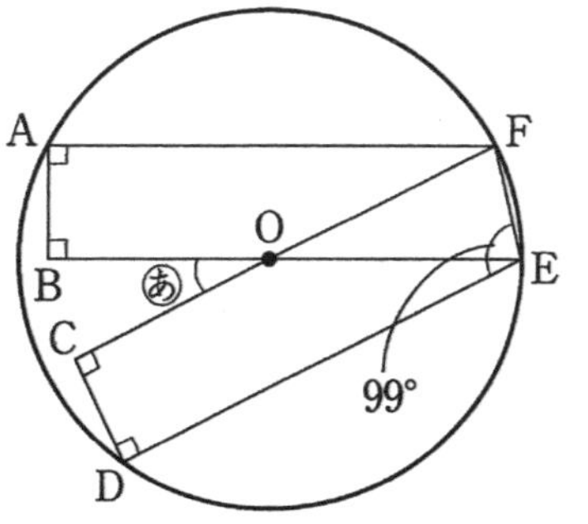

⑻　図のように円が5つあります。A，B，C，D，Eに5，6，7，8，9のいずれかの数字を1つずつ入れて，1つの円で囲まれた数字の和が5つの円ですべて等しくなるようにします。Bに当てはまる数字を答えなさい。

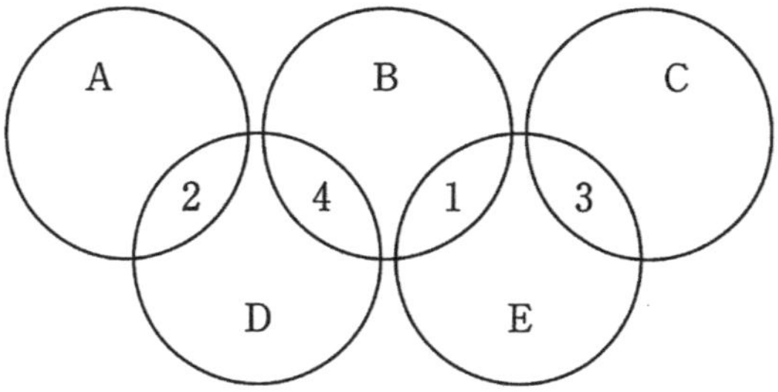

⑼　図のように，円の内部に正方形が接していて，その正方形の内部に正方形が接しています。斜《しゃ》線がついている部分の面積を答えなさい。

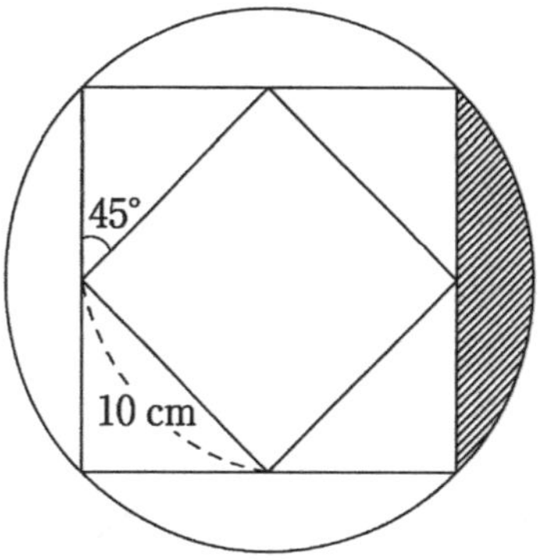

⑽ 図のように，1辺の長さが3 cmの立方体の4つの頂点A，B，C，Dを結んでできる立体の体積を答えなさい。

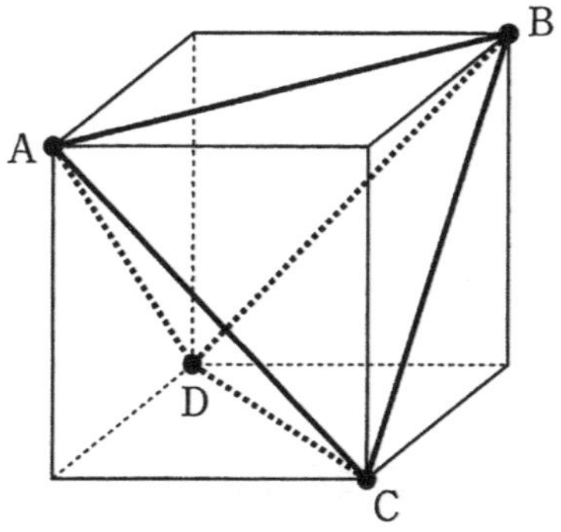

⑾ ある中学校の入学試験を1400人が受験し，そのうちの2割の受験生が合格しました。合格者の平均点は不合格者の平均点より25点高く，受験生全体の平均点は60点でした。合格者の平均点は何点か答えなさい。

3．　1辺の長さが10 cmの正三角形の辺の外側に沿《そ》って，半径が1 cmの円が1周します。

(1)　円の中心が通ったあとの長さを答えなさい。

(2)　円が通ったあとにできる図形の面積を答えなさい。

4．　はじめ，高さが 40 cm の直方体の形をした水そうに，いくらかの水が入っています。13時から，この水そうに水を入れ始めたところ，水面の高さは 13 時 5 分には 17 cm，13 時 9 分には 27 cm になりました。つねに一定の量の水を入れるものとして，次の問いに答えなさい。

(1)　はじめの水面の高さは何 cm か答えなさい。

(2)　水そうが水でちょうどいっぱいになるのは，何時何分何秒か答えなさい。

5．　２つの同じ大きさの部屋の床《ゆか》を，A，B，Cの３台のロボットがそうじをします。１つの部屋を１台のロボットでそうじをするのに，Aは６分，Bは８分，Cは12分かかります。次の問いに答えなさい。ただし，ロボットの部屋と部屋の移動にかかる時間は考えないものとします。

(1)　３台で２つの部屋のそうじをするのに何分何秒かかるか答えなさい。

(2)　AとCの２台が１つの部屋を，Bがもう１つの部屋を同時にそうじを始めます。途《と》中でCがBの部屋に移動し，そうじをします。２つの部屋のそうじが同時に終わるためには，CはAの部屋を何分何秒そうじすればよいか答えなさい。

6．　図のように，A，B，C，D，Eの5つに分かれた箱《はこ》にボールを入れます。A→B→C→D→E→D→C→…の順にボールを1個ずつ入れていきます。図は10個目までボールを入れたものです。次の問いに答えなさい。

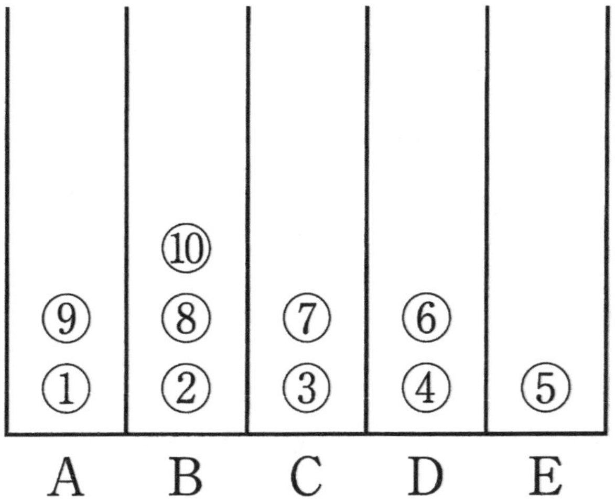

(1)　100個目のボールは，A，B，C，D，Eのどこに入るか答えなさい。

(2)　Cに21個のボールが入っているとき，

①　Aには何個のボールが入っているか答えなさい。

②　箱に入れたボールは，全部で何個以上何個以下と考えられるか答えなさい。

7．図のように，直角二等辺三角形と正方形があります。直角二等辺三角形が毎秒２cmの速さで直線ℓの上を転がらずに左から右に動きます。２つの図形が重なった部分の形は，三角形→五角形→六角形→五角形→三角形となります。このとき，次の問いに答えなさい。

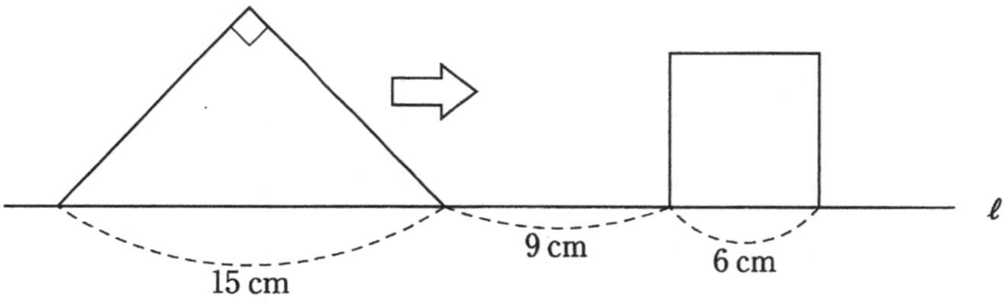

(1)　２つの図形が重なった部分の形が，五角形から六角形と変わるのは何秒後か答えなさい。

(2)　(1)のとき，重なった部分の図形を直線ℓの周りに１回転させてできる立体の体積を答えなさい。

8． 次の問いに答えなさい。

(1) 球の表面積は，次の公式で求められることが知られています。

4 ×半径×半径×円周率

次の ① ～ ⑦ の円柱の側面積のうち，球の表面積と同じものをすべて選びなさい。

① 底面の半径が球の半径と同じで，高さが球の半径と同じである

② 底面の半径が球の半径と同じで，高さが球の半径の２倍である

③ 底面の半径が球の半径と同じで，高さが球の半径の半分である

④ 底面の半径が球の半径の２倍で，高さが球の半径と同じである

⑤ 底面の半径が球の半径の２倍で，高さが球の半径の２倍である

⑥ 底面の半径が球の半径の半分で，高さが球の半径と同じである

⑦ 底面の半径が球の半径の半分で，高さが球の半径の半分である

(2) 台形の面積は，次の公式で求められることが知られています。

(上底＋下底)×高さ÷２

この公式で台形の面積が求められることを説明しなさい。

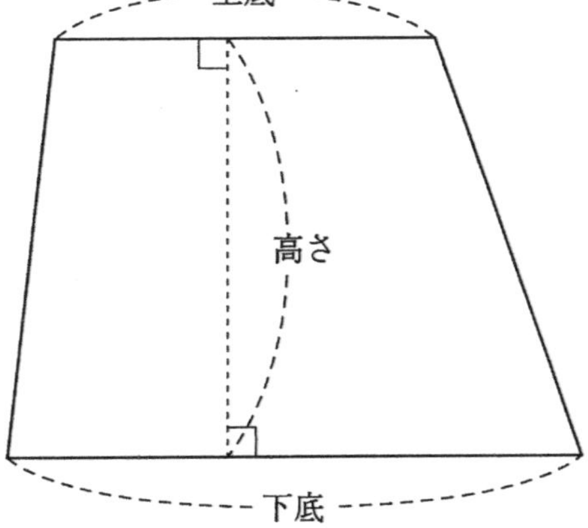

2020(R2) 愛知淑徳中
K 教英出版

K 教英出版

令和２年度

中学校入学試験問題

理　　　科

理科・社会　合わせて60分

注意事項

1．試験開始の合図があるまで、この問題冊子の中を見てはいけません。
試験開始までの間、この注意事項をよく読んで下さい。

2．この問題冊子は 12 ページです。

3．この問題冊子や解答用紙に印刷が悪くて見にくいところや汚《よご》れなどのある場合は、手をあげて監督《かんとく》の先生に知らせて下さい。

4．答えはすべて別紙の解答用紙に書き、記号で答えられるものはすべて記号で答えなさい。

5．解答用紙の受験番号、氏名は、忘れないように最初に記入して下さい。

6．試験終了後は解答用紙のみを提出し、問題冊子はそれぞれ持ち帰って下さい。

1　次の会話文は，とし子さんとお母さんがケーキの箱を開いたときのものです。

とし子さん：あれ，箱のすみにある，白いかたまりは何？

お母さん　：保冷剤《ざい》のドライアイスよ。

とし子さん：ドライアイスって，何からできているの？

お母さん　：二酸化炭素からできているのよ。二酸化炭素に圧力※を加えるなどして固めたものなの。

とし子さん：へえ！そうなんだ！　さっきからモクモクと，Aドライアイスをおおう白いけむりのようなものが見えておもしろいね。

お母さん　：そうね。二酸化炭素はこの他にも，炭酸飲料に利用されているわね。

とし子さん：うん。炭酸飲料のボトルのふたをあけると，Bあわが出てくるね。話していたら，なんだか飲みたくなってきちゃった。

お母さん　：冷蔵庫に入っているわ。飲み過ぎには注意するのよ。

※　圧力とは，ある面積にはたらく力の大きさのことです。

問１　気体の二酸化炭素や二酸化炭素の水よう液について正しく述べているものを，次の①～⑦から２つ選び，番号で答えなさい。

①　空気中に最も多く存在する気体である。

②　発泡《ほう》入浴剤《ざい》を湯の中に入れると発生する気体である。

③　空気よりも軽い気体である。

④　卵のくさったようなにおいがする気体である。

⑤　鉄と結びつき，さびを生じさせる気体である。

⑥　水にとけ，水よう液を青いリトマス紙につけると赤色になる。

⑦　水よう液にアルミニウムを入れると，激しく泡を出しながらとける。

問２　下線部Aについて，白いけむりのようなものはなぜできたのですか。その正体もふくめて，簡単に説明しなさい。

問３　二酸化炭素の水よう液を加熱して水を蒸発させると，何も残りません。この水よう液と同じように，加熱して水を蒸発させたあと何も残らない水よう液を，次の①～④から１つ選び，番号で答えなさい。

①　石灰水　　②　食塩水　　③　砂糖水　　④　アンモニア水

問4　次の表は，気体の圧力が1気圧※のときの，水1Lにとける気体の重さを示しています。

※「気圧」とは，圧力の単位のひとつです。

	ちっ素（g）	酸素（g）	二酸化炭素（g）
0℃	0.029	0.069	3.375
20℃	0.019	0.044	1.716
40℃	0.015	0.033	1.038
60℃	0.013	0.028	0.722

(1)　表より，気体が水にとける量についてどのようなことがいえますか。最も適当なものを次の①～③から1つ選び，番号で答えなさい。

①　気体が水にとける量は温度が上がるにつれて増加する。

②　気体が水にとける量は温度が下がるにつれて増加する。

③　気体がとける量は温度に関係しない。

(2)　ちっ素，酸素，二酸化炭素のような気体では，温度が一定ならば，水1Lあたりにとける気体の重さは圧力に比例することがわかっています。これを利用して，20℃，4気圧のとき，水1.5Lにふくまれる二酸化炭素の重さを，小数第1位を四捨五入し，整数で求めなさい。

問5　下線部Bについて，このとき起こる現象について，次のように説明しました。（　ア　）と（　イ　）に入る言葉の組み合わせとして最も適当なものを，下の①～⑥から1つ選び，番号で答えなさい。

大気による圧力を大気圧といいます。二酸化炭素を水にとかして炭酸飲料を作るとき，大気圧よりも（　ア　）圧力をかけています。炭酸飲料が入ったボトルのふたを開けると，やがてボトル内の圧力は（　イ　）なり，それにともなって，とけきれなくなった二酸化炭素が炭酸飲料から出ていきます。

	ア	イ
①	低い	大気圧より高く
②	低い	さらに低く
③	低い	大気圧と等しく
④	高い	さらに高く
⑤	高い	大気圧より低く
⑥	高い	大気圧と等しく

2 プラネタリウムに行って，学芸員から天体に関する説明を聞きました。その説明文を読んで，以下の問いに答えなさい。

学芸員：もうすぐ七夕ですから，おりひめ星とひこ星を探してみましょう。7月7日の午後9時ごろ，東の空を見上げると，いくつかの星が見つかります。特に明るい2つの星がおりひめ星とひこ星です。北寄りにあり，先にのぼってきて高いところに見える明るい方の星がおりひめ星です。おりひめ星は，西洋の名前で言うと「こと座」の（　ア　），ひこ星は「わし座」の（　イ　）です。そして，おりひめ星とひこ星の他に，もう1つ明るい星が，さらに左の方にあります。「はくちょう座」の（　ウ　）とよばれる星です。これらの3つの星は星々の中でも特に明るい1等星で，3つを結んでできる大きな三角形が「夏の大三角」です。

ところで，7月7日は日本の広い地域で（　エ　）の最中であることが多く，星が見られないこともありますが，七夕の星は七夕の日にしか見えないわけではありません。7月7日を過ぎてからでもほぼ同じような星空を見ることができますし，8月にもなれば（　エ　）は明けていることでしょう。七夕をきっかけとして，夏の星空を楽しんでみてください。なお，2019年は7月3日と8月1日が（　オ　）で，月明かりのえいきょうが最も小さくなり，おりひめ星とひこ星の間を流れる「天の川」が見やすくなります。

問1　文章中の（　ア　）～（　ウ　）に当てはまる星の名前の組合せとして正しいものを，次の①～⑥から1つ選び，番号で答えなさい。

	ア	イ	ウ
①	アルタイル	デネブ	ベガ
②	アルタイル	ベガ	デネブ
③	デネブ	アルタイル	ベガ
④	デネブ	ベガ	アルタイル
⑤	ベガ	アルタイル	デネブ
⑥	ベガ	デネブ	アルタイル

問2　文章中の（　エ　）に当てはまる語を，漢字二文字で答えなさい。

問3　文章中の（　オ　）に当てはまる語として最も適当なものを，次の①～④から1つ選び，番号で答えなさい。

①　新月　　②　三日月　　③　満月　　④　半月

問4　7月8日の午前0時ごろ（7月7日の午後12時ごろ），日本の空に見える夏の大三角として最も適当なものを，次の①～⑥から1つ選び，番号で答えなさい。ただし，図中のア～ウは，学芸員の説明文中の（　ア　）～（　ウ　）と同じ星を指します。

①

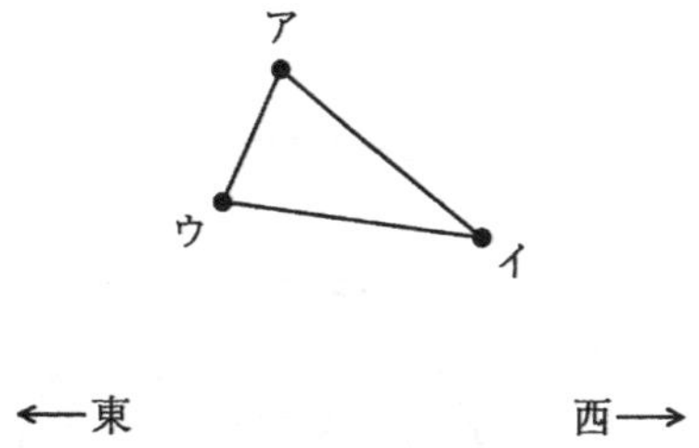

②

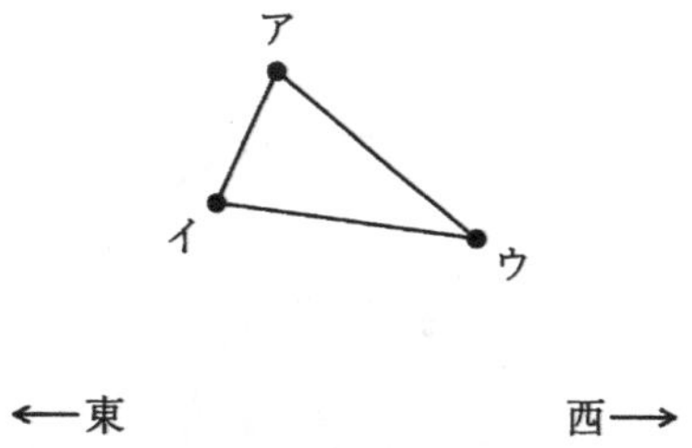

③

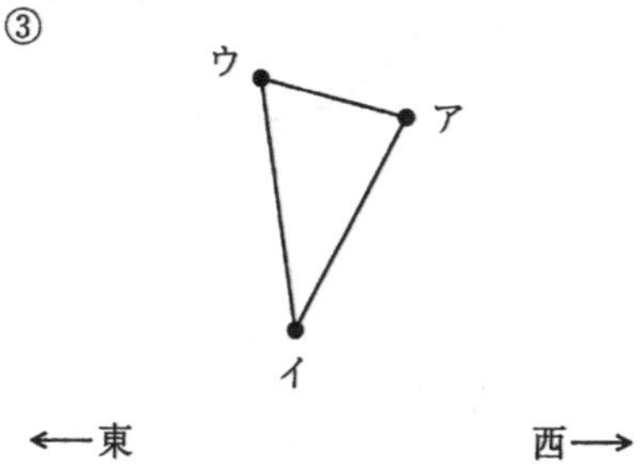

④

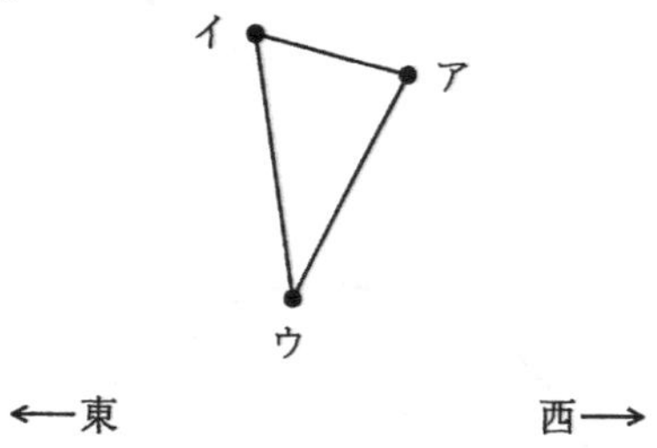

⑤

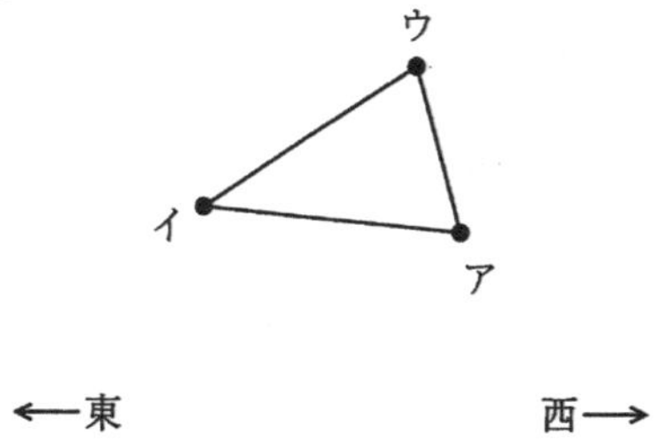

⑥

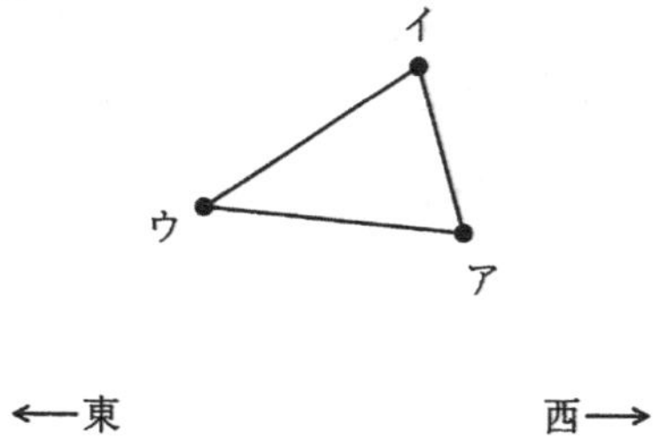

問5　ある日の午後8時ごろに夏の大三角を観測すると，7月7日の午後9時ごろと同じ位置に見えました。ある日とは何月何日ですか。最も適当なものを，次の①～④から1つ選び，番号で答えなさい。

①　6月7日　　②　6月22日　　③　7月22日　　④　8月7日

3　2019年，「はやぶさ２」という日本の小わく星探査機が，小わく星「リュウグウ」に着陸することに成功しました。

問１　小わく星「リュウグウ」は，太陽系のどこを回っていますか。最も適当なものを次の①～④から１つ選び，番号で答えなさい。

①

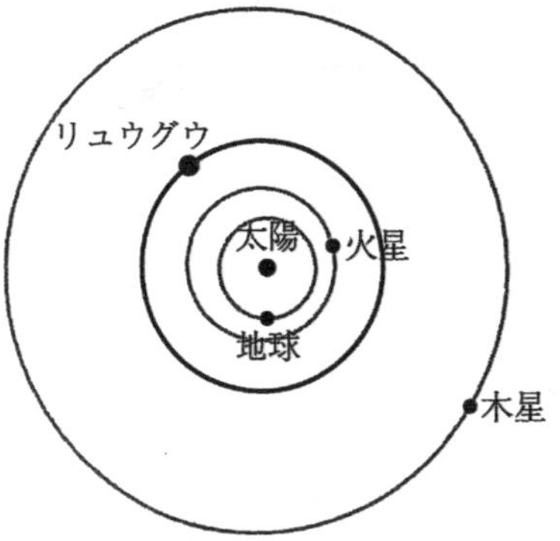

②

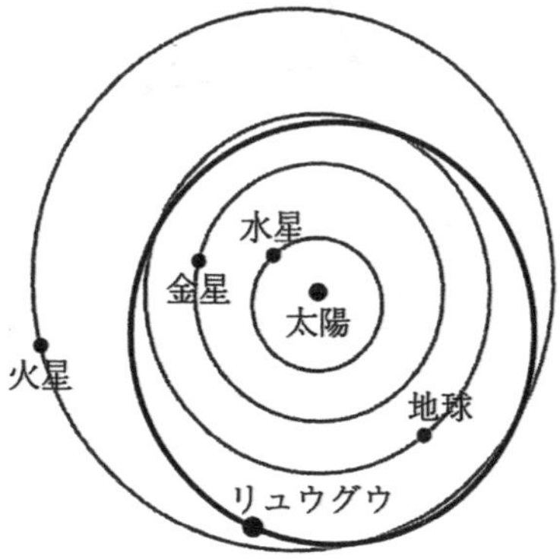

③

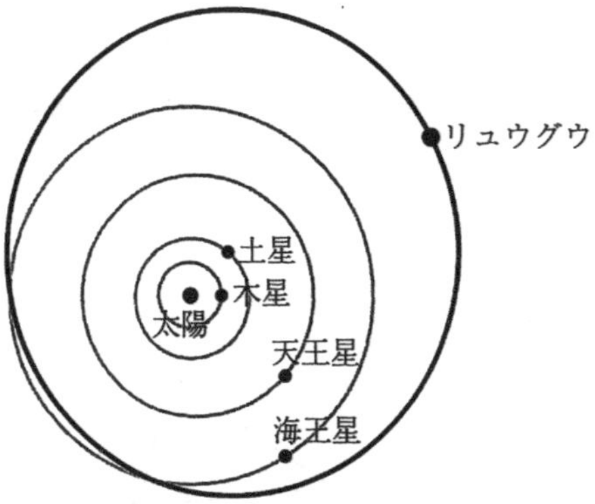

④

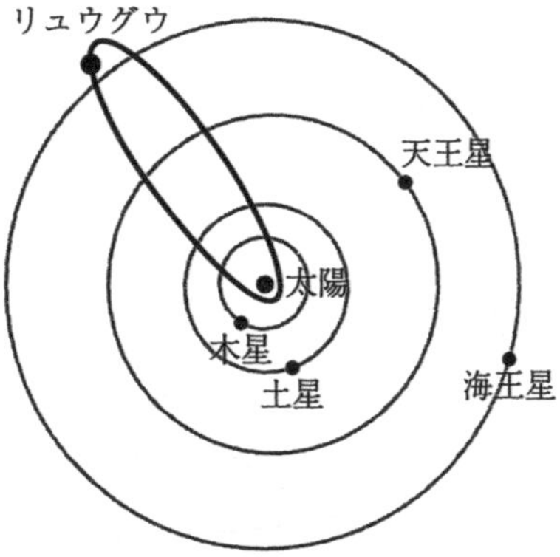

問2　小わく星探査機「はやぶさ２」の主な任務や目的を説明した文として**誤っているもの**を，次の①～④から１つ選び，番号で答えなさい。

①　小わく星の表面に地球の岩石を固定し，太陽光や放射線のえいきょうを研究すること。

②　小わく星に存在するアミノ酸の構造が，地球上の生物と同じかどうか探ること。

③　小わく星の形成過程や太陽系の進化の過程を調べること。

④　人工クレーターを作り，小わく星の地下にある物質を持ち帰ること。

4　メトロノームやふりこ時計はふりこの性質を利用しています。ブランコも，Aふりこの動きをします。ふりこには，「1往復する時間は，おもりの重さやふりこのふれはばによって変わらず，ふりこの長さによって変わる」という性質があります。この性質を確認するために，図のような装置を用意して，ふりこが1往復する時間を実験して調べました。実験の手順は次の通りです。

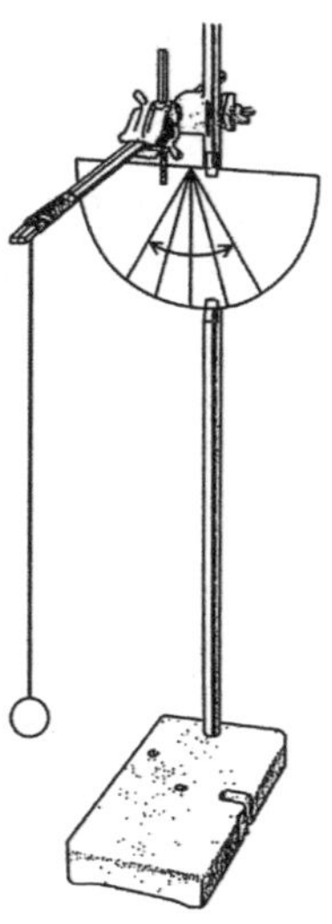

手　順

(1)　おもりをはなす角度を分度器で合わせた後，おもりを静かにはなす。

(2)　ふりこが10往復する時間をストップウォッチではかり，その結果から1往復する時間を計算する。これを5回おこなう。

(3)　5回分の結果のB平均を求める。

はじめに，ふりこが1往復する時間とおもりの重さの関係を調べるため，Cふりこの長さとふれはばはそれぞれ同じにして，ふりこの重さだけを変えて実験しました。そのあと，ふりこが1往復する時間とふりこのふれはばの関係，ふりこが1往復する時間とDふりこの長さの関係も同様に調べました。

結果は次の表のようになりました。

ふりこの重さ［g］	10	20	40	80
1往復する時間［秒］	2.0	2.0	2.0	2.0

ふりこのふれはば［度］	5	10	20	40
1往復する時間［秒］	2.8	2.8	2.8	2.8

ふりこの長さ［cm］	25	50	100	200
1往復する時間［秒］	1.0	1.4	2.0	2.8

問1　下線部Aについて，ふりこの動きを表した図として正しいものを，次の①～③から1つ選び，番号で答えなさい。ただし，図はふりこの位置をある一定時間ごとに示したものです。

①

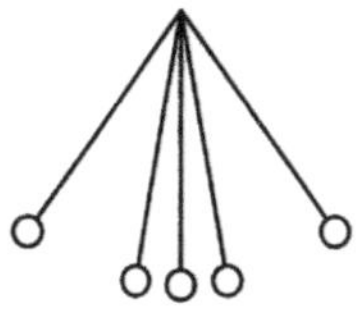

②

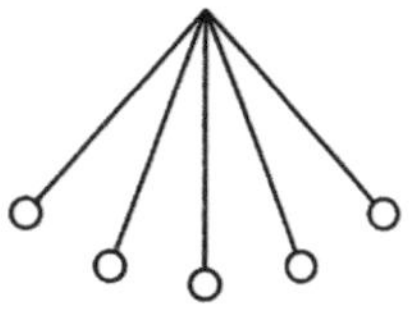

③

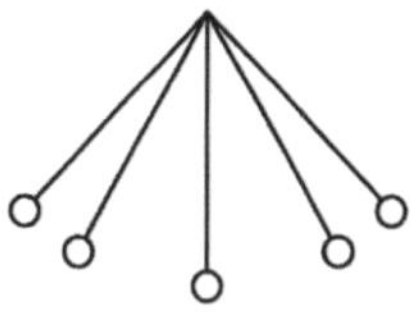

問２　下線部Ｂについて，平均を求めるのはなぜですか。理由として最も適当なものを，次の①～④から１つ選び，番号で答えなさい。

①　値のばらつきを大きくし，計算しやすくするため。

②　値のばらつきの大きさを計算し，条件を変えたことによるえいきょうを調べるため。

③　値のばらつきの原因を探り，次の実験に活かすため。

④　値のばらつきをならし，より信頼《らい》できる値を得るため。

問３　下線部Ｃについて，調べる条件を１つだけ変えて，それ以外の条件は変えずに同じにして実験します。それはなぜですか，理由を答えなさい。

問４　下線部Ｄについて，ふりこの長さとは，どこからどこまでの長さですか。最も適当なものを，次の①～③から１つ選び，番号で答えなさい。

①　支点からおもりの一番上までの長さ

②　支点からおもりの中心までの長さ

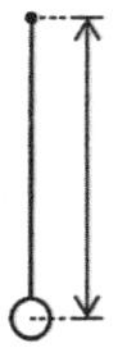

③　支点からおもりの一番下までの長さ

問５　おなじ重さのふりこを２つ用意し，一方はふりこの長さを50 cm，もう一方はふりこの長さを100 cmとしました。これらのふりこをそれぞれ，ふれはばが20度になるように角度を合わせたあと，おもりを同時に静かにはなしました。これらの２つのふりこが，初めて同時にもとのはなした位置に戻るのは，おもりをはなしてから何秒後ですか。結果の表中の値を用いて求めなさい。ただし，空気のていこうやまさつによるえいきょうは考えなくてよいものとします。

問６　ふりこに関する次の文中の（　ア　）に当てはまる語句を答えなさい。

今から400年以上前，ピサの教会で天じょうからつり下げられているランプが左右にふれるようすを見たガリレオ＝ガリレイは，ランプが１往復する時間を（　ア　）を利用してはかり，ふりこの性質を調べたと伝えられています。

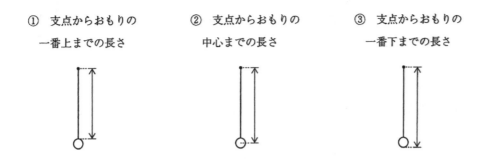

5 食物の消化および人のからだのつくりとはたらきについて，以下の問いに答えなさい。

問1 食物の消化について，次の〔実験1〕と〔実験2〕をおこないました。試験管CとDの色の変化の結果の組み合わせとして最も適当なものを，下の①～④から1つ選び，番号で答えなさい。

〔実験1〕 (1) 試験管Aにでんぷんのりを入れ，37℃に保温し，10分後にベネジクト液を入れて加熱したところ，色の変化はおきなかった。

(2) 試験管Bにでんぷんのりとだ液を入れ，37℃に保温し，10分後にベネジクト液を入れて加熱したところ，色が赤かっ色に変化した。

〔実験2〕 セロハンは小腸で吸収される養分を通すことができる。図のように，セロハンのふくろの中にでんぷんのりとだ液を入れたものをビーカーにつけ，37℃に保温した。10分後にビーカーの水を試験管Cにとり，ベネジクト液を入れて加熱した。さらに，別の試験管Dにビーカーの水をとり，ヨウ素液を加えた。

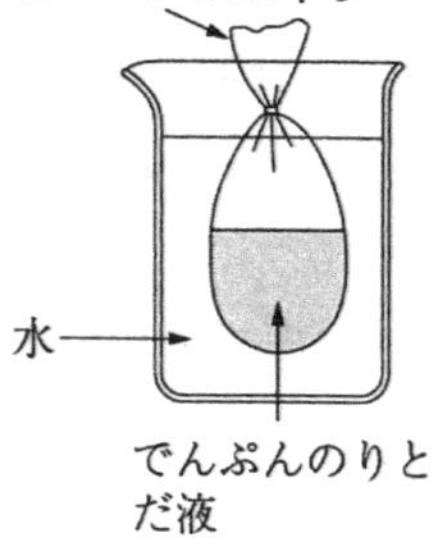

① C 変化なし D 変化なし　② C 赤かっ色 D 青紫色
③ C 変化なし D 青紫色　④ C 赤かっ色 D 変化なし

問2 人のかん臓の特ちょうやはたらきとして**誤っているもの**を，次の①～④から1つ選び，番号で答えなさい。

① 体の中で最も重い臓器である。
② 食べ物が消化されてできた養分の一部をたくわえるはたらきがある。
③ たんぱく質を消化するたんじゅうをつくるはたらきがある。
④ アルコールなど体にとって有害なものを無害なものにつくり変えるはたらきがある。

次ページにつづく

6　種子を用いた〔実験１〕と〔実験２〕に関して，以下の問いに答えなさい。

〔実験１〕　生物が呼吸をしたときに出した二酸化炭素の体積を，吸った酸素の体積で割ったものを呼吸商《こきゅうしょう》といいます。呼吸商は以下の式で表されます。

$$\text{呼吸商} = \frac{\text{出した二酸化炭素の体積}}{\text{吸った酸素の体積}}$$

図のように，発芽しかけたトウゴマの種子とともに，装置Ａのフラスコにはビーカーに入った水酸化カリウム水よう液を，装置Ｂのフラスコにはビーカーに入った蒸留水を入れ，密閉して数時間おきました。その後，ガラス管の着色液の移動から，三角フラスコ内の気体の体積の変化をはかりました。その結果，装置Ａでは気体が1124 mm^3 減少し，装置Ｂでは気体が326 mm^3 減少しました。

ただし，水酸化カリウム水よう液をフラスコ内に入れると，フラスコ内の二酸化炭素はすべて水酸化カリウム水よう液にとけこみます。また，蒸留水にとけこむ二酸化炭素量および空気中の二酸化炭素量は無視できるほど少ないものとします。

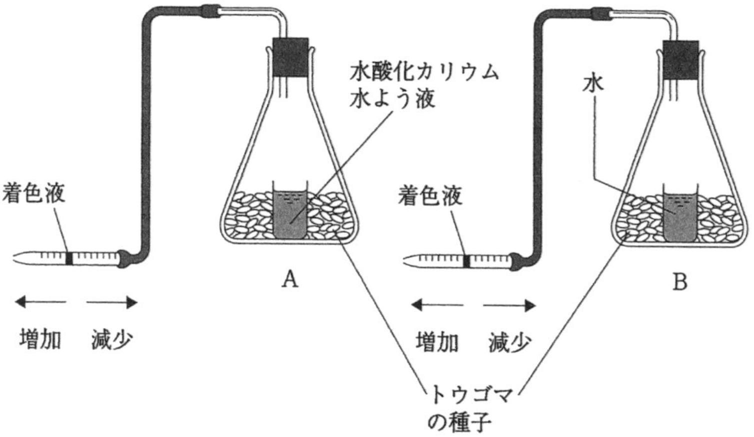

問１　装置Ａの気体の減少量は，トウゴマの種子の何を表していますか。最も適当なものを次の①～④から１つ選び，番号で答えなさい。

①　出した二酸化炭素量－吸った酸素量　　②　吸った酸素量－出した二酸化炭素量

③　吸った酸素量　　④　出した二酸化炭素量

問２　トウゴマの種子の呼吸商の値として，最も適当なものを次の①～⑧から１つ選び，番号で答えなさい。

①　1.3　　②　1.0　　③　0.8　　④　0.7

⑤　−1.3　　⑥　−1.0　　⑦　−0.8　　⑧　−0.7

〔実験２〕 ある豆の仲間の種子を，日なたと暗室の２カ所にまき，光以外の条件を同じにして，発芽・成長させました。１日ごとに200個の種子を「子葉」と「子葉以外の部分」に分け，それぞれをかんそうさせた重さをはかったところ，次のようなグラフになりました。

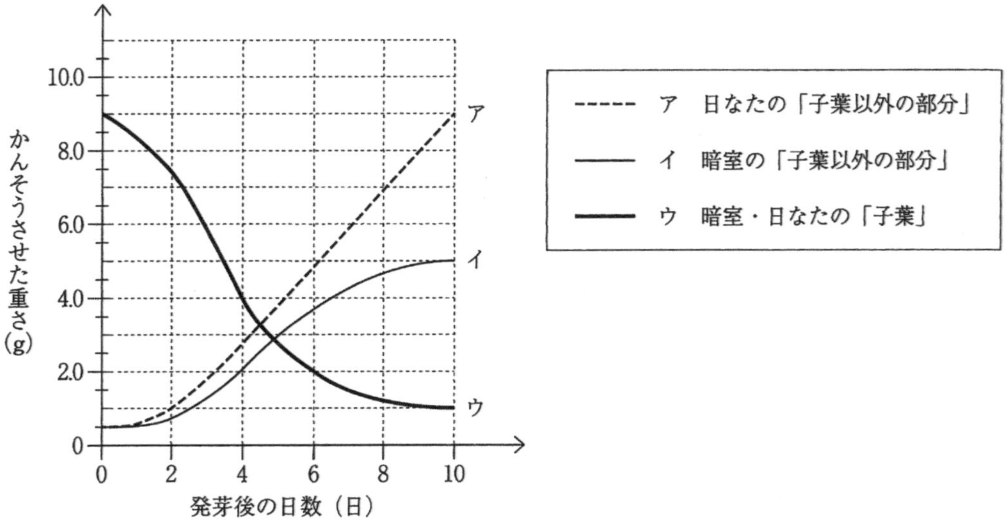

問３　日なた（ア）と暗室（イ）において，子葉以外の部分の重さに差ができました。その差に関わったと考えられるはたらきを漢字で答えなさい。

問４　グラフの10日間において，使われた子葉の養分のうち，子葉以外の部分の成長に使われたのは何％ですか。小数第１位を四捨五入して，整数で答えなさい。ただし，１gの養分を使うと，１g成長するものとします。

2020(R2) 愛知淑徳中
K 教英出版

2020(R2) 愛知淑徳中
K 教英出版

令和２年度

中学校入学試験問題

社　　会

理科・社会　合わせて60分

注意事項

1．試験開始の合図があるまで、この問題冊子の中を見てはいけません。
試験開始までの間、この注意事項をよく読んで下さい。

2．この問題冊子は12ページです。

3．この問題冊子や解答用紙に印刷が悪くて見にくいところや汚《よご》れなどがある場合は、手をあげて監督《かんとく》の先生に知らせて下さい。

4．答えはすべて別紙の解答用紙に書き、記号で答えられるものはすべて記号で答えなさい。漢字の指定のあるものはかならず漢字で書きなさい。

5．解答用紙の受験番号、氏名は最初に記入して下さい。

6．試験終了後は解答用紙のみを提出し、問題冊子はそれぞれ持ち帰って下さい。

Ⅰ．次の文章を読み、問いに答えなさい。

地中海は、ヨーロッパ・アジア・アフリカに囲まれた海です。ヨーロッパ側では、①イタリア半島が地中海中央部にせり出しています。アフリカには世界最大の面積をもつ（　Ａ　）砂漠があります。この三つの地域は、それぞれ独自の風土や文化を発展させました。加えて地中海を通じて、人々は船などで交流をしていました。日本で地中海地域によく似たところとしては、②瀬戸内地方があります。その中心にある瀬戸内海は、本州、③四国地方、④九州地方に囲まれています。その瀬戸内海で二番目に大きい（　Ｂ　）島は、地中海地域でよく作られているオリーブの産地として知られています。また瀬戸内海東部では、⑤1995年１月17日に大きな震災《しんさい》が起こりました。

問１．（　Ａ　）にあてはまる語句を答えなさい。

問２．（　Ｂ　）にあてはまる語句を漢字で答えなさい。

問３．下線部①について、イタリア半島にあるローマ市は、およそ北緯41度にあります。これとほぼ同じ緯度にある都市をア～エから一つ選びなさい。

ア．モスクワ　　イ．函館　　ウ．那覇　　エ．シンガポール問４．下線部②に関連して、以下の問いに答えなさい。

－ｉ　ア～エは高松、鳥取、根室、松本の雨温図です。高松の雨温図をア～エから一つ選びなさい。

ア．

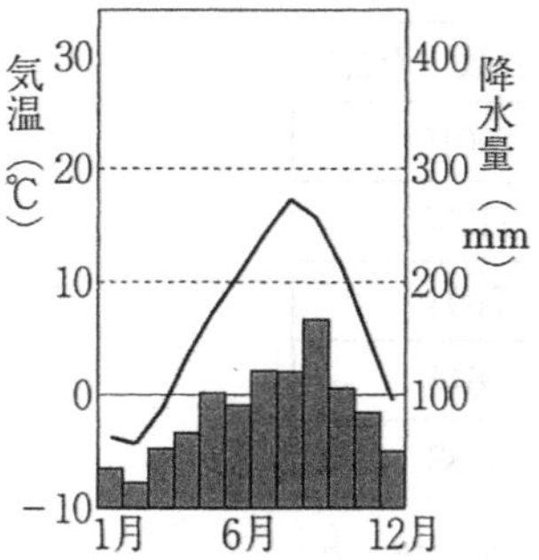

年平均気温：6.3℃
年間降水量：1020.8mm

イ．

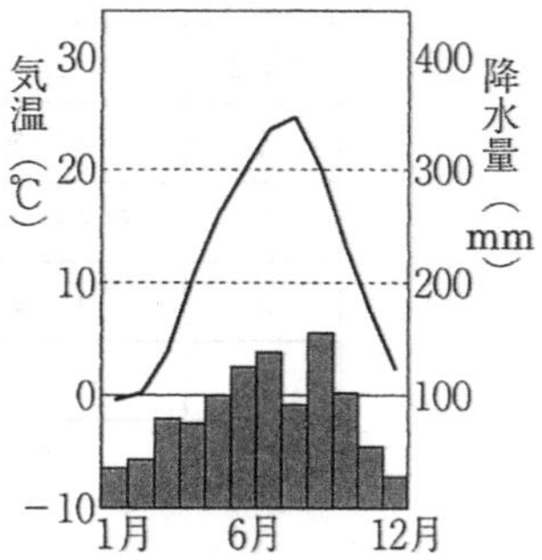

年平均気温：11.8℃
年間降水量：1031.0mm

ウ．

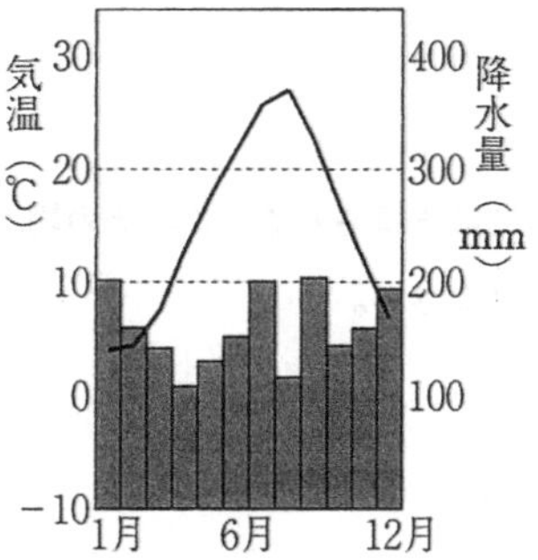

年平均気温：14.9℃
年間降水量：1914.0mm

エ．

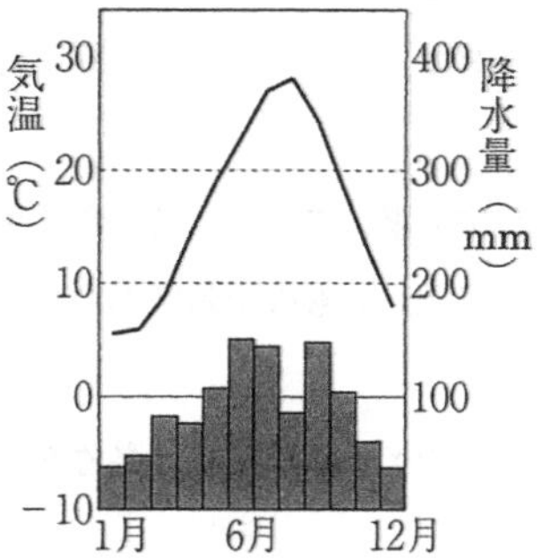

年平均気温：16.3℃
年間降水量：1082.3mm

－ii　この地方の広島県には、大手の自動車メーカーが本社をおいています。次の表は、2017年の世界の国別自動車生産台数をあらわしたものです。表の（あ）～（う）にあてはまる国名の正しい組み合わせを、ア～エから一つ選びなさい。

順位	国　名	生産台数（千台）
1	（　あ　）	29015
2	アメリカ合衆国	11190
3	（　い　）	9694
4	（　う　）	5646
5	インド	4783

（日本国勢図会第76版より）

ア．あ：日本　　い：ドイツ　う：中国
イ．あ：ドイツ　い：日本　　う：韓国
ウ．あ：中国　　い：日本　　う：ドイツ
エ．あ：日本　　い：ドイツ　う：韓国

－iii　この地方の壇ノ浦では、1185年に平氏が源氏によってほろぼされました。その壇ノ浦のある場所として正しいものを地図①中のア～エから一つ選びなさい。

－iv　地図①中のXにかかる橋の名称を漢字6字で答えなさい。

地図①

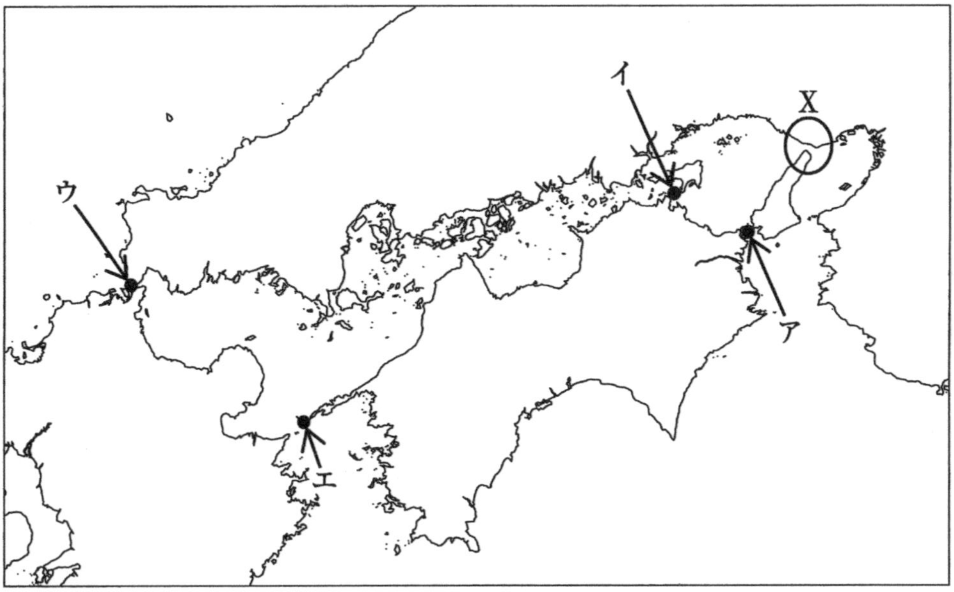

問5．下線部③について、四国に関する問に答えなさい。

－ⅰ　四国は、四国八十八カ所をめぐる‘お遍路《へんろ》’が盛んです。これは、高野山金剛峯寺を開いた僧にゆかりがあるとされています。この僧の名前を漢字２字で答えなさい。

－ⅱ　この地方には、水害の多い川として知られる「坂東太郎・筑紫次郎・四国三郎」のうちの一つがあります。その‘四国三郎’とよばれる川の名称と、その川の河口がある県の正しい組み合わせをア～エから一つ選びなさい。

ア．川の名称：吉野川　　河口がある県：高知県

イ．川の名称：四万十川　河口がある県：徳島県

ウ．川の名称：四万十川　河口がある県：高知県

エ．川の名称：吉野川　　河口がある県：徳島県

問6．下線部④について、次の表は2017年の豚の飼育数をあらわしたものです。表の（　　　）にあてはまる九州の県名を、漢字で答えなさい。

順位	都道府県名	豚の飼育数（万頭）
1	（　　　）	132.7
2	宮　崎	84.7
3	千　葉	66.4
4	北　海　道	63.1
5	群　馬	62.9

（日本国勢図会第76版より）

問7．下線部⑤について、この震災の名称を漢字で答えなさい。

Ⅱ. 次の文章を読み、問いに答えなさい。

私たちが使う紙幣は正式には日本銀行券と呼ばれ、生活になくてはならないものになっています。日本初の一万円札には古代①の人物である聖徳太子②が描かれていました。この紙幣は高度経済成長③による日本の経済発展もあり、順調に流通量が増えていきました。

日本銀行券は偽造《ぎぞう》防止のため、デザインが変更されてきました。次回の2024年の変更で千円札に印刷される予定の（　　　）④は、「日本の細菌学の父」と言われます。彼は破傷風《はしょうふう》の治療法を開発するなど医学の発展に尽くしました。また、裏面には葛飾北斎の「富嶽三十六景」⑤が描かれる予定です。そして、五千円札に印刷される予定の人物は岩倉使節団に加わった⑥最初の女子留学生の一人でした。一万円札に印刷される予定の渋沢栄一は、1840年に現在の埼玉県深谷市で生まれました。彼は江戸に出て幕末の尊王攘夷の思想に目覚め⑦、横浜を焼き討ちにして江戸幕府⑧を倒すという計画を立てました。しかし、従兄弟《いとこ》の説得で計画を取りやめ、その後は日本の経済界のために働き社会の発展⑨に尽くしました。彼は、日本が戦争への道⑩を踏み出した1931年に亡くなりました。

以上のように日本銀行券には多くの場合、写真や肖像画が残っている人物がデザインに使われます。その点、現在の二千円札の表面には沖縄の首里城⑪の守礼門が描かれ、裏面には紫式部⑫と源氏物語絵巻が描かれているのはユニークです。なお、日本銀行券の原料にはマニラ麻とみつまたなどが使われており、みつまたは現在、岡山、徳島、島根⑬の３県しか生産しておらず、中国やネパール産のものを輸入しています。

問１. 下線部①に関連して、古代の日本について述べた文と地図中の場所の組み合わせして正しいものを、ア～カから一つ選びなさい。

Ａ：古墳時代につくられた大仙（仁徳）陵古墳などが集中する百《も》舌鳥《ず》古墳群がある。

Ｂ：縄文時代の大規模な集落である三内丸山遺跡がある。

Ｃ：稲作が行われ、堀や柵《さく》に囲まれた巨大な集落の吉野ケ里遺跡がある。

ア. Ａ－①　Ｂ－②　Ｃ－③　　イ. Ａ－①　Ｂ－③　Ｃ－②　　ウ. Ａ－②　Ｂ－①　Ｃ－③

エ. Ａ－②　Ｂ－③　Ｃ－①　　オ. Ａ－③　Ｂ－①　Ｃ－②　　カ. Ａ－③　Ｂ－②　Ｃ－①

問２．下線部②に関連して、聖徳太子に関するできごとについて述べた文として正しいものを、ア～エから一つ選びなさい。

ア．小野妹子を派遣し、中国の隋と対等な関係を目指した。

イ．中臣鎌足と協力して蘇我氏を排除し新しい政治を始めた。

ウ．冠位十二階を定め、家柄の良し悪しを基準に役人を選んだ。

エ．都の飛鳥に唐招提寺を建立した。

問３．下線部③に関連して、高度経済成長に関する以下の文を読み、文章Ｘが時期的にあてはまる場所として正しいものを、ア～エから一つ選びなさい。

文章Ｘ：沖縄については沖縄返還協定が結ばれ、日本本土に復帰した。

1950年に、朝鮮戦争が始まり、日本では朝鮮特需《とくじゅ》により鉱工業生産量などが増加し、1950年代半ばには戦前の最高水準を上回った。（ア）1956年の経済白書では「もはや戦後ではない」と記述された。1960年に池田勇人首相が「所得倍増計画」を掲げた。（イ）これにつづき東京オリンピックによる好景気などがあった。そして国民総生産（GNP）が、1968年に当時の西ドイツを抜き第２位となった。（ウ）その後、第四次中東戦争をきっかけに原油価格が上昇した。この結果、日本は第一次オイルショックがおこり高度経済成長が終わった。（エ）

問４．下線部④の空欄（　　）にあてはまる人物の名前を漢字で答えなさい。

問５．下線部⑤に関連して、この作品として正しいものを、ア～エから一つ選びなさい。

ア

イ

ウ

エ

令和二年度　中学校入学試験問題解答用紙（国語）

一

問一　A　B

問二

問三　～

問四

問五

問六

問七

問八　～

問九

問十　(1)　(2)

問十一

二

問一

問二

問三

(1) cm	(2) cm^2

4.

(1) cm	(2) 時 分 秒

5.

(1) 分 秒	(2) 分 秒

6.

(1)	(2)① 個	(2)② 個以上 個以下

7.

(1) 秒後	(2) cm^3

※	※

8.

(1)	(2) 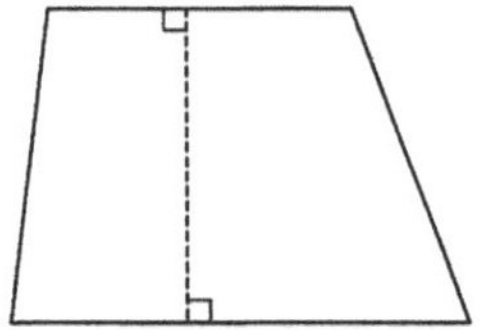

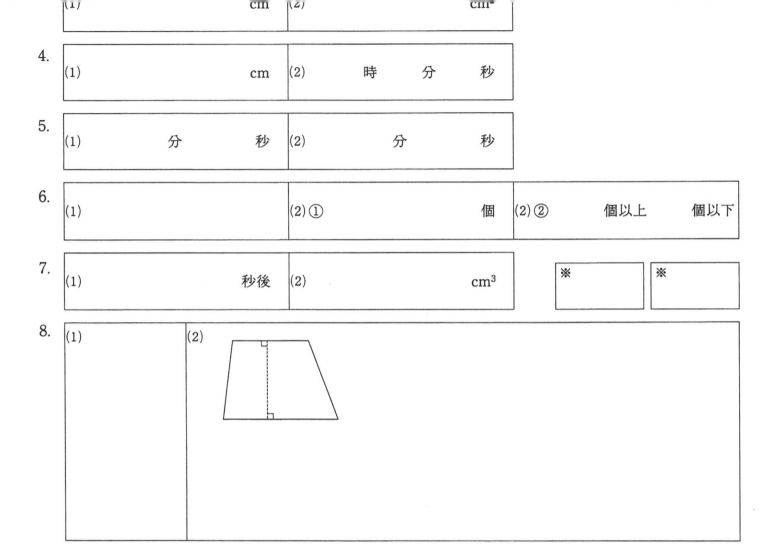

3 問 1　問 2

4 問 1　問 2

問 3

問 4　問 5 秒後　問 6

5 問 1　問 2

6 問 1　問 2　問 3　問 4 %

ii → →	→ → →

問 8 .					
問 9 .	問10.	問11.	問12.	問13. （記号）	（名称）

Ⅲ.

問 1 .	問 2 . i	ii

問 3 .	問 4 .	問 5 .	問 6 .

令和２年度　　　中学校入学試験問題解答用紙（社会）

受験番号　　　　　番　氏名

※50点満点
（配点非公表）

Ⅰ.

問１.

問２.

問３.

問４.
ⅰ

ⅱ

ⅲ

ⅳ

問５.
ⅰ

ⅱ

問６.
県

問７.

Ⅱ.

問１.

問２.

問３.

問４.

問５.

問６.

【解答用

令和２年度　　　中学校入学試験問題解答用紙（理科）

受験番号　　　　番　氏名

※50点満点
（配点非公表）

1

問１

問２

問３　　問４（1）　　（2）　　g　　問５

2

問１　　問２　　問３

【解答用

令和２年度　　　　中学校入学試験問題解答用紙（算数）

受験番号 ＿＿＿＿ 番　氏名 ＿＿＿＿＿＿＿＿

※100点満点
(配点非公表)

※には何も記入しないこと

1.

(1)	(2)

2.

(1)　　　　個	(2)　　　　%	(3)　　　　通り
(4)　　　　円	(5)　　　　ヶ月目	(6)　　　　分　　　　秒
(7)　　　　度	(8)	(9)　　　　cm^2
(10)　　　　cm^3	(11)　　　　点	※

【解答

問八　浜さんには

があるから。

問九

問十

問十一

問十二

三

①

②

③

④

む

⑤

受験番号

番

氏名

※100点満点
（配点非公表）

問６．下線部⑥に関連して、明治時代以降の歴史に関する問いに答えなさい。

－ⅰ　明治初期の岩倉使節団の派遣目的は近代化を進めるために西洋の視察をすることと、江戸時代以来、日本がかかえてきた問題を解消することでした。次の絵画はその日本に対し、西洋の国々がどのように見ていたかを風刺したもので、この絵の左上には名磨行（生意気《なまいき》の意味）と描かれています。日本が解消を目指し、西洋の国々が名磨行（生意気）と考えていた内容は何か説明しなさい。

－ⅱ　以下の絵画が表わしている内容ア～ウを古いものから順に並べ替えなさい。

ア　朝鮮半島をめぐる対立

イ　世界規模の戦争をきっかけに登場した大金持ち

ウ　ロシアに日本をけしかけるイギリスとアメリカ

問７．下線部⑦に関連して、江戸時代の終わりから明治時代初めにかけてのできごとア～エを古いものから順に並べ替えなさい。

ア　坂本龍馬の仲立ちで薩長同盟が結ばれた。

イ　西郷隆盛と勝海舟の交渉で江戸城が明け渡された。

ウ　新政府側と旧幕府側による戊辰戦争が始まった。

エ　将軍徳川慶喜が政権を朝廷に返上した。

問８．下線部⑧に関連して、右の写真の像は江戸時代に使われたものです。仏教の観音像に見えますが、仏教徒とは別の宗教の人々が使用したものです。どのような宗教の人々が、どのような理由で使ったのかを、江戸幕府の政策を説明した上で答えなさい。

問９．下線部⑨に関連して、日本の社会や経済に関わる歴史について述べた文として正しいものを、ア～エから一つ選びなさい。

ア．平安時代には貴族たちが書院造の家に住み、茶の湯が流行した。

イ．豊臣秀吉は役人を各地に派遣して検地を実施し、田畑の面積や収穫《しゅうかく》量を調べた。

ウ．天下の台所と呼ばれた江戸では大名をしのぐ経済力を持つ町人が現れた。

エ．大正時代の末期に起きた伊勢湾台風は多くの被災者を出した。

問10．下線部⑩に関連して、日本も関わった戦争の歴史について述べた文として正しいものを、ア～エから一つ選びなさい。

ア．第一次世界大戦で戦勝国となった日本は、その後に韓国を併合した。

イ．ドイツがフランスやイタリアを攻撃して第二次世界大戦が始まった。

ウ．日本がハワイの真珠湾とマレー半島を攻撃してアジア・太平洋戦争が始まった。

エ．日本がポツダム宣言を無視したため沖縄と広島に原爆が投下された。

問11．下線部⑪に関連して、首里城が建設されたのは室町時代ごろであったと考えられていますが、室町時代のできごととして正しいものを、ア～エから一つ選びなさい。

ア．足利尊氏は後醍醐天皇に幕府を開くことを許可された。

イ．足利義政の時代に中国の明との貿易が始まった。

ウ．足利義満の時代に右の写真の寺院が建設された。

エ．足利義昭は織田信長によって将軍の地位から追放された。

問12. 下線部⑫に関して、紫式部と同じ時代の作品として正しいものを、ア～エから一つ選びなさい。

ア. 唐衣《からころも》　裾《すそ》に取りつき　泣く子らを　置きてそ来ぬや　母なしにして

イ. 欲しがりません　勝つまでは

ウ. この世をば　わが世とぞ思ふ望月の　欠けたることもなしと思へば

エ. 白河の　清きに魚も　住みかねて　もとの濁《にご》りの　田沼恋しき

問13. 下線部⑬に関連して、島根県にある湖の形・面積として正しいものを、ア～エから一つ選び、その名称も答えなさい。

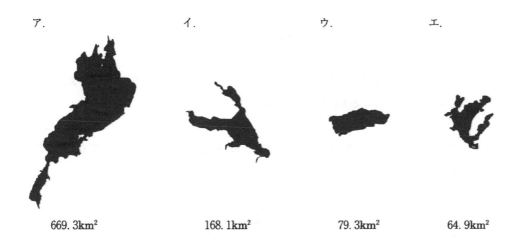

ア.

669.3km^2

イ.

168.1km^2

ウ.

79.3km^2

エ.

64.9km^2

Ⅲ．次の文章を読み、問いに答えなさい。

よしの　①昨年の夏（2019年７月21日）、参議院議員選挙が行われましたね。先生は投票に行きましたか？

先生　もちろん行ったよ。でもね、②あの時の選挙はとても投票率が低かったと発表されたんだ。全国規模の国政選挙としては過去最低だった③1995年の参議院議員選挙以来、24年ぶりに50％を割ったんだって。しかも、18歳と19歳の投票率は全世代の中でもさらに低かったらしいんだ。

よしの　どうして投票率が低くなったんですか？

先生　あの選挙では「年金」の問題が大きく取り上げられて、あまり実感のない若い世代が選挙に関心を持ちにくかったとも言われているね。

よしの　たしかに、「年金」もそうですけど、④「財政」とか⑤「外交」が重要と言われても身近に感じにくいですもんね。

先生　でもね、「消費税増税」とか⑥「来日する外国人の増加」って言われると身近に感じない？９月中は「増税前のセール」ってチラシをよく目にしたし、（　　　）が増えているのもよくニュースなどでも取り上げられていたよね！

よしの　確かに。

先生　「政治」とか「選挙」って難しく聞こえるけど、実は選挙の結果行われる政治の内容は私たちの生活にすでに溶《と》け込んでいるんだよ。

よしの　選挙は自分の生活を変えていくことにもつながるんですね。
私も18歳になったら選挙に行ってみようと思います！

問１．下線部①の選挙で選ばれた当選者の人数として正しいものを、ア～エから一つ選びなさい。

ア．112人　　イ．124人　　ウ．248人　　エ．465人

問2．下線部②に関連して、次の問いに答えなさい。

－ｉ　日本の国政選挙を管轄《かんかつ》し、この発表も行った中央省庁として、正しいものを、ア～エから一つ選びなさい。

ア．厚生労働省　　イ．総務省　　ウ．法務省　　エ．公正取引委員会

－ⅱ　投票率を上げるために様々な議論が行われていますが、「こうすれば確実に投票率が上がる」とあなたが考える投票方法を一つ答えなさい。

問3．下線部③に関連して、この年より前に日本で起こったできごととして正しいものを、ア～エから一つ選びなさい。

ア．地球温暖化防止京都会議が開催された。

イ．北朝鮮から拉致《らち》被害者五人が日本に帰国した。

ウ．一般の人が裁判に参加する裁判員制度が始まった。

エ．日本で初めて消費税が導入された。

問4．下線部④に関連して、日本の財政について述べた文として正しいものを、ア～エから一つ選びなさい。

ア．日本の歳入《さいにゅう》は90％以上が税金でまかなわれており、借金である公債金《こうさいきん》の割合は2018年度では10％以下にとどまっている。

イ．日本国憲法では予算審議は必ず最初に参議院で実施《じっし》され、衆議院で異なる議決がなされた場合は参議院の議決が国会の議決となると定めている。

ウ．日本の2018年度の歳出《さいしゅつ》は公共事業関係費が30％を超えており、社会保障関係費は10％以下にとどまっている。

エ．地方公共団体の財政は高齢化や過疎《かそ》化が深刻な地域ほど苦しい状況にあり、国からの補助がなければ成り立たないような状況が続いている。

問5．下線部⑤に関連して、外交上、現在の日本が領土問題を抱えている国として正しいものを、ア～ケからすべて選びなさい。

ア．韓国　　イ．タイ　　ウ．インド　　エ．フィリピン　　オ．イギリス

カ．キューバ　　キ．カナダ　　ク．ロシア　　ケ．オーストラリア

問6．下線部⑥について、このような日本の現状を考えた時に、文中の（　　　）に当てはまる状況として誤っているものを、ア～エから一つ選びなさい。

ア．アニメや歴史、文化に興味を抱いて日本にやって来る外国人留学生

イ．四季を問わず、日本各地に観光目的で訪れる外国人の観光客

ウ．東南アジアなどから新たに日本に就航する格安航空会社

エ．出稼《でかせ》ぎの外国人で、日本の政治に興味を持って国政選挙に投票する人

2020(R2) 愛知淑徳中
K 教英出版